教育部高等学校特色专业建设项目
汉语言文学专业师范教育系列教材

U0646669

文学与大众文化导论

主　编　赵　勇

副主编　魏　英

北京师范大学出版集团
BEIJING NORMAL UNIVERSITY PUBLISHING GROUP
北京师范大学出版社

图书在版编目（CIP）数据

　文学与大众文化导论 / 赵勇主编 . —北京：北京师范大学出版社，2022.6
　汉语言文学专业师范教育系列教材
　ISBN 978-7-303-27315-7

　Ⅰ. ①文… 　Ⅱ. ①赵… 　Ⅲ. ①中国文学－师范大学－教材
Ⅳ. ①I206.2

　中国版本图书馆 CIP 数据核字（2021）第 216345 号

营 销 中 心 电 话　010-58807651
北师大出版社高等教育分社微信公众号　新外大街拾玖号

WENXUE YU DAZHONG WENHUA DAOLUN

出版发行：北京师范大学出版社　www.bnup.com
　　　　　北京市西城区新街口外大街 12-3 号
　　　　　邮政编码：100088
印　　刷：北京玺诚印务有限公司
经　　销：全国新华书店
开　　本：730 mm×980 mm　1/16
印　　张：22
字　　数：425 千字
版　　次：2022 年 6 月第 1 版
印　　次：2022 年 6 月第 1 次印刷
定　　价：46.00 元

策划编辑：周劲含　　　　　责任编辑：梁宏宇
美术编辑：李向昕　　　　　装帧设计：李向昕
责任校对：康　悦　　　　　责任印制：马　洁

前　言

　　这是专门为公费师范生编写的教材。

　　2007 年 5 月，国务院决定在教育部直属的师范大学实行师范生免费教育，遂有"免费师范生"（2018 年改称"公费师范生"）一词问世。北京师范大学作为部属师范大学之一，自然也积极行动起来，开始落实这一政策。随着公费师范生的到来，相应的课程开设与教材编写被提上议事日程。本教材就是北京师范大学文学院"汉语言文学教育特色专业建设"所取得的一项成果。

　　但为什么要聚焦于"文学与大众文化"呢？

　　当时，文艺学专业为本科生开设了"文艺美学与大众文化"课程，此课程也成为公费师范生的专业选修课。为了提高公费师范生的理论素养，同时为了与他们毕业后从事中学语文教育的实际情况相结合，我们决定以这门课程为基础进行改造，把他们吸引到"文学与大众文化"层面上来。从语文教育的角度看，一方面，文学是其根本，文学作品在中学语文课本中占有相当大的比重；另一方面，大众文化也弥漫在日常生活中，并已成为中学生喜闻乐见的文化形式。因此，鉴赏和阐释经典的文学作品，分析与思考新型的大众文化，就成为本教材的主要任务。

　　从文学与大众文化出发，站在一定的理论高度，尽可能直面中学语文教学实践所关心的问题，进而帮助学生（其实也就是未来的中学语文教师）确立健全的文学观与大众文化观，帮助他们打开思路，获得看待文学问题与大众文化问题的基本视角、解读方法和价值立场等，是本教材的基本编写理念。

　　我们认为，一方面，优秀的文学作品（如文学经典）往往能给人（尤其是青少年）提供健全的价值立场、人生信仰和审美快感，也能在很大程度上帮助读者确立正确的世界观、人生观和价值观。对于这样的文学作品，本教材将通过鉴赏式分析，尽可能发掘其审美潜能与价值，释放其多重文学意义。另一方面，诸多大众文化产品虽然也能带来愉悦，但由于其特点之一是"养眼不养心"，所以它们存在不同程度的价值缺陷，也体现出商业文化与消费文化的影响。对于这样的大众文化产品，本教材将通过表征式分析，更多彰显文化研究（如厚描、意识形态批判）的旨趣。以上两个方面，构成了本教材的主导编写思想。

本着上述理念和思想，我们在编写这部教材时，既希望弥补现行的《文学理论教程》和《大众文化教程》论述之不足，也希望尽可能接近并介入中学语文教学实践。本教材虽名为《文学与大众文化导论》，却并非《文学理论教程》与《大众文化教程》的简单相加，而是想在这两种教材的疏忽处或简略处进一步展开，并融入我们对中学语文教育的思考与关切。同时，由于文学与大众文化交往互动的情况越来越多，两者之间的"接合部"也成为我们关注的重点。

本教材共有九章。第一章近于总论，涉及文学与大众文化的基本问题。其余八章，前四章主要在文学层面展开，涉及文学经典、文体与文学创作、审美阅读与文学鉴赏、文学阐释与文本解读等问题；后四章主要从大众文化或文学与大众文化互渗互动的维度入手，涉及通俗小说与大众传媒、影视文化与文学、网络语言与网络文学、青春文学与视觉文化等问题。

特别需要指出的是，我们这里涉及的文学与大众文化是与中国当下的文学文化现实紧密联系在一起的，而它们在讲述中国故事、提升国家文化软实力方面扮演着重要角色。2014 年，习近平在北京主持召开文艺工作座谈会，指出："文艺是时代前进的号角，最能代表一个时代的风貌，最能引领一个时代的风气。"然而不能否认，改革开放以来，文艺创作"也存在着有数量缺质量、有'高原'缺'高峰'的现象，存在着抄袭模仿、千篇一律的问题，存在着机械化生产、快餐式消费的问题"。我们在本教材中襄扬优秀的文艺作品之好，批评"为市场而艺术"的作品之糟，就是贯彻习总书记这一讲话精神的具体体现。因此，本教材不仅提供专业知识，而且意在为文艺批评提供思路、角度和方法。而"批判借鉴现代西方文艺理论"，"运用历史的、人民的、艺术的、美学的观点评判和鉴赏作品"，正是镀亮文艺批评这把"利器"的重要法宝。

希望本教材能对汉语言文学专业的本科生（特别是师范生），对中学语文教师和文学与大众文化爱好者有所助益。

目　录

第一章　文学与大众文化

在美国多所大学教授过文学课的理查德 •凯勒•西蒙（Richard Keller Simon）曾遇到一个难题：学生普遍对伟大文学传统中的经典之作心存畏惧，对林林总总的大众文化产品反倒情有独钟。那么，该如何解决这一难题呢？他的做法是把文学与大众文化同时引进课堂，呈现二者的关联，"展示垃圾文化对文学所有主要类别的复制"。例如，通过对比，他向学生讲述《星际迷航》（*Star Trek*）包含《格列佛游记》的基本情节、人物类型和基本主题，认为《时尚》（*Cosmopolitan*）杂志封面选登的性感女郎，可以被看作爱玛•包法利的当代姐妹（他甚至大胆假设："假如包法利夫人订阅了《时尚》杂志，她很可能会活下去，她的焦虑与这本杂志所关心的问题如此相似"），《阿呆与阿瓜》（*Dumb and Dumber*）则是《堂吉诃德》的儿童版。学生在"垃圾文化"与文学巨著之间来回阅读，学习兴趣大增。最终，他们既读得进文学经典，也对身边的大众文化有了更深刻的认识。①

在学生不情愿读文学名著，更愿意接触大众文化的教育背景下，西蒙的教学思路值得借鉴。它打通了文学与大众文化的机关暗道，让它们产生了交往。这要求我们进一步弄清楚文学与大众文化究竟是怎么回事。

本章讨论的是文学与大众文化的基本问题：文学是什么？何谓大众文化？文学与大众文化是何种关系，二者是如何互渗互动的？通过回答这些问题，相信我们会更深刻地认识和理解文学与大众文化。

一、文学是什么

"文学是什么"之类的根本性问题往往非常复杂。不同的人（如作家、文学理论家、普通读者），不同的时代，不同的国度对文学的看法不尽相同，对文

---

① ［美］理查德•凯勒•西蒙：《垃圾文化——通俗文化与伟大传统》，关山译，1～18页，北京，社会科学文献出版社，2001。

学的界定显然又会受到文化传统、时代氛围、价值立场等因素的制约。这就意味着，一劳永逸地解决"文学是什么"的问题是不大可能的。尽管如此，我们依然需要深入文学，追根溯源，呈现和释放关于它的种种思考。

1. "文学"词义考

在汉语语境中，"文学"一词最早出现于《论语·先进》，为"孔门四科"（德行、言语、政事、文学）之一。这里所谓的文学，实际上指的是古代文献，更确切地说，是指通晓西周的文献典籍。章炳麟认为："文学者，以有文字著于竹帛，故谓之文；论其法式，谓之文学。"①意思是当著于竹帛上的文字有了规律和形式，便可称之为文学。无论是《论语》中的文学，还是章炳麟所解释的文学，它们都是广义的文学，不同于我们今天所说的文学。

在中国古代，"文学"一词并不常用，更常用的是"文"和"文章"。"文"的含义处于不断演变之中。据刘若愚考释，在公元前 4 世纪的一些文献资料中，"文"大体上指书写下来的文字或文章。至汉代，"文"常指经过修饰，尤其是以对偶和押韵为特色的作品。这些作品重审美而轻实用。到了六朝，"文学"与"文章"成了同义词，二者有时与"文"同义。5 世纪，"文学"正式与"经学""玄学""史学"分家，其后又有了"文""笔"之分。一般认为，有韵之文章被称作"文"，无韵之文章被称作"笔"。从狭义的角度看，"文"相当于"纯文学"（belles lettres），"笔"可被译为"平直无饰之作"（plain writing）。唐朝之后，这种区分逐渐消失。②

由此看来，"文学"（或"文""文章"）一词在中国古代经历了从广义到狭义的演化过程。六朝萧子显说："文章者，盖情性之风标，神明之律吕也，蕴思含毫，游心内运，放言落纸，气韵天成，莫不禀以生灵，迁乎爱嗜，机见殊门，赏悟纷杂。"（《南齐书·文学传序》）梁元帝萧绎也认为："吟咏风谣，流连哀思者，谓之文。"（《金楼子·立言》）这种定位其实已经把情性、情感作为文学的重要标志，类于今日所谓的狭义的文学。

诗、词、散文、戏剧、小说等文类虽然在古代已发展得渐次成熟，但直到新文化运动，才全部被纳入文学的范围之内。今天，我们一说到狭义的文学，便是指诗歌、小说、散文和戏剧。

---

① 章炳麟：《国故论衡·文学总略》，见郭绍虞：《中国历代文论选》第四册，302 页，上海，上海古籍出版社，1980。

② ［美］刘若愚：《中国的文学理论》，田守真、饶曙光译，12～13 页，成都，四川人民出版社，1987。

"文学"（literature）一词在英语中同样经历了一番演变。据雷蒙·威廉斯（Raymond Williams）考证，至 14 世纪，"literature"一词才出现，意为"通过阅读所得到的高雅知识"。最接近它的词源为法文"littérature"、拉丁文"litteratura"。最早的词源为拉丁文"littera"，意指"letter"（字母）。"a man of literature"或"a man of letters"指我们现在所称的"博学的人"。15 世纪，出现了形容词"literate"（而非"literary"）。17 世纪，出现了取代"literate"的"literary"。从 18 世纪中叶起，"literary"的词义在"广泛阅读"的基础上开始扩大，意指写作的工作与行业，这样就出现了"书本与著作"的新义项。在"literature"的现代词义被固定之前，可以替代它的词是"poetry"。这个词在 1586 年被定义为"创造的艺术"，"因为它总是被用来说明我们英国最好的诗人之作品，表达一种带有诗意的说话（speaking）或书写（writing）能力"。"literature"的词义被确立的时间是 17 世纪中叶。"belles lettres"（纯文学）这个法文词汇被引介和使用，以限制"literature"的范畴。由于在高度想象力的情境里，"poetry"一直是书写与演说的最高境界，所以到了 19 世纪，"literature"开始沿用"poetry"的词义，只是将演说（speaking）排除在外。[1]

乔纳森·卡勒（Jonathan Culler）虽然梳理得不像威廉斯这么仔细，但也简要指出了"文学"一词的变化过程，亦可参考。他说："如今我们称之为'literature'（著述）的是二十五个世纪以来人们撰写的著作。而'literature'的现代含义文学，才不过二百年。1800 年之前，'literature'这个词和它在其他欧洲语言中相似的词指的是'著作'，或者'书本知识'。"[2]

由此看来，英语中"文学"一词的演变与汉语中的有相似之处，起初指"高雅知识""书本知识"和"著作"，到 19 世纪才固定为我们现在所理解的样子。它的现代词义也与具有"创造力"（creative）、"想象力"（imaginative）和"审美趣味的艺术"等义项联系在一起。[3]

2. 文学的发生

弄清楚"文学"一词的来龙去脉后，我们有必要面对文学的本源问题：为什么会有文学？文学源自何处？"在心为志，发言为诗"究竟该如何理解？这些问

---

① ［英］雷蒙·威廉斯：《关键词：文化与社会的词汇》，刘建基译，268～274 页，北京，生活·读书·新知三联书店，2005。

② ［美］乔纳森·卡勒：《当代学术入门：文学理论》，李平译，21～22 页，沈阳，辽宁教育出版社，1998。

③ ［英］雷蒙·威廉斯：《关键词：文化与社会的词汇》，刘建基译，268～274 页，北京，生活·读书·新知三联书店，2005。

题显然牵涉文学的发生。

谈到文学的发生，目前的教材往往会罗列出"巫术说""宗教说""游戏说""劳动说"等主要学说，并认为"劳动说"包含更多的真理成分。① 这种"宏大叙事"固然有其合理性，但不足以解释文学写作个体的发生学问题，即自古及今，为什么有那么多文人墨客会把自己的心中所想用文学的形式表现出来。实际上，在中国古人那里，这一问题差不多已得到解决。司马迁在《太史公自序》中说：

> 昔西伯拘羑里，演《周易》；孔子厄陈、蔡，作《春秋》；屈原放逐，著《离骚》；左丘失明，厥有《国语》；孙子膑脚，而论兵法；不韦迁蜀，世传《吕览》；韩非囚秦，《说难》《孤愤》；《诗》三百篇，大抵贤圣发愤之所为作也。此人皆意有所郁结，不得通其道也，故述往事，思来者。

这段文字最终被概括为"发愤著书"并广为人知。在这里，我们可以把"意有所郁结"看作写作的起点或心理动因，"述往事，思来者"则是化解"郁结"、消除"怨愤"的手段和方式。需要说明的是，司马迁所说的"怨愤"并非无病呻吟，也并非泄一己之私愤，而是有感而发的，是合乎正义、坚持良知、伸张正气的"非公正不发愤"（《史纪·伯夷列传》）。他对屈原之所以评价很高，就在于："屈平正道直行，竭忠尽智以事其君，谗人间之，可谓穷矣。信而见疑，忠而被谤，能无怨乎？屈平之作《离骚》，盖自怨生也。"（《史记·屈原贾生列传》）这种评议一方面强化了"发愤著书"之说，另一方面也指出了屈原的"愤"中藏着忧国忧民之心，而《离骚》正是"公正发愤"的典范之作。

自从有了"发愤著书"的论述，相似的说法便层出不穷。

刘勰说："盖风雅之兴，志思蓄愤，而吟咏情性，以讽其上，此为情而造文也。"（《文心雕龙·情采》）韩愈说："大凡物不得其平则鸣……人之于言也亦然，有不得已者而后言。其歌也有思，其哭也有怀，凡出乎口而为声者，其皆有弗平者乎！""穷饿其身，思愁其心肠，而使自鸣其不幸也。"（《送孟东野序》）欧阳修说："予闻世谓诗人少达而多穷。夫岂然哉？盖世所传诗者，多出于古穷人之辞也。凡士之蕴其所有，而不得施于世者，多喜自放于山巅水涯，外见虫鱼草木风云鸟兽之状类，往往探其奇怪；内有忧思感愤之郁积，其兴于怨刺，以道羁臣寡妇之所叹，而写人情之难言，盖愈穷则愈工。然则非诗之能穷人，殆穷者而后工也。"（《梅圣俞诗集序》）他还说："至于失志之人，穷居隐约，

---

① 童庆炳：《文学理论教程（第四版）》，37～41 页，北京，高等教育出版社，2008。

苦心危虑，而极于精思，与其有所感激发愤，惟无所施于世者，皆一寓于文辞，故曰穷者之言易工也。"（《薛简萧公文集序》）陆游说："盖人之情，悲愤积于中而无言，始发为诗，不然，无诗矣。"（《澹斋居士诗序》）李贽除言"古之圣贤，不愤则不作矣"，"《水浒传》者，发愤之所作也"（《忠义水浒传序》）之外，也对文学的发生进行过透彻的描摹："且夫世之真能文者，比其初皆非有益于为文也。其胸中有如许无状可怪之事，其喉间有如许欲吐而不敢吐之物，其口头又时时有许多欲语而莫可所以告语之处，蓄极积久，势不能遏。一旦见景生情，触目兴叹；夺他人之酒杯，浇自己之块垒；诉心中之不平，感数奇于千载。既已喷玉唾珠，昭回云汉，为章于天矣，遂亦自负，发狂大叫，流涕恸哭，不能自止。宁使见者闻者切齿咬牙，欲杀欲割，而终不忍藏于名山，投之水火。"（《焚书·杂说》）

　　长期以来，发愤著书、不平则鸣、穷而后工等，或者被看作古人创作的普遍规律，或者被看作中国传统文化的优良传统，人们鲜从个体创作发生学的角度来思考这一文学现象。我们认为，这一现象其实可以在很大程度上解释文学的发生，符合文学创作心理学的一般规律。

　　无论是"忧思感愤"还是"苦心危虑"，对于作家来说，这都是一种精神创伤体验。屈原"信而见疑，忠而被谤"，这是一种精神创伤。司马迁因替李陵说话而被施以宫刑，受刑后，"肠一日而九回，居则忽忽若有所亡，出则不知其所往。每念斯耻，汗未尝不发背沾衣也"（《报任安书》），这更是一种身体与精神的双重创伤。曹雪芹的家庭遭受变故，他也由"锦衣纨袴""饫甘餍肥"的公子哥变成了"蓬牖茅椽""绳床瓦灶"的穷光蛋。这种精神创痛对于曹雪芹来说不可谓不大。同理，现代作家鲁迅"从小康人家坠入困顿"[①]，当代作家史铁生"活到最狂妄的年龄上忽地残废了双腿"[②]，都是一种创伤性体验。

　　根据弗洛伊德的精神分析理论，个体的创伤性体验往往形成于童年时期。这一时期，由于自身的软弱，生活中的任何挫折都会让人产生心理创伤，一旦这种创伤被压抑到无意识深处，便形成了所谓的"情结"（complex），同时也积蓄着相应的心理能量。成年之后，人们可以通过"移置"（displacement）把那种能量转移到其他对象身上。如果替代对象是文化领域的较高目标，这种移置又可被称为"升华"（sublimation）。艺术家之所以能进行想象性的创造活动，一方面是因为他们善于"幻想"，擅长做"白日梦"；另一方面是因为他们有能力正确

---

　　① 鲁迅：《呐喊·自序》，见《鲁迅全集》第 1 卷，437 页，北京，人民文学出版社，2005。

　　② 史铁生：《我与地坛》，见《记忆与印象》，210 页，北京，北京出版社，2004。

"移置"童年经验，能将那些心理能量"升华"为文学艺术。弗洛伊德指出："其他人有着与大艺术家和大文豪们相同的升华需要，但由于天赋较差而只能将能量转移到平庸的事务中。""人类文明之所以能不断发展，就在于人能够抑制自己原始的对象发泄作用。那些因受阻而不能直接发泄出来的能量，便转移到有益于社会的活动中或文化性的创造活动中。"①

深受弗洛伊德学说影响的日本学者厨川白村则是这么解释创伤性体验与文艺的关系的：

> 我们的生活愈不肤浅，愈深，便比照着这深，生命力愈盛，便比照着这盛大，这苦恼也不得不愈加其烈。在伏在心的深处的内底生活，即无意识心理的底里，是蓄积着极痛烈而且深刻的许多伤害的。一面经验着这样的苦闷，一面参与着悲惨的战斗，向人生的道路进行的时候，我们就或呻，或叫，或怨嗟，或号泣，而同时也常有自己陶醉在奏凯的欢乐和赞美里的事。这发出来的声音，就是文艺。对于人生，有着极强的爱慕和执著，至于虽然负了重伤，流着血，苦闷着，悲哀着，然而放不下，忘不掉的时候，在这时候，人类所发出来的诅咒、愤激、赞叹，企慕，欢呼的声音，不就是文艺么？在这样的意义上，文艺就是朝着真善美的理想，追赶向上的一路生命的进行曲，也是进军的喇叭。响亮的闳远的那声音，有着贯天地动百世的伟力的所以就在此。②

借助弗洛伊德和厨川白村的论说，我们可以进一步解释中国古人的那些说法。首先，"愤""穷""不平"等既是诗人的一种创伤性体验，也是一种缺失性体验。总体而言，人的体验有二：一是丰富性体验，即由于事业有成、生活美满、爱的温暖以及潜能的充分实现等引起的愉快、满足的情感体验；二是缺失性体验，即由于事业失败、生活不幸、爱的失落以及潜能的无法实现等引起的痛苦、焦虑的情感体验。欧阳修讲"穷而后工"而没有讲"达而后工"，就是强调诗人的缺失性体验比丰富性体验更重要。③ 其次，可以把"愤"与"穷"等看作文学创作的动力。诗人经历缺失性体验的过程实际上就是积蓄心理能量的过程。司马迁所谓的"郁结"是心理能量的积蓄（相当于"情结"），韩愈所谓的"不平"、

① ［美］C. S. 霍尔：《弗洛伊德心理学入门》，陈维正译，73页，北京，商务印书馆，1985。

② ［日］厨川白村：《苦闷的象征　出了象牙之塔》，鲁迅译，24～25页，北京，人民文学出版社，1988。

③ 童庆炳：《中国古代心理诗学与美学》，30页，北京，中华书局，1992。

欧阳修所谓的"失志"又指人的某种心理失衡。能量积蓄得越多，心理便越失衡，于是就有了心理能量的释放。无论是"述往事，思来者"，还是"自鸣其不幸"，都要通过文学创作释放心理能量，恢复人的心理平衡（相当于"移置"和"升华"）。正是在这一意义上，中国古人的思考与说法暗合了弗洛伊德的论述。

以上，我们通过中国古人的创作与经验总结，呈现了一种文学的发生方式。这虽然不是文学发生的全部，但不得不说，循此方式形成的文学，其审美价值和文学性会更高。究其原因，是因为在"诗言志"的意义上，诗人以独特的个性化体验让"志"有了深刻的内涵，诗歌因此显得真气灌注、气盛言宜。韩愈说"夫和平之音淡薄，而愁思之声要妙；欢愉之辞难工，而穷苦之言易好也"（《荆潭唱和诗序》），实际上表达的也是这个意思。我们可以把这种文学视为"美文""纯文学"或"真正的文学"，它们也成为文学作品中的典范。

3. "文学是什么"的现代说法

当我们谈论文学的发生时，实际上已在一定程度上接触到一些"文学是什么"的说法，只是那些说法来自古人，是古人对文学的理解。接下来，我们需要面向现代社会，看看现代人是怎样认识这一问题的。

关于"文学是什么"，最容易想到的一个命题大概是"文学是人学"。这一命题的阐发文章——《论"文学是人学"》[1]——及其作者钱谷融曾遭受批判；在20世纪80年代的思想解放运动中，此种文学观念开始深入人心。现在看来，这一命题虽然立论正确，且在特定的历史语境中贡献突出，但所论实则流于空泛。有研究者指出："人学"只是考察"文学"的一个维度，"文学"不能等同于"人学"，因此，并不能把这一命题看作文学创作与文学批评的金科玉律。[2] 这种思考应该说是有道理的。

"文学是什么"的现代说法林林总总，我们该如何把握呢？方便起见，我们姑且在"为人生而艺术"和"为艺术而艺术"的名目之下分类，罗列代表性说法并加以辨析。

（1）为人生而艺术

虽然对于"为人生而艺术"这一命题究竟是来自托尔斯泰、莫泊桑抑或福楼

① 钱谷融：《论"文学是人学"》，载《文艺日报》，1957(5)。
② 刘为钦：《"文学是人学"命题之反思》，载《中国社会科学》，2010(1)。

拜，至今没有明确的说法①，但是，它的确是中国现代文学中的重要命题。五四时期，文学研究会便倡导"为人生而艺术"，其核心命意是反对封建的载道文学和游戏文学，反对所谓的纯艺术的文学，强调文学的作用是改善社会，造就新的人生。《文学研究会宣言》(1921)说："将文艺当作高兴时的游戏或失意时的消遣的时候，现在已经过去了。我们相信文学是一种工作，而且又是于人生很切要的一种工作。"②在此命意下，关于文学的现代说法诞生了。

在《论睁了眼看》一文中，鲁迅说："文艺是国民精神所发的火光，同时也是引导国民精神的前途的灯火。这是互为因果的，正如麻油从芝麻榨出，但以浸芝麻就使它更油……中国人向来因为不敢正视人生，只好瞒和骗，由此也生出瞒和骗的文艺来，由这文艺，更令中国人更深地陷入瞒和骗的大泽中，甚而至于已经自己不觉得。"③此文有一个重要命题：以往的文艺是瞒和骗的文艺，而这瞒和骗又常常勾肩搭背、狼狈为奸。不敢面对残酷的现实，所以要瞒；一旦无法瞒天过海，又只好骗。在鲁迅看来，新文艺便是要与以往的文艺彻底决裂的文艺，于是，正视人生、面对现实成为文艺家的迫切任务。在这种表述中，"为人生而艺术"的观点已呼之欲出。鲁迅对此更清晰的表述出现在《我怎么做起小说来》一文中：

> 说到"为什么"做小说罢，我仍抱着十多年前的"启蒙主义"，以为必须是"为人生"，而且要改良这人生。我深恶先前的称小说为"闲书"，而且将"为艺术的艺术"，看作不过是"消闲"的新式的别号。所以我的取材，多采自病态社会的不幸的人们中，意思是在揭出病苦，引起疗救的注意。④

虽然鲁迅经历了从"呐喊"到"彷徨"的过程，以致后来对文学能否改良人生也变得犹疑起来，但他毕竟是"为人生而艺术"这一命题的鼓吹者，而且也用自己的文学实践丰富了我们对这一命题的理解。此后，"为人生而艺术"成为中国现代文学的优良传统，不断被后来者发扬光大。

实际上，在 20 世纪以来的西方文学界，"为人生而艺术"也不乏传人。下面我们以法国作家萨特(Jean-Paul Sartre)为例，略作分析。

---

① 朱寿桐：《西方文学批评话语与中国现代文学》，载《文学评论》，2003(6)。

② 北京大学等：《文学运动史料选》第一册，175 页，上海，上海教育出版社，1979。

③ 鲁迅：《论睁了眼看》，见《鲁迅全集》第 1 卷，254～255 页，北京，人民文学出版社，2005。

④ 鲁迅：《我怎么做起小说来》，见《鲁迅全集》第 4 卷，526 页，北京，人民文学出版社，2005。

萨特为了回答"文学是什么"，曾撰写长文《什么是文学?》，在"什么是写作""为什么写作""为谁写作""1947年作家的处境"四个层面上予以论述。萨特反对"为艺术而艺术"的文艺主张，认为"纯艺术和空虚的艺术是一回事，美学纯洁主义不过是上个世纪的资产者们漂亮的防卫措施"。他认为，文学不应该以取悦为目的，文学"不可能为读者带来享乐，而是带来痛苦与疑问。如果我们能够写出成功的作品，它们将不是消遣，而是强迫意念。它们不是让人'观看'世界，而是去改变它"。根据他的界定，文学最终被描述为："文学是这样一种运动，通过它，人得以每时每刻从历史中解放出来；总之，文学就是行使自由。"①

萨特的文学观是被存在主义、自由、介入、承担责任等一系列哲学理念武装起来的，但即便拆除这些哲学包装，我们依然可以看到他对文学的崭新理解。这种理解与法国文学史上的主流文学观判然有别。让文学介入社会、现实与人生，为当下服务，进而改变世界等观点在萨特那里寓意深远，同时也可以被纳入"为人生而艺术"的框架中加以把握。或者说，萨特用存在主义的文学观为这一命题注入了更激进的内容。

总而言之，"为人生而艺术"的文学观既有传统文学的影子，更能被看作现代意识在文学中的体现。这种观念倡导文学介入社会的功能，强调改造人生是文学的缘起与归宿，具有很强的社会功利性。对于作家主体，它也提出了潜在的要求：作家不应该只是沉浸于书斋的守静抱朴的雅士，更应该成为勇于呐喊、善于言说的斗士。正是在这一意义上，它强调作家与知识分子角色的合二为一。

我们也应该看到，受这种文学观支配的文学会产生一些问题，其中最突出的是，因"介入"的姿态过于急迫，难免"火气"太重，从而使文学写作扭曲变形。结果，文学的社会价值大于或战胜了文学的审美价值。如何在这两种价值之间取得平衡，便成为需要解决的难题。一生都在"揭出病苦"的鲁迅，在进行国民性批判时也有所分工。主要行使作家的职责时，他写小说、散文；扮演知识分子的角色时，他以笔为枪，撰写杂文。最终，两者形成了一种相互支援和补充的关系。列维（Bernard-Henri Lévy）在评论萨特时也指出："作家和知识分子是分开的。作家走作家的路，而知识分子则有时通过一些文章和剧作，为伟大的事业奔走呼号。"②这意味着萨特亦然。我们可以把鲁迅和萨特的写作看作

---

① ［法］萨特：《什么是文学?》，见《萨特文集》第7卷，施康强译，171页，北京，人民文学出版社，2005。

② ［法］贝尔纳·亨利·列维：《萨特的世纪——哲学研究》，闫素伟译，102页，北京，商务印书馆，2005。

对这一难题较好的处理。

（2）为艺术而艺术

"为人生而艺术"的命题来历不明，"为艺术而艺术"（l'art pour l'art）则有明确的出处。这一口号出自法国，但它所覆盖的文艺思想（如艺术的独立性、艺术的无功利性、艺术与生活的分离以及纯形式等）源于德国古典美学。从某种意义上说，"为艺术而艺术"实际上是对康德与席勒美学的一种粗浅而通俗的表述。德国古典美学以深奥与晦涩著称于世，即便是专业人士也在研究时备感艰难。"为艺术而艺术"既汲取了德国古典美学的要义与精髓，又除去其繁文缛节，成为法国唯美主义运动中醒目的旗帜。①

据西方学者考证，"为艺术而艺术"这一短语最早是由作家、政治家邦雅曼·贡斯当（Benjamin Constant）于1804年2月10日载于日记中的（1895年公之于世）。1804年前后，这一表述就已进入文人话语，成为居住在德国的法国文人的日常谈资。19世纪30年代上半期，这一术语开始被文艺界广泛使用。②一般认为，泰奥菲尔·戈蒂耶（Théophile Gautier）确定了这一术语的内涵。他在《〈阿贝杜斯〉序言》（1832）中说："一件东西一旦变得有用，就不再是美的了；一旦进入实际生活，诗歌就变成了散文，自由就变成了奴役。所有的艺术都是如此。艺术，是自由，是奢侈，是繁荣，是灵魂在欢乐中的充分发展。绘画、雕塑、音乐，都绝不为任何目的服务。"③他又在被视为唯美主义宣言的《〈莫班小姐〉序言》（1834）中进一步指出："真正称得上美的东西只是毫无用处的东西，一切有用的东西都是丑的，因为它体现了某种需要。而人的需要就像其可怜虚弱的天性一样是极其肮脏、令人作呕的——一所房子里最有用的地方就是厕所。"④1847年，在一篇论"艺术之美"的文章中，戈蒂耶频繁使用"为艺术而艺术"这一术语：

> 为艺术而艺术所代表的是那种除了美本身与其他事物毫无关系的作品。
>
> 为艺术而艺术并非像它的反对者所说的那样是为形式而形式，而是从外在的观念中解脱出来，拒绝提出任何理论信条，拒绝直接的实用性，为

---

① 周小仪：《唯美主义与消费文化》，22～23页，北京，北京大学出版社，2002。

② 周小仪：《唯美主义与消费文化》，28～31页，北京，北京大学出版社，2002。

③ ［法］戈蒂耶：《〈阿贝杜斯〉序言》，黄晋凯译，见赵澧、徐京安：《唯美主义》，16页，北京，中国人民大学出版社，1988。

④ ［法］戈蒂耶：《〈莫班小姐〉序言》，吴康如译，见赵澧、徐京安：《唯美主义》，44页，北京，中国人民大学出版社，1988。

了美而形式。①

一些英国作家非常欣赏"为艺术而艺术"的主张，开始接受、传播唯美主义。唯美主义运动由此跨越英吉利海峡，并在 19 世纪五六十年代和八九十年代形成两次高潮。在这一过程中，奥斯卡·王尔德（Oscar Wilde）成为"为艺术而艺术"的主要继承者、鼓吹者和实践者。他的主要观点有三：第一，艺术应该游离人生；第二，艺术本身就是目的；第三，艺术先于生活。王尔德留下许多与"为艺术而艺术"这一命题相关的名言。例如："书无所谓道德的或不道德的。书有写得好的或写的糟的。仅此而已。"②"一切艺术都是毫无用处的。"③。

20 世纪的第一个十年，"为艺术而艺术"进入中国，周作人率先译介了王尔德等人的思想。有学者分析："周作人不仅把唯美主义当作艺术理想，更把它付诸生活实践，使之贯穿于自己生命中的方方面面，最终发展成为一种'生活之艺术'。从某种意义上可以说，唯美主义成就了他的'趣味之文'：精炼、雅致、隽永、平淡而神奇。他说：'我们看夕阳，看秋河，看花，听雨，闻香，喝不求解渴的酒，吃不求饱的点心，都是生活上必要的——虽然是无用的装点，而且是愈精炼愈好。'这个唯美主义者与写作《文学研究会宣言》时的周作人，已经判若两人了。"④ 20 世纪 20 年代，中国大张旗鼓地倡导"为艺术而艺术"的文学流派是创造社，郭沫若、郁达夫、成仿吾等人对此都有详尽的表述。

简要梳理"为艺术而艺术"的流变，我们似可形成如下看法。

首先，"为艺术与艺术"及唯美主义起源于法国，后来在欧美国家与中国产生了较大影响。究其原因，大概是因为它来自康德与席勒美学，既有较强的学理依据，也在很大程度上道出了文学艺术的一个重要特征：文艺应该具有独立性、自主性，不应该追求外在的功利。法国、英国的作家之所以倡导这一主张，很大程度上也在于他们要以此为武器，抵抗资本主义社会中日渐兴盛的艺术商品化和极端功利化，捍卫艺术的纯洁与尊严。在这一历史语境中，唯美主义对艺术至上的宣扬便具有了某种革命性、先锋性和合法性。因此，对于"为

---

① John Wilcox, "The Beginnings of L'art pour l'art," *Journal of Aesthetics and Art Criticism*, Ⅱ, (June 1953), p. 376. 转引自周小仪：《唯美主义与消费文化》，32～33 页，北京，北京大学出版社，2002。

② ［英］王尔德：《〈道连·葛雷的画像〉自序》，荣如德译，见赵澧、徐京安：《唯美主义》，179 页，北京，中国人民大学出版社，1988。

③ ［英］王尔德：《〈道连·葛雷的画像〉自序》，荣如德译，见赵澧、徐京安：《唯美主义》，180 页，北京，中国人民大学出版社，1988。

④ 周小仪：《唯美主义与消费文化》，154～155 页，北京，北京大学出版社，2002。

艺术而艺术",我们应该结合其生成的历史语境具体分析,不宜一味否定。

其次,我们也必须意识到,"为艺术而艺术"既有矫枉过正的意味,也在很大程度上迎合了特定时代的文人"躲进小楼成一统"的心理。王尔德曾说:"在这动荡和纷乱的时代,在这纷争和绝望的可怕时刻,只有美的无忧的殿堂,可以使人忘却,使人欢乐。我们不去往美的殿堂还能去往何方呢? 只能到一部古代意大利异教经典称作 Cilla divina(圣城)的地方去,在那里一个人至少可以暂时摆脱尘世的纷扰与恐怖,也可以暂时逃避世俗的选择。"①由此看来,他倡导唯美主义的原因之一是有一种逃避心理。这种心理在动荡的年代确实会成为一部分文人的选择。以周作人为例,五四初期,无论是提倡"人的文学"还是"平民文学",他都有强烈的人文关怀和对文学的功利目的,体现了"为人生而艺术"的追求。五四新文化运动落潮后,周作人抛弃了文学的社会关怀和人生使命,成为"为艺术而艺术"的共鸣者和经营者。② 这种转变虽原因多多,却也在很大程度上暗合王尔德的论述。

最后,唯美主义固然强调艺术自主与艺术的无功利性,但这只是问题的一个方面。常常被人忽略的另一面是,英国的唯美主义从诞生之日起,便有着高雅艺术和大众文化的双重面孔。例如,王尔德倡导生活艺术化,最终的结果却是让艺术进入市场,沦为一种商业运作。阿多诺(Theodor W. Adorno)指出,唯美主义者如"王尔德、邓南遮、梅特林克是文化工业的先驱"。"从这个意义上讲,'为艺术而艺术'的口号所掩饰的正是它所倡导的反面。"③周小仪认为:"唯美主义生活艺术化的实践,从根本上说正是资本对审美感性全面渗透并加以重新控制的表现。而情感的表达被纳入商业运作之后,审美与艺术所具有的革命性也就丧失殆尽了。"④这提醒我们,以"为艺术而艺术"为名所营造的艺术不一定是纯而又纯的艺术,很可能与大众文化、文化工业存在千丝万缕的联系。

基于"为人生而艺术"和"为艺术而艺术",我们呈现了"文学是什么"的现代说法。需要说明的是,作为文学观,虽然"为人生而艺术"和"为艺术而艺术"各

---

① [英]王尔德:《英国的文艺复兴》,尹飞舟译,见赵澧、徐京安:《唯美主义》,100页,北京,中国人民大学出版社,1988。

② 黄昌勇、郅庭阁:《从"为人生的艺术"到"为艺术的艺术"——周作人文学观念变迁轨迹之描述》,载《河北学刊》,2002(3)。

③ Theodor W. Adorno, *Aesthetic Theory*, trans. Robert Hullot-Kentor, London, The Athlone Press, 1997, p.239. 转引自周小仪:《唯美主义与消费文化》,15页,北京,北京大学出版社,2002。

④ 周小仪:《唯美主义与消费文化》,15页,北京,北京大学出版社,2002。

有倚重，但二者并非完全对立。有时候，这两种文学观交织在一起，让文学呈现出更为复杂的状况。例如，纳博科夫（Vladimir Nabokov）在解释"文学是什么"时说："一个孩子从尼安德特峡谷里跑出来大叫'狼来了'，而背后果然紧跟一只大灰狼——这不成其为文学；孩子大叫'狼来了'而背后并没有狼——这才是文学。"借助这个故事，他想表达的是："文学是创造，小说是虚构。说某一篇小说是真人真事，这简直侮辱了艺术，也侮辱了真实。其实，大作家无不具有高超的骗术。"①这种观点可被看作王尔德"谎言说"的流风遗韵。王尔德曾说："撒谎与作诗都是艺术。"②"撒谎——讲述美而不真实的故事，乃是艺术的真正目的。"③但纳博科夫又认为，大作家身兼三任：讲故事的人、教育家和魔法师，其中魔法师是最重要的因素。④ 如此看来，尽管纳博科夫的文学主张偏向于"为艺术而艺术"，但他也强调作家是教育家，并不排斥文学的道德伦理内涵。

　　"为人生而艺术"和"为艺术而艺术"当然不是"文学是什么"的全部，除此之外，至少还存在"为商业而艺术"。对于后一种情况，我们将结合大众文化的相关内容加以谈论。

二、何谓大众文化

　　若想把大众文化说清楚，并非易事。和文学一样，一方面，大众文化盘根错节，需要仔细辨析；另一方面，持有不同观念的人，对大众文化有着不同的解读。谈论大众文化，我们也需要从基本含义谈起。

1. 大众、文化与大众文化

　　从字面上看，大众文化是"大众"与"文化"的组合。先从这两个概念入手，应该有助于我们对大众文化的理解。
　　（1）"大众"的正负意涵
　　与"大众"相比，"群众"的含义虽更丰富，但在基本义上，二者可互换使

---

① ［美］纳博科夫：《文学讲稿》，申慧辉等译，24～25 页，北京，生活·读书·新知三联书店，1991。
② ［英］王尔德：《谎言的衰朽》，杨恒达译，见赵澧、徐京安：《唯美主义》，109 页，北京，中国人民大学出版社，1988。
③ ［英］王尔德：《谎言的衰朽》，杨恒达译，见赵澧、徐京安：《唯美主义》，144 页，北京，中国人民大学出版社，1988。
④ ［美］纳博科夫：《文学讲稿》，申慧辉等译，25 页，北京，生活·读书·新知三联书店，1991。

用。从翻译的角度看，无论是"大众"还是"群众"，它所对应的英文单词均为"the masses / mass"。这样，我们便可把"大众"与"群众"放到一起谈论。

按照威廉斯的梳理和分析，"大众"（或"群众"）这个词相当有趣，"具有正反两方面的意涵：在许多保守的思想里，它是一个轻蔑语，但是在许多社会主义的思想里，它却是具有正面意涵的语汇"。作为轻蔑语，它意指"多头群众"（many headed）或"乌合之众"（mob）——这群人低下、无知且不稳定；作为正面用语，它与革命传统相关，并体现出"正面的社会动力"。在当代用法中，由这个词构成的词组正好体现了这两种意涵。例如，从事"群众工作"（mass work）、属于"群众组织"（mass organization）、强调"群众大会"（mass meetings）与"群众运动"（mass movement）、完全为服务"群众"（the masses）而生活等，这些词组"属于积极活跃的革命传统"。研究"大众品位"（mass taste）、利用"大众媒体"（mass media）、控制"大众市场"（mass market）、从事"群众观察"（mass observation）、了解"大众心理"（mass psychology）或"群众意见"（mass opinion）等，虽然不一定完全是负面意涵，却大都与负面意涵存在千丝万缕的联系。①

根据李博的梳理，在中国，"大众"一词始现于周朝，如《吕氏春秋》有言："仲吕之月，无聚大众，巡劝农事。"这里的"大众"并非指偶然凑到一起的人群，而是指"军旅工役"。让聚集起来的百姓去服兵役或做工役，此即"大众"。"群众"一词很可能最早是荀子使用的。他在谈到君子的道德操守时指出："权利不能倾也，群众不能移也，天下不能荡也。生乎由是，死乎由是，夫是之谓德操。"（《荀子·劝学》）这里的"群众"可解释为"众人"。不过，该词在中国古代并不流行。②

"大众"或"群众"作为新兴名词流行起来，与20世纪20年代后期社会革命和农工集团力量的兴起是分不开的。20世纪30年代，左翼话语进一步赋予其强烈的阶级色彩。据李博考证，作为政治词汇，"群众"一词首先被李大钊使用。在1918年的一篇文章中，李大钊说："Bolshevism 实是一种群众运动。"从20世纪20年代开始，"群众"成为翻译德文"die massen"和俄文"massy"时颇受青睐的术语。后来，经过毛泽东的反复论述，"群众""人民""人民大众""人民群众"的正面含义越来越浓。③"群众是真正的英雄，而我们自己则往往是幼稚

---

① ［英］雷蒙·威廉斯：《关键词：文化与社会的词汇》，刘建基译，281～289页，北京，生活·读书·新知三联书店，2005。

② ［德］李博：《汉语中的马克思主义术语的起源与作用》，赵倩、王草、葛平竹译，402～404页，北京，中国社会科学出版社，2003。

③ ［德］李博：《汉语中的马克思主义术语的起源与作用》，赵倩、王草、葛平竹译，404～405页，北京，中国社会科学出版社，2003。

可笑的，不了解这一点，就不能得到起码的知识。"①这个广为人知的说法在很大程度上代表着毛泽东对群众的价值与意义的肯定。经过几十年的演变，"群众"或"大众"在汉语语境中呈现出了更多的褒义色彩。

通过简要梳理，我们可以发现如下事实。首先，"大众"或"群众"在英语语境中有贬义与褒义之别，并且前者的色彩更浓一些。因此，当它们与"文化"组合到一起时，否定意义更多一些。其次，在汉语语境中，"大众"或"群众"多在褒义层面使用，这与20世纪长时期的革命话语有关。随着时间的推移，它们的阶级属性和政治色彩开始淡化，词性也由褒义向中性过渡，在某些语境下甚至被赋予明显的贬义色彩。正是由于这种状况，"大众"与"文化"的结合便少了一些清晰，多了几分含混。

（2）"文化"的三种定义

关于"文化"（culture），威廉斯与伊格尔顿（Terry Eagleton）都有过详细的梳理与分析。英文中的"culture"，词源是拉丁文"cultura"，主要指"栽种"或"照料"。因此，在早期用法里，"culture"是一个表示"过程"的名词，意指对某物的照料（尤指对某种农作物或动物的照料）。从16世纪初期开始，"照料动植物成长"之意被延伸为"人类发展的历程"。18世纪，"文化"差不多变成了"文明"（civilization）的同义词，"意指一种普通的知识、精神和物质进步的过程"。一直到1900年，才有人对"culture"和"civilization"做了区分：前者指物质层面的发展，后者指精神层面的发展。②

在此基础上，威廉斯区分出"文化"的三种现代意义（也是三种定义）。第一，描述18世纪以来思想、精神与美学发展的一般过程。第二，表示一群人、一个时期或一个群体的某种特别的生活方式。第三，描述关于知性的作品与活动（尤其是在艺术方面），通常也是现在最普遍的用法，即"culture"指音乐、文学、绘画、雕刻、戏剧与电影。③ 根据威廉斯的第三个定义，约翰·斯道雷（John Storey）进一步解释说，此处的"文化"指的是一系列文本与实践。这些文本与实践的主要功能是对意义（meaning）进行指涉和生产，并为其过程提供场所。这一含义与结构主义、后结构主义的"指意实践"（signifying practices）大体

---

① 《毛泽东选集》第3卷，790页，北京，人民出版社，1991。

② ［英］雷蒙·威廉斯：《关键词：文化与社会的词汇》，刘建基译，101~105页，北京，生活·读书·新知三联书店，2005；［英］特瑞·伊格尔顿：《文化的观念》，方杰译，10页，南京，南京大学出版社，2003。

③ ［英］雷蒙·威廉斯：《关键词：文化与社会的词汇》，刘建基译，106页，北京，生活·读书·新知三联书店，2005。

相同。①

在汉语表达中，"文化"作为词语单独使用，始见于《说苑·指武》："圣人之治天下也，先文德而后武力。凡武之兴，为不服也；文化不改，然后加诛。"此处的"文化"乃"以文德教化"之意，与武力征服相对。"文化"的现代意涵，大约出现在 19 世纪与 20 世纪之交。日本实行明治维新（1868）之后，开始大量译介西方学术，用来自汉语的"文化"对译"culture"一词。西方思想经日本中转进入中国，又把"文化"一词带了回来，学界便在西方人所指称的现代意义上使用该词。梁漱溟在《东西文化及其哲学》（1920）一书中认为，文化乃"人类生活的样法"。蔡元培在《何谓文化》（1921）的演讲中指出，"文化是人生发展的状况"，含衣食住行、医疗卫生、政治、经济、道德、教育、科学等诸方面。梁启超在《什么是文化》（1922）一文中说："文化者，人类心能所开释出来之有价值的共业也。"胡适在《我们对于西洋文明的态度》（1926）中提出："文化是一种文明所形成的生活的方式。"②这些论述虽对文化的理解不一，但已大体上与西方接轨，都是在现代意义上对"文化"进行定位。

除了以上对"文化"的相关界定外，我们在理解"文化"时还需要注意以下情况。

首先，"文化"经历了从神圣高雅到普通平常的演变。例如，英国批评家马修·阿诺德（Matthew Arnold）1869 年指出："文化不以粗鄙的人之品味为法则，任其顺遂自己的喜好去装束打扮，而是坚持不懈地培养关于美观、优雅和得体的意识，使人们越来越接近这一理想，而且使粗鄙的人也乐于接受。"③1958 年，威廉斯论证了一个著名说法："文化是平常的。"这种对文化的判断与定位固然呈现了二人文化观的不同，却也意味着随着时代的变迁，"文化"本身已经移位。19 世纪，"文化"只意味着听音乐会、看演出，是上流社会的活动；如今，"文化"已渗透到人们的日常生活中，于是有了饮食文化、服饰文化、旅游文化、足球文化等说法。这种移位应该有助于我们对大众文化的理解。

其次，延伸至大众文化，它所接通的是威廉斯关于"文化"的哪种定义？对此，斯道雷已有论述："至于我们所要探讨的'大众文化'，则需灵活运用文化的第二个和第三个定义。定义之二——文化作为一种特别的生活方式——要求我们去研究人类的某些具体活动，诸如海滨度假、圣诞庆典、青年亚文化等。

---

① ［英］约翰·斯道雷：《文化理论与大众文化导论（第五版）》，常江译，2 页，北京，北京大学出版社，2010。

② 沈立岩：《文化》，载《文学与文化》，2010(2)。

③ ［英］马修·阿诺德：《文化与无政府状态：政治与社会批评》，韩敏中译，13 页，北京，生活·读书·新知三联书店，2002。

我们通常称此类活动为'活的'（lived）文化或实践。而定义之三——文化作为意指实践——则将肥皂剧、流行音乐、连环漫画等纳入了文化研究的范畴，我们称其为'文本'（text）。甚少人会在思考大众文化相关问题时想到威廉斯为文化所下的第一个定义。"①这番指认对于我们后面将要谈论的大众文化很有参考价值。如果再与"大众"相结合，一并进行思考，我们对大众文化的理解可能会更丰富。如果说"文化"决定了大众文化的范围，那么，如何理解"大众"则在很大程度上决定着对大众文化的价值判断。

（3）"大众文化"的概念之旅

大众文化的英文表达有二，即"Popular Culture"和"Mass Culture"，与其相近的表述还有"Kitsch"（媚俗艺术）、"Culture Industry"（文化工业）等。考察这些概念出现的历史语境，可以发现它们大体上经过了如下线路：Popular Culture→Kitsch→Mass Culture→Culture Industry→Popular Culture。以下为行文方便，我们暂把"Popular Culture"与"Mass Culture"译作"通俗文化"和"大众文化"。

作为一个专有名词，"通俗文化"（Kultur des Volkes / Popular Culture）最早出于 18 世纪的欧洲，是德国作家赫尔德（Johann Gottfried Herder）率先使用的。19 世纪后半叶，一种新型的艺术形式出现了。为了对这种艺术进行形象的描述和说明，德国人发明了一个带有贬义色彩的语词——媚俗艺术，意指流行的、商业的艺术，包括彩照、杂志封面、插图、广告、老套和庸俗的小说、连环画、流行歌曲、踢踏舞、好莱坞电影等。"大众文化"这一概念大约出现于 20 世纪中叶。美国批评家麦克唐纳（Dwight Macdonald）曾针对通俗文化与大众文化做过如下辨析："大众文化有时候被叫作'通俗文化'（Popular Culture），但我认为，'大众文化'（Mass Culture）一词更准确。像口香糖一样，它只不过是为大众消费而生产的商品。"②与此同时，德国学者阿多诺（Theodre W. Adorno）发明了"文化工业"这一说法。后来，阿多诺解释说，发明这一概念是为了让它取代"大众文化"，以便含义更加明确。③ 但是，20 世纪 60 年代，随着英国伯明翰学派逐渐介入大众文化研究，"通俗文化"开始逐渐取代"大众文化"，成为

---

① ［英］约翰·斯道雷：《文化理论与大众文化导论（第五版）》，常江译，2 页，北京，北京大学出版社，2010。

② Dwight Macdonald, "A Theory of Mass Culture," in Bernard Rosenberg and David Manning White eds. , *Mass Culture*：*The Popular Arts in America*, New York, Free Press, 1957, p. 59.

③ Theodor W. Adorno, *The Culture Industry*：*Selected Essays on Mass Culture*, London, Routledge, 1991, p. 85.

一种通用的表述。①

　　通过简要的梳理，我们想说明如下问题。首先，大众文化的概念变迁实际上隐含着西方学界在不同的历史时期对大众文化的认识、定位和价值判断。当大众文化以通俗文化之名表述时，它便被涂抹上种种来自民众的、革命的、可爱的甚至带有反叛色彩的油彩，受到较为隆重的肯定。当大众文化以媚俗艺术、文化工业之名表述时，它又成了毒害民众的"鸦片"，受到严厉的否定和毫不留情的批判。因此，"Popular Culture→Kitsch→Mass Culture→Culture Industry→Popular Culture"之旅，其实就是对大众文化"肯定与否定并存→否定→否定→否定→客观面对与肯定"的过程。虽然启用新表达并非完全抛弃旧概念，但总体而言，通俗文化已成主流表达，这也意味着客观面对或肯定大众文化的声音压倒了否定和批判大众文化的声音。

　　其次，尽管否定与批判大众文化的原因比较复杂，但否定者与批判者都不同程度地表现出"精英主义""文化贵族主义"的审美趣味。同理，虽然肯定大众文化的原因多多，但肯定者往往站在"平民主义"甚至"民粹主义"的价值立场上。因此，在否定与肯定大众文化的背后，其实是价值立场、审美趣味等在起作用。理解了这一点，我们便可以说，大众文化的存在固然是一个客观事实，但同时也是被研究者的价值立场、审美趣味等不断建构的过程。

　　在汉语语境中，早在1928年就有了"大众文艺"的说法②，"大众化"和"群众文化"的说法也出现得较早，但很可能迟至20世纪80年代初期，才有了"大众文化"这一概念。1981年，《国外社会科学》杂志上出现了对"大众文化"的名词解释——译自苏联《科学共产主义词典》（1980年第3版），称大众文化"是资产阶级麻痹群众意识的一种资产阶级文化类型"，"'大众文化'的目的是要建立一种模型来培养'大众人'，即政治上消极、怠惰，依附上层人物并为他们所左右，丧失独立判断和独立思考能力，对所发生的社会过程不会做任何批判性理解，盲目接受资产阶级社会的'精神准则'，以及失去个性、人道及和谐等特征的人"。"'大众文化'最初是一种'基契'（来自德文'Kitsch'，意为粗制滥造、低级趣味的作品），即刑事侦破和色情的报刊、书籍、电影及其他拙劣作品的大杂烩，后来又加进了标准的海淫海盗的连环画册、'色情艺术'作品，以及诸如

①　对"大众文化的概念之旅"更详细的描述与分析，参见赵勇：《大众文化理论新编》，1～6页，北京，北京师范大学出版社，2011。

②　最早使用"大众文艺"概念的人是郁达夫。1928年，郁达夫在上海创办《大众文艺》月刊。据他解释，"大众文艺"一词脱胎于当时日本流行的"大众小说"。参见吴晓黎：《"大众"关键词的梳理：以十一—三年代相关文学运动为中心》，见北京大学比较文学与比较文化研究所：《多边文化研究》第1卷，485页，北京，新世界出版社，2001。

此类的'消遣工业'。'基契'把超人和轰动一时的'明星'在意识中加以神化，从而使人脱离现实。"释义还把大众文化的实质定位于"反人道主义"，认为与之相对峙的是真正进步的群众文化，是社会主义文化。①

这种解释无疑带有"冷战"时期的思维色彩。除了意识形态化的修辞策略外，它还特意强调了大众文化姓"资"而不是姓"社"。但去除这些包装，这一解释基本接近西方一些学者对大众文化的理解。此后，随着对西方学者相关著作、文章的译介，大众文化的概念从 20 世纪 90 年代开始逐渐深入人心。在对译过程中，其译法较多，至今也未能完全统一。例如，"Mass Culture"的主要译法是"大众文化"，但也有"群众文化""麻思文化"之译；"Popular Culture"则有"通俗文化""大众文化""流行文化"等译法。不过，无论译成什么，我们都可在西方学者所论述的含义上加以理解，因为它们并非土生土长的概念。

2. 大众文化的起源

大众文化的起源至今依然是一个未解之谜。利奥·洛文塔尔（Leo Löwenthal）说："通俗文化历史悠久，它可能和人类文明一样古老。"②彼得·伯克（Peter Burke）在谈论欧洲近代早期的大众文化时，把上限推到了 1500 年前后。③ 当他们如此判断时，其中存在的问题可能是，他们所谓的大众文化（Popular Culture）杂糅着许多民间文化（Folk Culture）的因素。一般认为，民间文化诞生于民间，"主要是乡村居民创作的诗歌、音乐和视觉作品"④。民间文化最重要的特点是自发形成，生产者与消费者难以区分，还没有被纳入商业化的生产体系。既然如此，当把大众文化的起源推到一个更久远的时代时，它已不是我们今天所理解的现代意义上的大众文化了。

现代意义上的大众文化是一种与资本主义的兴起，与商业化、市场化、工业化、城市化同步发生的文化现象。大体而言，我们可以把大众文化的起源上溯至 18 世纪的英国。关于大众文化的发生过程，我们尤其要注意以下几种因素。

（1）商业化与市场化

一般认为，商业革命是欧洲工业革命的前奏。所谓"商业革命"，指从 16

① 《大众文化》，载《国外社会科学》，1981(8)。

② ［美］利奥·洛文塔尔：《文学、通俗文化与社会》，甘锋译，9 页，北京，中国人民大学出版社，2012。

③ ［英］彼得·伯克：《欧洲近代早期的大众文化》，杨豫等译，3 页，上海，上海人民出版社，2005。

④ ［匈］阿诺德·豪泽尔：《艺术社会学》，居延安译编，201 页，上海，学林出版社，1987。

世纪开始的经济变革。由于新航路与新大陆的发现，商品交换的规模得以扩大，商品经济逐步取代自然经济成为社会经济的主导。在商品经济的发展中，商业化与市场化是唇齿相依、互为因果的。商品需要市场，市场扩大后又反过来刺激了商品的生产。

在许多人的印象中，商业化与市场化主要是针对物质产品而言的，与大众文化的起源无关。但是，伯克看到了两者之间的关联。他指出："大众文化与其环境有密切的关系，往往会去适应不同的职业群体和不同地区的生活方式。当环境发生了变化，它也注定要发生变化。""商业革命把传统大众文化（至少是物质文化）带进了黄金时代，然后，商业革命和工业革命结合在一起，双管齐下，又将它摧毁了。"①这里所说的"传统大众文化"，可以被理解为在自然经济时代土生土长的、带有更多民间色彩的文化形式；所谓"摧毁"，意味着商业革命和工业革命改变了大众文化的生产方式和消费形式，结果，原来的那种大众文化寿终正寝，取而代之的是一种适应了商品经济的新型的大众文化。

伯克举例说，市场的兴起或扩张既影响到了物质，也影响到了表演。18世纪，商人已把娱乐活动看作有利可图的投资。1743年，杰克·布洛顿在牛津街开办拳击场，向观众收费。18世纪20年代，赛马活动开始在报纸上做广告；到1800年，赛马已成为复杂的产业，需要数千名工作人员，投资达数十万英镑。在大众文化商业化的进程中，最令人吃惊的例子是马戏团。马戏团成立于18世纪末，其中小丑和杂技演员的设置与传统并无二致，不同的是，它已不再是街头和广场上的表演，而是有固定的表演场所。小马戏团最终都被大马戏团挤垮了。②

娱乐商业化已是大众文化成熟阶段最基本的运作套路。早在18世纪，这种套路就已然成型。究其原因，便是由整体上商业化与市场化的社会环境造就的。

（2）工业化与城市化

第一次工业革命开始于18世纪中叶的英国。蒸汽机的发明与使用使生产力有了极大提高，资本主义加快了原始积累的步伐，工业化与城市化的速度突飞猛进。这些对于大众文化而言意味着什么？我们先来看看斯道雷的论述：

---

① ［英］彼得·伯克：《欧洲近代早期的大众文化》，杨豫等译，298～299页，上海，上海人民出版社，2005。

② ［英］彼得·伯克：《欧洲近代早期的大众文化》，杨豫等译，301～302页，上海，上海人民出版社，2005。

　　无论文化还是大众文化，都深深根植于资本主义市场经济的土壤中。在这一特定历史条件下，英国毫无疑问地成为大众文化的诞生之地……之所以要如此强调这一特殊的历史条件，原因在于工业化和城市化给大众文化版图中的文化关系带来了翻天覆地的变化。在工业化和城市化之前，英国只有两种文化：一种是共同的、或多或少为所有阶级共享的文化，另一种是额外的、为社会统治阶级生产和消费的精英文化。工业化和城市化带来了三个巨变，重新勾画了文化的地图。首先，工业化改变了雇佣者和被雇佣者之间的关系。原本是基于相互债务责任（mutual obligation）的雇佣关系变成了如托马斯·卡莱尔（Thomas Carlyle）所言的对"金钱关系"（cash nexus）的渴求。其次，城市造成了阶级与阶级居住地的彼此分离。城镇之中出现了工人阶级的集中居住区，这是前所未有的。最后，法国大革命带来的恐慌——担忧革命会"输出"到英国来——迫使接连几届政府通过高压手段来对付激进主义……上述三个因素共同发挥作用，在早期共同文化的家长制势力范围之外开辟了一个新的文化空间。其结果就是，一个为"大众文化的一代"服务的文化空间出现了。①

　　这段文字从三个方面论述了大众文化出现的成因，对于我们理解大众文化的起源很有帮助。除此之外，我们还要意识到如下问题。第一，工业化生产的理念是产品必须标准化，否则无法进行大量生产。现代大众文化诞生于工业化时代的进程之中，所以，工业化生产的理念会不可避免地作用于大众文化产品，从而让有组织地进行生产、标准化等成为制造大众文化的主要方案。这种做法与以往的民间文化生产方式判然有别。第二，恩格斯指出，在伦敦这样的城市里，街道拥挤，人群汹涌，每个人都流露出可怕的冷淡。② 其中重要的原因便是大量被雇佣的工人涌入城市。"工人"是一个阶级概念，如果换到大众文化的思路上，则意味着现代意义上的原子化的"大众"开始出现。他们除了受压迫和遭剥削，也逐渐有了一些文化需求。这是大众文化出现的原因之一。

　　（3）作家与书商

　　在大众文化的发生阶段，通俗小说（popular novel）可能是受众最多的大众文化样式。据洛文塔尔描述，18 世纪中期以后，通俗小说作为新型的文学形式开始火爆。以理查逊（Samuel Richardson）的小说《帕美拉》（*Pamela*，1740）的

---

① ［英］约翰·斯道雷：《文化理论与大众文化导论（第五版）》，常江译，16～17 页，北京，北京大学出版社，2010。

② 《马克思恩格斯全集》第 2 卷，303～304 页，北京，人民出版社，1957。

出版为标志，英国小说开始了它的繁荣期。先是理查逊、菲尔丁（Henry Field-ing）、斯摩莱特（Tobias G. Smollett）与斯特恩（Laurence Sterne）的小说各领风骚，其后拙劣的模仿与重复盛极一时。这种局面一直延续到18世纪末。为了追求娱乐效果，犯罪、暴力与感伤成为架构小说情节的重要元素。读者日久生厌，求新求变成为小说家绞尽脑汁考虑的事情，小说逐渐走向平庸。①

18世纪，英国形成了一支庞大的作者队伍。因为写小说很能赚钱，所以越来越多的人走进了文学这个行当。1722年，整个伦敦靠写作、印刷、出版、销售出版物为生的有5000人。18世纪中叶，吃文学市场这碗饭的人已有好几万，想挣点外快的家庭主妇和簿记员也开始写小说了。18世纪90年代，一个没什么名气的作家也可以依靠连载小说获得不俗的收入。在内容上，作家不得不使用多种手段来吸引普通读者，使读者保持兴趣。在极端情况下，作家甚至"像好莱坞影片中所表现的那样"，"纤毫毕现地描绘攻击、暴力、恐怖的场景"。这种不择手段使"'通俗作家'（popular writer）这一术语首次以贬损的意思被用在了这一时期"②。

通俗文学市场如此兴盛，书商也就适逢其时地出现了。他们成为作家与读者之间的中间环节，在文学的生产与消费中扮演着重要角色。洛文塔尔指出，在蒲柏（Alexander Pope）的时代，既有好书商也有坏书商。后者如埃德蒙·柯尔（Edmund Curll），善于开发他们那个时代的丑闻，做一些生意兴隆的买卖。为了获利，柯尔常常投入大量精力寻找吸引人眼球的题目，为传记和色情小册子进行粗俗的广告宣传，臭名昭著。在这一时期，虽然一些作家不能忍受书商的所作所为，个别作家甚至独立于书商，但书商与主要的作家通常都保持着朋友关系，作家不得不依附于书商。作家在失去宫廷与贵族的庇护之后必须养家糊口，必须寻找新的庇护人。由于书商的介入，文学成为一种商品，书籍的出版与销售成为一种主要的产业。③

由此看来，在大众文化发展的初级阶段，作家与书商就已经结成利益共同体。这让写作与文学的性质都发生了重大改变。笛福在1725年这样写道："写作……已经变成英国商业的一个相当重要的分支。图书商都是大商人或大雇

---

① Leo Lowenthal, *Literature, Popular Culture, and Society*, Englewood Cliffs, N. J., Prentice-Hall Inc., 1961, pp. 53, 78-91.

② Leo Lowenthal, *Literature, Popular Culture, and Society*, Englewood Cliffs, N. J., Prentice-Hall Inc., 1961, pp. 53, 81, 77.

③ Leo Lowenthal, *Literature, Popular Culture, and Society*, Englewood Cliffs, N. J., Prentice-Hall Inc., 1961, pp. 58-62. 参见［美］刘易斯·科塞：《理念人——一项社会学的考察》，郭方等译，44～47页，北京，中央编译出版社，2001。

主。作家、写手、抄写员和审稿编辑以及所有跟钢笔、墨水打交道的人，全都是那些大商人的雇员。"①换成马克思的说法，这意味着作家已变成了"生产劳动者"。之所以是生产劳动者，"并不是因为他生产出观念，而是因为他使出版他的著作的书商发财"②。在这种生产中，作家已不可能像弥尔顿（John Milton）那样，以其"天性的能动表现"，如同"出于春蚕吐丝一样的必要"去进行创作了。③ 作家的创作变成了生产，而他生产的产品变成了大众文化。

（4）传媒与受众

追溯大众文化的起源，我们还必须考虑到传播媒介以及通过传媒接受大众文化的受众。在 18 世纪的英国，报刊与读者就构成了一种相互支撑的关系。

随着印刷技术的提高、新闻纸价格的下降和铁路的出现，报纸在 18 世纪的英国有了长足发展。据威廉斯分析，"报纸是商业中产阶级（主要是在 18 世纪）所创造的产品。它通过提供与商业行为相关的新闻来为这个阶级服务"，"期刊和杂志则是为整个中产阶级的更广泛的利益而服务的：舆论的形成，礼貌的养成，观念的传播等。从 18 世纪中期开始，报纸加入进来，部分地承担了这些功能"④。随着读者大众的增多和读者成分的变化（如越来越多的下层民众加入阅读队伍），报刊的内容与形式也随之改变。例如，当星期日报纸出现和报纸版面不断扩充时，编辑常会遇到如何填满报纸版面的问题。最初，他们采用新闻与信息、广告、娱乐、小道消息和评论并重的办法。从 19 世纪 50 年代开始，有关谋杀、抢劫、处决、私奔等丑闻和富有刺激性的报道在报纸上大量出现。结果，"政治生活和观点如果不是被替代，就是被补充了'人情味信息'（human note）、犯罪、性暴力和人间逸闻等"。这些"一直是通俗文学的一个组成部分，但是从 19 世纪中叶开始，它们成为英国出版的特点之一，即出版具有娱乐和告知读者的功能。由于读者数量下滑，一些激进出版尝试将政治分析与娱乐和通俗文学相结合，以做出应对"。19 世纪 60 年代，在星期日报纸中，包括传奇和犯罪题材故事的小说所占比例已超过新闻。⑤ 早在 1788 年，《邮政早报》就宣称："由于彻底远离了文学的优雅，报

① ［英］雷蒙德·威廉斯：《漫长的革命》，倪伟译，170 页，上海，上海人民出版社，2013。该书将雷蒙·威廉斯译为雷蒙德·威廉斯。下同。——编者注

② 《马克思恩格斯全集》第 26 卷，第 1 册，149 页，北京，人民出版社，1972。

③ 《马克思恩格斯全集》第 26 卷，第 1 册，432 页，北京，人民出版社，1972。

④ ［英］雷蒙德·威廉斯：《漫长的革命》，倪伟译，185 页，上海，上海人民出版社，2013。

⑤ ［英］凯文·威廉姆斯：《一天给我一桩谋杀案：英国大众传播史》，刘琛译，70～73 页，上海，上海人民出版社，2008。

纸已经迷失得太久了。它兜售的不是丑恶的货色，就是毫无意义的家长里短。在这方面，不能只谴责报纸，作为报纸主顾的公众也难辞其咎。"①

这就不得不简要分析一下读者大众。据统计，英国男子的识字率1642年为30%，18世纪后半期提高到60%。② 与此同时，新兴的中产阶级（商人、手艺人、店主和办事员等）在经济实力增强以后，希望通过读书来提高社会地位，于是转向了对小说等读物的阅读。大城市的中下阶层妇女由于摆脱了繁重的家务劳动，有了更多的闲暇，也开始阅读通俗小说，以此娱乐消遣和寻求道德指南。③ 大量涌入市场的报纸、通俗杂志与小说满足了读者的这一需要。18世纪三四十年代和18世纪后二十年，英国出现了两次阅读高潮。随着读者队伍的不断扩大，喜欢阅读庄重严肃读物（如古典文学）的读者的重要性开始削弱，渴求通俗易懂、娱乐消遣的读者的重要性开始提高。④ 正是因为读者的娱乐需求得到了报刊编辑、书商、作家的重视，报刊与小说的内容、形式这才开始向着大众文化的方向倾斜，并愈演愈烈。

仅从以上四个方面进行分析是无法全面解释大众文化的起源问题的，但我们毕竟看到了在大众文化的发生阶段，有哪些重要因素参与其中。这些因素在今天并没有销声匿迹，而是原封不动或改头换面地作用于大众文化的生产与消费。

3. "何谓大众文化"举要

大众文化既是"大众"与"文化"相关定义错综复杂的组合，也是种种价值立场、文化理论和方法介入其中打量的结果。因此，对于如何界定大众文化，往往因人、因理论、因学说而异。

斯道雷曾概括出大众文化的六种定义⑤，简要介绍与评点如下。定义一：大众文化指被很多人广泛热爱与喜好的文化。此定义的问题是考虑到了数量而没考虑到质量，缺乏价值判断。定义二：大众文化是除了"高雅文化"之外的其

---

① ［英］雷蒙德·威廉斯：《漫长的革命》，倪伟译，206页，上海，上海人民出版社，2013。

② ［英］彼得·伯克：《欧洲近代早期的大众文化》，杨豫等译，305页，上海，上海人民出版社，2005。

③ ［美］刘易斯·科塞：《理念人——一项社会学的考察》，郭方等译，41～43页，北京，中央编译出版社，2001。

④ ［美］伊恩·P.瓦特：《小说的兴起——笛福、理查逊、菲尔丁研究》，高原、董红钧译，46页，北京，生活·读书·新知三联书店，1992。

⑤ ［英］约翰·斯道雷：《文化理论与大众文化导论（第五版）》，常江译，6～16页，北京，北京大学出版社，2010。

他文化。换言之，大众文化是一种低等文化。此定义的问题是没有意识到高雅文化与大众文化关系的复杂性。定义三：大众文化等于群氓文化（群众文化），是一种不可救药的商业文化，是为大众消费而批量生产的文化，受众是一群毫无分辨力的消费者。此定义的问题是否认了大众文化有积极的意义和功能。定义四：大众文化等于民间文化，是一种源于"人民"的文化。此定义的问题是模糊了大众文化与民间文化的区分。定义五：大众文化是一个富有冲突的场所。在这个场所中，被统治集团的"抵抗"力量与统治集团的"收编"力量相互角力。此定义把大众文化理解为"场所"而不是某种实体，显然是比较另类的思路。定义六：大众文化与后现代主义有关。后现代主义的核心观点是填平鸿沟，全面抹平，文化不再有高低之分。这很可能是一种已然来临或即将来临的事实。

斯道雷的概括固然不错，但也有所遗漏。为突出重点，我们可进一步将其提炼为以下四种。

（1）整合说

整合说的主要代表人物是法兰克福学派的理论家阿多诺和霍克海默（Max Horkheimer），以及写作《单向度的人》（1964）时期的马尔库塞（Herbert Marcuse）。整合说的基本思路如下：随着垄断资本主义时代的来临，资本主义社会已变成"全面被管理的社会"或"单维社会"。统治阶级通过"技术理性"或"工具理性"的力量把统治意识形态推进、渗透到社会的方方面面，文化工业（大众文化）亦成为为统治阶级和主流意识形态服务的帮手。文化工业生产的大众文化产品不可能来自民众，而是统治阶级通过文化工业强加在大众身上的假冒伪劣产品。因此，大众文化是以商品拜物教为意识形态，以标准化、模式化、伪个性化、守旧性与欺骗性为基本特征，以制造人们的虚假需要为主要欺骗手段的文化，最终目的是自上而下地整合大众。

可以说，阿多诺等人对大众文化的作用与功能的思考既包含对中产阶级大众的厌恶，也包含对无产阶级大众的失望。在新的现实环境中，无产阶级已不再"无产"，而是进入资本主义体制，逐渐"有产"起来，进而成为资本主义共同利益的分享者。在他们看来，所谓"无产阶级"，实际上已名存实亡，工人阶级已丧失了革命的动机。

作为一种理论假定，整合说虽然更多地来自阿多诺等人在纳粹德国的经验，并遭到了一些英美学者的批判，但由于表面上指向大众文化，实际上却在批判大众文化背后的极权主义体制，因此不乏深刻精湛。作为最早对大众文化进行系统研究的理论，整合说为我们揭示了一条认识大众文化的基本思路。

（2）颠覆说

颠覆说的主要代表人物是德国理论家本雅明（Walter Benjamin）、剧作家布

莱希特(Bertolt Brecht)，也一定程度上包括倡导"介入"的萨特和对 20 世纪 60
年代的文化革命寄予厚望的马尔库塞。颠覆说的基本假定如下：在资本主义社
会中，大众不是被文化工业整合的对象，而是需要被大众文化武装起来的革命
主体；通过新型的大众文化形式(电影、摇滚乐等)，通过大众文化所执行的新
型功能(心神涣散、语言暴动、身体狂欢与爱欲解放等)对大众革命意识与批判
态度的培养，大众文化最终可以颠覆资本主义制度。

需要说明的是，当如此思考大众文化时，颠覆说已在很大程度上改写了大
众文化的通常含义(如商业性、肤浅性和媚俗色彩等)，为大众文化涂抹上了特
殊历史语境中的"左翼"油彩。通过对大众的关注，颠覆说强调的是革命主体的
力量与能动作用；通过对大众文化的肯定性思考，颠覆说否定的是高雅文化的
懦弱与保守，强化的是大众文化的政治实践功能。革命理论对大众文化的重新
书写，也一定程度上消解了整合说所传达出的自律个体与顺从大众、现代艺术
与大众文化紧张对峙的状态，淡化了批判者对大众文化所采取的精英主义姿
态。然而，公正地看，颠覆说的乌托邦色彩是不言而喻的。倡导此说的本雅明
最终回归富有光晕(aura)的传统艺术，马尔库塞最后皈依高雅文化，原因之一
便是看到了大众文化"颠覆"的虚妄。

(3)斗争场域说

斗争场域说的主要代表人物是英国当代文化研究中心第二任主任斯图尔特·
霍尔(Stuart Hall)，霍尔的思想资源又主要源自葛兰西(Antonio Gramsci)。葛
兰西认为，意识形态领域是一个谈判、协商、对话、斗争的场所。为了夺取文
化领导权(cultural hegemony)，占领"常识"(common sense)与"大众文化"领域
至关重要。巴克(Chris Barker)指出："在葛兰西看来，所有的人都是通过大众
文化中的'常识'来思考这个世界，并组织生活和形成自身经验的。常识成为意
识形态冲突的关键场所。葛兰西认为，铸造'优良识见'(good sense)的斗争是
认识资本主义阶级特征的重要方面。常识之所以是意识形态斗争的最重要的场
所，是因为这是'被认为理所当然的'地带，是一种引导日常世界之行为的实践
意识。更多的哲学观念的粘连物，都在常识领域里角逐并转化到这一领域。因
此，葛兰西非常关心流行思想与大众文化的特性。"①霍尔认为"葛兰西的论述最
能表达我们想要做的事情"②，于是把葛兰西关于大众文化的理论抢救出来，又

---

① Chris Barker, *Cultural Studies: Theory and Practice*, London, Thousand and New
Delhi, Sage Publications, 2000, p. 60.

② Stuart Hall, "Cultural Studies and its Theoretical Legacies," in Lawrence Grossberg,
Cary Nelson and Paula A. Treichler eds., *Cultural Studies*, New York and London, Rout-
ledge, 1992, p. 280.

借助沃罗希诺夫（V. N. Volosinov）"符号变成阶级斗争的舞台"这一观点，将其固定成大众文化的斗争场域说。

斗争场域说显然刷新了人们对大众文化的认识思路。在此之前，大众文化一直是被当作实体性的东西。无论是肯定还是否定大众文化，无不与这种对待方式有关，霍尔却另辟蹊径，把大众文化看作文化霸权争夺战的竞技场。如此定位大众文化很可能意味着如下事实：大众文化本身是不存在什么立场的，谁能掌控它，它就会为谁服务。

（4）抵抗说

抵抗说的创立者是美国学者约翰·费斯克（John Fiske）。费斯克主要借用了霍尔的编码与解码理论，罗兰·巴特（Roland Barthes）、米歇尔·德·塞托（Michel de Cretuau）的符号学理论与巴赫金（Mikhail Bakhtin）的狂欢化理论，最终形成了如下观点："大众文化是大众创造的，而不是加在大众身上的；它产生于内部或底层，而不是来自上方。""大众文化一直是权力关系的一部分，它总是在宰制与被宰制之间、在权力以及对权力所进行的各种形式的抵抗或规避之间、在军事战略与游击战术之间，显露出持续斗争的痕迹……游击战或大众文化的要旨在于，它是不可战胜的。尽管资本主义有近两百年的历史，被支配的亚文化却一直存在着，并永不妥协地抗拒着最后的收编。"[1]在费斯克看来，大众（主要是由年轻人组成的亚文化群体）穿牛仔裤，看娱乐片，在商店里顺手牵羊或者仅仅消费一下商品的形象就构成了对统治意识形态的抵抗。

值得注意的是，费斯克虽然论述的是大众文化，但重点却是青年亚文化，这是抵抗说得以成立的原因之一。如此谈论大众文化固然"迷人"，但仅靠那些"年轻的游击队员"在符号界游戏、在想象界撒野、在文化的脂肪上搔痒，是否真的能够完成"抵抗"？这依然值得深思。伊格尔顿认为："后结构主义无力打碎国家权力结构，但是他们发现，颠覆语言结构还是可能的。"[2]这一判断或许适用于抵抗说。

通过简要的介绍和分析，"何谓大众文化"这一问题已大体明朗。我们在理解大众文化时，尤其要注意以下两点。第一，任何对大众文化的定义都有特定的历史语境和价值立场，因此，在面对具体的大众文化现象时，首要的任务是把它还原到具体的历史语境之中进行鉴别，而不宜一味套用某种定义或行使脱

---

① ［美］约翰·费斯克：《理解大众文化》，王晓珏、宋伟杰译，25 页，北京，中央编译出版社，2001。

② ［英］特雷·伊格尔顿：《二十世纪西方文学理论》，伍晓明译，178 页，西安，陕西师范大学出版社，1986。

离语境的价值判断。例如，若是套用整合说来看待 20 世纪 80 年代中国大陆的流行音乐，就会产生某种错位。那时的流行音乐其实参与了思想解放和感性启蒙的进程，有可肯定之处而不应全盘否定。第二，大众文化中一些核心的观念、配方、内容与形式有其连续性和稳定性，至今未有大的变化。例如，通俗甚至媚俗便是大众文化的基本品格和运作思路，概莫能外。

三、在文学与大众文化之间

以上的梳理和分析已呈现出文学与大众文化的复杂面相，接下来我们需要进一步把问题复杂化。首先，聚焦中国古代，看看雅文学与俗文学是如何流变的；其次，把目光转向西方近现代，介绍有关大众文化方面的论争与交锋；最后，直面当下，思考文学与大众文化的关系。

1. 文学的雅俗之变

（1）雅俗的基本含义

关于雅俗，李春青教授曾做过仔细的考辨。① 他指出：在先秦两汉语境中，"雅"的基本语义是"正"，即正确的语音。两周之时，八方殊俗，音声各异，统治者为了实现对各地区的有效控制，不同地区、不同诸侯国之间为了交往，都需要有大家都听得懂的语言作为中介。近似于后世的"官话"、今日之"普通话"的"雅言"应运而生。《诗经》中，大雅与小雅中的"雅"本因周人之语音、乐调而得名，但由于大小雅多采于王畿之地（贵族集聚之处），故"二雅"之诗基本上都出于贵族之手，内容多涉及祭祀与征伐等国家大事。《毛诗序》云："言天下之事，形四方之风，谓之雅。雅者，正也，言王政之所由兴废也。"这样一来，"雅"的内涵就溢出了原本的语音范围，带上了价值评判的意味。这种词义的变化大约开始于战国之末。与"雅"连用较多的词是"风雅"，原本专指《诗经》。六朝时期，"风雅"开始具有褒扬之意，专指文人士大夫阶层特有的某种才能与风度。

最初与"雅"对举的概念并非"俗"，而是"郑"。例如，刘勰说："然才有庸俊，气有刚柔，学有浅深，习有雅郑。"（《文心雕龙·体性》）之所以如此，是因为"郑声淫"（《论语·阳货》），要"放郑声，远佞人"（《论语·卫灵公》）。之所以认为"郑卫之音"（春秋末战国初产生于郑国、卫国的乐调）淫邪，是因为在儒家价值观中，"雅"被赋予"正统""正确""高贵"等含义，用以表示有教养的、遵守

---

① 李春青：《论"雅俗"——对中国古代审美趣味历史演变的一种考察》，载《思想战线》，2011(1)。

传统的知识阶层的审美趣味。与之相对，"郑"被赋予"邪僻""低级""不入流"等含义，意指新起的、反传统的、来自民间的审美趣味。如此一来，"雅郑"就成了"高雅"与"低俗"这一二元对立观念的最早表述。

在先秦典籍中，"俗"的基本语义是习俗或风俗。战国后期，情况发生了变化。荀子说："故有俗人者，有俗儒者，有雅儒者，有大儒者。不学问，无正义，以富利为隆，是俗人者也。逢衣浅带，解果其冠，略法先王而足乱世术，缪学杂举，不知法后王而一制度，不知隆礼义而杀诗书；其衣冠行伪已同于世俗矣，然而不知恶；其言议谈说已无异于墨子矣，然而明不能别；呼先王以欺愚者而求衣食焉；得委积足以掩其口，则扬扬如也；随其长子，事其便辟，举其上客，偄然若终身之虏而不敢有他志，是俗儒者也。"（《荀子·儒效》）在这里，"俗人"是不学无术、无操守、唯利是图的庸凡之人，"俗儒"是所学不当、持论近于异端邪说的儒者。"俗"被赋予"低级""邪僻"等含义。此为先秦文献中最早的"雅俗"对举的语例，可以说正式提出了"雅俗"观念。汉代以后，"雅"与"俗"渐渐成为品评人物、诗文书画的重要语词。"雅"往往指人风度美好，诗文书画高超脱俗；"俗"则是"雅"的反义词。

（2）雅文学、俗文学及其成因

在中国文学的发展过程中，诗歌与散文是成型最早且演练得最为成熟的文体，也是最早的雅文学，词、曲、戏剧、小说等文体的形成是后来的事情，最初多以"俗文学"的面目出现。

诗与文之所以是雅文学，是因为它们一方面属于上层文学，另一方面又是中国古代贵族文化的重要组成部分。钱穆指出："中国文学虽亦原自民间，实际上却经过了官方的一番淘洗……像中国最早一部文学作品《诗经》，就是出于政府的官书。若是地方性的文学，要渗透到全国的广大范围，就先须经过一层雅化。而此层雅化工夫，在古代则是操之于上层贵族手里的，也可说操在政府的。"[1]"中国文学的发展乃是由上而下，主要在贵族阶级手里来完成。"[2]由此看来，所谓"雅文学"，首先是被官方、政治、贵族之手梳理过的文学。

在贵族生活的文化空间中，诗歌成为一种特殊的言说方式和交往方式。李春青指出：

　　赋诗之所以能够成为贵族生活中一种具有普遍性的言说方式，还在于诗歌原来所具有的那种庄严性、高贵性，恰好符合了贵族作为一个社会阶

---

① 钱穆：《中国文学论丛》，66～67页，北京，生活·读书·新知三联书店，2005。
② 钱穆：《中国文学论丛》，68页，北京，生活·读书·新知三联书店，2005。

层的自我认同需求……贵族之为贵族必须有文化上、生活习俗上不同于常人而又为常人所认同、所羡慕的地方，必须是时代最高文化价值的承担者，否则他们就只能是暴发户或者已经堕落的旧贵族。周公的制礼作乐使西周的统治阶层成为真正的贵族。这个贵族阶层直到春秋中叶之前一直是社会主流文化的承担者。诗歌本来是礼乐文化的重要组成部分，即使它的功能发生了重要变化，从仪式化的歌舞乐章变成了一种言说方式，但它依然具有某种神圣的色彩。正是这种神圣色彩使它作为言说方式依然可以成为贵族的身份性标志，也使贵族在用这种方式进行交流的过程中感到自己的高贵身份得到了确证。①

诗歌成为贵族言说、交往和确认自己身份的方式，意味着文学的实用价值远远大于审美价值。文学审美价值的确立是魏晋时期的事情。随着"文学的自觉时代"（鲁迅）的来临，随着文章乃"经国之大业，不朽之盛事"（曹丕）这种文学观念的出现，文学开始回归自身。由于历史的原因，诗与文依然属于雅文学。只不过这种雅不再像先前那样需要通过官方征用、贵族言说确认其价值，而是通过士大夫、文人墨客的书写，逐渐形成了一种文学传统。在这种传统中，尽管"温柔敦厚""文以载道"的文学观念仍占有重要位置，但重个人感悟、真情抒发的文学逐渐开始占据上风。

诗与文的雅文学地位确立之后，其后出现的文学样式难免其俗。

首先，诗与文的背后有着强大的文化传统。无论是"温柔敦厚"的诗教，还是"文以载道"的理念，它们都既提供了一套正统且合法的文学观念，也确立了一种衡量诗文的准则和规范。词被看作"诗余"，曲被看作"词余"，便是用诗歌的标准打量词和曲的结果。"诗余""词余"有多种解释，但我们也可以把这种"余"理解为相对于诗之雅的一种俗。

其次，若考察源头，词、曲、小说等均来自民间下层。钱穆指出："自晚唐以下，诗又与歌唱相配而有词，骤视之若复古，实则更新出。因其歌唱，亦在社会下层，在私人生活中。故早期之词，多选入《花间集》，可见词之使用，不在宗庙朝廷，不在邦国会同，而只在花间。"②又说："宋代话本，则多出社会下层不知名人之作，可证其已另成一派别。"③既然这些文学形式来自社会下层，

① 李春青：《诗与意识形态：西周至两汉诗歌功能的演变与中国诗学观念的生成》，123~124 页，北京，北京大学出版社，2005。

② 钱穆：《中国文学论丛》，51 页，北京，生活·读书·新知三联书店，2005。

③ 钱穆：《中国文学论丛》，53 页，北京，生活·读书·新知三联书店，2005。

相对于流行于社会上层的诗与文，它们也就不可能不俗了。

最后，俗文学乃至俗文学趣味的形成，也与门第垮台、社会等级松动、"士"与"民"的上下流动有关。在谈到这一现象时，朱自清指出，安史之乱带来了社会变迁，"士"与"民"的等级分界不再像原来那么严格和清楚，彼此的"分子"开始流通起来，但毕竟由"民"而"士"者居多。宋朝以后，士人更是越发增多。"这些士人多数是来自民间的新的分子，他们多少保留着民间的生活方式和生活态度。他们一面学习和享受那些雅的，一面却还不能摆脱或蜕变那些俗的。人既然很多，大家是这样，也就不觉其寒碜；不但不觉其寒碜，还要重新估定价值，至少也得调整那旧来的标准与尺度。'雅俗共赏'似乎就是新提出的尺度或标准。这里并非打倒旧标准，只是要求那些雅士理会到或迁就些俗士的趣味，好让大家打成一片。"①如此看来，俗士进入上层，势必影响文学的观念和趣味。观念和趣味（如"雅俗共赏"）一变，俗文学就有了市场，它的合法性也会增加许多。

关于文学的雅俗，我们不妨以诗与词为例，略加辨析。

诗与词之不同，曾被人概括为"诗庄词媚"。所谓"庄"，即庄重、庄严；所谓"媚"，即艳丽、优美。王国维在《人间词话》中说："词之为体，要眇宜修，能言诗之所不能言，而不能尽言诗之所能言。诗之境阔，词之言长。"这里的"要眇宜修"与"媚"的意思相当。"要眇"是"好貌"，修者，饰也。"要眇宜修"意指词之美是一种带有修饰性的精巧之美。清代刘体仁曾举例说："'夜阑更秉烛，相对如梦寐'，叔原则云：'今宵剩把银釭照，犹恐相逢是梦中。'此诗与词之分疆也。"（《七颂堂词绎》）前两句诗来自杜甫的《羌村三首》之一，全诗云："峥嵘赤云西，日脚下平地。柴门鸟雀噪，归客千里至。妻孥怪我在，惊定还拭泪。世乱遭飘荡，生还偶然遂。邻人满墙头，感叹亦歔欷。夜阑更秉烛，相对如梦寐。"诗中所写，是安史之乱后，杜甫终于回到了羌村，见到了久别的亲人。夜深人静之时，夫妻二人高点蜡烛，相对默然，如在梦里。后两句出自北宋晏几道的《鹧鸪天》，全词云："彩袖殷勤捧玉钟，当年拼却醉颜红。舞低杨柳楼心月，歌尽桃花扇底风。从别后，忆相逢，几回魂梦与君同。今宵剩把银釭照，犹恐相逢是梦中。"这首词写了三个时间点：当年殷勤劝酒，一见倾心，听歌观舞，恨时光之速；别后魂牵梦绕，亟盼重逢；今宵果然已在面前，然犹恐是梦，故频照银灯，以鉴真幻。上述诗、词写的都是"久念之人重逢之喜与迷离恍惚之情，然两者相较，一庄肃，一活跃；一深沉内向，一显豁爽朗；一

---

① 朱自清：《论雅俗共赏》，2页，北京，北京出版社，2005。

语淡，一语艳。明乎此，则明乎'庄''媚'之分"①。

诗庄词媚往往指二者风格相异，扩而大之，可引申为诗雅词俗。究其原因，是因为诗多写家国大事，即便是描摹日常生活，也常富有深意，显得典雅庄重；词为艳科，多写闺阁之事，浓艳密腻，不免流于艳俗。有学者还借用西方的理论解释诗与词的区别，认为"写诗的人，带着中国旧日的诗言志的传统观念来写作诗歌。他的意识活动是一种显意识的活动，是一种 consciousness 的显意识活动"，而填词主要是潜意识的活动。② 换一种说法，诗或可被称为"上半身写作"，词则多是"下半身写作"。如此一来，诗与词的雅俗之别也就更加清楚了。

(3)雅文学与俗文学的流动、互渗、互动

话说回来，雅文学与俗文学的分界又是相对的，二者都会因时因地发生变化，甚至改变身份。有时候，会出现雅、俗文学的互渗与互动，以俗为雅、避雅向俗的情况也有发生。这种变化，背后的原因往往比较复杂，需要做具体分析。

首先，俗文学往往来自民间。在民间时，它们处在自在的状态中，只有经过文人之手的翻译、改写、润饰与改造，才能被称为文学。例如，《聊斋志异》所收故事，十之八九早已在民间流传，只是后来经过蒲松龄的搜集、加工与改造，才成了真正的文学作品。经过文人之手的过程便是雅化的过程。钱穆曾指出中国文学中雅化的重要性。没有经过雅化的文学只有地方性而不具备普遍性，也就失去了成为文学的资格。举例言之："《楚辞》中如九歌之类，本来是江湘之间楚地的民歌……也是未合于文学条件的。只因经过了当时文学高手屈原之修改与润色，虽然还保留了若干的土气与地方性，但是已雅化了，这始成为此后中国人所公认的绝世伟大的文学了。"③看来，俗文学能否变成雅文学，取决于文人是否关注和改造它。经文人关注和改造的文学不胜枚举。

其次，世风所向，文人雅士有时也会沉溺于俗文学，做一些格调不高的游戏文字。久而久之，他们的思想怀抱、理想志意会不知不觉地带入其中，从而改变俗文学的格调，使其由俗变雅。前面我们谈到了诗庄词媚、诗雅词俗，这只是问题的一面；问题的另一面是，词后来也由俗而雅了。究其原因，固然与苏东坡"以诗为词"、辛弃疾"以文为词"的有意改造有关，但也与众多词人无意识的潜移默化的改写关系密切。叶嘉莹在谈到这一现象时特别指出："词就是

① 杜毅、潘善祺：《"诗庄词媚"管窥》，载《中国韵文学刊》，1988(C1)。
② 叶嘉莹：《唐宋词十七讲》，8 页，石家庄，河北教育出版社，2000。
③ 钱穆：《中国文学论丛》，106 页，北京，生活·读书·新知三联书店，2005。

有这样一种微妙的作用。就是说他本来没有想写自己理想志意的用心，只是给美丽的歌女，写一些漂亮的爱情的歌词。可是他不知不觉地就把他最深隐的本质，这不是拿腔作态说出来的什么伦理道德，而是他自己真正的感情人格的最基本的本质，在无意之中、不注意之间流露表现出来了。"①无意之中输入的东西就是形而上的东西，就是雅的元素。

最后，在特殊的历史时期，文人观念的变化会直接影响对雅俗的判断与评估，从而扬俗抑雅。在这种情况下，雅俗二元对立的格局就会发生戏剧性的变化：原来代表高贵的"雅"会被贬低，原来不登大雅之堂的"俗"会被褒扬。例如，明代后期，俗文学繁荣，这既与商品经济的发展和市民社会的成型有关，也离不开文人士大夫的大力提倡和鼓吹。李贽认为，《西厢记》《水浒传》均为"古今至文"（《童心说》）。袁宏道将《史记》、杜诗、《水浒传》与元人杂剧并列，称其为"畅心之书"（《游惠山记》）。这就把俗文学放到了与雅文学平起平坐的位置。徐渭更是对"俗""真""本色"的关系做了明确的论述：

> 语入要紧处，不可着一毫脂粉，越俗越家常，越警醒，此才是好水碓，不杂一毫糠衣，真本色。若于此一恶缩打扮，便涉分该婆婆犹作新妇少年哄趋，所在正不入老眼也。至散白与整白不同，尤宜俗宜真，不可着一文字与扭捏一典故事，及截多补少促成整句。锦糊灯笼，玉镶刀口，非不好看，讨一毫明快，不知落在何处矣！此皆本色不足，仗此小做作以媚人，而不知误入野狐，作娇冶也。（《题昆仑奴杂剧后》）

这既是对宾白的论说，也是对"俗"的张目。在徐渭看来，越俗越真，"越俗越雅，越淡薄越滋味"（《又题昆仑奴杂剧后》）。这就极大地颠覆了盛行千年的雅俗观，把"俗"推向了至高无上的地位。正是在这种观念的影响下，晚明诗歌、散文的创作出现了俗化的趋势，公安派的诗、晚明小品都有浅俗的特点。例如，张岱在《陶庵梦忆》中，是如此描写牙婆居中介绍买卖妇女勾当的：

> 至瘦马家，坐定，进茶，牙婆扶瘦马出，曰："姑娘拜客！"下拜。曰："姑娘往上走！"走。曰："姑娘转身！"转身向明立，面出。曰："姑娘借手睄睄！"尽褫其袂，手出、臂出、肤亦出。曰："姑娘相公！"转眼偷觑，眼出。曰："姑娘几岁？"曰几岁，声出。曰："姑娘再走走！"以手拉其裙，趾出。然看趾有法，凡出门裙幅先响者，必大；高系其裙，人未出而趾先出

---

① 叶嘉莹：《唐宋词十七讲》，9页，石家庄，河北教育出版社，2000。

者，必小。曰："姑娘请回。"一人进，一人又出。看一家必五六人，咸如之。

这段风俗小品大量汲取口语白话，以极简练的笔墨，通过人物的语言动作，将牙婆的老练精明、"瘦马"的任人摆布刻画得活灵活现。① 它不仅内容上"俗"，而且借用了俗文学（小说）的叙事与描摹笔调，可谓雅文学俗化的典范。

再以小说为例，由俗而雅的情况更加明显。鲁迅在谈到宋代话本时指出："以意度之，则俗文之兴，当由二端，一为娱心，一为劝善，而尤以劝善为大宗。"②《京本通俗小说》"其取材多在近时，或采之他种说部，主在娱心，而杂以惩劝"③。这就意味着小说兴起时，其取材、功能等与雅文学很不相同。小说在明清之际有了重大发展并得到文人士大夫的激赏；五四新文化运动前后，小说进一步被赋予崭新的价值内涵和功能，性质发生了重大变化，地位有了极大提高。梁启超在《论小说与群治之关系》中认为，"欲新一国之民，不可不先新一国之小说"，小说对道德、宗教、政治、风俗、学艺、人心，皆有"不可思议"的支配力。小说被推崇为"文学之最上乘"。这就彻底打破了歧视和轻视小说的传统文学观念，开创了一个欲借小说改良社会、开通民智的时代。④ 此后，小说堂而皇之地步入雅文学的行列。虽然后来又有了所谓的"通俗小说"，但只要谈到"纯文学"，小说肯定要被算作其中最重要的门类。

由此，我们注意到一个重要的文化现象：思想启蒙运动常常伴随着避雅向俗的过程。究其原因，大概是因为"雅"已缺乏革命能量，变得故步自封、死气沉沉，而"俗"不但有着强大的生命活力，而且能促进个性的解放、思想的活跃。晚明时期的贵真崇俗和五四时期的走向民间便是如此。文学的雅俗一旦与启蒙主义联系到一起，问题也就变得更加复杂了。

总之，雅、俗文学并非一成不变，也并非铁板一块。它们的变化、互渗乃至互动往往需要条件和契机，其中还掺杂着时代风尚、文学观念、意识形态、集体无意识等多重因素。对于文学的雅俗之变，我们既要有大历史的眼光，也需要充分注意一时一地的具体细节。如此，才不至于把复杂的问题简单化。

---

① 夏咸淳：《晚明士风与文学》，283 页，北京，中国社会科学出版社，1994。

② 鲁迅：《中国小说史略》，见《鲁迅全集》第 9 卷，115 页，北京，人民文学出版社，2005。

③ 鲁迅：《中国小说史略》，见《鲁迅全集》第 9 卷，120 页，北京，人民文学出版社，2005。

④ 杨义：《中国现代小说史》第 1 卷，5 页，北京，人民文学出版社，1986。

2. 文学与大众文化之争

把目光转向西方，我们发现，长期以来，人们关于文学（艺术）与大众文化的争论不断，其中隐含着如何理解文学与大众文化的诸多秘密。下面，我们择其要者，介绍三组著名的争论，以深化对文学与大众文化的认识。

（1）蒙田—帕斯卡尔之争

洛文塔尔认为，法国作家蒙田（Michel de Montaigne）是对满足人类需要的娱乐进行心理学分析并为通俗文化的合法性进行系统辩护的第一人。蒙田意识到，中世纪文化标准的崩溃给他与同时代人带来了一种创伤性体验。为了减轻内心的痛苦，"逃避"成为必要之举。逃避到哪里呢？答案是文学艺术。"蒙田就此问自己，艺术（特别是文学艺术）能否成为这种逃避的工具。他的回答是肯定的。蒙田发现，即使他的同胞不相信虚构的故事，也会逃避到'虚构的哀歌如狄多（Dido）和阿里阿德涅（Ariadne）的眼泪'中，并且为之着迷。"洛文塔尔指出，蒙田的这种想法实际上就是要让艺术和娱乐合法化——不管它是高雅的还是低俗的。①

蒙田的观念遭到了 17 世纪法国哲学家帕斯卡尔（Blaise Pascal）的反对。帕斯卡尔认为，正是娱乐、游戏等消遣活动导致了人们心灵的空虚。"人类的所有不幸都源于一个简单的事实，那就是他们不能安静地待在他们自己的房间里。"在帕斯卡尔看来，所有娱乐中最危险的是戏剧，因为它吸引所有的感官，骗人相信舞台所上演的高贵品质。帕斯卡尔对娱乐的批评预示了通俗文化现代争论中一个重要的主题："通俗文化对道德、沉思以及完整个性是一种威胁。它以放弃对更高目标的追求为代价，使人们屈服于纯粹的工具之下。"②

在评论这场争论时，洛文塔尔指出，蒙田代表着人们的一种悲观的观念——人类需求的天性是不能改变的，我们必须高度重视这种需求；否认它们能够带来虚幻或真实的满足毫无意义，我们所能做的是尽量提高文化产品的质量。帕斯卡尔的观念则带有深深的宗教感，代表着精神的进步：对娱乐与逃避的需要并非必不可少，人们必须动员起较高尚的冲动去抵制它们。只有远离娱乐干扰，达到孤独的境界，我们才能增强内心的自我意识，走上拯救之路。③

---

①　［美］利奥·洛文塔尔：《文学、通俗文化与社会》，甘锋译，34～36 页，北京，中国人民大学出版社，2012。

②　［美］利奥·洛文塔尔：《文学、通俗文化与社会》，甘锋译，37 页，北京，中国人民大学出版社，2012。

③　［美］利奥·洛文塔尔：《文学、通俗文化与社会》，甘锋译，37 页，北京，中国人民大学出版社，2012。

这场争论形成了某种模式，为后人不时套用——无论是蒙田那种同情的理解还是帕斯卡尔基于道德的谴责，都没有直面大众文化本身，而是从受众的心理的出发进行思考。这样一来，辩护或批评最终就转换成为心理学问题。

(2) 阿多诺—本雅明之争

20 世纪 30 年代，本雅明作为法兰克福学派的编外成员，给流亡美国的社会研究所写过几篇论文。围绕这几篇论文，阿多诺与本雅明展开了三次著名的争论。这场争论内容丰富，我们所呈现的仅与艺术和大众文化有关。

本雅明对电影的论述富有开创性，这主要体现在《机械复制时代的艺术作品》中。在谈到电影与大众的关系时，本雅明说："无论怎样理想化，任何人都无法在某个时间点上以一种高雅艺术赢得大众；艺术只有接近他们才能把他们争取过来。由于困难恰恰在于寻找到这样一种艺术形式，所以人们可以问心无愧地认为这种艺术就是一种高雅艺术。在被资产阶级先锋派宣传的大多数艺术中，这种情况绝不会出现……大众从艺术作品（对于他们来说，这些艺术作品在消费品中占有一席之地）中积极地寻求着某种温暖人心的东西……今天，大概只有电影能胜此任——至少，电影比其他任何艺术形式都更适合此任。"[1]本雅明如此为电影这种新型的大众文化形式辩护，思路与蒙田十分相似。

阿多诺是大众文化整合说的提出者，认为："文化工业有意地自上而下整合其消费者，它把分离了数千年，各自为政、互不干扰的高雅艺术与低俗艺术强行拼合在一块，结果是两者俱损。高雅艺术的严肃性在于其精确的效力，文化工业对这种效力进行投机追求并毁坏了它；低俗艺术的严肃性在于在社会控制尚不彻底的情况下与生俱来的反叛性抵抗，但是文化工业将文明化制约强加其上，消灭了它的这种特征。因此，尽管文化工业针对的是大众，尽管它毋庸置疑地在对芸芸众生的意识与无意识状态进行投机押宝，但是大众对它来说并不是首要的，而是次要的。他们仅仅是被算计的对象，是整个运转机制的附属物。"[2]在阿多诺看来，新型的大众文化产品是高雅艺术与低俗艺术的奇怪组合。它以标准化与伪个性化为基本特征，唯利是图，算计大众。它打着为大众着想、满足大众需要的幌子，最终满足的却是大众的虚假需要。大众文化的全盛之日也正是真正的艺术（自主性艺术）受损之时。对于这样的文化产品，阿多诺

---

① Walter Benjamin, *The Arcades Project*, trans. Howard Eiland and Devin McLaughlin, Cambridge, The Belknap Press of Havard University Press, 1999, p. 395.

② ［德］T. W. 阿多诺：《文化工业述要》，赵勇译，见赵勇：《大众文化理论新编》，23 页，北京，北京师范大学出版社，2011。

认为理应迎头痛击。

在这一背景下，阿多诺通过三封长信和一篇檄文（《论音乐中的拜物特性与听觉的退化》），与本雅明展开了激烈的论争。这场争论并没有使问题得到有效解决，而是引发了更深层的问题。理查德·沃林（Richard Wolin）指出，"阿—本之争"具有一种二律背反的性质。双方的立场都存在缺陷，且在短期内没有解决的可能。本雅明为大众着想且肯定大众艺术，思路有可取之处，但政治功利目的明显，容易牺牲审美自律原则。阿多诺对自主性艺术的捍卫固然可敬，但这样的艺术又成为小圈子里的艺术，成为只能被专家理解的艺术。[①] 对于如何解决这一矛盾，人们至今也没有找到合适的办法。

（3）威廉斯—利维斯之争

当德国的阿多诺批判大众文化时，英国的利维斯（F. R. Leavis）也向大众文化开火了，只不过使用的概念是"大众文明"（mass civilization）。1930 年，利维斯出版《大众文明与少数人文化》一书，褒扬前者，贬低后者。在他看来，文化始终是少数人的专利，是不容大众染指的。这种文化又集中在高雅文学那里，只有少数人才有欣赏、鉴别的能力。利维斯指出："在任何时代，对于艺术和文学的鉴赏都依赖极少数人；只有极少数人能够进行独立的、第一手的评判。""公认的价值是一种以非常少量的金子为基础的纸币。任何时代，美好生活的可能性都与这种货币的状态有密切关系……这个少数派不仅能够欣赏但丁、莎士比亚、多恩、波德莱尔、哈代（仅举几个重要例子），而且能够识别出这些作家最近的继承者。"文化传统能通过文学的语言得以保存和延续，利维斯"所说的'文化'，便是指这样一种语言的使用"[②]。

利维斯的观点得到了己方阵营的响应。他们批判通俗小说让读者心神涣散，批判好莱坞电影给人带来了廉价的快感，批判广告的消费主义倾向，并对高雅文化遭到冲击忧心忡忡。利维斯夫人（Q. D. Leavis）援引他人的文字指出："民主思想的蔓延所带来的一个巨大威胁，即文学鉴赏传统和经典文本的权威已经被群氓的投票成功篡改。目前，在世界各地，那些未曾接受教育或只接受过一丁点教育的乌合之众竟已成为文学读者的主体……如果文学作品的价值需由老百姓投票决定，如果那些庸人认识到了自己拥有多大的权力，那么文学的末日就到来了。原因很简单：对于他们来说，杰出的文学作品既索然无味，又

---

① 转引自 Richard Wolin，*Walter Benjamin*，*An Aesthetic of Redemption*，New York，Columbia University Press，1982，p. 197。

② 转引自［英］雷蒙·威廉斯：《文化与社会：1780—1950》，高晓玲译，269～270 页，长春，吉林出版集团有限责任公司，2011。

艰深晦涩。"①由此可以看出，利维斯主义者先是对大众不满，然后才迁怒于大众文化，大众文化的甚嚣尘上又加重了他们对大众的不满。

威廉斯对利维斯的观点进行了反驳，这主要体现在《文化与社会》(1958)一书中。首先，如果把文化等同于高雅文学，进而以此获取经验，观察社会，形成判断，那么这种判断并不可靠。"我们不但可以借助丰富的文学资源，而且可以借助历史、建筑、绘画、音乐、哲学、神学、政治和社会学理论、物理学和自然科学、人类学以及整个学科体系。如果我们足够明智，还可以借助以其他方式记录下来的经验：机构、礼仪、风俗、家庭记忆等。"②这样一来，不仅扩大了文化的边界，也在很大程度上把大众文化纳入了考察范围。其次，如果我们的文明变成了"大众文明"，更应该追问的是它是如何变成这个样子的，我们所说的"大众"究竟指什么，而不是一味地谴责批判。最后，"把有教养的少数派和'反创造'的大众对立起来，这样的观念容易形成一种有害的傲慢和怀疑主义"③。正是在这一背景下，威廉斯提出了"文化是一种生活方式"的著名观点，并给出了那个著名的论断："事实上没有所谓的群众：有的只是把人视为群众的观察方式。"④

现在看来，利维斯等人对"少数人文化"重视和对"大众文明"的抨击，所体现的是一种精英主义的价值观。关注并释放高雅文学的价值固然没错，但由此把大众及其文化贬得一钱不值，这既"傲慢"，也不利于更全面地搜集经验、观察社会。威廉斯的驳论，其价值主要体现为一种开放的眼光和开阔的视野，以及对待大众与大众文化的"平常心"。从此，面对大众文化时，不是疾言厉色地批判，而是平心静气地研究，进而追问它与经济、商业和大众传播的复杂关系，成为一种较为固定的思路。

通过以上的三组争论，我们会发现如下症候：大众文化批判者与辩护者在进行争论时，实际上已制造了文学艺术与大众文化的二元对立：前者高贵、典雅，代表着人类的精神高度与价值；后者轻浅、低俗，注重快感体验，代表着人性中不太光明或羞于示人的一面。于是，批判者往往会预先占领某种道德高

---

① 转引自[英]约翰·斯道雷：《文化理论与大众文化导论(第五版)》，常江译，28 页，北京，北京大学出版社，2010。

② [英]雷蒙·威廉斯：《文化与社会：1780—1950》，高晓玲译，271 页，长春，吉林出版集团有限责任公司，2011。

③ [英]雷蒙·威廉斯：《文化与社会：1780—1950》，高晓玲译，278 页，长春，吉林出版集团有限责任公司，2011。

④ [英]雷蒙·威廉斯：《文化与社会：1780—1950》，高晓玲译，315 页，长春，吉林出版集团有限责任公司，2011。

地，显得底气十足，义正词严；辩护者则处于下风，未辩先弱，只能从大众的心理需求等方面提供不算有力的辩词。实际上，文学艺术与大众文化的关系复杂得多。如前所述，文学本身就有雅俗之分，雅文学与俗文学也处在不断的流动与互动之中。这意味着文学作为高雅文化并非天生自明，而是被文人建构的结果；同理，大众文化也并非天生面目可憎。大众文化名声不佳，固然有自身原因，但也与知识分子的话语建构相关。这样看来，虽然文学与大众文化之争的正反观点都会给我们带来启发，但是当我们面对一个时期、一个时代的文学与大众文化时，把它们历史化、语境化永远都是必要的。

3. 文学与大众文化的互渗与融合

无论是梳理文学的雅俗之变还是文学与大众文化之争，我们都是在回顾历史。面向当下，我们会发现，文学与大众文化的对立已逐渐消失，二者开始互渗和融合。要说清楚这一问题，我们得先从后现代主义说起。

（1）后现代主义

什么是后现代主义？词典把它解释为第二次世界大战之后出现的文学艺术样式。艾布拉姆斯（M. H. Abrams）指出，后现代主义既是对现代主义反传统尝试的延续，也是对现代主义形式的抛弃。与此同时，"后现代主义还通过依靠'大众文化'中的电影、电视、报纸卡通和流行音乐等模式，颠覆了现代主义'高雅艺术'中的精英主义"[1]。在杰姆逊（Fredric Jameson）看来，后现代主义并非一个具体的艺术作品类别，而是一个文化观念层面的概念。按照他的界定，后现代指一个新的时代分期，后现代主义则是一种"晚期资本主义的文化逻辑"。[2]

那么，在后现代主义阶段，文学与大众文化发生了怎样的变化？我们先来看看杰姆逊的说法：

> 我曾提到文化的扩张，也就是说后现代主义的文化已经无所不包了，文化和工业生产、商品已经紧紧地结合在一起，如电影工业，以及大批生产的录音带、录像带等。在19世纪，文化还被理解为只是听高雅的音乐、欣赏绘画或是看歌剧，文化仍然是逃避现实的一种方法。而到了后现代主

---

① ［美］M. H. 艾布拉姆斯：《文学术语词典（第7版）》，吴松江等编译，337页，北京，北京大学出版社，2009。

② 盛宁：《人文困惑与反思：西方后现代主义思潮批判》，209～211页，北京，生活·读书·新知三联书店，1997。

义阶段，文化已经完全大众化了，高雅文化和通俗文化、纯文学和通俗文学的距离正在消失。商品化进入文化意味着艺术作品正成为商品，甚至理论也成了商品。当然，这并不是说那些理论家们在用自己的理论发财，而是说商品化的逻辑已经影响到人们的思维。总之，后现代主义的文化已经从过去那种特定的"文化圈层"中扩张出来，进入了人们的日常生活，成了消费品。①

杰姆逊认为，后现代主义阶段的文化症候是雅俗的距离正在消失，艺术与商品的界线也不复存在。这当然并非杰姆逊一个人的看法，早在 20 世纪 60 年代，莱斯利·菲德勒(Leslie Fiedler)就发表了《越过边界——填平鸿沟：后现代主义》一文。该文指出，后现代主义的到来，意味着雅俗之界已形同虚设。当代一些知名作家，如约翰·巴斯(John Barth)、诺曼·梅勒(Norman Mailer)、菲利普·罗斯(Philip Roth)，无不采用西部小说、科学小说等所谓"亚文学"的构成要素和写作手法。于是，菲德勒得出结论：后现代主义小说实际上已是通俗小说，是"反艺术"和"反严肃"的。它致力于创造新的神话，"在其真实的语境中'创造一种'原始的魔力"②。正是因为这一变化，商品艺术化、艺术商品化、日常生活审美化、审美日常生活化、文学大众文化化、大众文化文学化才成为频繁出现的语汇，成为对后现代主义的有力注解。

具体到文学与大众文化，它们又是如何运作的呢？

(2)文学性的蔓延

文学性的蔓延往往是与"文学的终结"这一话题联系在一起的。欲说文学性的蔓延，我们需要从"文学的终结"说起。

世纪之交，"文学终结论"渐成文学界热议的话题。之所以被热议，显然也是"理论旅行"的结果。2000 年，美国学者希利斯·米勒(Hillis Miller)来北京语言文化大学(今北京语言大学)参加学术会议并发表演讲，次年，演讲内容以《全球化时代文学研究还会继续存在吗？》为题刊发于《文学评论》2001 年第 1 期，激起轩然大波。米勒认为，文学的消亡缘于印刷时代正在走向终结。印刷文学曾塑造了民族国家公民的理想、意识形态、行为方式、判断方式，如今，文学的这些功能却由新媒体取而代之。"技术变革以及随之而来的新媒体的发展，正使现代意义上的文学逐渐死亡。我们都知道这些新媒体是什么：广播、电影、

---

① ［美］杰姆逊：《后现代主义与文化理论——弗·杰姆逊教授讲演录》，唐小兵译，147～148 页，西安，陕西师范大学出版社，1987。

② 转引自黄禄善：《美国通俗小说史》，2～3 页，南京，译林出版社，2003。

电视、录像以及互联网，很快还要有普遍的无线录像。"米勒甚至举证说："如今最受尊敬、最有影响的中国作家，显然是其小说或故事被改编成各种电视剧的作家。""人们看书是因为他们先看了电视改编。"①与此同时，"先锋文学之父"马原宣布"小说已进入了漫长的死亡期"，因为小说家今天只有三条路可走：第一条是走向影视；第二条是走向媚俗，写畅销书；第三条路是走进博物馆。②

"文学终结论"引起了一些批驳，但似乎都不得要领。无论是米勒还是马原，他们都陈述了一个重要事实：表面上看，文学在今天甚至比以往更加繁荣（如小说年出版量越来越大），但一方面，文学的功能已转移到米勒所说的新媒体那里；另一方面，文学的性质与目的已发生变异。菲德勒也指出，今天的作家在写小说时，要么写给学院（供教授和学生分析、阐释），要么写给好莱坞（被包装，做成文化产业，赢得票房）。在这一意义上，"小说真正是死了——就它作为一种最终形式，本身即目的，无须转译为另一种媒介或另一种语境而言，它是死了"③。

如果说小说已死，文学终结已是或将是事实，那么，"文学性"这一幽灵却脱离了文学之躯，开始四处游走，借尸还魂。文学性（literariness）原是俄国形式主义批评家雅各布逊（Roman Jakobson）在 20 世纪 20 年代发明的术语，意指文学的本质特征。这种本质特征又主要集中于文学作品的语言层面。④ 我们所说的文学性更宽泛一些，不仅包括语言，而且涉及叙事方式，讲述故事的手法、技巧，等等。如今，这种文学性已蔓延至电影、电视节目（如《法制在线》《法律讲堂》《百家讲坛》）、广告、历史书写、微博段子甚至天气预报等诸多领域，成为日常生活审美化的重要内容。

试举一例。有学者指出，当代广告的一个重要特点是故事化。传统的广告大致如下："脆沙瓤的大西瓜，吃一口甜掉牙！""我家秘方，三代单传，一贴见效，无效退钱！"从语言学的角度看，这种广告既用虚拟语言，又是祈使语气。当代广告是视觉化和动态化的："无论是洗发香波还是营养口服液，赤裸裸地鼓吹和劝说的广告是越来越少了。主要的广告形式是通过画面中的情景和动态过程来展示和讲述一种虚构的经验，即某些人在使用某种商品的情形或效果，

---

① ［美］希利斯·米勒：《文学死了吗》，秦立彦译，16～17 页，桂林，广西师范大学出版社，2007。

② 马原：《小说和我们的时代》，载《长城》，2002(4)。

③ ［美］莱斯利·菲德勒：《文学是什么？高雅文化与大众社会》，陆扬译，74 页，南京，译林出版社，2011。

④ 周小仪：《文学性》，见赵一凡等：《西方文论关键词》，592 页，北京，外语教学与研究出版社，2006。

比如一个或一群人喝某个牌子的饮料或吃某个牌子的话梅的快乐情景、某个病人服用了某种牌子的药品后的效果等。虚拟语气变成了过去时，吆喝变成了讲故事。"①这就是文学性蔓延到广告中的典型表现。

再举一例。2006—2009 年，当年明月的《明朝那些事儿》走红网络，成为超级畅销书。究其原因，在于作者不仅把历史故事化了，而且采用了戏仿、戏说、反讽、引征、调侃、挪用、庄词谐用、今词古用等手法。例如："陆炳，出生在一个不平凡的家庭，家里世代为官。请注意'世代'两个字，厉害就厉害在这里。这个'世代'到底有多久？一般来说，怎么也得有一个一百年吧？一百年？那是起步价，六百年起！还不打折！"这里戏仿的是电影《大腕》中的台词："你说这样的公寓，一平米你得卖多少钱？（我觉得怎么着也得两千美金吧。）两千美金？那是成本，四千美金起。你别嫌贵，还不打折！"这又是文学性蔓延到历史书写中的典型例证。

从文学与大众文化的关系看，文学性的蔓延使大众文化获得了滋养。大众文化变得越来越精致，越来越好看，吸引了越来越多的受众。大众文化的势力越来越大，也就挤占了原属文学的地盘。从这个意义上说，文学走向终结是成立的。

（3）大众文化的渗透

在文学性向大众文化蔓延时，大众文化也开始向文学渗透。这种渗透是多方面的。例如，在宣传、发行环节，出版社"绑架"作家，让作家签名售书，参加读者见面会、新书发布会，甚至策划出更惊人的举动。2009 年年底莫言的长篇新作《蛙》的首发式即一例。②

更值得关注的是，大众文化的制作手段进入文学生产环节，改变了纯文学或严肃文学的性质。例如，余华是中国当代极具实力的严肃文学作家。他以先锋文学创作起家，又以《活着》《许三观卖血记》等作品赢得声誉。但是，《兄弟》上、下部分别在 2005 年和 2006 年出版后，引来了读者与专业人士的诸多批评。邵燕君指出，余华的这部长篇其实是一部"顺势之作"。"这不仅在于《兄弟》写了很多性，很多暴力，写得很煽情很刺激，更在于《兄弟》扣准了大众心中隐藏的密码，顺应了大众内心的情感趋向和阅读习惯。"通过文本分析，邵燕君还指出，《兄弟》的语言基本上是"段子"式的。如此处理，这部作品就变得好读不累。在文学市场化的今天，聪明如余华者意识到，《兄弟》并不是像他当年操练先锋文学那样写给文学编辑和批评家看的，而是"写给掏钱买书的大众看

---

① 高小康：《人与故事》，28～29 页，北京，东方出版社，1993。

② 傅小平：《莫言〈蛙〉新书发布会用"书模"吸引眼球》，http：//book.163.com/10/0114/15/5T0GEETD00923IND.html，2018-08-01。

的，或者可以说，是'先锋余华'凭借他多年来积累的象征资本向大众兑取经济资本的一次提款"①。关于《兄弟》的好读不累，梁鸿亦有同感，并有专门分析："阅读《兄弟》是轻松的。伴随着情节的发展，你的精神会越来越放松，越来越没有担待。最后，你完全松懈而且畅快了，因为余华与你灵魂的世俗要求完全吻合，与这个时代的大众文化内核完全一致。换言之，时代大众精神在余华这里没有遭遇到丝毫抵抗，反而被赋予逻辑严密的合情性与合理性。"②

菲德勒指出："但凡高雅文学走进死胡同，比方说，当浪漫主义或达达主义兴起之时，它总是转向大众艺术，或者是乞灵于民谣、童话、莪相（Ossian）诗歌，或者是乞灵于《怪猫菲力兹》、卓别林和马克斯兄弟的影片，总而言之，是本能地以为在那里可以发现获得新生和再生的线索。"③这么说，当高雅文学向大众文化投降时，就意味着它走进了死胡同吗？也许是的。千变万化的现实越来越精彩，虚构的文学则在现实面前显得软弱无力。为了耸人听闻，为了避免越来越小众化继而无疾而终，高雅文学不得不使出浑身解数，不惜向大众文化取经，以维持昔日的荣光。只是这样一来，文学也就不可避免地成为大众文化的一部分。

当然，我们也应该看到，这可能是后现代主义时期必然出现的一种文化症候。代宁（Michael Denning）指出："在资本主义社会，所有的文化都已是大众文化。"④曾经，这种局面似乎离中国很遥远，但时至今日，一个雅俗互渗、全面抹平的时代已然来临。大众文化究竟是坏事，还是像史蒂文·约翰逊（Steven Johnson）说的那样，会让我们变得更聪明？⑤ 我们只能拭目以待。

思考题

1. 为什么说"发愤著书"的传统可以被看成文学发生的一种类型？你怎样理

① 邵燕君：《"先锋余华"的顺势之作——由〈兄弟〉反思"纯文学"的"先天不足"》，载《当代文坛》，2007（1）。

② 梁鸿：《恢复对"中国"的爱——论当代文学的批判主义历史观》，载《当代文坛》，2007（6）。

③ ［美］莱斯利·菲德勒：《文学是什么？高雅文化与大众社会》，陆扬译，140 页，南京，译林出版社，2011。

④ Michael Denning，"The End of Mass Culture," in James Naremore and Patrick Brantlinger，eds.，*Modernity and Mass culture*，Bloomington，Indiana University Press，1991，p. 258.

⑤ ［美］史蒂文·约翰逊：《坏事变好事：大众文化让我们变得更聪明》，苑爱玲译，北京，中信出版社，2006。

解文学的发生问题？

2. 你更认同"为人生而艺术"的文学观，还是"为艺术而艺术"的文学观，为什么？

3. 为什么围绕大众文化，人们众说纷纭？你更欣赏哪种看法，为什么？

4. 试以具体的文学作品或文学样式为例，描述你心目中文学的雅俗之变。

5. 试以当下具体的文学作品或大众文化产品为例，分析大众文化如何渗透至文学生产、消费等环节，或者文学性怎样蔓延到大众文化诸层面。

延伸阅读

1. ［美］利奥·洛文塔尔：《文学、通俗文化与社会》，甘锋译，北京，中国人民大学出版社，2012。

2. ［英］雷蒙·威廉斯：《文化与社会：1780—1950》，高晓玲译，长春，吉林出版集团有限责任公司，2011。

3. ［美］希利斯·米勒：《文学死了吗》，秦立彦译，桂林，广西师范大学出版社，2007。

4. ［美］莱斯利·菲德勒：《文学是什么？高雅文化与大众社会》，陆扬译，南京，译林出版社，2011。

5. ［英］约翰·斯道雷：《文化理论与大众文化导论（第五版）》，常江译，北京，北京大学出版社，2010。

6. ［法］萨特：《萨特文集》第 7 卷，施康强等译，北京，人民文学出版社，2005。

7. 朱自清：《论雅俗共赏》，北京，北京出版社，2005。

8. 钱穆：《中国文学论丛》，北京，生活·读书·新知三联书店，2005。

9. 李春青：《诗与意识形态：西周至两汉诗歌功能的演变与中国诗学观念的生成》，北京，北京大学出版社，2005。

10. 周小仪：《唯美主义与消费文化》，北京，北京大学出版社，2002。

第二章　文学经典：建构、解构与重构

1850 年，法国批评家圣伯夫（Sainte-Beuve）发表《何谓经典？》一文，为"经典"下了一个复杂丰富的定义。1944 年，英国诗人、批评家艾略特（T. S. Eliot）上承圣伯夫，写了一篇同题文章，阐释了自己的经典观。① 此后，人们对经典的思考持续不断。20 世纪 70 年代，西方国家（尤其是美国）对经典的讨论一度白热化。20 世纪 90 年代，经典问题进入中国学人的视野，相关论著迅速增多。文学经典成为文学界、文学理论界、文化研究界关注、思考、研究的重要问题。

本章我们将面对文学经典的相关问题，并在建构、解构与重构等不同层面对这些问题展开梳理与分析。

一、什么是文学经典

1. 经典释义

在古汉语中，"经"与"典"实为近义词。"经"原指纺织物上的纵线，与"纬"相对，引申为"正道""根本""常规""原则"等。"典"的本义是"典籍""文献"，引申为"法则""制度"等。也就是说，单独的"经"或"典"已具备"经典"的含义。当我们使用"佛经""教典""典范"等语词时，其实已接近"经典"的用法。

有学者考证，"经典"一词出现于尊经重儒的汉代，最早见于《汉书·孙宝传》："周公上圣，召公大贤，尚犹有不相说，著于经典，两不相损。""经"在汉代主要指地位最高的儒家著作，"典"则是"典籍"。"经""典"合用，指地位至高、具有代表性和指导意义的著作。② 查阅辞书，我们亦可获悉如下释义：

---

① ［法］安托万·孔帕尼翁：《理论的幽灵——文学与常识》，吴泓缈、汪捷宇译，222～223 页，南京，南京大学出版社，2011。

② 吴承学：《〈过秦论〉：一个文学经典的形成》，载《文学评论》，2005(3)。

"古代儒家的经籍；亦泛指宗教的经书；重要的、有指导作用的权威著作。"①

可以看出，"经典"在中国文化语境中指非常重要、具有某种典范性和指导性的著作。由于它的外延较为宽泛，我们在使用这一概念时往往会有所限定。以"四书五经"为例，我们通常将其看作中国古代文化经典（或典籍），而只有对流传至今的"唐诗宋词汉文章"等，我们才呼之为文学经典。我们也会把写出了传世之作的作家称为经典作家。

在西方文化语境中，"经典"一词也经历了演变的过程。可译作"经典"的英文单词有二："canon"和"classic"。据艾布拉姆斯分析，希腊语词"kanon"指的是一种度量的标杆或尺子，引申后指列表或目录，后来指被宗教机构确立为真正神圣经文的《犹太教圣经》（《旧约》）和《新约》中的书目。在此基础上，艾布拉姆斯指出："后来，'canon'（经典）一词又被引用到文学领域，指真正由某位作家创作的，又经专家认可的世俗作品的书目。因此我们说'乔叟经典'和'莎士比亚经典'，而把那些有时被人们归属于某位作者，但又被众多编辑认为证据不足以断定作者身份的作品视为'伪作'。"关于文学经典（"literary canon"或"canon of literature"），他的看法如下：人们对此术语的使用是近几十年的事情，"指在世界文学，或在欧洲文学中，但主要是在民族文学中那些历来被批评家、学者以及教师一致认可并被公认为'重要的'、写出被尊为文学经典（classics）的作家"②。

由此看来，西方的"经典"之旅经历了从宗教圣经到世俗作品的演变过程。具体到世俗性的文学作品，人们对经典之作的看法与过去相比也发生了很大变化。18世纪以前，人们所说的文学经典往往指古希腊罗马时期的"古典作品"。称其为经典，这本身就赋予了它们神圣、伟大的光环。但是，现在说文学经典，"很可能指地位得到公认的作品，常常不带赞誉捧场之意"③。被视为文学经典的作品能在众多作品中胜出，必然意味着它们有诸多不同凡响之处。

2. 文学经典的若干特征

"经典"一词如今已成为商业广告用语。经常会看到这样的情景：某部文学作品甫一问世，出版商、书商或用于宣传的软文便会给它打上"经典"的标签，

---

① 《辞海（第六版）》，1144页，上海，上海辞书出版社，2009。

② ［美］M. H. 艾布拉姆斯：《文学术语词典（第7版）》，吴松江等编译，57～59页，北京，北京大学出版社，2009。

③ ［英］罗杰·福勒：《现代西方文学批评术语辞典》，周永明、薛洲堂、李律译，113页，沈阳，春风文艺出版社，1988。

希望它产生轰动效应。但经典之所以是经典，并非一蹴而就。大体而言，文学经典有如下特征。

（1）原创性

所谓"原创性"，指文学作品在思想性和艺术性上有重大建树。作家通过作品体现一种前所未有和不可重复的世界观、价值观、人生观、文学观，其作品既能触及人类精神生活世界中的根本问题，又能给读者带来巨大的审美愉悦，进而产生震撼效果。

例如，《西方正典》一书的作者哈罗德·布鲁姆（Harold Bloom）之所以把但丁、乔叟（Geoffrey Chaucer）、莎士比亚、塞万提斯、蒙田、莫里哀（Molière）、弥尔顿、约翰逊、歌德（Goethe）、华兹华斯（William Wordsworth）、简·奥斯汀（Jane Austen）、惠特曼（Walt Whitman）、艾米莉·狄金森（Emily Dickinson）、狄更斯（Charles Dickens）、T. S. 艾略特、托尔斯泰、易卜生（Henrik Ibsen）、弗洛伊德、普鲁斯特（Marcel Proust）、乔伊斯（James Joyce）、伍尔夫（Virginia Woolf）、卡夫卡（Franz Kafka）、博尔赫斯（Luis Borges）、聂鲁达（Pablo Neruda）、佩索阿（Fernando Pessoa）和贝克特（Samuel Beckett）等 26 位作家看作经典作家，主要理由就是这些作家的作品具有原创性。对于原创性，布鲁姆有着非常细致的要求。他认为，原创性的标志是陌生性（strangeness，一译"疏异性"）。"这是一种无法同化的原创性，或是一种我们完全认同而不再视为异端的原创性。""从《神曲》到《终局》的成就实际上就是从陌生性到陌生性的循环。当你初次阅读一部经典作品时，你是在接触一个陌生人，会产生一种怪异的惊讶而不是种种期望的满足。"① 布鲁姆的意思是，经典之作往往有一种"神秘而离奇的力量"，能让读者感到陌生的熟悉，或者说能让读者在户外和异乡感到如在家中。② 通过陌生性，布鲁姆进一步把原创性具体化了。

（2）可阐释性

所谓"可阐释性"，指经典之作往往具有巨大的阐释空间。一般的文学作品可能命意简单，主题单薄，可阐释的空间有限。经典之作则立意复杂，主题丰厚，其意义既可以被同时代的专家、读者多维度解析，也可以被后世读者反复开掘与释放。所谓"说不尽的莎士比亚"，"一千个读者有一千个哈姆雷特"，即意味着作为经典作家，莎士比亚的作品具有无与伦比的阐释空间。

例如，关于《红楼梦》的命意，人们有种种看法。清代张新之在《石头记读

---

① ［美］哈罗德·布鲁姆：《西方正典》，江宁康译，2 页，南京，译林出版社，2005。

② 刘意青：《经典》，见赵一凡等：《西方文论关键词》，287 页，北京，外语教学与研究出版社，2006。

法》中说，《红楼梦》"全书无非《易》道也"。梁恭辰在《北东园笔录》中说："《红楼梦》一书，海淫之甚者也。"花月痴人在《红楼幻梦序》中说："《红楼梦》何书也？余答曰：情书也。"蔡元培在《石头记索隐》中说："作者持民族主义甚挚，书中本事在吊明之亡，揭清之失。"清代索隐派的张维屏在《国朝诗人征略二编》中说它写"故相明珠家事"，王梦阮、沈瓶庵在《红楼梦索隐》中说它写"清世祖与董小宛事"。因此，鲁迅指出：《红楼梦》"单是命意，就因读者的眼光而有种种：经学家看见《易》，道学家看见淫，才子看见缠绵，革命家看见排满，流言家看见宫闱秘事……"①为什么读者能从《红楼梦》中看出这么多命意？关键就在于这部文学经典阐释空间巨大。近百年来有关《红楼梦》的种种讨论，其实也是对它的进一步阐释。

（3）持久性

所谓"持久性"，指经典之作经得起时间的检验，具有穿越时空的持久魅力。这意味着经典作品并非速生速灭、昙花一现之作，而是能够持续不断地进入一代代读者的视野之中，为一代代的读者所喜欢和认可。正如英国批评家约翰逊所言："人们崇敬寿命长的著作并不是由于轻信古人较今人有更高的智慧，或是由于悲观地相信人类一代不如一代，而是接受了大家公认的和无可置疑的论点的结果，就是大家认识最长久的作品必然经过最长久的考虑，而考虑得最周到的东西势必被读者了解得也最深刻。"②

不过，对于文学作品经历多长时间才可被称为经典，人们并没有完全一致的看法。最早提出时间长度问题的人很可能就是约翰逊。他在谈论莎士比亚时指出："他早已活过他的世纪——这是为了衡量文学价值通常所定的时间期限。"③此后，一个世纪大体上成为衡量作家作品是否经典的时间尺度。但是，艾布拉姆斯在引述了约翰逊的说法后马上指出：20世纪的许多作家，如普鲁斯特、卡夫卡、乔伊斯、托马斯·曼（Thomas Mann）和纳博科夫，似乎已取得了经典作家的声誉和影响力。而叶芝（William Bulter Yeats）、T. S. 艾略特、伍尔夫等作家，似乎已稳稳占据民族经典作家的位置。④ 这也意味着，进入20世

---

① 鲁迅：《〈绛洞花主〉小引》，见《鲁迅全集》第8卷，179页，北京，人民文学出版社，2005。

② ［英］约翰逊：《〈莎士比亚戏剧集〉序言》，李赋宁、潘家洵译，见杨周翰：《莎士比亚评论汇编》上卷，37～38页，北京，中国社会科学出版社，1979。

③ ［英］约翰逊：《〈莎士比亚戏剧集〉序言》，李赋宁、潘家洵译，见杨周翰：《莎士比亚评论汇编》上卷，38页，北京，中国社会科学出版社，1979。

④ ［美］M. H. 艾布拉姆斯：《文学术语词典（第7版）》，吴松江等编译，59页，北京，北京大学出版社，2009。

纪，衡量经典的时间逐渐缩短。无论如何，能够成为经典的文学作品总归要经过一定时间长度的检验。职是之故，如果要把十年、二十年或三十年前出现的文学作品称作经典之作，我们尤需谨慎和小心。因为经典的形成不可能"大跃进"，上述时间长度显得有些短。因此，一部作品在当世无论因为何种原因被视为"杰作"，都不大可靠，因为它还未经过充分沉淀，也未经过时间的充分检验。

（4）召唤性

所谓"召唤性"，指文学经典不仅具有魅力，而且具有某种魔力。它既能让人读后狂喜，又能让人不断回忆起人物、情节、情感或情绪，并促使读者再次阅读，甚至反复阅读，却又能常读常新。正是在这个意义上，布鲁姆说："一项测试经典的古老方法屡试不爽：不能让人重读的作品算不上经典。"①无独有偶，意大利作家卡尔维诺（Italo Calvino）认为："经典作品是那些你经常听人家说'我正在重读……'而不是'我正在读……'的书。"②他们之所以把"重读"列为判断经典的尺度，正是因为经典之作会向读者发出召唤。

这样的例子很多。例如，有人反复阅读《红楼梦》，有人不断重读《战争与和平》。德国诗人海涅每隔五年就要读一次《堂吉诃德》。中国当代作家聂尔1980—1983年曾反复阅读《卡夫卡小说选》和《城堡》。聂尔说："从那以后，我对卡夫卡的高度强烈的兴趣至少持续了有20多年。我现在之所以不再经常打开他的书，恐怕只是因为卡夫卡所连接着的我个人的阅读史过于长久了，以至于打开他的书我就望见一条我本身的蜿蜒曲折的所来之路。他的书已不仅仅是他的，同时也是我的。那巨大的温柔与黑暗的体验从未有第二个人能够再次给予我。"③这种阅读和重读体验或许有其特殊性，却也在很大程度反映了读者与作者的深刻遇合。同时，我们应该意识到，卡夫卡之所以能让聂尔爱不释手，重读、温习20多年，正是因为卡夫卡是一位经典作家，其作品已具有一种召唤的魔力。一般的文学作品缺少这种魔力。对于读者来说，一般的文学作品往往是一次性阅读、一次性消费，读后会逐渐淡忘，很难提起重读的兴趣。

除了以上四个特征，我们还可以注意艾略特所论述的"成熟性"（主要指经典作品"心智的成熟、习俗的成熟、语言的成熟以及共同文体的完善"）和"广涵性"（相对于"地方气"）。④　国内也有学者认为，古今中外的经典作品都服从如下

---

① ［美］哈罗德·布鲁姆：《西方正典》，江宁康译，21页，南京，译林出版社，2005。
② ［意］伊塔洛·卡尔维诺：《为什么读经典》，黄灿然、李桂蜜译，1页，南京，译林出版社，2006。
③ 聂尔：《路上的春天》，283页，北京，中国人民大学出版社，2012。
④ ［美］艾略特：《什么是经典作品？》，见《艾略特诗学文集》，王恩衷编译，188～205页，北京，国际文化出版社，1989。

律则：易感性、普遍性、永恒性、正极性和给予性。① 把这些因素都考虑进来，可进一步丰富我们对文学经典的理解。

3. 文学经典的价值

能够成为经典的文学作品必然富于价值。概而言之，其价值往往聚焦在以下三方面。

（1）审美价值

理论上，所有文学作品都应该具有审美价值，否则就失去了成为文学的基本条件。但是，我们必须意识到，审美价值也分三六九等。往往有这样的情形：某部小说结构新颖但思想单薄，某首诗歌虽有秀句但整体平平。这种作品固然也有一定的审美价值，但其价值显然没有达到最高值。或者说，在这种作品中，审美价值的分布并不均衡。文学经典并非如此。它的审美价值必定是从内容到形式、从思想性到艺术性的综合体现。布鲁姆认为，经典之作渗透着一种审美的力量。"这力量又主要是一种混合力：娴熟的形象语言、原创性、认知能力、知识以及丰富的词汇。"② 比如，我们之所以说莎士比亚是经典作家，是因为他对笔下人物有精湛的描写，塑造出了具有"自由反思的内省意识"的人物形象（如哈姆雷特）。他提升了我们对文学的认识，极大地丰富了英语的语言表达。据统计，莎士比亚创造了 1700 多个英语词汇，方式包括名词活用为动词，动词活用为形容词，把从不连用的两个词组合成一个词，添加前缀或后缀，创造全新的词汇，等等。这使莎士比亚的作品体现出极高的审美价值。

（2）伦理价值

伦理价值就是道德价值或善的价值。这种价值取向在文学经典中的体现比较复杂。

其一，这种价值体现在作家对笔下人物和事物的道德关怀、悲悯和同情上，作品因此展现出厚重的道德力量。例如，契诃夫的《万卡》写九岁的童工万卡给爷爷写信，诉说自己的悲惨遭遇，但只是写了一封乡下爷爷永远收不到的信；他的《渴睡》写十三岁的小保姆瓦丽卡因白天黑夜劳作，困得要命，最终掐死了不停啼哭的孩子。万卡把信塞进邮筒后睡着了，瓦丽卡掐死孩子后也睡熟了。这种惊心动魄的结局既体现了对专制社会的批判，也呈现了对小人物无限

---

① 李建军：《经典的律则》，见《文学因何而伟大》，10～21 页，北京，华夏出版社，2010。

② ［美］哈罗德·布鲁姆：《西方正典》，江宁康译，20 页，南京，译林出版社，2005。

的悲悯和同情。再如，鲁迅的《祝福》《故乡》《阿 Q 正传》等小说，其伦理价值也是不言而喻的。有学者分析，鲁迅小说中有一种"祝福感"，但其修辞方式和表达策略显得内敛和隐曲。《祝福》就交织着诅咒和祝福、抗议和同情等复杂的情感态度："叙述者'我'的语气听起来似乎超然而冷漠，其实，内里充满了深沉而热烈的情感。这篇小说的主题有两个层面，一是批评一种缺乏温暖感和自由感的文化和受这种文化影响的人们的冷漠和愚昧，二是呼请人们从道德上和精神上对像祥林嫂这样的弱者给予同情和保护。"在小说的结尾部分，"鲁迅价值选择的'肯定指向'和道德情感上的'社会冲动'，都达到了最高的境界"①。这种分析是有道理的，释放出作品以往被忽略的伦理价值。

其二，这种价值还体现在作家对笔下人物某种道德困境的揭示和呈现上。现实世界中，人们一般遵从的是善恶分明的道德评判尺度。然而，人的感情和行为毕竟有说不清道不明的模糊地带，如果它们延伸至伦理层面，往往会构成某种道德困境。这些方面恰恰是经典作家大有可为的地方。他们既要面对丰富复杂的人性开掘，又要提供一种解决困境的方案，从而让文学作品呈现出人性和灵魂的深度。例如，托尔斯泰把安娜·卡列尼娜、聂赫留朵夫置于道德困境之中，让前者自杀，让后者忏悔。陀思妥耶夫斯基让拉斯科尔尼科夫在"罪"与"罚"的道德困境中经受煎熬。库切的《耻》让主人公戴维在多种耻的遭遇中经历了前所未有的文化冲突和道德困境。洛文塔尔认为，伟大的文学就是"描绘出新的经验并为这种经验命名"的文学，作家的伟大源于"他对人类状况的深刻洞察"②。显然，这种新的经验也包括道德经验。正是从经典中，我们获得了新的经验，拓宽了对人性的理解。

（3）普遍性价值

在哲学和社会学层面，普遍性价值一般指人们普遍认同的观念。文学经典自然会把哲学、社会学层面的普遍性价值体现出来。一方面，它的体现方式更特殊（主要通过审美的力量）；另一方面，它也涉及"人类共通的'人性心理结构'和'共同美'的问题。就是说，某些作品被建构为文学经典，主要在于作品本身以真切的体验写出了属人的情感，这些情感是人区别于动物之所在，容易引起人的共鸣"③。这意味着，文学经典中的普遍性价值最终往往体现在情感的

① 李建军：《祝福感与小说的伦理境界》，见《文学因何而伟大》，42 页，北京，华夏出版社，2010。

② Leo Lowenthal，*Introduction to Literature and the Image of Man*，Boston，Beacon Press，1957。

③ 童庆炳：《文学经典建构诸因素及其关系》，见童庆炳、陶东风：《文学经典的建构、解构和重构》，81 页，北京，北京大学出版社，2007。

认可度和感染力上。以这种尺度衡量一些文学作品，我们就会发现，尽管它们也体现了一定的人类情感，但或者囿于某些狭隘的情绪，或者过分强调本土经验，它们的欣赏者还只是局限于特定读者群。一旦延伸至国族之外，它们往往遭到冷遇。这样的文学作品普遍性价值不高，甚至不具普遍性价值，很难成为经典之作。

例如，我们会说《蒹葭》具有普遍性价值，因为此诗通过"蒹葭苍苍，白露为霜。所谓伊人，在水一方。溯洄从之，道阻且长。溯游从之，宛在水中央"等建构了凄迷忧伤的意境，隐含着人类的某种普遍际遇。但是，我们很难说黄巢的《不第后赋菊》具有普遍性价值。

4. 青少年阅读经典的重要性

如果把文学经典与人生的某些阶段联系到一起，我们可能会发现如下事实：文学经典对青少年来说更重要。

这么说是有心理学依据的。心理学家认为，阅读的兴趣会随着年龄的增长而不断变化。总体而言，人一生的读书兴趣可分为六个阶段，其中第四阶段（10—15 岁）为故事期，第五阶段（15—17 岁）为文学期，第六阶段（17 岁以后）为思想期。[①] 这表明，人在青少年时期对文学的趋近心理实际上不是突然来临、一步到位的。在童年时代，人们就已经经历了绘画期、传说期和童话期。在前三个阶段中，文学开始以去繁就简的形式进行心理渗透。所以，我们完全可以把传说、童话等形式看作文学的"前文本"。进入故事期和文学期后，那种天然的趋向文学的心理和"前文本"的潜在影响能使青少年很快接通真正的文学，使他们顺利地步入文学的殿堂。

与中老年相比，青少年也更容易受到文学的影响。一个人在青少年时期既缺少充分的人生阅历，又富于幻想。一旦面对文学，他们很容易与文学世界中的故事形成共鸣，也很容易认同其中的人物、审美旨趣、价值观念等。大概正因于此，韦勒克与沃伦指出："年青人在阅读文学作品方面所受到的影响比老年人更为直接和深刻。毫无经验的读者较天真地把文学作品当作生活的翻版而不是把文学作品当作生活的诠释，那些接触文学作品有限的读者，比起广大职业读者来在看待那些文学作品时会更严肃。"[②]

既然如此，选择什么样的文学作品就至关重要。一个人如果在青少年时期

① 高玉祥：《个性心理学概论》，52 页，西安，陕西人民教育出版社，1985。

② ［美］雷·韦勒克、奥·沃伦：《文学理论》，刘象愚等译，103 页，北京，生活·读书·新知三联书店，1984。

过多阅读通俗文学作品，显然并不能获得多少益处。文学经典则不同，既能满足青少年的心理需要，又能让青少年终身受益。第一，文学经典蕴含着丰富的审美价值、伦理价值和普遍性价值，对青少年建构世界观、人生观和价值观很有助益。第二，文学经典从思想内容到艺术形式都代表着文学的最高水平，能极大地提高青少年的鉴赏能力与审美水平。因此，提倡儿童读经教育的王财贵认为，你要涵养你的性情，你要增长你的智慧，你要提升你的眼界，你要增进你的道德勇气，都必须靠这些永恒的著作来启发你。20 世纪 50 年代，当大众文化在英国迅速崛起并对青少年产生极大影响时，文学批评家利维斯等人所采用的应对策略是利用教育体制，更加广泛地传播文学知识和文学鉴赏。为了达到这一目的，他们对文学经典进行了严格的鉴定——抛弃那些现代主义的实验性作品（如乔伊斯和伍尔夫的作品），把能够直接培养读者道德意识的名著（如奥斯汀、蒲柏、乔治·艾略特的作品）看作"伟大的传统"。他们坚信，不能把文化看作休闲活动，认为阅读"伟大的传统"恰恰是用坚实而和谐的"生命感"来建构成熟个体的重要手段。[①] 这些呼吁与倡导也从另一个层面反映出文学经典对于青少年的重要性。

二、文学经典的建构

许多文学经典在诞生之初就具有了成为经典的潜质或气象，但它们无法自封为经典，也不能立马被认可，而是需要经历漫长的建构过程。这个过程一般被称为"经典化"（canonization）。在经典化的过程中，种种元素都会参与其中，呈现出颇为复杂的格局。相比较而言，在古代乃至近代，文学经典的建构元素简单些；在现代和当代，文学经典化的元素变得复杂起来。因为"在文学的周围围绕着一个强大的社会群体。文学批评家、文学史家，负责文学教育的教师，或各种形式的研究机构、出版社、学术团体、教育部门……共同构成了一个复杂、庞大的文学机构，形成一整套对文学作品行之有效的选择机制，并且逐渐确立了各种文学制度。这些文学机构负责对当代甚至历史上的作家作品进行挑选鉴别，衡量价值，确定地位，从中筛选经典"[②]。正是他们的共同作用导致了文学经典的诞生。

为把问题细化，我们可把文学经典暂分为传统经典和现代经典，这种区分

① Simon During，Introduction to *The Cultural Studies Reader*，in Simon During ed.，*The Cultural Studies Reader*，London and New York，Routledge，1993，p. 2.

② 南帆：《文学理论新读本》，117 页，杭州，浙江文艺出版社，2002。

或许有助于我们聚焦于两类经典建构的不同面向，有助于我们思考当今更为复杂的经典化格局。

1. 传统经典的生成元素

所谓"传统经典"，主要是时间久远的古代文学经典。虽然这类经典现在看来似乎已不存在异议，但其形成往往并不是一帆风顺的。在传统经典的建构中，发现人、选本和评点构成了重要元素。

（1）发现人

发现人就是最早发现某篇文学作品价值的人。发现人可以是一个人，也可以是不同时代的好几个人。作为专业读者，首先，他们要有披沙拣金的能力，能在众多文学作品中发现某篇作品的价值。其次，他们要有较高的权威性，能保证其发现被推广开来。[①]

例如，在张若虚的《春江花月夜》被发现的过程中，发现人就功不可没。此诗通过已佚诗选保存到宋代，北宋时侥幸被收录进《乐府诗集》。从唐代至明代前期，没有人承认它是一篇杰作，对它的关注度也很低。明代中期，李攀龙的《古今诗删》选入此诗，它的命运由此出现了转折。第一个对《春江花月夜》做出分析评价的是胡应麟，《诗薮》内编卷三曰："张若虚《春江花月夜》流畅婉转，出刘希夷《白头翁》上，而世代不可考。详其体制，初唐无疑。"其后，晚明以降的诗评家对这篇杰作的艺术特色做了多方面阐释。清末王闿运指出："张若虚《春江花月夜》用《西洲》格调，孤篇横绝，竟为大家。李贺、商隐，挹其鲜润；宋词、元诗，尽其支流，宫体之巨澜也。"此论空前提高了张若虚在诗坛上的地位。闻一多、程千帆、李泽厚等人对此诗意义之探索和性质之论断，其实便是对"孤篇横绝，竟为大家"这一断语的充实和丰富。[②] 由此看来，胡应麟、王闿运等人显然是《春江花月夜》最重要的发现人，正是他们的眼光、评点和定位最终使这首诗成为经典。

（2）选　本

文学作品进入某个选本，首先意味着文学价值得到确认，其次意味着为其更久远的传播和接受提供了便利条件。选本在文学经典化的过程中扮演着重要角色。例如，《诗经》便是最早的诗歌选本，由孔子选出。司马迁说：

---

① 童庆炳：《文学经典建构诸因素及其关系》，见童庆炳、陶东风：《文学经典的建构、解构和重构》，88 页，北京，北京大学出版社，2007。

② 陈文忠：《中国古典诗歌接受史研究》，63～64 页，合肥，安徽大学出版社，1998。

"古者诗三千余篇，及至孔子，去其重，取可施于礼义。"①这意味着孔子的删诗与选诗成就了《诗经》，这一选本的出现又为古诗的经典化奠定了基础。萧统的《昭明文选》，蘅塘退士编选的《唐诗三百首》，吴乘权、吴调侯编选的《古文观止》等，都对古诗文的经典化起过重要作用。

需要指出的是，选本是和选家联系在一起的，因此，选家在很大程度上也是文学经典的发现者。选家既有自己的审美旨趣，也有自己的编选原则和标准。萧统的"事出于沉思，义归乎翰藻"，便是其选文准则。这种高标准难免导致遗珠之憾。但总体而言，选本删繁就简，既方便了阅读和流传，也让经典之作得以凸显，可谓功莫大焉。例如，《全唐诗》收录诗歌 48900 多首，沈德潜编选的《唐诗别裁》收录 1928 首，《唐诗三百首》则收录 310 首，自然更加精粹。也可以说，经历了这样一个编选的过程，《唐诗三百首》作为诗歌选本一方面更普及，另一方面经典化程度更高。

（3）评　点

这里所说的"评点"，专指对小说、戏曲的评点，是中国古代文论家创造的一种独特的文学批评形式。对于评点究竟起源于何时，学界颇有争议，但到晚明开始风行是不争的事实。一般而言，评点往往由正文前后的总批，文中的眉批、夹批组成。至金圣叹时，评点的体例更加完善。这主要体现在："读法"增加；回评由回末移至回首；正文中的夹批大增。②在小说方面，金圣叹点评《水浒传》、脂砚斋点评《红楼梦》、李卓吾点评《西游记》、毛宗岗点评《三国演义》最为有名。

在文学经典的形成中，评点具体扮演着什么角色？

首先，评点文字的作者实际上是文学批评家。他们既有极高的文学鉴赏能力，又能道尽文中之妙。他们对作品的详尽评点本身已呈现出一种姿态——这是一部好作品，值得认真对待和仔细品读。这种姿态如同广告，肯定了文本的文学价值，也对普通读者产生了吸引和召唤。

其次，在评点之前，作品往往已享有口碑。评点既是对作品之经典位置的固化，同时也是对文学作品的进一步阐释。评点越详尽，就意味着批评家越有话说，也意味着某部作品的可阐释空间越大。这实际上已昭示出文学经典的价值。这种阐释往往是批评家的再创造，与正文相互补充，相互支撑，构成了文学经典化中的特殊景观：既要读正文，也要读评点，后者甚至更重要。钱穆曾

①　（西汉）司马迁：《史记》，1936 页，北京，中华书局，1982。
②　吴子林：《经典再生产——金圣叹小说评点的文化透视》，191 页，北京，北京大学出版社，2009。

回忆说，他年幼入学堂时遇顾先生。顾先生知他已读《水浒传》，便考他所读内容。考来考去发现，他只读了小说，于是说："汝读此书，只读正文大字，不曾读小字，然否？""不读小字，等如未读，汝归试再读之。"钱穆闻言，"大羞惭而退。归而读《水浒》中小字，乃始知有金圣叹之批注"①。这个例子似可说明评点文字的重要性。

最后，文学作品若想流传，离不开读者的阅读和呵护，这也是经典化过程中的重要环节。评点能提高读者的鉴赏水平，使读者弄清楚经典之所以是经典的奥秘，进而触类旁通，掌握阅读其他经典的路径和方法。这又反过来增加了读者拥戴经典的信心。钱穆说："自余细读圣叹批，乃知顾先生言不虚，余以前实如未曾读《水浒》，乃知读书不易，读得此书滚瓜烂熟，还如未尝读。"因读金批《水浒传》，他"神情兴奋"，"每为之踊跃鼓舞"，甚至悟出许多道理。例如，《水浒传》中写道："只见智深提着铁禅杖，引着那二十三个破落户，大踏步抢入庙来，林冲见了，叫道，师兄那里去。"金圣叹批曰："看此一句，便写得鲁达抢入得猛，宛然万人辟易，林冲亦在半边也。"钱穆因这一批，领悟了《史记》叙述鸿门宴时一处写法的巧妙："张良至军门见樊哙，樊哙曰：今日之事何如，良曰甚急。"钱穆说："照理应是张良至军门，急待告樊哙，但樊哙在军门外更心急，一见张良便抢口先问，正犹如鲁智深抢入庙来，自该找林冲先问一明白，但抢入得猛，反而林冲像是辟易在旁，先开口问了智深。把这两事细细对读，正是相反相映，各是一番绝妙的笔墨。"钱穆进一步指出："好批注可以启发人之智慧聪明，帮助人去思索了解。"②

2. 现代经典的建构因素

发现人、选本和评点等因素也延伸到现代经典的建构之中。与古代相比，这些因素略有差异。比如，现代经典的发现者往往是期刊或出版社的编辑，多处于匿名状态；选本除了体现选家眼光之外，有时也会打上某种意识形态色彩；评点衍化为大块头的评论文章，批评家通过现代文学批评样式品评、推荐、褒扬某些作品。此外，我们应该注意到建构文学经典的种种新元素，如教科书与文学奖的作用，文学机构中和学院制度下的种种举措，国家意识形态的介入，等等。所有这些，都让文学经典的建构变得更加复杂了。

（1）教科书

虽然教科书的编写很大程度上体现着意识形态方面的要求，进入教科书的

---

① 钱穆：《中国文学论丛》，144 页，北京，生活·读书·新知三联书店，2005。
② 钱穆：《中国文学论丛》，150 页，北京，生活·读书·新知三联书店，2005。

文学作品不一定都能成为经典之作，但入选教材意味着进入了文学史的讲述，对文学经典的建构至关重要。换句话说，反复进入教科书的作品，既加快了经典化进程，也拥有了更多受众。

例如，鲁迅的《故乡》自从在1921年5月号的《新青年》杂志上刊出后，反复入选教科书。据日本学者藤井省三的考证，《故乡》第一次入选教科书，是出现在1923年8月刊行的《新学制国语教科书》第五册中。此后，它"作为具有超稳定的教材，经过日中战争至民国末期的1948年，自始至终都被各社的中学国文教科书收录"。中华人民共和国成立后，《故乡》被中学语文教材收录，主要侧重该小说思想政治教育的功能，以至于许多人在"豆腐西施"的阶级性上大做文章。改革开放时期，教材对《故乡》的解读发生了重大变化：不仅为"豆腐西施"平了反，而且作品主题"又开始被阅读为知识分子（而非知识阶级）以及'母亲'、杨二嫂等小市民的故事"。① 然而，无论《故乡》在不同的历史时期怎样被解读，它在教科书中的位置始终未被动摇。不同的解读方式意味着这篇小说有着巨大的阐释空间。"《故乡》阅读史"实际上可被看作文学经典化的典型个案。

如果说中学语文教科书对文学作品的选用仅体现着单篇作品的经典化过程，大学文学史教科书的书写更能从整体上确立作家的经典位置。例如，中国现代文学领域早已形成"鲁郭茅巴老曹"的排序模式，体现了这六位作家在现代文学史上的经典地位。大学文学史教科书对六人位置的固定起着重要作用。有学者指出，王瑶被视为中国现代文学学科"开山之作"的《中国新文学史稿》是参照毛泽东《新民主主义论》的思想框架编写的。在这种历史观的引领下，"鲁郭茅巴老曹"的专章模式和叙述方法尽管在当时还未浮出历史地表，但事实上已构成了对文学史秩序的整顿，并为后来的文学史编写树立了榜样。② 其后，直到使用率很高、影响亦很大的《中国现代文学三十年》（钱理群、温儒敏和吴福辉著），"鲁郭茅巴老曹"的经典地位都无多大改变。通过文学史的固定和教师的反复讲授，这六位现代作家差不多已完成了经典化的过程。

（2）文学奖

进入现代社会（尤其是20世纪），文学奖项越来越多，对文学经典化构成了重要影响。国际上重要的文学奖有诺贝尔文学奖、法国龚古尔文学奖、英国布克奖、美国国家图书奖、西班牙塞万提斯奖、德国毕希纳文学奖等。在中

---

① ［日］藤井省三：《鲁迅〈故乡〉阅读史——近代中国的文学空间》，董炳月译，49、44、173页，北京，新世界出版社，2002。

② 程光炜：《文化的转轨——"鲁郭茅巴老曹"在中国（1949—1981）》，21～22页，北京，光明日报出版社，2004。

国，茅盾文学奖、鲁迅文学奖、老舍文学奖、冯牧文学奖、曹禺戏剧文学奖、姚雪垠文学奖、大家·红河文学奖、华语文学传媒大奖等，构成了比较重要的文学奖项。这些文学奖对文学经典化意味着什么？

首先，把某个文学奖颁发给某个作家或某部（篇）作品，无疑是对这个作家创作实力与成就的确认。奖项越重要，确认的力度就越大。以莫言为例，他的作品获得的外国奖项有法国洛尔-巴塔永外国文学奖、意大利诺尼诺国际文学奖、日本福冈亚洲文化大奖、美国纽曼华语文学奖；获得的国内奖项有大家·红河文学奖、华语文学传媒大奖·年度杰出成就奖、茅盾文学奖、香港浸会大学世界华文长篇小说奖·红楼梦奖、联合文学奖。这些固然也是对莫言文学成就的一次次确认，但力度都无法与2012年获得的诺贝尔文学奖相提并论。是诺贝尔文学奖把莫言推向了最高峰，也是这个奖完成了对他的创作实力的最大确认。

其次，文学奖如同商业广告或名牌商标，提高了作家作品的知名度，增加了文学受众，加大了作家作品的传播力度。以莫言为例，在他获得诺贝尔文学奖之前，普通读者对他所知甚少甚至一无所知。获奖之后，在短短几天内，莫言知名度大增，作品销售一空，出版社不得不紧急加印，并在封面上标注"诺贝尔文学奖获得者莫言作品系列"（上海文艺出版社）、"中国首位诺贝尔文学奖得主莫言代表作"（作家出版社）等。种种迹象表明，获奖后的莫言与获奖前的莫言不可同日而语。

由此看来，文学奖项已参与到文学经典化的进程之中。当然，我们也必须意识到，每种文学奖项都有自己的评判标准，不可能放之四海皆准。文学奖只是文学经典化中的一个环节，说到底，检验作家作品是否经典的最后尺度依然是时间。

（3）学　院

学院既是学术研究的重镇，也是精英主义审美趣味较为流行的地方。能否进入学院师生的视野，成为被研究、讲授、学习和探讨的对象，这对作家作品来说非常重要。已经进入文学史叙述的作家作品自不待言，那些游离于文学史的作家作品若要跻身于经典之列，似乎必然要经过学院之手的梳理、分析与再造。

下面，我们以金庸为例略做分析。金庸的武侠小说创作于20世纪50—70年代。当在20世纪80年代以盗版书的方式在大陆读者中流行时，它们"还是一种不登大雅之堂的个人爱好，甚至是某种具有可疑意味的校园文化"[1]。20

---

[1]　吴晓黎：《90年代文化中的金庸——对金庸小说经典化与流行的考察》，见戴锦华：《书写文化英雄——世纪之交的文化研究》，130页，南京，江苏人民出版社，2000。

世纪 90 年代，对金庸其人其作的评价发生了翻天覆地的变化。1992 年，北京大学陈平原教授出版《千古文人侠客梦——武侠小说类型研究》。他写作此书的起因之一便是"翻阅了好些金庸等人的作品，或许是因为心境不同，居然慢慢品出点味道来"①。1994 年，品位向来高雅的三联书店出版了一套（36 册）装帧精美的金庸文集，紧接着便有了学院的接纳与推动。1994 年 8 月，在王一川主编的《20 世纪中国文学大师文库·小说卷》中，金庸名列鲁迅、沈从文、巴金之后，老舍、郁达夫、王蒙之前，位居第四，茅盾则未能入选。《中国青年报》的报道引王一川的话说："文坛长期不谈金庸，是不公平的。他的作品体现了中国文学发展的方向：雅俗共赏。"②同年 10 月，北京大学授予金庸名誉教授称号。从 1995 年起，北京大学严家炎教授开始为本科生开设"金庸小说研究"一课，后讲课内容结集成书，名为《金庸小说研究论稿》。1998 年，北京大学中文系比较文学专业宋伟杰写出研究金庸的博士论文，后以《从娱乐行为到乌托邦冲动——金庸小说再解读》为名出版。1999 年，金庸被浙江大学聘为文学院院长。

金庸的小说一般被看作通俗文学，艺术价值一直存在争议。例如，王彬彬、王朔等人写过重头文章，破解"雅俗共赏的神话"，对金庸小说进行了全盘否定。③ 北京大学中文系虽是推动金庸小说研究的重镇，但也并非所有的学者都对金庸小说抱有好感。洪子诚教授就坦言读不进金庸的小说。④ 尽管如此，金庸及其小说已进入学院仍是不争的事实，这意味着他在经典化的路上迈出了重要的一步。虽然金庸的小说与雅文学、纯文学还有距离，但学院的专家学者拥有调整和修改文学评判标准和价值尺度的权力，他们为金庸这样的作家敞开了学院大门。通过学院的命名和认可，金庸小说仿佛获得了进入经典行列的通行证。

3. 读者与群选经典

在经典化的过程中，读者的因素也至为重要。斯蒂文·托托西（Steven

---

① 陈平原：《千古文人侠客梦——武侠小说类型研究》，1 页，北京，人民文学出版社，1992。

② 《金庸成为文学大师》，http://news. eastday. com/epublish/gb/paper137/1/class013700001/hwz227802. htm，2018-08-01。

③ 王彬彬：《文坛三户——金庸·王朔·余秋雨：当代三大文学论争辨析》，3～118 页，郑州，大象出版社，2001；王朔：《我看金庸》，见《无知者无畏》，71～78 页，沈阳，春风文艺出版社，2000。

④ 赵勇：《什么时候读金庸》，载《文学自由谈》，2006(3)。

Tötösy)认为,"读者"是"经典形成的关键因素"①。我们之所以把它拿出来单独谈论,一方面固然是因其重要,另一方面也是因为它更为复杂。在当今传媒化的时代,读者造就了一种经典化的新路径。

(1)读　者

在接受美学与叙述学的分类中,读者包含实际读者、隐含读者、真实读者、虚设读者、理想读者等。我们这里所说的"读者",主要指与专业读者(如批评家、大学教师等)相对应的普通读者。普遍读者具有读写能力,也具有一定的鉴赏水平,构成了文学作品最广泛的接受人群。

在传媒不发达的时代,普通读者处于无名状态,即便阅读完作品之后有感受、有想法,甚至有发表评论的欲望,也很难发出自己的声音,因为可供他们发声的媒介和传播渠道少之又少。到了大众媒介(尤其是电子媒介和数字媒介)急遽发展的时代,这种情况得到很大改善。读者可以通过自媒体(如博客、微博、微信等)对作家作品发表看法,也可以通过网络平台(如论坛、QQ群、豆瓣读书小组、贴吧等)进行交流。读者的讨论声势最终会对文学经典化的进程构成影响。

下面,我们主要以路遥的《平凡的世界》为例,简要分析构成这种影响的几个层面。

首先,读者对某部作品的喜爱,必然会在阅读量、借阅量和相关调查数据中体现出来。这既造成了一定规模的阅读声势,同时又反作用于出版发行部门,使该作品变成长销书。有学者指出:

> 长销书与畅销书的主要区别在于,它并不一定曾轰动一时,但是在读者中有着长久的影响力。这种影响不止表现在稳定的、"细水长流"的销量上,更表现在对读者认同机制长期、深度的契合上。从时间上看,读者对长销书的认同不仅不会因时间的推移而弱化,相反,随着时世的变迁,长销书原本的基础内涵会被赋予新的价值,焕发出新的生机;从认同方式上看,长销书读者的认同不是停留在浅层的愉悦、猎奇等层面上,而是在人生观、社会观等深层的观念上。通过一部书籍潜移默化的影响和长期的凝聚,处于零散状态的个体或小群体的认同感悟逐渐融合,可能汇成一股"内力深厚"的社会性的文化力量。②

① ［加］斯蒂文·托托西:《文学研究的合法化》,马瑞琦译,44 页,北京,北京大学出版社,1997。

② 邵燕君:《倾斜的文学场——当代文学生产机制的市场化转型》,165～166 页,南京,江苏人民出版社,2003。

《平凡的世界》就是这样一部作品。这部小说的影响力既体现在历次调查数据之中，也体现在图书馆的借阅量上。例如，在面向北京进行的"1978—1998年大众读书生活变迁调查"中，有"20年内对被访者影响最大的书"的分段调查，结果如下：1985—1989年，《平凡的世界》位居第17；1990—1992年，该小说位居第13；1993—1998年，该小说位居第7。在1998年进行的"茅盾文学奖获奖作品调查"中，读者购买最多的是《平凡的世界》（占读者总数的30%），读者最喜欢的也是它。①

一份来自北京师范大学图书馆外借图书排行榜（2005年1月1日—2010年5月1日）的统计资料显示，排名前两位的分别是白寿彝的《中国通史》（外借1350次）和《平凡的世界》（中国文联出版公司1986年版，外借1314次）。实际上，排行榜中还有中国青年出版社2000年出版的《平凡的世界》，外借197次。两个版本相加，《平凡的世界》实际外借次数达1511次，稳居第一。此外，据报道，《平凡的世界》近年来在全国许多高校中"出镜率"都很高，并连续四年（2012—2015年）成为"浙江大学图书馆年度借阅排行榜"榜首。② 更有专业人士分析了20所"985工程"高校（包括北京大学、清华大学、北京师范大学、中国人民大学、复旦大学、武汉大学、浙江大学等）图书借阅排行榜，发现《平凡的世界》在2015年度登榜频次最高，位居22种图书之首。③

其次，在传媒不发达的年代，读者会以口耳相传的方式让某部作品享有好的口碑。一旦有了发声的渠道，读者会发表自己的看法，形成评论声势。例如北京十月文艺出版社2009年1月出版的《平凡的世界》进入当当网销售后，短时间内就有1500多条读者评论，至2013年7月，读者评论多达32700多条。有读者说："我很庆幸自己在青少年时期就幸运地接触到了这本书。它影响了我整个的人生观、世界观和择偶观。"还有读者说："在人生最关键的时刻，是《平凡的世界》和《钢铁是怎样炼成的》这两本书在激励着我，其中尤以《平凡的世界》为重。"④另一个例子是，一篇《今天我们怎样怀念路遥》的短文在路遥去世15周年的日子里被贴至个人博客，几天之内被点击11000多次，跟帖160多

①　邵燕君：《倾斜的文学场——当代文学生产机制的市场化转型》，160～162页，南京，江苏人民出版社，2003。

②　张冰清：《〈平凡的世界〉四获浙大图书馆年度借阅排行榜冠军》，载《钱江晚报》，2016-02-14。

③　吴汉华、姚小燕、倪弘：《我国"985工程"高校图书借阅排行榜分析》，载《大学图书馆学报》，2016(6)。

④　赵勇：《为什么喜欢读路遥》，见《书里书外的流年碎影》，83页，北京，中国人民大学出版社，2011。

个。一名网友说："怀念路遥。《平凡的世界》我看了三遍，据一哥们说他一哥们看了七遍，是我知道的最牛的。"①

最后，读者的阅读规模、口碑和评论声势最终会作用于专家学者，促使他们思考，引导他们走出阅读盲区，甚至矫正其看法。例如，《平凡的世界》长期缺席于文学史的讲述，但如上调查数据对北京大学中文系学者邵燕君构成了极大的冲击。于是，这部小说开始进入她的视野，并使她展开相关研究。② 钱理群、严家炎、陈平原等教授之所以关注金庸，则主要是因为学生的影响、推动和督促。③

通过以上分析，我们可以看出，在当代社会，读者已成为文学经典化中不可小觑的力量。他们用阅读行动守护自己喜欢的文学作品，又通过多种渠道发出虽不十分专业却非常真诚的声音。读者的势力变大，不但会影响文学市场，而且会吸引专家学者的目光，使"民间经典"有了成为"学院经典"的可能性。因此，虽然用严格的艺术标准衡量，《平凡的世界》并非完美之作，但通过读者的推动，它无疑走上了经典化之途。有学者借用托托西所谓的"恒态经典"（static canon）和"动态经典"（dynamic canon）之分，谨慎地把《平凡的世界》看作"动态的经典"。④ 这种说法是有道理的。

不过，普通读者介入经典化的势头也引起了一些学者的警觉，于是有了"群选经典"之说。

（2）群选经典

"群选经典"是由国内学者赵毅衡提出并使用的概念。借用符号学纵聚合轴和横组合轴的说法，赵毅衡认为，传统的经典评判和重估是专家学者对前辈大师遴选出来的经典之作进行比较的结果。"批评性经典重估，是比较、比较、再比较，是在符号纵聚合轴上的批评性操作。"然而，随着大众大规模地参与经典重估活动，经典的推选与评判开始向横组合轴转移。"大众的'群选经典化'，是用投票、点击、购买、阅读观看等形式，累积数量做挑选的。这种遴选主要靠的是连接，靠媒体介绍，靠口口相传，靠轶事秘闻，'积聚人气'成为今日文

① 赵勇：《今天我们怎样怀念路遥》，http：//blog.tianya.cn/blogger/post _ read.asp? BlogID＝362739&PostID＝11806739，2018-08-01。

② 邵燕君：《倾斜的文学场——当代文学生产机制的市场化转型》，160页，南京，江苏人民出版社，2003。

③ 吴晓黎：《90年代文化中的金庸——对金庸小说经典化与流行的考察》，见戴锦华：《书写文化英雄——世纪之交的文化研究》，136～137页，南京，江苏人民出版社，2000。

④ 黄书泉：《文学消费与当代文学经典建构——以〈平凡的世界〉为例》，载《扬子江评论》，2013(1)。有关"恒态经典"和"动态经典"的论述，参见［加］斯蒂文·托托西：《文学研究的合法化》，43～44页，北京，北京大学出版社，1997。

化活动的常用话。群选经典化有个特点：往往从人到作品，而不是从作品到人，被经典化的是集合在一个名字下的所有作品。"批评性的经典重估需要论辩，但"群选经典是无须批评的：与金庸小说迷辩论金庸小说的质量，与琼瑶、三毛小说迷辩论琼瑶、三毛小说的质量，几乎不可能。不是说偶像碰不得，而是他们的选择本来就不是供批评讨论的，而是供追随的"。①

"群选经典"无疑是很有价值的概念。一方面，它非常准确地概括出当今读者大众参与文学经典化的盛况；另一方面，它隐含如下事实：读者大众如今可借助新媒介啸聚网络，呼风唤雨，产生巨大能量，甚至让以往的经典遴选和重估偏离既定的轨道。在读者大众成为商业和媒体的同谋时，群选活动显然会对正常的经典遴选构成干扰。更让赵毅衡担心的还不是"群选经典进入经典集合，而是批评界开始采用群选经典'全跟或全不跟'原则"，"学院开始奉行'大众喜欢的必是好的'"，"学院经典更新开始横组合化"②。严家炎等学者把金庸经典化，就是经典遴选从纵聚合轴向横组合轴位移的重要信号。

赵毅衡主要从负面意义上呈现群选经典存在的问题，这固然值得重视，但我们不妨把问题复杂化，考虑一下群选经典的正面价值。长期以来，遴选和重估经典在很大程度上是专家学者的事情。久而久之，这种审美趣味把学院营造成了封闭的空间，阻断了与民间的交往与联系。最终，学院派的视野变得狭窄起来。在今天这样一个文学生产异常丰盛的时代，专家学者已无穷尽各类文学作品的目力，普通读者的群选经典正好可以弥补学院人力、精力、目力之不足，提供打开通往其他文学经典的各种通道。一旦通道畅通，来自民间的文学观、审美观、价值观就会源源不断地进入学院，并与学院的观念形成碰撞乃至互动。互动的结果并非谁战胜谁、消灭谁，而是为双方，尤其是为学院派提供一种重新打量文学经典的眼光和视角，从而使学院调整和修正评判标准和价值尺度，在关注雅文学的同时也把目光聚焦于优秀的俗文学或介于雅俗之间的文学。比如，从群选经典的角度看，《平凡的世界》的价值可能主要在于励志，而励志等因素原来并不在学院遴选经典的价值尺度之中。如果学院接纳了这部作品，其实也就接受了这种民间标准，修改了自身衡量经典的标尺。因此，我们大可不必把群选经典看作洪水猛兽。既正视它所存在的问题，又吸收它有益的地方，这可能才是学院派应该采取的应对方案。

---

① 赵毅衡：《两种经典更新与符号双轴位移》，载《文艺研究》，2007(12)。
② 赵毅衡：《两种经典更新与符号双轴位移》，载《文艺研究》，2007(12)。

三、文学经典的解构与重构

无论在经典化的过程中形成了怎样的观点,文学经典的建构都是为了遴选出真正的经典,进而确立经典的权威。同时,我们也应当关注另一种与之相反的强劲的文化思潮:文学经典的解构。随着文化研究的兴起,西方学界开始质疑文学经典及其生成。在美国,20世纪七八十年代出现了有关文学经典的大讨论,讨论的成果之一是"开放经典"(open the canon)的观念逐渐深入人心。在中国,20世纪90年代以来对文学经典的讨论与日俱增,同时伴随着解构经典的文化风尚。所有这一切,都构成了"去经典化"(decanonization)的思路和方案。当然,解构不可能没完没了地进行下去,于是又有了文学经典的重构。

1. 文化研究:漠视经典

一般的"文化研究"(cultural studies),主要指一种20世纪50年代从传统的英国文学学科中逐渐发展起来的研究。1964年,霍加特在伯明翰大学创办当代文化研究中心并任首任主任。之后,该中心进行了一系列迥异于传统文学批评的研究(如青少年亚文化研究)。从20世纪80年代初期开始,文化研究蔓延到澳大利亚、加拿大、美国和中国等地,成为世界性的学术思潮。

在这里,我们无法对文化研究展开详细评说,只是想指出文化研究给文学经典带来了怎样的影响。

(1)文学经典在教学与研究中淡出

传统的文学研究对象是经典作家和经典作品。文化研究的对象却非常广泛。电影、电视剧、广告、流行音乐、动漫、短信等亚文学作品,以及时尚、酒吧、身体、超市、度假村、健身房、美容院、街心花园、主题公园等非文学现象,都可吸引文化研究的目光,成为其研究重心。即便文化研究仍关注文学,但研究重点已不是文学经典的审美价值,而是文学生产与消费的复杂过程。如此看来,文化研究占领文学研究的阵地之后,必然会导致文学经典在教学与研究中的淡出。

许多学者已看到文化研究给文学研究和文学经典带来的灾难性影响。米勒认为,文化研究可能导致传统文学研究的消亡:"如今那些进行文化研究的年轻学者是在电视、电影、流行音乐和当前的互联网中泡大的第一批人。他们没有把太多的时间留给文学,文学在他们的生活中无足轻重……用不着奇怪,这样的一种人应该期望研究那些与他们直接相关的、那些影响了他们世界观的东西，那就是电视、电影等，以及所有那些他们阅读的关于'理论'的书籍。"①布鲁姆把广义的文化研究命名为"憎恨学派"（the school of resentment），认为研究者的种种举动都是在"颠覆现存的经典"。② 伊格尔顿以他惯常的戏谑口吻描绘出了学术研究的重大转向：

> 文化理论的另一历史性进展就是确立大众文化值得研究……不久前，在某些传统派的大学里，你不能研究那些还健在的作家，这简直是教唆你在一个雾蒙蒙的夜晚，将利刃刺入他们的两肋之间。如果你所选定的小说家十分健壮，并且只有 34 岁，这将是对耐心的非凡考验。你当然不能研究每天都熟视无睹的东西。根据定义，那不值得研究。被认为适合文科研究的大多数项目，并不像指甲屑或杰克·尼科尔森那样看得见，而是像司汤达、主权概念或是莱布尼兹的单子论的柔美、优雅，是无形的。今天，大家普遍认为，日常生活就像瓦格纳的歌剧，错综复杂，深不可测，晦涩难懂，偶尔单调乏味，因此显而易见值得探索。过去，看什么值得研究，通常是看研究对象是否微不足道，是否单调，是否难以理解。今天，在一些圈子里，研究对象不过是你和朋友晚上所做之事。学子们过去写评论福楼拜的文章不置臧否，毕恭毕敬。不过，一切都变了样。现在学生们对美国长篇电视连续剧《老友记》（*Friends*）写的评论也是不置褒贬，毕恭毕敬。③

对于文学经典和文学研究来说，文化研究其实是釜底抽薪式的颠覆。这种研究转向一方面是对文学经典的轻视或漠视，另一方面对后来的研究者形成了示范。也就是说，经历了文化研究的熏陶，后来者已不可能对文学经典产生太大的兴趣。失去了不断开掘，文学经典的存在就会面临危机。

（2）文化研究对经典的质询

文化研究导致了文学经典在教学和研究的淡出，这只是问题的一个方面；另一方面是，一旦文化研究直面经典，往往会对其发难。文化研究感兴趣的并非那些文学研究框架中的问题，如"何谓真正的经典""经典的价值和意义几何"，而是"谁的经典""谁的经典标准"等带有解构意味的问题。在这种致思方

---

① ［美］J. 希利斯·米勒：《土著与数码冲浪者：米勒中国演讲集》，易晓明编，183 页，长春，吉林人民出版社，2004。

② ［美］哈罗德·布鲁姆：《西方正典》，江宁康译，3 页，南京，译林出版社，2005。

③ ［英］特里·伊格尔顿：《理论之后》，商正译，6 页，北京，商务印书馆，2009。

式的引领下，文化研究者对经典标准、经典的生成机制等发起了挑战，也为不登大雅之堂的通俗文学进行辩护。

例如，托尼·贝尼特(Tony Bennett)曾撰文为通俗小说的存在价值和相关研究进行辩护。他指出："我说的'文学'是'以特定和确定的方式由教育机器中或围绕教育机器运作的意识形态所建构的经典或一批文本实体'，简言之，就是经典化了的传统。"同时又强调，通俗文学"是对文学进行过描述和解释之后的残余之物"，历来不被重视。为了质疑经典化的文学，他引用了"当代文化研究之父"霍尔的说法："在指定的文学课程表上，为什么所有社会构形中的文本、许多文本、许多表意实践都要推出 10 本居于首位的书，后面跟着 20 本画上问号的书，再后来列出 50 本只需要我们粗略翻阅、有所了解的书，最后是成百上千从来没人去读的文本？那个等级本身构成了文学研究中的取舍传统，是第一个质询对象。"①正是通过这种质询，贝尼特指出了完全聚焦于经典研究的荒诞。他所倡导的是，作家批评家应该介入通俗文学的创作和阅读，并从中赢得文化领导权。

2. 大话文艺：戏仿经典

随着后现代主义文化思潮在 20 世纪 90 年代进入中国，随着互联网在 90 年代中后期的兴起和网络文学的出现，特别是随着周星驰的《大话西游》1996 年年底开始在大陆高校学子中流传，"大话"之风得以形成和蔓延，并造就了一种独特的文化现象。一些学者敏感地意识到该现象所传递的文化症候和时代信息，适时以"大话美学""大话文艺"或"大话文化"为之命名，同时指出了其构成元素和基本特征。例如，朱大可认为，大话美学的要素包括"幻想、反讽、荒谬、夸张、顽童化、时空错位和经典戏拟，其中包含了文化颠覆、低俗的市井趣味和感伤主义等各种混乱矛盾的要素"②。

大话文艺一开始就以戏弄、戏仿和颠覆经典为主要叙述模式和话语风格，这在无厘头电影《大话西游》中体现得尤其明显。"这部 1995 年拍摄的影片，对经典小说《西游记》进行戏仿，把庄重的佛学神曲改造成了搞笑的爱情话本，其中所有的人物都遭到了游戏式的篡改，唐僧变成了婆婆妈妈啰里啰唆叽叽歪歪的傻瓜(在学生看来，这显然是令人讨厌的家长、老师和行政官僚的隐喻)，孙悟空则成了伟大的超时空爱情的化身(情圣)，甚至连白骨精都改变了阴险狠毒

---

① ［澳］托尼·贝尼特：《马克思主义与通俗小说》，马海良译，见［英］弗朗西斯·马尔赫恩：《当代马克思主义文学批评》，刘象愚、陈永国、马海良译，203 页，北京，北京大学出版社，2002。

② 朱大可：《"0 年代"：大话革命与小资复兴》，载《东方杂志》，2002(4)。

的道德本性，摇身变作情意缠绵的女优。"①受《大话西游》的影响，网络文学迅速跟进，诞生了一批具有大话风格的搞笑文本，如《悟空传》（今何在）、《沙僧日记》（林长治）。它们的基本特征是："用戏拟、拼贴、混杂等方式对传统或现存的经典话语秩序以及这种话语秩序背后的美学秩序、道德秩序、文化秩序等进行戏弄和颠覆。大话文艺根本不尊重经典作品原有的完整性和自足性，并把它打成碎片，随心所欲地将其与其他文化资源、与自己的当下生活经验组合、拼装到一起。"②

那么，如何看待大话文艺对经典的戏弄、解构与颠覆？大话文艺本身既是后现代主义文化思潮的一个声部，也在很大程度上迎合了中国当下语境中国人（尤其是青少年）的社会文化心理。因此，我们既不宜在道德层面对其简单否定，也不宜在解构的层面对其全然肯定，而是要看到其中的复杂性。例如，中学生中早就流传着"一怕写作文，二怕文言文，三怕周树人"的段子，学生"讨厌"鲁迅已是一个公开的秘密。③ 正是在这种文化背景下，《Q版语文》才在中小学生那里有了市场。但之所以形成这种局面，并不是鲁迅及其作品出了问题，很可能是中学解读经典的教学方式不得法。从经典与大话文艺的关系来看，前者依然是主文本，后者是依附于主文本的次生文本。表面上，次生文本的改写似乎对主文本造成了伤害，但实际上主文本毫发无损。也就是说，《西游记》还是《西游记》，并不会因为《大话西游》的戏说而有所改变；《孔乙己》依然是《孔乙己》，并不会因为《孔甲乙》的戏仿而声名狼藉。对于主文本来说，次生文本越多，越是被戏仿，越能从反面证明其作为经典的价值。同时，我们可以把戏仿看作激活经典的方式。它让经典走出了原来的历史语境，参与到与当下现实的对话之中。在这个意义上，我们不必过分忧虑大话文艺对经典的消解。

3. 后辈作家：反抗经典

如果在作家的层面上进行考察，我们会发现解构经典的另一种思路：后辈作家既可能对前辈作家作品敬若神明，潜心学习，又可能对前辈作家作品予以攻击，嗤之以鼻。第一种情况不在谈论之列，我们分析的是第二种情况。1912年，俄国未来主义者在文学宣言中宣称：

---

① 朱大可：《"0年代"：大话革命与小资复兴》，载《东方杂志》，2002(4)。

② 陶东风：《大话文学与当代中国的犬儒主义思潮》，见童庆炳、陶东风：《文学经典的建构、解构和重构》，215页，北京，北京大学出版社，2007。

③ 《鲁迅缘何成了现代学生"公敌"？》，http://www.ruiwen.com/news/3056.htm，2018-08-01。

只有我们才是我们时代的面貌。时代的号角由我们通过语言艺术吹响。

过去的东西很困难。学院派和普希金比象形文字还难于理解。

把普希金、陀思妥耶夫斯基、托尔斯泰等,从现代生活的轮船上扔出去。

……

所有这些马克西姆·高尔基们、库普林们、勃洛克们、索洛克勃们、列米佐夫们、阿韦尔琴柯们、乔尔内依们、库兹明们、蒲宁们,等等,他们需要的只是河边的别墅,而命运往往把这样的奖赏赐给裁缝们。①

这种表述显示出对前辈作家极强的攻击性。

又如,1998 年,南京作家朱文向全国青年作家发出一份题为《断裂》的调查问卷,有 50 多位作家做出回答。问卷共设 13 个问题,第一个问题是:"你认为中国作家中有谁对你产生过或者正在产生着不可忽略的影响?那些活跃于 20 世纪 50 年代、60 年代、70 年代、80 年代文坛的作家中,是否有谁给予你的写作一种根本的指引?"第七个问题是:"你是否以鲁迅作为自己写作的楷模?你认为作为思想权威的鲁迅对当代中国文学有无指导意义?"对于第一个问题,绝大部分作家做出了否定的回答。韩东的回答更加决绝:"当代汉语作家中没有一个人曾对我的写作产生过不可忽略的影响。20 世纪 50、60、70、80 年代登上文坛的作家没有一个人与我的写作有继承关系。他们的书我完全不看。"对于第七个问题,尽管大多数作家的回答相对温和,但也主要以否认为主。朱文说:"让鲁迅到一边歇一歇吧。"邱华栋说:"没有。一个解构的时代里,已没有楷模,何况时代环境变了。"②

无论是俄国的未来主义宣言还是中国的"断裂"事件,背后都有复杂的动因。我们想要指出的是,这种事件具有某种代表性,在很大程度上反映出后辈作家对前辈作家及其作品的一种心理。这种心理被布鲁姆概括为"影响的焦虑",成为我们观察、思考和分析作家行为的一种视角。所谓"影响的焦虑",核心观点可概括如下:面对文学先驱的鸿篇巨制,一方面,后来者恐慌于自己的"迟到",因为先驱者已将"优先权"占为己有,一切文学的主题和技巧都被使用殆尽,后来者在文学丛林中已找不到立足之地;另一方面,后来者陷入无从摆脱先驱影响、无从创新和超越的无穷无尽的焦虑之中,这是一种对"失语"的

---

① [俄]布尔柳克等:《给社会趣味一记耳光》,张捷译,载《文艺理论研究》,1982(2)。

② 朱文:《断裂:一份问卷和五十六份答卷》,载《北京文学》,1998(10)。

焦虑。布鲁姆把这种影响的焦虑比喻为弗洛伊德的家庭罗曼史和俄狄浦斯情结：后来者面对代表先驱、正典和文学传统的"父亲"，形成了既爱又恨的复杂情感——父亲提供了营养和庇护，同时威胁着他们内心反抗的欲望。这种影响的焦虑使后来者产生了"弑父"的冲动，或者是以种种"误读"的方式(布鲁姆所谓的六种"修正比"①)贬低前人的创作成果，否定文学传统的价值观念，以达到树立自己的作家或诗人形象的目的。②

由此来看"断裂"事件，尽管韩东特意解释这不是"弑父"，因为"我们没有父亲，一切想把本质上的分歧解释成父子间龃龉的做法都是别有用心的，是骗人的"③，但我们依然可以将其纳入"影响的焦虑"中予以考察。也就是说，问题设计者用"根本性的指引"这类大词"引诱"作家做出否定性的回答，掩盖了问题的本来面目。我们固然可以说20世纪50—80年代进入文坛的中国作家，其作品的经典化指数不高，但不可能不对后来者构成显在或潜在的影响。莫言说过："革命小说对我都有影响。像《林海雪原》《青春之歌》，其中冯德英的《苦菜花》，对我有特殊印象。新时期之后作品那就多了，王蒙的《春之声》《蝴蝶》，张贤亮的《绿化树》《男人的一半是女人》，高晓声的《陈奂生上城》，陆文夫的《美食家》，邓友梅的《烟壶》，丛维熙的《大墙下的红玉兰》，汪曾祺的《受戒》，至少能列出二百部以上的作品。"④显然，这种正视其"影响"的说法更可信。

当然，这种"弑父"之举有时是一种刻意为之的表演。事过境迁，他们可能会承认那只是年少轻狂。如此看来，这种反抗经典的举动许多时候演变成了布鲁姆所谓的"创造性误读"，许多时候又不过是徒有其名的叛逆姿态。实际情况很可能是，他们一方面在公开场合反抗着经典，一方面又偷偷地向经典取经。所有这些让这一层面的解构活动变得既可疑又复杂。

我们呈现了以上三种解构经典的思路和方案。虽然这些方案不一定都能落到实处，但是一旦动用解构主义的思维方式，一旦武装上文化资本、文化权力等观念去考察经典的建构过程，许多经典的合法性都会面临危机。比如，以前我们往往把英美新批评看作一种文学理论，仅在"文本细读""诗歌张力""意图谬误""感受谬误"等层面释放其方法论意义。这固然不错，但是也容易忽略新

---

① [美]哈罗德·布鲁姆：《影响的焦虑》，徐文博译，13～15页，北京，生活·读书·新知三联书店，1989。

② [美]哈罗德·布鲁姆：《影响的焦虑》，徐文博译，译者前言，1页，北京，生活·读书·新知三联书店，1989。

③ 韩东：《备忘：有关"断裂"行为的问题问答》，载《北京文学》，1998(10)。

④ 陈洁、王洪：《当代作家谈自己喜欢的当代作品》，http://www.hbzjw.org.cn/doc/2012/11/09/2618.shtml，2018-08-01。

批评在建构文学经典中的权力运作过程。美国学者约翰·杰洛瑞（John Guillory）在分析新批评时借用布迪厄（Pierre Bourdieu）的"文化资本"理论，指出一个值得关注的问题：为了在现代大学中增加文学课程的文化资本，"新批评成功地建立了一套由晦涩的诗人组成的现代主义经典。而现代主义的通俗作品随之急转直下，沦为大众文化"①。这样做的结果是既在语言和形式保证了文学的难度和价值，又保证了解读这些经典的教授和批评家的价值。再结合约翰·凯里（John Carey）的相关分析（现代主义文学兴起的主要动因是知识分子阻止大众接近文学，故意把文学弄得晦涩难懂）②，我们可能会发现，从现代主义文学的出现到这种文学被新批评经典化，作家和批评家显然采用了基本相同的思路，即确保文学生产者和文学解读者的价值。这种价值既关乎文化资本，也关乎实际利益。

总之，面对解构经典的方案，我们不必先在价值判断的层面上估量是非对错，而是看它是否把简单的问题复杂化了。只有把问题复杂化，我们才会有进一步思考的前提和动力。

4. 经典重构的路径

经典解构点破了经典建构的神话，搞乱了经典的秩序。然而，解构的目的并非"破坏"，而是把以往被经典化进程遮蔽、遗忘或边缘化的文学作品请进文学经典的殿堂。于是，解构之后就是经典的重构。经典重构的路径很多，我们主要聚焦于学院，介绍其中的两种。

（1）拓宽经典

在 20 世纪七八十年代的文化论战和经典之争中，美国学界分成了两派：一派强调文学的社会批判价值，呈现出鲜明的文化激进主义色彩；另一派关注文学的艺术审美价值，体现了浓郁的文化保守主义特征。"拓宽经典"（the opening-up of the canon）是来自新左翼阵营的激进声音。新左翼认为，意识形态的偏见在传统经典的遴选和建构中起着重要作用。所谓"经典之作"，大都是欧洲的、白人的和男性的作家的作品。有人甚至把莎士比亚看作"已死的、白色人种的欧洲男性"（dead, white European males）的代表。现有的西方文学经典带有种族歧视、男性霸权和帝国主义色彩，并在很大程度上成为少数族群、妇女、劳动阶级边缘化进程中的帮凶，因此，新左翼要求改变经典的标准，去

---

① ［美］约翰·杰洛瑞：《文化资本——论文学经典的建构》，江宁康、高巍译，164页，南京，南京大学出版社，2011。

② ［英］约翰·凯里：《知识分子与大众：文学知识界的傲慢与偏见，1880—1939》，吴庆宏译，19页，南京，译林出版社，2008。

除经典遴选中的等级意识和精英意识，让经典代表多元文化而不是欧洲中心，把更多的女性作家和少数族群作家的作品纳入经典的考察范围。①

经过多年的论战，拓宽经典的诉求已落实成"经典修正"(canon transformation)的种种方案，并体现在课程设置与内容、文学史编写和文学选集中。例如，在斯皮勒(Robert E. Spiller)主编的《美国文学史》(*Literary History of the United States*，1948)中，60位撰稿人中只有一位女性。当埃默里·艾略特(Emory Elliot)主编《哥伦比亚美国文学史》(*The Columbia Literary History of the United States*，1988)时，编者队伍中已有16位女性，占编者总数的四分之一。女性学者的大量加入让这部文学史凸显了长期以来被摒弃在外的女性声音。再如，两卷本的《希斯美国文学选集》(*The Heath Anthology of American Literature*，1990)，最大的特点是为读者提供比其他文学选集都要多的少数种族和女性作家的作品，目的在于充分展现美国的不同文化。这部选集收录了109位女性作家、25位美国印第安作家、53位非裔美国作家、13位西班牙和葡萄牙裔美国作家以及9位亚裔美国作家的作品，相当一批犹太作家、意大利和其他种族作家的作品入选其中，大大改变了美国文学教学和研究的传统关注点。② 如此看来，虽然文化保守主义者还在不屈不挠地捍卫着"西方正典"的传统位置(如布鲁姆于1994年出版《西方正典》一书)，但通过拓宽经典、经典修正等步骤，经典的边界已开始扩大。

拓宽经典牵涉诸多敏感且重大的问题：判断经典的标准究竟以什么为主，是侧重于审美价值还是社会批判价值？在经典的序列中，新增的文学作品与早已拥有正统地位的经典之作是何种关系？经典的边界无限扩大，是不是意味着经典被取消了(是否是经典变得不再重要)？同时，我们也要意识到，如果按照约定俗成的评判尺度，新增到文学选集中的作品只是为其经典化提供了一种可能性，最终能否成为经典仍需要时间和历史的检验。

经典重构过程中有一个重要趋向值得我们关注。以往的经典遴选通常厚古薄今，因此，越是历史久远的文学作品，越是有着不可撼动的经典地位。杰洛瑞发现，经典修订的目标往往是把教学大纲的重心从古代作品转移到现代作品上。事实上，"文学课程的历史一直都倾向于以牺牲较旧作品为代价以便将大纲现代化。为满足新生资产阶级的某种文化需求，18世纪初等学校体系中的古

---

① 刘意青：《经典》，见赵一凡等：《西方文论关键词》，283页，北京，外语教学与研究出版社，2006；江宁康：《文学经典的传承与论争——评哈罗德·布鲁姆的〈西方正典〉与美国新审美批评》，载《文艺研究》，2007(5)。

② 金莉：《经典修正》，见赵一凡等：《西方文论关键词》，298～304页，北京，外语教学与研究出版社，2006。

典文学课程曾向俗语作品'开放'，这一先例影响深远，最终导致许多希腊和罗马作品被完全撤换出课程大纲。时间上更近一点但影响稍逊一筹的例子是经典体裁现代化，即19世纪晚期的小说被收入大纲，或20世纪60年代的电影被收入大纲"①。由此看来，经典重构的趋向之一是经典现代化。经典现代化很可能是一种世界性潮流。

（2）重写文学史

在拓宽经典的革命中，重写文学史是重要方案之一。有人在归纳美国的经典之争时指出："经典修正的一个重要方面，表现在文学史的重新撰写。过去30年之中所涌现出来的研究和批评重现了之前被湮没的众多作家，讲述了人们从前没有意识到的文学传统，并对学界传统上把作品划为经典的过程进行了置疑。"②我们把重写文学史单独拿出来分析，是为了聚焦于中国。

中国的重写文学史讨论是从1988年拉开帷幕的，讨论的主阵地是《上海文论》杂志。此刊当年第4期开辟了由陈思和、王晓明共同主持的"重写文学史"专栏，宗旨是通过"重新研究、评估中国新文学重要作家、作品和文学思潮、现象"，"刺激文学批评气氛的活跃，冲击那些似乎已成定论的文学史结论，并且在这个过程中激起人们重新思考昨天的兴趣和热情"③。该专栏在一年多的时间里发表相关讨论文章40余篇，其他报刊，如《求是》《文艺研究》《文学评论》《文艺争鸣》《批评家》《文学评论家》《理论与创作》《文艺报》《光明日报》《文论报》也纷纷发文参与这场讨论，形成了重要的文学现象。

从经典重构的角度看，重写文学史的讨论以及随之而来的学术实践无疑是中国式的"经典修正"运动。1949年之后，《在延安文艺座谈会上的讲话》精神已成为编写文学史的指导原则。那些代表着"文艺为工农兵服务"的方向、书写着革命叙事话语的作家作品成为文学史经典化的首选对象，那些西化的或坚守自由知识分子立场的作家作品则被放逐到经典化的视野之外。20世纪80年代，随着文学观念的更新，"向内转""回到文学本身""审美自主性"等成为批评家、文学史家衡量文学作品优劣的重要尺度。重写文学史实际上就是这一尺度的具体运用。基于这一原因，原来被推崇的革命作家（如茅盾、丁玲、赵树理、柳青、郭小川等人）受到质疑，原来被边缘化的沈从文、钱锺书、张爱玲、周作人、梁实秋等则被看作体现了"文学性"的代表性作家，结束了被遗忘的历史。

---

① ［美］约翰·杰洛瑞：《文化资本——论文学经典的建构》，江宁康、高巍译，12页，南京，南京大学出版社，2011。

② ［美］约翰·杰洛瑞：《文化资本——论文学经典的建构》，江宁康、高巍译，299页，南京，南京大学出版社，2011。

③ 陈思和、王晓明：《主持人的话》，载《上海文论》，1988(4)。

通过后来的文学史或准文学史书写，前一类作家的经典地位不同程度地受到削弱，后一类作家则得到了重视，文学史的格局也因此有了调整。

应该看到，重写文学史之于经典重构并非一蹴而就的事情，而是一个漫长的过程。在此过程中，学界常常会不断形成打量作家作品的新视角和新的阐释框架，从而让一些作家作品不断处于"修正"之中。以赵树理为例，从 1946 年起，由于郭沫若、周扬等人的大力推荐，赵树理开始成为一个代表着"方向"的作家。这种定位自然影响到后来的文学史书写。唐弢等人主编的《中国现代文学史》一方面在"沿着工农兵方向前进的文学创作"之专章标题下介绍赵树理的小说，另一方面对赵树理小说的评价也是《在延安文艺座谈会上的讲话》精神的产物："在深入发展的农村革命的推动下，一些左翼作家笔下开始出现了觉醒反抗的年青一代新农民形象。但是在当时主客观条件下，特别由于作家未解决与农民感情上打成一片的问题，因而不可能塑造出真实丰满的农民形象，在某些形象中还不免夹带着许多知识分子思想感情的杂质。在这点上，赵树理做出了特殊的贡献。"[1]在这里，毛泽东所说的知识分子的思想感情要"来一个变化，来一番改造"[2]，显然成为评价文学的重要标准。

在重写文学史的讨论中，学界开始反思"赵树理方向"给赵树理创作带来的负面影响。有人认为，"老百姓喜欢看，政治上起作用"的创作原则"严重限制了赵树理的艺术视野，限制了赵树理艺术才能更大的发挥"。"赵树理的创作较之于他的前辈们，是个倒退，是从鲁迅、郭沫若、茅盾等现代文化的高层次，向农民文化的低层次的倒退。这是不容置疑的事实。"[3]这种判断显然来自"自主性"审美原则所衍生的文学观念。进入 20 世纪 90 年代，赵树理及其小说进一步被复杂化，有人从知识分子的角度论述赵树理的角色扮演[4]，有人在新左翼视野中解读赵树理小说的现代性内涵[5]。凡此种种，又影响到文学史的书写。例如，洪子诚在《中国当代文学史》中论及赵树理时便下笔谨慎。他既认同孙犁的某些判断（赵树理创作于 60 年代的短篇小说"多少失去了当年青春泼辣的力

---

① 唐弢、严家炎：《中国现代文学史》（三），328 页，北京，人民文学出版社，1980。

② 《毛泽东选集》第 3 卷，851 页，北京，人民出版社，1991。

③ 郑波光：《接受美学与"赵树理方向"——赵树理艺术迁就的悲剧》，载《批评家》，1989(3)。

④ 席扬：《多维整合与雅俗同构：赵树理和"山药蛋派"新论》，24～42 页，北京，中国社会科学出版社，2004。

⑤ 贺桂梅：《转折的时代——40～50 年代作家研究》，326～378 页，济南，山东教育出版社，2003。

量"），又觉得"这可以看作缺陷，但也是一种变化"①。此外，洪子诚专设一小节"赵树理'评价史'"，梳理赵树理在不同年代所得到的评价，也显示出究竟把赵树理置于何种经典位置的犹疑。这些意味着，对赵树理及其作品的重构依然未完成，对于赵树理的经典地位，我们很可能还不具备给出定论的能力。

总之，对于经典重构来说，重写文学史既是一种机遇，也是一种挑战。它的结果是显而易见的，即通过这种重写，经典的格局会有所调整，甚至出现重大变化。

思考题

1. 什么是文学经典？文学经典有哪些主要特征？
2. 以具体的作家作品为例，试析传统经典与现代经典的建构元素。
3. 经典的解构有几种类型？如何看待解构经典的思潮和方案？

延伸阅读

1. [美]哈罗德·布鲁姆：《西方正典》，江宁康译，南京，译林出版社，2005。
2. [美]约翰·杰洛瑞：《文化资本——论文学经典的建构》，江宁康、高巍译，南京，南京大学出版社，2011。
3. [意]伊塔洛·卡尔维诺：《为什么读经典》，黄灿然、李桂蜜译，南京，译林出版社，2006。
4. [英]T. S. 艾略特：《艾略特诗学文集》，王恩衷编译，北京，国际文化出版公司，1989。
5. [日]藤井省三：《鲁迅〈故乡〉阅读史——近代中国的文学空间》，董炳月译，北京，新世界出版社，2002。
6. 童庆炳、陶东风：《文学经典的建构、解构和重构》，北京，北京大学出版社，2007。
7. 李建军：《文学因何而伟大》，北京，华夏出版社，2010。
8. 黄子平：《"灰阑"中的叙述》，上海，上海文艺出版社，2001。
9. 李杨：《50—70年代中国文学经典再解读》，济南，山东教育出版社，2003。
10. 陈文忠：《中国古典诗歌接受史研究》，合肥，安徽大学出版社，1998。

---

① 洪子诚：《中国当代文学史(修订版)》，87页，北京，北京大学出版社，2007。

第三章　文体与文学创作

　　无论是在中国古代还是在西方的文学理论中，文体的含义都极为丰富，既可以指文类，也可以指语体、文笔、笔性、风格等。本章介绍的文体，包括文学体裁、文学语体与文学风格三个层面。对文学创作而言，文体就像某种形成、发展中的身份徽记，不容忽视。文体一头联系着作家的创作个性和语言，另一头受到特定的时代精神和话语秩序的影响。好的作家至少精熟一种或几种语体，擅长将文学体裁的魅力发挥到极致，进而形成独特的风格标识。本章先从总体上界定文体及其内涵，再分别就小说、戏剧、诗歌、散文四大现代文学体裁的语体特征展开详细讨论，最后以散文诗为例，谈及文体边界的形成和确立。

一、文体的界说

1. 何谓文体

　　西方学术史上的"文体"（style）一词的词源可追溯到希腊文"ocuλos"和拉丁文"stilus"，有雕刀的意思。古希腊罗马的思想家把文体视为一种修辞技巧，主要研究怎样使语言适用于不同的场合，增强说服力。后来，这个词被扩展至诗学领域，指由文本体式规定的某种语言的运用和选择。亚里士多德对诗与悲剧在文体语言上进行了区分，认为诗应该"在常用词汇中见出变化"，悲剧的语言更接近散文。后来，朗基努斯（Cassius Longinus）在论及"崇高"时，指出它是由"庄严的思想、强烈的感情、藻饰的语言、高雅的措辞以及堂皇的结构"综合而成的风格。这一界定联系着对"style"的另一意涵——"风格"——的强调。①在汉语中，"style"被广泛译作"风格"。

　　广义的"style"是风格，指绘画、雕塑、音乐、建筑、文学等一切艺术的特

---

　　①　童庆炳：《文体与文体的创造》，51～54页，昆明，云南人民出版社，1994。

性；狭义的"style"是文体，多强调文学艺术的语言特性。正如艾布拉姆斯所言："文体指的是散文和韵文中语言的表达方式——说话者或作者如何说话，不论他们说的是什么。"①也就是说，与"说什么"相对，文体是一种话语体式，关注的是怎么说，更偏重于形式特征。

文体的重要性并不局限于形式层面。能否形成相对成熟的文体意识和文体形态，是衡量一个作家是否成功的标准。对那些在文学史上占有一席之地的作家来说，"文体家"（stylist）的名号历来都是极高的肯定。刘勰在《文心雕龙·体性》中将作家的创作个性归为"才、气、学、习"。所谓"才有庸俊，气有刚柔，学有浅深，习有雅郑，并性情所铄，陶染所凝，是以笔区云谲，文苑波诡"，就是说作者先天的才能气质，辅以后天的学习熏染，两者辩证统一，体现在作品形式中，就形成了创作者独特的文体风格。《文心雕龙·定势》中亦有"夫情致异区，文变殊术，莫不因情立体、即体成势"之说。作家主观的体物方式、情感体验模式不尽相同，创作时必然会选择不同的体制和语体。"文如其人"说的正是作家的人格、胸襟、情趣、思维方式等内在因素对文体创造的制约和影响。

文体问题之所以重要，还因为文体折射出了某个时代的作家、批评家独特的精神结构和体验方式，是社会历史文化凝结而成的"有意味的形式"。中国文学历朝历代几乎都出现过盛极一时的文体代表，如楚辞、汉赋、唐诗、宋词、元曲乃至明清小说。近代以降，从白话文运动到诗体革命，从小说界革命到现代长篇小说的兴盛，每一次文学革命的关口，文体的革新都承载着时代精神和意识形态诉求。

综上所述，我们大致可以将文体界说为一定的话语秩序所形成的文本体式，折射出作家、批评家独特的精神结构、体验方式、思维方式、社会历史、文化精神。② 从文体的呈现层面看，文体的编码特征一般会通过以下范畴系统体现：体裁、语体和风格。

2. 体裁分类与体裁意识

体裁是文体最基础的层面，是人们在实践中形成的约定俗成的文学类型，提供了制约创作的客观因素。作家首先需具备一定的体裁意识，然后才谈得上驾驭和超越之。

---

① ［美］M. H. 艾布拉姆斯：《文学术语词典（第 7 版）》，吴松江等编译，607 页，北京，北京大学出版社，2009。

② 童庆炳：《文体与文体的创造》，1 页，昆明，云南人民出版社，1994。

在中国，体裁的分类可追溯至先秦两汉时期对《诗经》的"风、雅、颂"之分。魏晋以后，真正的文体流别论发轫。例如，曹丕有"四科八体"之论，陆机的《文赋》将文学分为十类，说明了各类体裁的不同特征。"体大而虑周"的《文心雕龙》出现后，中国古代文体论有了最恢宏细密的论述。《文心雕龙》不仅对诗、乐府、赋、颂、赞、祝等已有体裁进行了单篇研究，还对体裁分类做出了创新性贡献。第一，既以当时流行的"文""笔"之别为分类基础，即所谓"论文叙笔，则囿别区分"；又从中国古代文学特殊的发展状况出发，扩大"笔"的范围，把诸子、史传等杂文学篇什归纳进来，打通了文学与非文学的界限。第二，二十篇文体论都按照推求各体来源、解释各体名称、选取代表性的作品以及阐明各体写作的理据和要求这四个纵深的层次加以论述。第三，比较相近的体裁，解释其异同。

中国古代文论将诗文作为重点研究对象，较少涉及不登大雅之堂的小说、戏曲以及其他俗文学。五四新文学运动以来，这一体系在西方文学观念的冲击下有所调整。现在常见的文学体裁分类有"三分法"和"四分法"。三分法渊源古老，始于柏拉图和亚里士多德，即把文学分为抒情、叙事和戏剧三个基本类型。四分法目前较为流行，即把文学体裁分为诗歌、小说、戏剧和散文四类。将小说和散文单列出来，有助于避免抒情型与叙事型文学的混淆，但并不适用于散文诗或诗剧这样的体裁。

与体裁概念对应的是体裁意识。"文章以体制为先"，体裁是相对稳定的。作家只有意识到体裁的重要意义，才能够分清不同文学类型，进而运用自如并有所创新。古典时期对体裁的尊崇要强于现代。例如，在17世纪的法国，"三一律"成就了拉辛和莫里哀这样的戏剧大师，《安德洛玛克》和《伪君子》这样深得古典主义真谛的传世之作丝毫不显束缚之感。再如，南朝之后，中国古代诗歌对声律之美的追求日趋苛细，律诗逐渐定型。律诗的创作在唐朝达到顶峰，产生了杜甫这样工于声律又不为声律所缚的大诗人。杜甫不仅以炉火纯青的技艺写出《秋兴八首》《闻官军收河南河北》这样登峰造极的七律，也极大地丰富了律诗的表现范围，以组诗的形式和史诗的笔法展现了一个时代的社会面貌和内在生活，达到了浑融流转的艺术境界。这实际上也说明了体裁意识对于作家第二方面的要求，即作家应该根据内容的需要，大胆地突破审美成规，丰富、改造、扩大原有的体裁，获得属于自己的风格标记。文学创作借助于语言对作家内心深处储藏的朦胧飘忽的情绪记忆进行塑形，情绪体验的复杂性使作家难以死守某类体裁的边边框框，而是多方征用、融通和拼接。对于中国现代作家而言，诗歌尽管以抒情为鹄的，但未尝不可借用叙事、反讽、说理等手段来增强表意效果，完成"从情感到意识"的现代转向；小说固然呈现叙事

的外观，善以饱含深情的笔致续写"抒情传统"的小说家在近现代历史上却也
不乏其人。

3. 语体类型与自由语体

作为文体范畴之一的体裁，要依靠不同的语言体式，这便是语体。一般而
言，诗歌与散文着重于传达情感体验，采用抒情语体；小说是对事件的讲述和
体验，采用叙事语体；戏剧是对行动的再现和体验，采用对话语体。

（1）抒情语体的特征

第一，抒情语体对文本的形式特别是声音层有特殊要求，这种要求也是自
然声律观的体现。"诗言志，歌永言，声依永，律和声。"（《尚书·尧典》）朱熹
认为，诗是人"感于物而动"后发而为言的产物。"既有言矣，则言之所不能尽，
而发于咨嗟咏叹之余者，又必有自然之音响节奏而不能已焉。"（《诗集传序》）人
生来就有感情，天然需要表现，而表现感情最恰当的方式是抒情性的、有韵律
的文学体式。语言节奏与内在节奏相契合，自然而然，不能自已。浪漫主义诗
人雪莱、拜伦等人都曾将诗人的"心灵"比作"风琴"之类的发声体，一旦"灵感"
的阵风来袭，内心将奏出应和的旋律。这便是郭沫若所说的"情绪的律吕"——
外来刺激作用于主观注意力，在客观的时间轨迹上延宕开来，外化为"自然的
节奏"，即外在诗形——对音调和韵律的刻意控制是为了"增加诗的效果"。① 因
此，作为抒情语体的大多数诗歌或非韵文，是把语言的音响魅力发挥到极致的
语体。辅以外在格律的内在音乐性是这一体式的必然要求。

第二，抒情语体大量采用比喻、象征、反讽、悖论等"陌生化"手法，同常
规语体在选词和构句上造成了一定偏离。源于俄国形式主义的"陌生化"概念，
强调抒情语体通过对惯例语言施加扭曲、变形等"有组织的强暴"，获得"新奇"
的美学效果。后来，新批评学派把反讽上升为诗歌的结构原则，宣称"诗的语
言就是悖论语言"（布鲁克斯），现代诗歌就是"重新发现隐喻并且充分运用隐
喻"，等等。这些为浪漫派和玄学派诗人所广泛采用的技艺，无不增强了诗歌
语言的张力和含混性，又与诗人所表现的跳跃、朦胧、神秘而不可言喻的情意
状态和世界观紧密相关。抒情语体的这一特点即古人所主张的"语不惊人死不
休"（杜甫），"惟陈言之务去"（韩愈）。凭借对套版化语言的疏离和毁弃，抒情
语体在读者心中形成了强烈的刺激和印象，满足了人们更新生命体验的内在
需求。

---

① 郭沫若：《论节奏》，载《创造月刊》，1926(3)。

（2）叙述语体的特征

小说、报告文学、传记文学以及某些散文使用的是叙述语体。这种语体即使有抒情和议论的成分，也要内在地统一于叙述语体，服务于将故事或事件讲述出来并向前推进的目的。下面，我们以小说为代表，来具体分析叙述语体的特征。

第一，小说的叙述语体的最大特征是虚构性。与大多数指向客观世界的普通话语相比，操叙述语体的小说家创造的是一个想象的、经验的、内指而自足的艺术世界。在这个世界中，语言是否成功，只需看是否符合故事和人物性格的发展逻辑，无须经过外部客观事实的检验。小说语言的终极目的在于传达独特的审美体验，达到艺术真实。人们阅读《红楼梦》，一会儿沉浸在对封建贵族大家庭种种人情世故事无巨细的描写中，一会儿又为宝黛二人悲金悼玉的爱情悲剧唏嘘不已。当书中的"金陵十二钗"死的死、嫁的嫁，统统走向太虚幻境中的判词最初预设的命运时，读者便从这种盛极而衰的叙述中获得了对于人生在世的真与幻、荣与辱、升与沉、生与死的诸多感悟。此时，读者仿佛对作者的"满纸荒唐言"信以为真，少有人会去追究背后的历史真实。

第二，叙述语体的又一特征是对话性。"如果说诗歌理论的中心课题是诗歌形象问题，那么小说理论的中心课题便是多种类型的内在对话化的双声语问题。"①叙述语体是双声话语（dual-voiced discourse）而不是单声话语。在《陀思妥耶夫斯基诗学问题》中，巴赫金将小说话语分为三类。第一类"直接指述事物的话语"和第二类"被描述的话语"的目的都在于使读者直接了解事物，只包含一种意向，因而都是单声语。第三类是"包容他人话语的语言"。"在双声语中，作者在自有所指的客体语言中再添进一层新的意思，同时却仍保留其原来的指向。根据作者意图的要求，此时的客体语言必须让人觉出是他人语言才行。其结果，一种语言竟含有两种不同的语义指向，含有两种声音。"②所谓"双声语"，即将叙述内容和某种态度巧妙地融合起来的叙述语言。例如，《傲慢与偏见》开篇即称："凡是有财产的单身汉，必定需要娶位太太，这已经成了一条举世公认的真理。"前半句叙述"真理"的内容，后半句则表达了对这一流行的俗世"真理"的认识和轻微的讽刺，单声叙述由是转化为带有双声效果的叙述话语。

叙述语体要处理好叙述者与所叙之事的关系。小说的叙述话语始终是叙述者与人物的混合或融合，叙事是以叙述者同人物意识潜在对话的形式展开的。近现代小说中常见的"自由间接引语"（free indirect speech），就是这种对话性的

① 《巴赫金全集》第3卷，白春仁、晓河译，116页，石家庄，河北教育出版社，1998。
② 《巴赫金全集》第5卷，白春仁、顾亚铃译，250页，石家庄，河北教育出版社，1998。

典型体现。① 此外，叙事视角在不知不觉中频繁转换，也能造成对话效果。对话化的双声话语代表了叙述语体发展的某种趋势，传统的严格区分第一人称和第三人称的单调写法，已被全知视角与限制性内聚焦、叙述者与人物声音的混合与互渗取代，叙述语体变得更加生动、随意和多样化。

第三，叙述语体具有杂语性。叙述本身的"多音齐鸣"（heterolossia）这一说法也来自巴赫金。叙述语体作为一种"杂交"形式，在众多人物与人物、人物的意识与潜意识、人物与叙述者声音，甚至叙述者自身诸种意识间，充满了深刻的矛盾性和对话性。将各自独立、各具价值的声音形成的事件组织起来的艺术就是杂语性叙事，或曰"复调艺术"。陀思妥耶夫斯基小说主人公言语中不同指向的双声语，尤其是形成内心对话关系的他人言语，即暗辩体、带辩论色彩的自白体、隐蔽的对话语体等都是杂语性的体现。

与杂语共生的叙述语体相对的是"独白性"语体。在这种语体中，作者以包罗万象的全知视野展开叙述，人物完全受制于作者，作者的声音主宰人物的声音。人物降格为无主体性、无生命的功能元。在复调语体中，作者意识与人物意识都处于不断建构和开放的对话之中，都是未完成并不断丰富着的。杂语性反映的是人类社会意识本身的对话性。它以"各种相互竞争的语言的战场或狂欢节"来颠覆那种为欧洲理性主义、启蒙主义所促进的作者意识独裁的散文语体。②

（3）对话语体的特征

虽然都具有故事性，但小说是想象的艺术，戏剧是感受的艺术。戏剧感受的对象是人物间的矛盾与冲突。人物的思想交锋、情感冲动、意志搏斗以及时代和环境赋予的种种情形，都要由人物自身通过具体形象和行动呈现在舞台上，直接诉诸观众的视觉、听觉。这就要求剧作家不得不主要依赖对话（包括独白）来推动戏剧情节。对话语体的一般特征为戏剧表现生活的独特角度所规定。

第一，对话语体的动作性。在戏剧中，对话决定着冲突的展开、激化和解决，必须潜藏着动作性。人物的动作，无论是内心动作，如感伤、欣喜、思

---

① 又称"自由间接话语"（free indirect speech）。"由瑞士语言学家查理·巴利于1912年正式提出。这种形式的语法特征是人称和时态与间接引语相同，但没有连词和引导词，同时具有直接引语的某些特征，包括词序、情感和个性化词汇等因素。"一般而言，它的使用意味着叙述者已经体验到人物所体验的，但没有在这种形式中留下在场的痕迹。转引自王先霈、王又平：《文学理论批评术语汇释》，380页，北京，高等教育出版社，2006。

② 对"复调"一词的详释，参见赵一凡等：《西方文论关键词》，145～155页，北京，外语教学与研究出版社，2006。

念、憎恶等，还是外部动作，如请求、商议、宣誓、欺骗、责备、谄媚、辩护等，往往都借助于对话。这样才能塑造性格鲜明的人物形象，推动矛盾发展。戏剧对话必须蕴蓄着活力，为演员的表演提供根据，能激起观众的反响。

第二，对话语体的性格化。同样是塑造人物，戏剧比小说的手段少得多。在戏剧中，"人物只能依靠它自己去揭示自己"（焦菊隐），人物性格也主要通过对话来塑造。人物的对话需是职业化、性格化的，需与身份、遭遇、所处环境符合。这正如贺拉斯所要求的："神说话，英雄说话，经验丰富的老人说话，青春、热情的少年说话，贵族妇女说话，好管闲事的乳媪说话，走四方的货郎说话，碧绿的田垄里耕地的农民说话……其间都大不相同。"①

第三，对话语体的通俗化。戏剧的舞台表演性质要求对话语体必须是通俗易懂、深入浅出的口语，不能照搬书面语。李渔曾指出："诗文之词采贵典雅而贱粗俗，宜蕴藉而忌分明；词曲不然，话则本之街谈巷议，事则取其直说名言。凡读传奇而令人费解，或初阅不见其佳，深思而后得其意之所在者，便非绝妙好词。"②这还只是指曲词，戏曲中的宾白③需要更加浅白。李渔强调剧作者写台词，要设身处地为演员着想，看看台词"好说不好说"，同时还要为观众着想，看看"中听不中听"。李渔的"好说""中听"至今仍是现代戏剧在语体方面的基本要求。

不同的体裁要以不同的语体与之匹配，正所谓"正体制"。这是文学语体问题的一般规定。采用适当的语体后，还有一个活用和创造的问题，体现了文体更重要的本质。也就是说，如果作家仅仅能按一定的体裁章程选择语体，在创作过程中对文学陈规亦步亦趋，不敢越雷池一步，充其量只是遵守一定的"体格"，远未能确立自己的"品格"。在创作中，"品格高于体格"。因此，作家在遵守一定语体的同时，需凭着灵性和审美情趣，获得某种独特的语感、语调、语势，创造出独具魅力的自由语体。对于自由语体，我们可做如下把握。

其一，自由语体是作家个性的表现。"言为心声"，人的个性，包括气质、能力、性格等，必然与其语言有所对应。当个性转化为创作个性后，就会通过语言格调自然地流露出来。尽管历史上"巨奸尤为忧国语，热中人作冰雪文"（钱锺书）的情况时有发生，也就是说，写作的内容可以作伪，但是其"言之格调"，亦即我们所说的文体，往往流露出作者的本相。"狷急之人作风，不能尽

---

① ［古罗马］贺拉斯：《诗艺》，见［古希腊］亚里士多德、［古罗马］贺拉斯：《诗学·诗艺》，罗念生、杨周翰译，143 页，北京，人民文学出版社，1962。

② （清）李渔：《闲情偶寄》，16 页，杭州，浙江古籍出版社，1985。

③ 宾白，即中国古代戏曲剧本中的说白，与"唱词"相对。明代徐渭《南词叙录》："唱为主，白为宾，故曰宾白。"宾白可分为独白和对白。

变为澄澹；豪迈之人笔法，不能尽变为谨严"①，说的正是作家的人格、胸襟、情趣、思维方式等内在因素必会在语感、节奏、修辞等方面打上烙印。

其二，自由语体是中介，连接起了规范语体和风格。规范语体、自由语体与风格不能截然分开。真正的创造是用自由语体取代规范语体，风格也寓于自由语体之整体中。然而，这三者又有一定的区别。一方面，规范语体制约着自由语体。作家个性的表露可以千变万化，却不能不考虑基本规范。"大体须有，定体则无"这句话道出了自由语体既体现又落实规范语体的要求。另一方面，自由语体还不是风格，成熟的风格孕育在充分表现个性的语体中，是自由语体发展到极致的结果。

进一步说，自由语体是文体系统中最活跃的因素。文体中的体裁因素属于带惰性的保守力量，唯有自由语体因作家个性、生活时代的不同而不同，构成了最具先锋性的动因，突破旧制，时时更新，成为文体的生长点。五四时期的文体革命，无论是白话文运动还是诗体革命，都是从自由语体这个层面发动的。郭沫若、鲁迅、周作人都曾创造出十分贴近自己个性并具有时代特点的自由语体。郭沫若的《女神》以奔放恣肆的抒情、冲决旧体的建行方式，拉开了自由诗书写的序幕。周氏兄弟分别采用灵活多变的叙述结构，简省生动的白话以及汇通中西、纡徐平散的笔调体式，使五四时期的小说成为文学正宗，也使散文逐渐完成了从古代形态到现代形态的转变。

我们已就文体的两个基本层面——体裁和语体——做了概括性的介绍，表明完整的文体应该是体裁、语体和风格的有机统一：某种体裁必定有约定俗成的审美规范，体裁的审美规范要求通过一定的自由语体加以完美体现，语体发挥到极致就形成了风格。下面，我们将就各种体裁在语体层面的具体要求，展开更细致的讨论。

二、小说：讲述的多种可能

1. "故事"与"话语"

(1) "故事"与"话语"的二分

众所周知，小说核心是讲故事。从叙事学的角度看，小说基本由"故事内容"和"如何讲述"组成。我们关心的小说文体问题对应其中的哪个层面呢？

1966 年，法国结构主义叙述学家托多洛夫(T. Todorov)明确提出以"故事"

---

① 钱锺书：《谈艺录》，163 页，北京，中华书局，1984。

（story）与"话语"（discourse）两个概念来区分叙事作品的素材与表达形式。作为叙述对象，前者涵盖最基本的小说三要素（情节、人物和环境），叙述话语则涉及叙述语言和叙述行为自身。自此，这种二分法成为西方叙事理论中描述叙事作品的常见概念。① 回到小说文体学的视野，"故事"似与"内容"等同，"话语"自然也可与"文体"对应。也就是说，小说文体学更应关心"故事内容是如何表达的"这一形式问题。

如果将小说文体问题同叙述学中所谓的"叙述话语"简单地画等号，也面临一些问题。其一，现代主义和后现代主义的小说创作常常使"故事"与"话语"的二元论陷入困境。很多作家深受现代哲学影响，喜欢借助语言自身的模糊性打破语法常规，以特有的修辞手法对生活经验进行"歪曲"。这种实验手法使得"故事"的独立性受到挑战。例如，在传统小说中被视为文体技巧的夸张和变形被并入故事本身，使"话语"和"故事"的二分失去了效力。其二，从叙述学角度看，"话语"主要指超越了单纯的语言选择这一层次的表达方式，包括小说的叙述时态（时序、时距和频率），叙述距离与聚焦（叙述视角）等。从小说文体学的角度看，"文体"主要指涉狭义的语言运用和语义生成问题。文体学家更关注微观层面上的句法顺序、修辞手段、人称变化、遣词造句、语言风格等形式变量在接受中产生何种"心理效果"，即由语言媒介本身的陌生化所导致的语义信息的重组和再现。因此，"话语"与"文体"之间存在貌合神离的成分，显示出研究者究竟是以"叙述性"还是以"语言"作为小说本体的观念差异。

（2）从"话语"到叙述语体

"文体的本质是一定的话语秩序所形成的文体样式"，"写小说就是写语言"这样的现代小说文体观念也已经屡见不鲜。在讨论叙述语体问题时，我们能否完全抛弃"叙述视角""叙述时间"而单单涉及"叙事话语"？答案是否定的。文体问题不是单纯的语言问题，与叙述息息相关。从叙述频率、聚焦方式到叙述声音，它们都折射出叙述者与叙述内容、与客观的社会生活大环境之间的关系，进而与"文体"本身构成千丝万缕的联系。换句话说，要想知晓作者的艺术经验、社会经验以及文本意义究竟如何传达出来，仍需把这些叙事问题落实为叙述中的语言问题。

从叙述语体的层面看，叙述学的"话语"与小说文体学的"文体"至少有两个重合之处：一为叙事聚焦对叙述语体的影响，二为人物话语的不同形式（如对"直接引语""间接引语""自由间接引语"等的使用）所反映的叙述声音的特点。②

---

① 申丹：《叙述学与小说文体学研究》，14 页，北京，北京大学出版社，1998。

② 申丹：《叙述学与小说文体学研究》，196 页，北京，北京大学出版社，1998。

2. 聚焦对叙述语体的影响

（1）视角与聚焦

所谓"叙事视角"，即传统所说的"视角"（point of view），有"立场、观点、角度"等意思。它在叙事学中至少有两个常用义："一为结构上的，即叙事时所采用的视觉（感知）角度，直接作用于被叙述的事件；另一为文体上的，即叙述者在叙事时通过文字表达或流露出来的立场观点、语气口吻，间接地作用于事件。"[①]有趣的是，结构上的视角本身属非语言问题，但在文本中，常常只能通过语言特征反映出来，形成一定的文体特色。[②] 这种文体特色包括不同聚焦视角中的语言特色，以及由不同的人物话语类型反映出的叙述者声音的差异。我们先把重点放在叙事视角，也就是"聚焦"问题上。

从第一层含义出发，叙述视角指通过何种角度讲（听）故事。自从热奈特（Gérard Genette）在《叙述话语》中用"focalisation"（聚焦）来取代意义含混的"point of view"（视角、观点、立场）后，这一术语被叙述学界广泛采用。小说中的"聚焦"本是一个视觉概念，指对观察角度的限制。聚焦可以分为三种类型。第一，"零聚焦"或"无聚焦"，也就是我们所说的固定视角的全知全能叙事。第二，"内聚焦"，即叙述者仅从某个或几个人物的视角出发来感受，可进一步分为三种情况：固定式内聚焦（"固定人物的限知视角"）；变换式内聚焦（"变换人物的限知视角"）；多重内聚焦（"多重人物限知视角"）。第三，"外聚焦"，即仅从外部观察人物的言行，不进入人物的内心世界。

零聚焦叙事较为传统。中国古代白话小说中具有绝对权威的说书人口吻，大体类似于这种聚焦方式。内聚焦可以保留悬念，产生戏剧化的"抓人"效果。外聚焦冷静客观，像是对戏剧情节的介绍，又称"戏剧式聚焦"，海明威的短篇小说《白象似的群山》堪称代表。如果一段叙述全部采用内聚焦，可能会使读者云里雾里，而阅读难度较大又会淡化情节的吸引力。例如，伍尔夫的《达洛维夫人》，通篇采用内聚焦，是典型的意识流小说。实际上，除了一些实验色彩较浓的小说，大部分小说需采用内、外聚焦（包括零聚焦）穿插的方式。这样才能使叙述趣味盎然。《红楼梦》"林黛玉进贾府"一节，是这样叙述王熙凤出场的：

> 一语未了，只听后院中有人笑声，说："我来迟了，不曾迎接远客！"黛玉纳罕道："这些人个个皆敛声屏气，恭肃严整如此，这来者系

---

① 申丹：《叙述学与小说文体学研究》，197页，北京，北京大学出版社，1998。
② 申丹：《叙述学与小说文体学研究》，197页，北京，北京大学出版社，1998。

谁，这样放诞无礼？"心下想时，只见一群媳妇丫鬟围拥着一个人从后房门进来。这个人打扮与众姑娘不同，彩绣辉煌，恍若神妃仙子……一双丹凤三角眼，两弯柳叶吊梢眉，身量苗条，体格风骚，粉面含春威不露，丹唇未启笑先闻。黛玉连忙起身接见。贾母笑道："你不认得他。他是我们这里有名的一个泼皮破落户儿，南省俗谓作'辣子'，你只叫他'凤辣子'就是了。"

黛玉正不知以何称呼，只见众姊妹都忙告诉他道："这是琏嫂子。"黛玉虽不识，也曾听见母亲说过，大舅贾赦之子贾琏，娶的就是二舅母王氏之内侄女，自幼假充男儿教养的，学名王熙凤。黛玉忙陪笑见礼，以"嫂"呼之。

"林黛玉抛父进京都"一回，总体上以黛玉的第三人称限知性内聚焦贯穿始终，偶有全知视角携领。引文第一句交代熙凤的到来，以黛玉的感知来聚焦，营造了先声夺人的效果。从声音到服饰，从外表到气质，小说以黛玉之眼观凤姐之俏媚泼辣，以黛玉之静衬凤姐之动，以凤姐之骄傲显黛玉之黯然，做足了文章，却并未交代来人是谁。最后，小说神不知鬼不觉地转入全知叙事，让贾母揭开谜底，又经众姐妹介绍，读者这才算扎扎实实地"对上号"了。试想此段若全用全知视角，上来就揭破来者身份，这种悬念瞬间便会消失，情节间的张力亦化为乌有，人们对"凤辣子"的印象便不会如此深刻了。

（2）不同聚焦中的叙述语言

下面，我们采用不同的聚焦模式重写《孔乙己》中的情节，具体说明不同视角在叙述语言方面的特征。

有限的全知视角（原文）：

在这些时候，我可以附和着笑，掌柜是决不责备的。而且掌柜见了孔乙己，也每每这样问他，引人发笑。孔乙己自己知道不能和他们谈天，便只好向孩子说话。有一回对我说道，"你读过书么？"我略略点一点头。他说，"读过书……我便考你一考。茴香豆的茴字，怎样写的？"我想，讨饭一样的人，也配考我么？便回过脸去，不再理会。孔乙己等了许久，很恳切的说道，"不能写罢？……我教给你，记着！这些字应该记着。将来做掌柜的时候，写账要用。"我暗想我和掌柜的等级还很远呢，而且我们掌柜也从不将茴香豆上账；又好笑，又不耐烦，懒懒的答他道，"谁要你教，不是草头底下一个来回的回字么？"孔乙己显出极高兴的样子，将两个指头的长指甲敲着柜台，点头说，"对呀对呀！……回字有四样写法，你知道么?"我愈不耐烦了,努着嘴走远。孔乙己刚用指甲蘸了酒,想在柜上写字,见我毫不热心,便又叹一口气,显出极惋惜的样子。①

第一人称限知视角(内聚焦):

孔乙己一副所答非所问的样子,我也觉得滑稽,附和着笑起来。掌柜并没有像往常那样责备我,而是也每每这样问他,引人发笑。孔乙己问到我头上了:"你读过书么?"我略略点头。"读过书……我便考你一考。茴香豆的茴字,怎样写的?"怎么,讨饭一样的人,也配考我?我立刻回过脸去。他等了许久,说道:"不能写罢?……我教给你,记着!这些字应该记着,将来做掌柜的时候,写账要用。"我忽然觉得很可笑,掌柜的事与我何干,再说,也从来没见过掌柜把茴香豆上账啊,便只对他说:"谁要你教,不是草头底下一个来回的回字么?"他显出极高兴的样子,将两个指头的长指甲敲着柜台,点头说:"对呀对呀!……回字有四样写法,你知道么?"看着他的样子,我心里更厌烦了,独自走开。孔乙己叹出一口气,显出极惋惜的样子。

全知视角(零聚焦):

鲁镇的人们根本无从体会孔乙己的可怜,只拿他做茶余饭后的笑料,甚至连温酒的小伙计也懂得其中的乐趣。有一回,孔乙己知道自己不受待见,便只好和温酒的孩子攀谈。他见那孩子读过书,又知道"茴香豆的茴字"是怎样写法,不觉大喜,以为找到了说话的对象,极欲进一步显示自己的学识,没料到孩子心中早已厌烦:"讨饭一样的人,也配考我么?"当他拿出"回字有四样写法"来考孩子的时候,却引得人家掉头走开,只得一副备受奚落的样子,无奈地叹着气。

客观叙事(外聚焦):

鲁镇的一个酒店里,食客、掌柜、小伙计正围着一个穿长衫,站着喝酒,名叫"孔乙己"的客人取笑。那客人觉出没趣,回头问温酒的小伙计:"你读过书么?"孩子点了点头。他接着说:"读过书……我便考你一考。茴

---

① 鲁迅:《孔乙己》,载《新青年》,第6卷,第4号,1919。

香豆的茴字，怎样写的？"孩子听了，回过脸去，不再理他。客人等了许久，说道："不能写罢？……我教给你，记着！这些字应该记着。将来做掌柜的时候，写账要用。"孩子答道："谁要你教，不是草头底下一个来回的回字么？"穿长衫的客人忽然显出极高兴的样子，一边用两个指头的长指甲敲着柜台，点头说"对呀对呀！……回字有四样写法，你知道么"，一边用指甲蘸了酒，想在柜上写字。见到小伙计掉头走远了，他叹出一口气，显得十分惋惜。

在原文叙述中，鲁迅采用的是有限的全知视角。叙述者通过第一人称回顾性视角（在此充当知晓一切的"全知视角"）描述咸亨酒店中特别的客人孔乙己，当然也包括那时的自己——小伙计。"在这些时候，我可以附和着笑，掌柜是决不责备的"，"孔乙己自己知道不能和他们谈天，便只好向孩子说话"，"我愈不耐烦了，努着嘴走远"……这些语句都超出了七八岁孩童的视野，将某种更高一层的、置身事外的观察囊括在内。此段叙事就在这种全知视角（零聚焦）与第一人称限知视角（小伙计的内聚焦）之间来回摆动。这种变动不易被察觉，可以称之为"有限的全知叙述"。仔细辨别，不难发现，这种复合性视角和纯粹的第一人称限知视角（内聚焦）、全知视角（零聚焦）或客观叙事（外聚焦）在语言叙述上有微妙差别。

第二段是第一人称限知视角——典型的内聚焦。和第一种聚焦模式相比，这种聚焦能让读者直接聆听人物的内心独白。"怎么，讨饭一样的人，也配考我"，采用的是自由直接引语，省略了"我想"之类的引导词。直接引用人物语言便于揭示聚焦者的性格特点，使读者更加深入地洞察作为看客之一的小伙计"我"的冷漠、世故。如果在全篇之中，叙述者的声音皆与小伙计的内部语言重合，就会在带来"口语化"叙事效果的同时，让读者易于认同小伙计的立场，无法像原作一样与之拉开"反讽"的距离。事实上，在《孔乙己》这样的现代小说文本中，"叙述声音与观察角度已不再统一于叙述者，而是分别存在于故事外的叙述者与故事内的聚焦人物这两个不同主体之中"①。只有如此，方能产生一种庸众"看"孔乙己，叙述者"看"当年的"我"和庸众，"隐含的作者""看"叙述者这样的层层观照的嵌套结构。鲁迅的高超之处，正在于选择了这种"反讽式的叙述者"，以淡然和客观化的叙述语言不动声色地揭示出世相。作者介入得越间

---

① 申丹、王丽亚：《西方叙事学：经典与后经典》，105 页，北京，北京大学出版社，2010。

接，价值判断和语言的调子越隐曲、复杂和余味丰富。①

原文中这种由第一人称回溯性视角造成的故事外的叙述者和故事内的聚焦人物的多重分裂，的确丰富了读者的阅读感受。很多令人百读不厌的现代小说，都采用了以有限的全知式内聚焦为主的复合式聚焦。例如，《呼啸山庄》的叙述者就是仿佛洞察一切又发自肺腑地忆叙着当年见闻的老仆人耐莉。她的聚焦常常在目前的自己与当年的体验视角之间回旋。

第三段属于传统全知叙述。叙述并未以任何一个人物为聚焦点，在整体上与人物拉开了距离，取得了较为客观、可靠的叙事效果。客观全知叙述并不避讳感情色彩鲜明的语句。叙述者既指出了鲁镇人的麻木和残忍，又通过言简意赅的说明使读者意识到孔乙己这一可怜之人的可悲之处。此段改写放弃了以小伙计的视角对孔乙己做形象生动的观察，只用一句"不觉大喜，以为找到了说话的对象，极欲进一步显示自己的学识"带过。如此简单抽象的描述很难使人对孔乙己产生同情抑或憎恶，更难以体会小伙计的感受，只是被动地被叙述者引向某种既定的道德结论。

与第三段形成鲜明对比的是第四段，即"摄像式"外聚焦的叙述语言。此段叙述几乎滤掉了一切带有感情色彩和价值评判的语词，如同一架隐秘的摄像机，无声无息地记录着鲁镇咸亨酒店里发生的一切。如此，读者便不知道小伙计为何"回转过头，不再理他"，更不清楚孔乙己的高兴因何而起，只能依靠猜测，依靠自己的经验进行阐释。这种聚焦带来了极强的现场感和逼真的视觉效果，却因为放弃了小说最擅长的心理、对话描写而失去了与电影、戏剧分庭抗礼的优势。在某些戏剧性较强、蓄意制造悬念的实验小说中，该聚焦形式具有不可取代的意义。

3. 从人物话语形式看小说的语体特征

除了聚焦模式，与"视角"相连的另一个文体功能是"叙述声音"，也就是叙事者流露出来的立场观点、态度语气经由"叙述本身"，间接地作用于事件而产生的语义效果。例如，巴赫金在陀思妥耶夫斯基的小说中发现的"复调式叙述"，或是常在现代小说中出现的"反讽叙述"效果。我们对各种叙述视角所做的语言分析，可划归为"叙述声音"层面的问题。下面，我们以小说中人物话语

---

① 吴晓东：《鲁迅小说的第一人称叙事视角》，载《鲁迅研究动态》，1989(1)。此处借用了吴晓东的观点。吴晓东认为，《孔乙己》的第一人称叙述构成一个"不可信的反讽叙事者"角色，"小伙计作为第一人称叙述者被重新纳入观照视野"，体现了"隐含的作者"与叙述者"我"的复杂关系，促使读者穿透叙述的迷雾洞察作者真正的批判意图。

的表现方式为例，对叙述语体做进一步探讨。

在小说的讲述过程中，人物话语要么以对话的形式展开，要么经叙述者之口转述，当然，也可以自言自语。一般而言，人们把带有"他说""她喊道"等引导词，而且受冒号、引号提示的引语称作"直接引语"（direct speech）。例如，小说的开头出现这样一句话："他说：'我无论如何也要娶阿尔贝蒂娜！'"直接引语就是直接引用对话和独白，为读者制造"纯粹模仿"的幻觉。相应地，"间接引语"（indirect speech）不采用对话的形式，保留了更多"讲述"的成分："他激动地说他无论如何也要娶阿尔贝蒂娜。"这样一来，原来的"展示"变成了纯粹的"讲述"。在叙述文体中，这是我们最熟悉的两种引述人物话语的方式。小说中还有更复杂的话语形式，比较常见的如"自由直接引语"（free direct speech）和"自由间接引语"（free indirect speech）。

"自由直接引语"与"直接引语"相似，也是将人物的话语和盘托出，只不过没有冒号、引号和引导词的提示，禁止叙述者露面表达人物的话语和思想，而是使读者在毫无准备的情况下直面人物的"原话"，多用于戏剧独白、对话和内心独白。这种形式在《尤利西斯》中比比皆是：

> 在门前的台阶上，他掏了掏裤子的后口袋找碰簧锁的钥匙。没在里面。在我脱下来的那条裤子里。必须拿到它。我有钱。嘎吱作响的衣柜。打搅她也不管用。上次她满带睡意地翻了个身。他悄无声响地将身后门厅的门拉上了……①

在这段话中，"自由直接引语"极其自然又"自由随意"地与前后两个叙述句衔接了起来，人物的潜意识完全被暴露出来。我们并不了解主人公"我"到底怀着怎样的心情忖度眼下的情形。如果采用间接引语，可能需要以一两个客观的描述性词汇来形容、引导"我"的内心独白。

经过以上对比，我们可以发现，自由直接引语的叙述者干预程度最小，与人物距离最小；间接引语相反，依靠叙述声音的主导，产生了大量叙述干预，与人物的距离最大。在二者之间，除了直接引语外，有一种更有趣的、引起人们广泛研究的引语形式，即自由间接引语。② 仍以上面句子为例，如采用自由间接引语，可以写成："他可是无论如何都要娶阿尔贝蒂娜的。"所谓"自由"，

① 转引自申丹、王丽亚：《西方叙事学：经典与后经典》，156 页，北京，北京大学出版社，2010。

② "自由间接引语"的定义详见第一章第三节相关注释。

指更多地摆脱了"他说"这样的引导词，尽可能地独立成句，保留人物的特征。但是，既然是"间接"引用，就说明人物未能完全摆脱叙述声音的影响，要通过"可是……的"这一语言结构的渗透，间接地暗示某种态度。在这种情况中，人物声音与叙述者声音不再像直接引语那么泾渭分明，而是产生了一定程度的混淆。我们已很难辨别出"无论如何"这个词到底是出自主人公"他"之口，还是叙述者态度的自然流露。

现代小说中，与其他话语形式相比，自由间接引语具有更多优势：突出叙述声音，增强叙述的反讽效果；不再为引导语和引号所牵累，省去了人称转换的烦琐，增加了语义密度，加快了叙述节奏；便于将更多的声音自然交织在一起，充分体现出叙述语体的对话性和杂语性。下面，我们以 19 世纪英国小说家简·奥斯汀的小说《爱玛》中的片段为例，详细讨论自由间接引语的优势和语体特征。

> (A)她(爱玛)觉得，从言谈来看，史密斯小姐并不特别聪明，不过她又发觉她十分可爱——并没有令人别扭的羞涩，也并非少言寡语——(B)一点也不冒昧，讲起礼貌来还有分有寸，颇为得体。主人家让她到哈特菲尔德来玩，她似乎感到很高兴，也很领情。看到这里样样东西都很讲究，也不装作无动于衷，总觉得比她以前见过的都强。这说明她有眼力，需要给以鼓励。她也应该受到鼓励。让她待在海伯里的下等人之间，她那双温柔的蓝眼睛，那与生俱来的百般妩媚，岂非白白浪费了……(C)她爱玛可不能看着她不管；她要改善她的状况，要帮她摆脱那些不体面的人。把她引入上流社会，还要培养她的思想和举止。这是一件有趣的、当然也是十分仁慈的举动。她处于这样的生活状况中，有的是闲暇和精力，倒很适合做这件事。[①]

爱玛的好友哈里特本是一个纯真善良的乡村姑娘。自视甚高的爱玛为了施展自己的能耐，决心教化哈里特并为其撮合婚事，"乱点鸳鸯谱"的喜剧由此展开。这段叙事采用第三人称内聚焦的视角，披露了爱玛初识哈里特时的想法，却并未全部采用内心独白的方式，而是以"她觉得""她又发觉"等词引导出爱玛的心迹，"并不""别扭的羞涩""少言寡语"等都表现了人物强烈的主体意识。第二部分(B)是爱玛的内心独白，一连串的直接引语让读者站到爱玛的角度，充分感受其看法的合理性和性格的可爱之处，渐渐对她产生移情。正是随着移情作用的增强，行文过渡到第三部分(C)，合理地导出了爱玛的决定。正是在这相当关键的几句自

---

① ［英］简·奥斯汀：《爱玛》，孙致礼译，20 页，南京，译林出版社，2001。

由间接引语中,第三人称"she"("她")和情态动词"should"("应该")、"would"("可不能""要……要……还要……""当然也是")的突然加入,造成了一种冷眼旁观的效果,恰如其分地拉开了叙述者同人物之间的距离,加大了叙述本身的自由度。事实上,爱玛在此开列的"善行"和充当教母的欲望,后来恰恰导致了哈里特步入感情悲剧。爱玛控制哈里特的内心倾向,通过这种既"间接"又"自由"的"叙述声音"被不露声色地带了出来。这种一面"讲述"一面"议论"的混杂效果,在结尾句中表现得最为典型,读者已经难以分清这到底是叙述者的议论,还是爱玛自己的心声了。叙述者的介入对人物主体的意识构成了轻微的、讽刺性的语境压力。在这段叙述中,爱玛为人处事主观武断的特点已初露端倪,为后续情节的发展酝酿出戏剧性张力。

可见,自由间接引语的最大妙处,就在于它能够以最小的叙述干预承担起含蕴最丰富的叙述意识。如此一来,叙述者和人物双方都处在一种"平等对话"的状态,而话语中被叙述者"染色"的部分,更让读者在移情与疏远之间处于模棱两可的状态,最终不得不启用自己的理性,加入这个杂语对话的过程中来。

三、戏剧:舞台上的会话

1. 戏剧文学与戏剧性

戏剧是融合文学、表演、编导、舞美等多种手段的舞台艺术。文艺复兴后,"drama"特指以对话为骨干成分的戏剧类型,与歌剧、舞剧相区别。在中国,戏剧的历史可以追溯到春秋战国时期的大型舞剧《邵》《武》,歌舞剧"乐"的唱词就是"言志"的诗。宋金元时期,文辞优美的唱词和曲折俚俗的情节被文人谱进"曲"中,形成了以曲,词,科(表演动作),白(独白、旁白、对白)为主体的中国传统戏曲形式。可见,无论是在西方还是在中国,戏剧都非单纯的语言艺术。同时,戏剧的发展和繁荣也离不开语言文学的支撑。

首先,讨论戏剧语体的问题需要严格区分戏剧与戏剧文学。戏剧是各种舞台剧的总称,包括话剧、歌剧、舞剧、木偶剧、哑剧等。作为一种文学体裁的戏剧文学,通常与小说、诗歌、散文并列,属于语言艺术的范围。它既可以为舞台演出提供"脚本",也具有独立的审美价值,可以成为案头读物,供人私下玩味。戏剧文学的这两种功用,就是李渔所说的"场上之曲"与"案头之曲"。

其次,讨论戏剧语体需要讨论戏剧性。戏剧性指某种"使戏剧成之为戏剧",使之有别于小说、诗歌等体裁的身份特征。黑格尔认为,戏剧之所以能够取得无上高位,是因为它是"史诗的原则和抒情诗的原则这二者经过调解(互相转化)的统一"①。戏剧虽然不是叙事艺术,却能够通过对人物动作和语言的模仿与再现,将历史化的生活"情境"客观逼真地呈现出来;虽然不像诗歌那样直抒胸臆,却能够凭借戏剧冲突所蕴积的强烈感情,给观众带来巨大的冲击和净化效果,让观众"在剧院里生,在剧院里死"。这一点,恰如曹禺创作《雷雨》时的切身感受:"隐隐仿佛有一种情感的汹涌的流来推动我,我在发泄着被压抑的愤懑,毁谤着中国的家庭和社会。"剧中有着"最雷雨的性格"的人物繁漪,生命中时时"交织着最残酷的爱和最不忍的恨"。②可见,戏剧中的"叙事"是"高度主体化了的叙事",它的抒情也是"高度对象化了的抒情"。对话体的戏剧文学是融合了叙事与抒情之优长的语言艺术。③

2. 传统戏剧的文体特征

(1)作为代言体的戏剧对话

与小说等叙事艺术相比,戏剧是一种代言体,"是诗人使登场人物出声地思考"(别林斯基)。戏剧台词没有种类繁多的引语形式,所有的语言都只会以类似于直接引语的方式和盘托出。翻开剧本,触目皆为对话,除了舞台提示语,"叙述者"没有任何多余的途径可以干预"叙述"。换言之,台词追求的是亲临实地的现场感。人物的口语及少量独白承载起剧本。因此,王国维把中国戏曲由叙事体向代言体的转变看成关键性的历史突破。他举宋大曲为例:"宋人大曲,就其现存者观之,皆为叙事体。金之诸宫调,虽有代言之处,而其大体只可谓之叙事。独元杂剧于科白中叙事,而曲文全为代言。"④他认为,像宋大曲一般广泛综合并演绎故事的体裁未必是戏剧,像元杂剧的作者一般"自铸伟词,而其言曲尽人情,字字本色"⑤,方为剧作大家。王国维所激赏的"字字本色",指对话在为人物"代言"时,既要合乎人物身份,又要体现人物性格。

(2)戏剧对话的动作性

由于受到演出时间和空间的限制,传统戏剧注重动作性,倾向于将头绪繁多的事件、曲折复杂的情节锤炼为紧凑的有机体,在短暂的时间内完成一个由连续的动作浓缩而成的戏剧事件,其典型体现就是三一律。传统戏剧将人物置于特定的情境中,有助于展现人与人、人与社会之间尖锐的矛盾冲突。戏剧情

---

① [德]黑格尔:《美学》第3卷下册,朱光潜译,242页,北京,商务印书馆,1981。
② 《曹禺文集》第1卷,211页,北京,中国戏剧出版社,1988。
③ 董健、马俊山:《戏剧艺术十五讲》,13页,北京,北京大学出版社,2004。
④ 王国维:《宋元戏曲史》,62页,上海,上海古籍出版社,1998。
⑤ 王国维:《宋元戏曲史》,103页,上海,上海古籍出版社,1998。

节的推进和深化离不开富于动作性和表现力的对话。

动作性是衡量戏剧对话的重要标准。剧本如果充斥大量游离于核心冲突之外的对话，就难以激起观众的兴趣。紧密围绕戏剧冲突内核展开对话，是戏剧动作性的表现。角色的一言一行都应是精心设计的，消除了日常对话中的寒暄功能和随意性，为表达戏剧冲突和主题服务。举例而言，《雷雨》是以鲁贵和四凤一大篇看似啰唆又毫无要点可言的散漫闲聊开场的。在这段对话中，鲁贵指东打西，拐弯抹角，时而叫四凤把公馆的新衣服拿给侍萍看，时而质问她和大少爷的交往，时而让她把赚的钱炫耀给侍萍，时而把周公馆"闹鬼"的旧事抖搂出来。有研究者认为，这种缺乏逻辑和内在联系的人物对话，是为了表现鲁贵的贪婪，又或者，是为了表明鲁贵在向四凤要钱。这样的理解远远没有触及这段对话的动作性。实际上，《雷雨》的大幕开启时，正是"周萍要走"和"鲁妈要来"这样一个蕴蓄危机（crisis）的时刻。这两个动作将直接导致全剧核心冲突的升级：周萍与繁漪之间旧情的了断，周萍与四凤的分离，周朴园和侍萍的重逢。鲁贵十分清楚，无论是周萍的走，还是鲁妈的来，结果都将使四凤远离周公馆，他从此会失去这棵摇钱树。这是他无论如何都不愿意看到的。所以，鲁贵对女儿的"好心"劝阻、假意试探甚至透露内情，无不是想方设法为留住四凤而努力这一总动作的组成部分。① 即使是鲁贵这样一个"次要"人物，其一连串说辞都从属于一个连贯动作，都对戏剧冲突的展开至关重要。只有抓住了全剧的核心冲突，我们才能深刻理解鲁贵话语中的动作性，反过来说，只有由核心冲突生发出来的对话才具备动人心魄的动作性。

（3）从文体学角度看戏剧对话

人物对话的动作性，究其实质源于其潜台词。戏剧中的人物对白往往含蓄精炼、平常简短，潜藏的言外之意和未尽之言能传达出人物真正的对话动机，引发深层的心理交锋。现代戏剧文体学致力于运用语用模糊的理论探究潜台词的内涵，也就是戏剧对话中语言的双重、多重意指。② 《雷雨》的第一幕，潜台词极其丰富：

---

① 王世德：《论戏剧语言的动作性》，载《四川戏剧》，2001(2)。

② 从戏剧文体学的研究现况看，把迅速发展的语言学中最年轻的两门分支学科——语用学（Pragmatics）和话语分析（Discourse Analysis）——有机结合起来，运用于戏剧语言文体的分析和研究，将最终改变戏剧文体学实践零碎稀少这一状况，有助于读者从全新的角度阐释戏剧语言，把握戏剧话语的"言外之力、弦外之音"及深层意义（implied meanings）。参见俞东明、左进：《语用模糊、会话策略与戏剧人物刻画》，载《外语教学与研究》，2004(5)。

周冲：哥哥。

周萍：你在这儿。

繁漪：（觉得周萍没有理她）萍！

周萍：哦？（低了头，又抬起）您——您也在这儿。

繁漪：我刚下楼来。

……

周冲：哥哥，母亲说好久不见你。你不愿意坐一坐，谈谈么？

繁漪：你看，你让哥哥歇一歇，他愿意一个人呆着的。

周萍：（有些烦）那也不见得，我总怕父亲回来，你很忙，所以——

周冲：你不知道母亲病了么？

繁漪：你哥哥怎么会把我的病放在心上？

周冲：妈！

周萍：您好一点了么？

繁漪：谢谢你，我刚刚下楼。

　　这是周萍和繁漪这对地下情人碰面的一幕。此时，周萍已经厌倦了周公馆的生活，强烈渴望借"走"之名，摆脱与继母的非正常关系，同样"受困"的繁漪却不顾一切地想要抓住周萍——她生命中的最后一根稻草。这就决定了一场冲突和较量即将发生。剧作家的高妙之处在于，并没有让二人展开尖锐的正面交锋，而是留下了周冲。由于周冲的存在，二人的剑拔弩张内隐为一种只能凭借潜台词表露出来的张力。

　　我们不妨借用语用分析的方法，从文体学角度将潜台词更为细致地揭示出来。周萍先是走进客厅。一句简单的"你在这儿"，构成一种模糊的语用效果，即说话人在话语中对不同的听话人表达不同的意思。这句话中的单数"你"，只强调他"见"到了周冲，是在向周冲打招呼。这是对同样在场并热切期盼他关注的繁漪故意地"视而不见"。显然，繁漪洞察到周萍的意思，当周冲提醒周萍关心"母亲"时，她主动发起了进攻："你让哥哥歇一歇，他愿意一个人待着的。"很快，周萍提到了"父亲"。这既是对繁漪的回避，又是在提醒继母：父亲还在家里。繁漪并不示弱："你哥哥怎么会把我的病放在心上？"繁漪的话虽然都是对周冲说的，却对不同的听话人表达了截然相反的意思。这话是对周萍的指责，有深深的幽怨。周萍当然听懂了她的言外之意，只好无奈地应承一句："您好一点了么？""谢谢你，我刚刚下楼。"这和繁漪用"我刚下楼来"回答周萍的"您也在这儿"一样，都有些"文不对题"，让人难以捉摸。之所以会产生这种模糊的效果，即"听话人很难辨明话语中究竟表达的是何种以及几种言外行为/言外之力"①，是因为繁漪的内心确实有复杂难言的情绪。繁漪又一次强调自己"刚刚下楼"，似乎是在告诉周萍"我一直在楼上等着你来看我"，也似乎是在责问：你终于还记得我的"病"，可是你既然知道我一直在楼上"病"着，为何却不来看我？正是这一层意思，迫使周萍明确道出了自己离家的计划，于是二人展开了第二次交锋。②

语用模糊在戏剧语言中非常有用，广泛应用于潜台词，能使戏剧冲突环环相扣，把剧情逐渐推向高潮。戏剧正是通过使用模糊话语达到一种深文隐蔚的效果，让话语成为真正的戏剧动作的。

3. 现代戏剧的文体革新

上面谈到的戏剧观念都属于传统戏剧观念，基础是理性主义世界观——产生于古希腊，后经启蒙运动复兴光大。模仿论、三一律、自然主义等戏剧理论均是这种理性主义的反映：模仿论试图展现现实世界的本质，三一律试图用理性法则将真实世界浓缩到舞台上，自然主义则原封不动地将世界搬上舞台。传统戏剧仰仗文学剧本的支撑，人物的行动目的明确，性格相对清晰，言行合乎理性。进入现代时期，这些原则面临全面颠覆。

首先是来自剧场的挑战。传统戏剧以文学文本为中心。人们更容易记住剧作家而非导演及演员。现代戏剧大家，如阿尔托（Antonnin Artaud）、格洛托夫斯基（Jerzy Grotowski）、谢克纳（Richard Schechner），试图抛弃以剧本为上的宗旨，更多从演员、舞台以及公共空间中寻找戏剧的生命，总体上消解了戏剧的"文体"问题。尽管"文学的戏剧"并未因此消失，但势头已不复当年。从19世纪后半叶开始，斯坦尼斯拉夫斯基（Konstantin Stanislavski）、梅耶荷德（Vsevolod Meyerhold）、彼得·布鲁克（Peter Brook），以及孟京辉、赖声川等导演逐渐占据观众的视野，剧作家已然退居二线。

存活下来的现代戏剧文体发生了变化，虽仍然保持着对话的体裁特点，但世界观、文本组织原则已与传统戏剧有了根本的不同，表现出两种趋势：一种是自契诃夫肇始，到荒诞派戏剧登峰造极的非理性主义趋势③，另一种是经左

① 俞东明、左进：《语用模糊、会话策略与戏剧人物刻画》，载《外语教学与研究》，2004(5)。
② 王耀辉：《文学文本解读》，206～207页，武汉，华中师范大学出版社，1999。
③ 荒诞派是第二次世界大战以后西方现代文学中出现的流派，以戏剧成就最大，集中反映了现代社会中人类的荒诞处境。代表作家有法国的萨缪尔·贝克特、尤金·尤奈斯库等。

拉的自然主义戏剧①，由布莱希特引致的理性主义的极端化。

（1）非理性主义戏剧观

从契诃夫到荒诞派，这脉戏剧总体上秉持一种非理性气质。从语言上看，契诃夫戏剧文本最大的特点是人物语言的"零行动"和惨淡的诗意；从情节构成上看，完整的故事已消失殆尽，取而代之的是琐碎的日常生活片段。在这类戏剧中，语言的动作性基本被瓦解。《三姐妹》中，三姐妹要么怀念童年的美好时光，要么憧憬莫斯科的美好未来，却从未在对话中透露出任何行动的可能性。《万尼亚舅舅》中的万尼亚，即使怒吼也无法改变命运。在这些戏剧中，人物仅仅面对冷漠、孤立的现代世界发出抒情诗般的感叹，毫无动作性。《海鸥》中妮娜的倾诉，能极好地表现这种文体的抒情倾向：

> 我孤独啊。每隔一百年，我才张嘴说话一次，可是，我的声音在空漠中凄凉地回响着，没有人听……而你们呢，惨白的火光啊，也不听听我的声音……沼泽里的腐水，靠近黎明时分，就把你们分娩出来，你们于是没有思想地、没有意志地、没有生命的脉搏地一直漂泊到黄昏。②

此外，契诃夫笔下的人物常常自说自话，体现出现代人的交流障碍。发展至荒诞派戏剧，这种非理性特征达到顶峰。人物胡言乱语、性格模糊，动作性和潜台词荡然无存，整部戏剧成为一种象征。如果说契诃夫的戏剧尚有情节可言，荒诞戏剧可谓真正地荒诞至极：

> 如彭奇和瓦特曼的公共事业所证实的那样有一个胡子雪雪白的上帝超越时间超越空间确确实实存在他在神圣的冷漠神圣的疯狂神圣的喑哑的高处深深地爱看我们除了少数的例外不知什么原因但时间将会揭示他像神圣的密兰达一样和人们一起忍受着痛苦③

此种戏剧已经从根本上背离了黑格尔所说的抒情诗与叙事诗的客观统一之原则，更偏向于抒情。有些荒诞派戏剧可简化为一句抒情诗："啊，美好的日

① 自然主义戏剧最初由19世纪法国自然主义作家左拉倡导，力求精细再现生活，试图让观众以为舞台就是生活本身。

② ［俄］契诃夫：《海鸥》，见《契诃夫戏剧集》，焦菊隐译，108页，上海，上海译文出版社，1980。

③ ［爱尔兰］萨缪尔·贝克特：《等待戈多》，见《荒诞派戏剧选》，施咸荣译，52～53页，北京，外国文学出版社，1983。

子!"(贝克特)

(2)极端理性主义追求

在另一戏剧发展脉络中,理性主义传统逐步深化,最终走向变异。左拉自然主义的戏剧观虽然表面上反对三一律,但本质上仍要求将世界照相式地搬到舞台上,以求更加逼真地还原世界的"本来面目"。到了布莱希特,理性的追求由亚里士多德的"再现世界"转化为"解释世界"乃至"改造世界"。作为马克思主义者的布莱希特不愿观众沉浸在传统戏剧制造的某种"真实"幻觉中,要以"间离效果"提醒观众时刻以自己的思考和判断力审视舞台世界,希望促使人们走出剧场,变革世界。这一概念颠覆了经典戏剧美学中的"卡塔西斯说"(亚里士多德在《诗学》提出的观点,认为戏剧应以感受性为基础,通过移情使观众产生"怜悯"和"恐惧",激起情绪上的共鸣,以达到教化之目的)。布莱希特在表演中采用叙述人、歌曲、直观道具等多种手段,让观众保持清醒,始终以批判的眼光看待戏剧,造成"间离"效果。这是对传统戏剧"代言体"的反叛,是对"叙事性"的追求。布莱希特的"史诗戏剧"是企图调和叙事文体和戏剧文体的代表:

> 歌手:这次是一出带歌唱的戏,差不多全体演员都登台。我们带来了
> 　　　古老的面具。
> 右边的老人:是表演一个古老的传说吗?
> 歌手:一个非常古老的传说。它叫《灰阑记》,从中国来的。当然,我
> 　　　们的演出在形式方面做了更动。尤拉,拿出面具来。同志们,
> 　　　我们十分荣幸,使大家在一场难解难分的争辩以后得到一点儿
> 　　　消遣。我们希望你们会听到古代诗人的声音,在苏维埃拖拉机
> 　　　遮阴的地方唱出来,也还是好听。酒不同,屠起来不一定对
> 　　　头,新旧智慧倒是调和。好,我希望在开演以前,我们大家先
> 　　　吃点东西。这样有好处。①

类似的叙述人角色在布莱希特的戏剧中比比皆是。这些叙述人的功能是时刻提醒观众:这是在演戏!此外,布莱希特还通过多种手段对观众和舞台进行"间离",如标语牌、象征性的舞台布景、演员戴的面具、一角多饰等。

综上所述,在现代戏剧用剧场性取代传统戏剧的文学性的同时,戏剧文学本身亦经历着文体方面的剧变。这种剧变是以剧场的觉醒为依托的。现代科技

---

① ［德］贝托尔特·布莱希特:《高加索灰阑记》,张黎译,13 页,上海,上海译文出版社,2012。

的发展使舞台手段极为多样化，促使现代人轻松跨越古人将戏剧搬上舞台时遇到的障碍。《海鸥》的成功便离不开莫斯科艺术剧院的努力，布莱希特的"间离"效果也仰仗一定的舞台美术设计。

四、诗歌：从情感到意识

1. 诗歌的抒情本性与现代诗歌的"反抒情"

作为抒情性语体的代表，诗歌以抒情为要务。这种情感本体论源远流长。"诗言志，歌永言"（《尚书·尧典》），"情动于中而形于言"（《诗大序》）等，在中国诗歌史上形成了强大的"抒情言志"传统，有别于西方偏重"模仿"和"再现"的史诗传统。抒情诗"lyric"的本意可上溯至希腊文中的"七弦琴"（lyre），即一种以琴伴奏的抒情短歌。其影响虽不及史诗和戏剧，但也比较深远：自中世纪带有神秘色彩的"柏拉图主义"始，表现说逐渐表现强势。该说将诗歌视为内在世界的外化，是激情支配下人的感受、情感之共同体现。19世纪，浪漫主义运动蔚为大观，华兹华斯所说的"诗是强烈感情的自然流露"变得人所共知。

诗歌以抒情为本质，这似乎成为共识。然而，抒什么样的"情"，或者说，究竟以怎样的方式和语体表情，中外都存在分歧。在中国，古有缘情派和言志派的分野。汉以后，形成了"吟咏情性"和"以意为主"两大基本论调和趣味倾向。前者强调本性真心，以情感的自然流露、宛若天成为上，一度占据魏晋至晚唐的主流。后者在宋代崛起，成为大湍，倡导"以意为主，文辞次之"，认为作诗应以"得意"为最终旨归。在宋人看来，唯有在诗文中展示一定深度的客观之"事理"和主观之认识的作品才是好作品，一时间讲究理趣和哲思的诗歌渐成风潮。严沧浪大声疾呼"诗有别材，非关书也；诗有别趣，非关理也"，成有宋一代之孤音。自此之后，宗唐还是宗宋、言情还是说理，成为人们辨别诗风的一大标准。"唐音"和"宋调"最终构成双峰并峙的局面。

回顾西方近现代诗歌史，虽然没有出现过类似"主理（意）"还是"主情"的争论，但随着象征主义运动在欧美的传播和发展，诗歌写作也经历了"从情感到意识"的现代转换。艾略特那句惊世骇俗的"诗不是放纵情感，而是逃避情感；不是表现个性，而是逃避个性"，是对横行欧洲一个多世纪的诗歌表现论的反拨。在艾略特看来，负载着巨大文明容量的"复杂经验"（而非"情感"）应该成为现代诗的诗质。如果人们通过读诗，能够"像闻到一朵玫瑰的芳香似的感到他们的思想"，便可避免浪漫主义诗歌中思想和经验的离异，即所谓"感受性的脱节"(dissociation of sensibility)。① 自此之后，欧美诗歌沿着波德莱尔、艾略特和庞德开创的现代主义路径，向着节制个人感情、提纯并化合精细的现代感受性方向发展，致力于"将思想重新创造入感情"，寻找情感的"客观对应物"②。他们运用象征手段，赋予意绪和思想缠绕的形态、确定的秩序，使诗歌凝定成里尔克意义上的"人生体验"③。

在这种观念的影响下，20世纪三四十年代的中国新诗也发展出综合了更多驳杂、深邃的现代思维的新诗形。冯至的十四行诗写道："向何处安排我们的思、想/但愿这些诗像一面风旗/把住一些把不住的事体。"为了疗治早期创造社和新月诸子给诗坛带来的感伤主义病症，20世纪30年代的卞之琳、40年代中国新诗派的实践者，主张通过"戏剧性处境"的营构，放弃对抒情主体"我"的声音的直接传达，使丰富的内心争执和辩诉得到更为冷静、间接的呈现，从而在语体上取得某种叙事的"多声部性"。卞之琳的《圆宝盒》《距离的组织》等作品成为这种"主智"诗的代表。经过冯至、穆旦、郑敏、杜运燮等人的努力，中国式的现代主义被推向新的高峰。智性写作的传统在20世纪50—80年代中断，后于90年代再度显现出来，"反讽""戏剧化""叙事性"等新诗的语体特征重新成为人们谈论20世纪90年代诗歌的关键词。

虽说用诗歌来说理未必符合诗歌的本质性规约，但事实上，"放逐抒情"或者说"反抒情"并非真的要取消抒情，只不过是通过对愈加泛滥无形的诗情表达发动一次又一次语体革命，进一步开拓抒情传统的疆界。从新诗现代性的角度看，这种要求也与社会的现代化、理性化进程息息相关。今日之抒情需要，很难再等同于仅仅表达一种以大自然为中心的，主客一体、物我两忘的古典感受。某种程度上，如何"让诗歌的想象力在日常经验和冥想沉思之间充满张力

① ［英］托·斯·艾略特：《玄学派诗人》，见《艾略特文学论文集》，李赋宁译注，12页，南昌，百花洲文艺出版社，1994。

② 现代诗学中的"客观对应物"概念最初是艾略特在《哈姆雷特和他的问题》中提出的："用艺术形式表现情感的唯一方式是寻找一个'客观对应物'，换句话说，是用一系列实物、场景，一连串事件来表现某种特定的情感；要做到最终形式必然是感觉经验的外部事实一旦出现，便能立刻唤起那种情感。"艾略特的意思是，优秀的诗人能得心应手地借助有规范和约束功能的表现手段——客观对应物——赋予自由无序的情感凝定的形态、确定的秩序，并将其转化为自由灵活、复义多变的象征，把个人情绪转变为普遍情感，以此表达文化批判、人性解剖和哲学思考。参见张松建：《现代诗学的发轫——T. S. 艾略特"非个性化"理论重审》，http://www.zgnfys.com/a/nfwx-30059.shtml，2018-08-01。

③ ［奥］莱内·马利亚·里尔克：《给青年诗人的信》，冯至译，93页，上海，上海译文出版社，2011。

的空间内驰骋"成为当代诗人面对的诗学难题。①

2. 诗歌体式的基本特征——音乐性

（1）古典诗歌的格律

音乐是诗歌的生命，好的乐感为诗歌灌注生气和活力。音乐在诗歌中最直观的流露一方面在节奏，即长短、高低、轻重的起伏，另一方面在调质，在字音本身以及音与义的协调。② 在欧洲，诗人很早就开始有意地追求字词的音乐性。古英文诗中已有首韵与尾韵，近代西方诗则倾向于用双声产生和谐。由于文字的性质与中文的单音字词句不同，又受到严密的语法逻辑体系的限制，西方诗很难产生精妍工巧的意义排偶和声音对仗。那种在文字身上展现音乐的技巧，要到 19 世纪才真正成熟。象征主义的"纯诗运动"，就是以文字的声音来契合、暗示某种氛围和意味，将音乐性诉诸文字的极端代表。③

与音乐相比，诗歌靠体式的节奏和调质的实际音响提供意义，逐渐形成了所谓的"格律"。格律是在悠久的文化传统中凝定下来的"有意味的形式"。④ 中国诗之所以在齐梁时期走上"律"的道路，一个重要原因即（曲）词与（曲）调分离后，音律的目的就是在词的文字本身上表现出诗的音乐，让语言仍保有若干形式化的音乐的节奏和音调。节奏方面，由逐渐定型的五、七言律诗（绝句）的诗体形式及其独有的"顿"的设计来体现；音调方面，主要指讲究双声叠韵和平仄相间。⑤ 以我们熟悉的古体诗词为例，一般而言，诗词曲赋讲究"声情并茂"，多使用双声、叠韵、平仄、对仗、衬字等控制音调的高低长短以及节奏的快慢匀齐，来传达韵文的内在情绪。典型者如李清照《声声慢》中"寻寻觅觅，冷冷清清，凄凄惨惨戚戚"，将"平仄仄平平仄仄"的七言律句延展为一倍长的曲句，连用三叠韵、六双声、七叠音，带出缓慢、滞重的节奏感，可谓出奇制胜。中途经"冷冷清清"在略高音调上的过渡，"凄凄惨惨戚戚"六个齿声字绵延而下且采用较为凝重哀切的"一七韵"，成功地营造出如泣如诉、顿挫凄绝的音韵效果。吟诵之时，人们不知不觉便被带入抒情主体遭遇国破家亡后越发愁苦恓惶

① 臧棣：《诗歌：作为一种特殊的知识》，见杨克：《中国新诗年鉴 1999》，551 页，广州，广州出版社，2000。
② 关于中国诗的音乐性和节奏问题，朱光潜在《诗论》中有详细论述。参见朱光潜：《诗论》，南京，江苏文艺出版社，2008。
③ 朱光潜：《诗论》，206 页，南京，江苏文艺出版社，2008。
④ 在新格律诗的最初提倡者闻一多看来，"格律"即对"form"（形式）一词的妥当翻译。
⑤ 这两方面没有截然的区分。例如，平仄的要求既是对音调的区分，同时也能产生抑扬顿挫的节奏感。参见朱光潜：《诗论》，185 页，南京，江苏文艺出版社，2008。

的心境中。

（2）现代诗：内在音乐性与律化的要求

晚清以来，人们发现旧诗的节奏是外在的、因袭的、常与意义相乖讹的。它在表达特殊情境时十分吃力，越来越无法承载现代人的复杂情思。白话诗的目的之一就是打破千篇一律、日益僵化的格律体式。

自由诗与古体诗的一大区别即遵循一种"自然的语言节奏"（胡适）。新诗的节奏是一种音义结合的"说话的调子"，或者说是由"日常语言"提炼而成的。这种提纯后的口语一方面极大程度解放了诗体；另一方面也吸收了西式语法中的多音节词和短语结构，导致了现代汉语诗歌句法的散漫乃至某种韵味的流失。[①]经历了早期白话诗"做诗如说话"的肆意放纵，诗歌外在的音乐躯壳已经彻底脱落，如何为新诗重新注入一缕"诗魂"成为当务之急。20世纪30年代，戴望舒提出"诗的韵律不在字的抑扬顿挫上，而在诗的情绪的抑扬顿挫上，即诗情的程度上"。这成为内在音乐性追求的代表性主张。[②] 其后，废名"诗的内容，散文的形式"的自由诗理念也流行开来。[③] 新格律诗派在主张上与自由诗相对，持有律化诉求。早期新月诗派曾提出以"相体裁衣"的方式节制情感的泛滥，尔后有识之士，如孙大雨、卞之琳、吴兴华、冯至，纷纷尝试引进西方诗体（如十四行诗和素体诗）来驯化、组织和激活传统情感，将新诗内在节律的探索推进到"音组"的层面。[④] 对于生活在强大的传统阴影下的诗人而言，如何建设全新的诗体规范，使"自由"合乎"法度"，让新诗足以比肩古诗，成为他们心头驱之不去的焦虑。

百年新诗就这样在自由化与律化的形式层面左突右冲，踽踽前行。可以说，二者的共同目标是以语言内在的节奏之美、律感之美来契合情绪的自然走势。新诗格律的存在，是为了平衡现代汉语过分散化、自由化而造成的"干枯浅露"、缺乏节制，是音乐性追求的重要表现。然而，现代语言的口语化特点大大削弱了诗歌的音乐成分，使新诗不再像古诗那样适于吟诵和聆听，而是需要视觉上的欣赏，需要在默诵中完成意义的流转和创生。因此，现代诗诗意的生成不得不借助视觉意象和深层结构的营造这些相对重要的组成手段。

---

① 张桃洲：《现代汉语的诗性空间——新诗话语研究》，41 页，北京，北京大学出版社，2005。

② 《戴望舒全集·散文卷》，187 页，北京，中国青年出版社，1999。

③ 《废名集》第 4 卷，1605 页，北京，北京大学出版社，2009。

④ 王光明：《现代汉诗的百年演变》，157～246 页，石家庄，河北人民出版社，2003。

3. 现代诗的重要语体特征

（1）隐喻与象征

诗的核心是语象（image，又译"意象"），即"语言中的象，由具象的、能在读者意识中激发相应感觉经验的语言组成"①。从某种意义上说，诗人都是按语象思维的，创造语象的能力是诗歌想象力的重要方面。诗中的语象与人的直接经验不同，"手严重烧伤的感觉比最生动的词语所描绘的感觉更强烈"（布鲁克斯），诗的真正作用不是要超过感觉世界的生动性，而是通过词语的表现激发读者的想象。隐喻和象征作为两种颇具表现力的比喻性（语象式）语言，成为惯用的诗歌修辞方式。

布鲁克斯宣称："我们可以用这样一句话来总结现代诗歌的技巧：重新发现隐喻并且充分运用隐喻。"②隐喻不仅是一种修辞手段，更是一种与日常比喻有所区别的语象语言，一种建构现代诗歌意象的基本方式。日常生活中，我们常常"以彼物比此物"。喻体与本体间的关系越近切越明了，就越符合"达意"的要求。但是，当比喻进入诗歌文本，首要要求的并非近切，而是距离所形成的美学效果。新批评认为，隐喻是"语境之间的交易"，隐喻的力量就在于把极为不同的语境强行联系起来。也就是说，本体和喻体间的距离越远，内涵反而越丰富。在这一点上，中国诗论中也有"远取譬"的说法。

象征是另一种备受重视的语象语言。美国批评家韦勒克、沃伦为象征下的定义是："甲事物暗示了乙事物，但甲事物本身作为一种表现手段，也要求给以充分注意。"③这是说，"象征"本身并非某种陪衬物，而是作为独立自足的语象呈现出来的，目的在于通过一系列有声有色的物象描摹暗示微妙隐晦的形上世界、某种思想感情或抽象意义。这种"诗法"在 19 世纪至 20 世纪的象征主义运动中发展成为现代诗的核心技巧。波德莱尔所说的"应和"、后期象征派诗人艾略特由情思呼唤出的一系列"客观对应物"，都是我们所说的象征。

同属于语象语言的隐喻和象征常常相伴相生，共同构成传达内心世界的符号体系。例如，《阿尔弗瑞德·普鲁弗洛克的情歌》：

---

① 赵毅衡：《新批评——一种独特的形式主义文论》，132～136 页，北京，中国社会科学出版社，1986。

② ［美］克利安思·布鲁克斯：《反讽——一种结构原则》，袁可嘉译，见赵毅衡：《"新批评"文集》，334 页，北京，中国社会科学出版社，1988。

③ ［美］勒内·韦勒克、奥斯汀·沃伦：《文学理论》，刘象愚等译，214 页，南京，江苏教育出版社，2005。

那么我们走吧，你我两个人，
正当朝天空慢慢铺展着黄昏
好似病人麻醉在手术桌上；
我们走吧，穿过一些半清冷的街，
那儿休憩的场所正人声喋喋；
有夜夜不宁的下等歇夜旅店
和满地蚌壳的铺锯末的饭馆；
街连着街，好象一场讨厌的争议
带着阴险的意图
要把你引向一个重大的问题……
唉，不要问，"那是什么？"
让我们快点去作客。
在客厅里女士们来回地走，
谈着画家弥盖朗琪罗。

黄色的雾在窗玻璃上擦着它的背，
黄色的烟在窗玻璃上擦着它的嘴，
把它的舌头舐进黄昏的角落，
徘徊在快要干涸的水坑上；
让跌下烟囱的烟灰落上它的背，
它蹓下台阶，忽地纵身跳跃，
看到这是一个温柔的十月的夜，
于是便在房子附近蜷伏起来安睡。
……①

艾略特将"黄昏"这一时间情境巧妙地比喻为"好似病人麻醉在手术桌上"的身体状态。这一比喻之所以出奇制胜，是因为黄昏是连接白昼与黑夜的临界点，对普鲁弗洛克而言，还暗示着生与死之间的界线，因而也意味着病恹恹的手术室的氛围——出访之际的主人公接受着"生还是死"这类"重大问题"的检视。接下来屡屡出现的"睡猫"形象不仅隐喻隔绝了"客厅世界"的"黄色的雾"，更对应着普鲁弗洛克慵懒怯懦、敏感无为的性格。在黄昏意象的总体象征氛围

① ［美］T. S. 艾略特：《阿尔弗瑞德·普鲁弗洛克的情歌》，查良铮译，见袁可嘉等：《外国现代派作品选》第1册，77～78页，上海，上海文艺出版社，1980。

中，普鲁弗洛克成为他的客厅世界的地道产物，既企望又迁延；既对外界报以模糊的不满，又沉醉于这样一种半明半晦、孤独病态的梦境之中。黄昏作为一个"隐喻性的象征"，成为他感受现实的基础和内在世界的投射。在此，我们可以说，对语象语言的运用和理解确实关乎现代诗的成败。

（2）反讽与戏剧化

布鲁克斯认为，反讽是"语境对于一个陈述语的明显歪曲"①。反讽是在相对陌生的语境中使用词语，打破固有语境对语义所指的限制和束缚，以期在表面能指和所指意蕴之间造成全新的张力关系，使读者往往需要反向理解诗的意义。在新批评看来，"反讽"已上升为诗歌的"结构原则"。布鲁克斯以邓恩的《圣谥》为例来说明这一点。② 诚如题目所示，贯穿这首诗的基本隐喻是一个宗教性隐喻：圣谥。这首诗并没有把它给予弃绝了尘世肉欲的隐居修道者，恰恰相反，诗人勇敢地把世俗的爱欲作为神圣的爱来唱诵，称他们的"隐居"地点正在对方的肉体内。当情人收缩起全世界的灵魂驱入对方的眼睛时，他们在精神的世界中又的确弃绝了尘世：

> 我们不能以爱而生，就能为爱而死，
> 即使我们的行状不适宜
> 灵车和墓茔，它会适宜写入诗句；
> 要是我们不宜进入编年史，
> 我们在十四行诗中构筑小室；
> 一如精制的瓮适宜于
> 神圣的骨灰，不亚于半顷墓地。
> 而这些颂歌都能把我们
> 谥封为爱的圣人。
> ……

在全诗的高潮段落中，一面是神圣的基督教教义，一面是卑琐无华的十四行诗体；一边用"使徒行传"般庄重严肃的意味写就，一边模仿莎士比亚和济慈对不朽之爱不遗余力的赞颂。看似不相协调的语境几经叠加，"谥封"一词常见

---

① ［美］克利安思·布鲁克斯：《反讽——一种结构原则》，袁可嘉译，见赵毅衡：《"新批评"文集》，335 页，北京，中国社会科学出版社，1988。

② ［美］克利安思·布鲁克斯：《悖论语言》，赵毅衡译，见赵毅衡：《"新批评"文集》，321 页，北京，中国社会科学出版社，1988。

的神圣意味就被巧妙地转变了。诗人借此道出关于爱情的真知灼见。

正是针对诗歌写作中常见的词语滥用、人们自动获得意义这一现象，现代诗人恰当地运用反讽，通过个人化的语境压力使语义弯曲或逆转，对一些"用罄了"的语象语言重新编码，进而消解掉已趋僵化的意识形态神话。在这方面，欧阳江河颇具代表性。他在《手枪》《汉英之间》《玻璃工厂》《计划经济时代的爱情》《时装店》等"九十年代诗歌"，以及 21 世纪以来的长诗《凤凰》中，都将这种修辞上的"对位术"施展到极致。欧阳江河本人称之为"反词"的诗学。以海子诗歌中一些元素性的意象为例："麦子"一词在个人使用意愿中的元素性、词根性、文化原型感，已完全被后来的公共语境过滤，"升华"为"能指剩余"的"圣词"。其意义与某一个时期内当代汉语诗歌中的"太阳""黄金""家园""星空"等无异，被用罄了。

写作并不是寻找稀有词汇，而是力图通过个人化的语境压力，对"用得太多"的词重新编码。欧阳江河以张枣的诗句"花朵抬头注视空难"为例，分析称，"花朵"抬头注视的不是"太阳"，而是"空难"。"空难"这样一个"反词"，与"花朵"构成了个人化的张力：空难导致了如今人去花在的事实，将"观花人"与"花观人"顺势做一反转，革新了"以花喻人"这类陈词滥调的修辞效果，让读者感受到作者悲天悯人的情怀。用完全个人化的语境置换原来的"隐喻"，直指"圣词"（"太阳"）的意指过程。联系旧有的文化语境，"空难"与"太阳"构成新的、更大意义上的反讽，促使读者不自觉地反思原先的意识形态神话"自然化"的过程。这可以被称为微观意义上的话语"祛魅"。①

放在 20 世纪 90 年代的背景下考察，反讽在欧阳江河手里更是获得了不同凡响的实践效果，甚至上升为其诗歌所隐含的结构原则。以"玻璃""石头""骨头"这组常见意象为例，在欧阳江河 20 世纪八九十年代转型期的诗歌中，能指"石头"非但不再与其所指保持 20 世纪 80 年代符号——对应的紧张关系（如《纪念碑》中"我的身体里垒满了石头/中华民族的历史有多么沉重/我就有多少重量"），而且根本没有确定的甚或若干个确定的所指。"石头"到底意指"砌成广场的石头"，还是化作"玻璃"质地的"软组织"？是"石头脑袋"里沉重而坚贞的信念，还是人们身上的"软骨头"抑或轻薄如纸、一时泛起的"阴沉念头"？是被刻入黄金铭文换取"永生"的纪念碑，还是发动"纸上革命"时到处张贴的"石头脑袋"？……作者借助于原先语境中的"二元对立"项，在迅疾更新的"公共性语境"的压力下，让它们形成了彼此消解的互否互扰的多重意义，成功地把语词层面的"反词立场"上升为"语境性反讽"，再辅以"历史个人化"的手法，一方面

---

① 欧阳江河：《站在虚构这边》，1～23 页，成都，四川文艺出版社，2018。

以不容抑制的激情唤起人们对于昔日"圣词"的复杂情感，另一方面不无冷酷地解构了它曾负载的严峻意义。在向"消费时代的广场"高速转变的过程中，传统的"对抗性主题"在直面历史的写作过程中焕发出新的批判性活力。

20世纪90年代后期，反讽性极强的主题意识更是成为欧阳江河写作的重要推动力。在《时装店》《感恩节》《国际航班》《歌剧》等诗篇中，那种对位性关系的语词被变本加厉地焊接、摆布，造成令人目眩的阅读效果，也曾引发关于现代诗解读的讨论。以对《时装店》的细读为例，姜涛以极大的耐心追踪着欧阳江河起伏跌宕、神出鬼没的"想象力"，成功地将其主题解读为"时尚"。解读者认为，"时装店"意指"全球化时代的文化想象"。诗歌从被海关检查的杂志上的"模特腿"写起，写到印度香、伦敦雾、乌托邦、女人街、"公主的云"、华尔街、鸭舌帽、秧歌队、月亮、美、"第一次"……最后又回到被摄影师拍摄的"模特"以及最终放行的"海关"。一系列具象、抽象的语词密集汹涌，通过反讽和悖论性的语言结构连缀起来，形成"诡辩性的张力"，直击时尚"自然化"的内在逻辑过程，也从主题的角度回应、验证了后殖民主义的经典命题。例如，篇末："瞧那老派/殖民主义的全副武装，留够了清白/和体面，涂黑了天使，开口就讲黑话。"解读者十分敏锐地抓住了对位性词语"黑"和"白"，二者恰好在修辞和价值的层面上构成二重意义的"反词"，也成为破解本诗的"诗眼"。一方面，"'白'对'黑'的殖民，只是老派的文化逻辑，'清白又体面'的往事"；另一方面，"当'黑皮肤'成为一种风行的健康时尚，'黑'与'白'之间的老关系被新的时尚统一性取代，而且这'黑'的时尚是集体性的，强制性的，泯除了背后实际的种族差异"①，继而被一体化的文化想象取代。

可以说，现代诗的反讽，就是在更具张力的语义网中展现意义的打乱、重组、流散，让人在试图捕捉确定象征义时一边"患得患失"甚至最终放弃，一边又在这种复调的推进中获得秘响旁通的效果，深化对时代和文化的反思。有研究者指出："反讽作为一种现代的语言策略，之所以与传统的赋、比、兴不同，与寓意、象征、隐喻也有所区别，还在于它不只是通过意义转移的方式重新凝聚意义，获得'新'的意义；而是要解除单一意义的禁锢，播散意义，释放意义的多元复杂性。"②

诗歌"戏剧化"的语体策略与反讽有着异曲同工之妙。所谓"诗歌的戏剧化"，简而言之，即以类似于戏剧的手法，如设置戏剧性处境，引入插入语或对话，多人称表达等，将抒情主体的声音分解为多个不同的角色，以求置身事

---

① 洪子诚：《在北大课堂读诗》，75页，武汉，长江文艺出版社，2002。
② 王光明：《现代汉诗的百年演变》，631页，石家庄，河北人民出版社，2003。

外地呈现抒情主体"我"的内心辩驳和对话的复杂情状。如此，诗歌便不再是单薄地直抒胸臆，而是变成了综合的、矛盾的、"多声部"的有机体。"戏剧化"这一术语源于新批评，经过后期象征主义的发展，已经上升为一种现代诗的美学原则。在 20 世纪 40 年代的中国，袁可嘉曾旗帜鲜明地提出"新诗戏剧化"的主张并成功进行实践。20 世纪 90 年代，戏剧化得到新的阐释和发展。

艾略特的《阿尔弗瑞德·普鲁弗洛克的情歌》就是一首运用戏剧独白诉说主人公经历和性格的现代主义诗歌。在这首诗中，诗人的自我意识借助声音的"分身术"成功地客体化了。处在某个"紧要关头"的普鲁弗洛克时而以第一人称"我"道出对"你"的心声，时而从旁观者的视角沉着叙述"她们"的行为，时而沉浸在冥想中。在这个过程中，时不时穿插进来的直接引语和内心独白毫不客气地打断了"我"的沉思，一而再再而三地削弱"我"对"你"的"表白"冲动，同时深化了"我"对时不我待的时间主题，对弃绝肉体的孤独生活等严肃问题的"思索"。末尾"我们"人称的突然介入终于使读者认识到，这样一个意志薄弱、陶醉于幻象的消极形象是普遍存在的病态现代人格的象征。

五、散文：不拘一格的自由语体

1. 广义散文与狭义散文

谈到散文的文体问题，我们最先面临的是散文体裁的界定难题。在等级森严的古典时代，散文是在与广义的韵文（骈文或诗）对举的意义上存在的。近代，出现了以"小说、戏剧和诗歌"这种无法再分的"终极分类"将散文纳入其中的划分。[①] 五四时期的新文学运动最初是在以散文解放韵文、以白话对抗文言的意义上标举散文的，以至于有人认为，整个文学革命其实是一场弥漫天地的散文革命。[②] 散文的文体概念的确像水一样，具有某种无所不包又变动不居、自然散漫的"流动性"，用"定体则无，大体须有"来形容它最合适不过。边界的模糊令散文的文体界定变得颇为棘手。现代汉语散文的界定因此经历了两极化的发展趋势。一种意见认为，真正意义上的现代文学散文，或者说狭义散文的自觉发生于五四时期。正宗的散文应该是抒情写意的"美文"（周作人），类似于

---

① ［美］勒内·韦勒克、奥斯汀·沃伦：《文学理论》，刘象愚等译，268 页，南京，江苏教育出版社，2005。

② 曹聚仁：《笔端·现代中国散文——在复旦大学演讲》，转引自陈剑晖：《论现代散文的文体选择与创造》，载《文学评论》，2007(5)。

西方的"essay"，又叫"小品文"或"随笔"。由于激活了晚明以来"独抒性灵"的传统，形式上的"渊雅精深""气韵生动""不拘一格"成为评定散文好坏的标准。另一种意见延续了古典时期对散文相对宽泛的定义，即散文是用散体文写成的文章，与韵文（诗、骈文）相对，相当于西方的"prose"，或"无韵之笔"，强调杂文学性和大散文观。信札、政论、时评等都划归该范畴，散文也因此被看作最适于大众阅读的普及型文体。①

无论是广义散文观还是狭义散文观，仅据其一来判定文章的体式优劣难免片面。文体的演变是动态的过程，很多现当代文学中的名篇都未必有清晰的文体属性。鲁迅20世纪二三十年代的杂感小品（如《夜记》）如其所说，是"将偶然的感想在灯下记出"，写得"随随便便，看起来不大头痛"。这是一种介于散文与杂文之间的散漫文体，可谓远风月而近人事。这类散文既藏有忧愤深广的战斗激情，又因专注于自我经验的表达而感慨良深，具有沉郁凝重的抒情气质，迥异于同一时期雍容闲适的"小摆设"式的散文小品，与五四初期涌现的纯粹政论性的杂文写作也颇为不同。

不妨一提的还有"大散文观"在当代被充分演绎、盛极一时的命运。"文化大散文"在20世纪90年代成为潮流，和贾平凹主编的《美文》杂志的提倡以及余秋雨文化散文的走红密不可分。20世纪90年代初，消费主义渐渐向内陆渗透。针对散文界的浮靡甜腻之风，贾平凹屡屡提出要还原散文的"原本面目"，希望通过提倡写"大散文"，改变散文路子越写越窄、格局越来越小的趋势。实际上，他是要恢复广义的散文观，乃至提倡一种跨体写作："我们读中国历来的散文选本，似乎觉得柳宗元呀，张岱呀等等都是写得那么有抒情性。可翻开他们的文集，这类文章仅占他的全部散文的十分之一还不到。那么，我们能否认他十分之九的散文就不是散文吗？所谓的大家，就是在每一个时期于内容上或形式上有突破的人，开的是一代之风，而这样的大家愈到后期，其散文愈贯通天地，参透人生，文笔又十分平和随意，类如杂文。"②

与这种地处边地、相对小众和纯粹的呼声相应的，是一系列大气的商业策划和大规模的市场化介入。例如，上海东方出版中心（原中国大百科全书出版社上海分社和知识出版社）策划的"文化大散文"书系，主打90年代初在《收获》

---

① 20世纪90年代以来，学界即有所谓"大散文"与"净化后的艺术散文"之争。参见贾平凹：《〈美文〉发刊词》，载《美文》创刊号；贾平凹：《弘扬"大散文"》，载《美文》，1994(4)；贾平凹：《〈美文〉三年》，载《美文》，1995(10)；刘锡庆：《当代散文创作发展的几个问题》，载《北京师范大学学报(哲学社会科学版)》，2001(1)；陈剑晖：《论20世纪90年代中国散文的文体变革》，载《中国社会科学》，2001(5)。

② 贾平凹：《〈美文〉三年》，载《美文》，1995(10)。

上大获成功的余秋雨散文。余秋雨的散文结集成《文化苦旅》出版。这部以"文化"和"散文"之名推出的作品，及其后续作品和十数种盗版的热销，引起持久的追捧和激烈的酷评，作者和"文化大散文"成为20世纪90年代炙手可热的文化现象和文学话题。

　　20世纪90年代中后期，文化批评的兴起让人们逐渐看清了此种文体的问题和背后的文化症候。首先，何谓"文化散文"？从内容上说，有人曾将其形容为以"文化演义"的形式，将生存体验和人文关怀，乃至比较深潜的思考投射到对历史遗迹、山川地理的描摹中，充沛其间的是文人特有的感伤情调。① 但是，这种"演义"多以戏剧性的故事情节（如《道士塔》对王道士私贩经卷的撰构）、诗性雕琢的语言以及哲学性的文化思考框架取胜，无涉私人记忆，反倒失掉了散文本该有的淳朴真诚。这类作品读一篇两篇尚有"眼前一亮"的感觉，读多了，无非是"故事＋诗性语言＋文化感叹的生产流水线"上的文化消费品。②

　　其次，这类散文表面上看是一头扎进了历史典籍，有大气势、大境界，但若深究下去，其真正兴趣仍指向封建知识者和权力者。历史上血腥残暴的情节变成了儿戏，"无利害、无是非的混沌的'文化生态'代替一切，高于一切"③。

　　最后，"文化大散文"将文人的怀古幽怨、现实感伤、古典雅趣和爱国胸怀，全都汇入大众价值关怀的江河。即便有些许思考以批判的面目出现，也不过是用道德陈述的力量煽动人们对差官及昏君的仇恨。旧式文人的尊严在此得到短暂的实现。

　　从文体上看，"文化大散文"仍屈从于陈旧的历史阐释，同时沉醉于细小精致的话语改造，难以支撑宏大的话语框架。④ 散文在全面"去政治化"的90年代并没有实现"大散文"的目标，而是再度回归"娓语"的地位，构成以"大散文"之形行"小散文"之实的写作景观。

2. 散文的文体特征

　　我们很难为散文下一个绝对清晰的定义，但是可以形成关于散文语体特征的大体认识。散文的语体特征有哪些？散文与诗的文体分野何在？归纳起来，有以下几点。

　　第一，散文语体具有"交流性"。散文与诗的区别，恰如休谟的比喻：读诗

---

① 楼肇明、张洁：《叙事与诠释——关于九十年代散文的载体和文体类型》，载《小说家》，1998(2)。

② 朱国华：《别一种媚俗——〈文化苦旅〉论》，载《当代作家评论》，1995(2)。

③ 林贤治：《余秋雨散文透视》，载《书屋》，2000(3)。

④ 朱大可等：《十作家批判书》，59页，西安，陕西师范大学出版社，1999。

犹如走进一片森林，能采撷到什么，全凭个人对于想象世界中意象的把握，因为那里有大量隐喻、象征、悖论等陌生化的语言结构。可以说，"通幽"的"小径"不只一条。相较而言，读散文像坐上一辆目的地明确的列车。散文不仅有相对明晰的情理线索，更重要的是，它像是以"交流对话"为目的，全用"日常语言"娓娓道来的"倾诉"，不存在或很少存在"看不懂"的问题。历史上，曾有人将小品文命名为"絮语散文"或"娓语散文"。周作人也因在写作中表现出"任意而谈"的特点而被称为"闲谈体"的大家。① 散文语体的这种交流性，毋宁称语言的工具性，亦即不将审美的第一等兴趣引向语言本身。萨特在《什么是文学?》中，将其称为散文语言的"不透明性"。

第二，散文以流露真性情为上。散文讲求交流的实在和有效，须以"真情实感"的流露为第一要义。"真情实感"并非指内容层面的"非虚构"，而在于散文语言所传达的"情味"须达到最起码的真切自然。与同样讲究抒情的诗歌相比，"诗人所言，有时难免恍兮惚兮，散文则常常显豁，一五一十地摆在眼前，令人如闻如见"②。尽管同样离不开语言上的"再创造"，但散文提倡的是天然去雕饰、化入无痕的"本色"之语。读者能够通过读其文而想见其人其情，乃至其貌其神。唯其真挚，才备显作者笔调的独异之处，亦所谓"人格的调子"。现代文学中一些脍炙人口的名作，如鲁迅的散文集《朝花夕拾》，冰心的《往事》《寄小读者》，朱自清的《荷塘月色》《背影》等，虽然风格各异，但无不因发之于"真情实感"而被奉为"正宗"。一些悼亡怀人的名篇，更因其足见性情而成为"经典中的经典"。在这一点上，写亲情的多以朱自清《背影》不足 1500 字之朴实无华为准的；忆情缘的若考查用情之深之真，通常会以梁实秋《槐园梦忆》、朱自清《悼亡妇》、孙犁《亡人逸事》等篇什作比。③ 20 世纪八九十年代，从巴金的《随想录》，杨绛的《干校六记》，孙犁的《晚华集》《无为集》《尺泽集》等一系列"老年散文"的出现，到萧乾、汪曾祺、金克木、季羡林、张中行等知识分子的"晚年写作"形成热潮，再到近期高尔泰、赵越胜等回忆性散文的走俏，这些作品无论是质朴热烈还是冷峻克制，无论是低回婉转、如泣如诉还是沧桑遒劲、举重若轻，之所以能够在新时期以来的"追忆型散文"的复兴中各领风骚，就是因为它们大都以饱尝时患后繁华销尽的笔致写出，看似信手拈来，实乃呕心沥血、穷而后工之作。因此，所忆之人之事皆能给人"如在目前"的"不隔"之感，使人久久不能释怀。

---

① 俞元桂：《中国现代散文理论》，65 页，南宁，广西人民出版社，1984。

② 俞元桂：《中国现代散文理论》，148 页，南宁，广西人民出版社，1984。

③ 王兆胜：《"情缘回想"：论中国当代抒情忆旧散文》，载《东岳论丛》，2000(6)。

第三，散文之"散"以不拘一格的形式为自由语体提供了最大的创造性空间，但仍离不开布局谋篇方面的匠心。通常认为，散文语体相对容易驾驭，是最便于"懒者"速成的文体。好的散文看似一挥而就，实则离不开作者的潜心经营。随手记下的日志、感想，信札，邻里间的东拉西扯等，之所以不能被视为散文，原因正在于散文有着易被忽略的内在规范。择其要者，便是自然有致的构思。在这一点上，散文的"形散而神聚"已是老话。李广田认为，散文"本质是散的，但也须有诗的圆满，完整如珍珠，也具有小说的严密，紧凑如建筑"①。"完整如珍珠"正是说散文应像诗歌一样拥有有机的结构、珠圆玉润的完美体态。在这方面，史铁生的《我与地坛》便是难得的佳作。在这篇万言长文中，作者由自己的不幸写起，讲述二十年来与地坛的惺惺相惜，继而写对母亲的怀恋，又由母爱延伸到多年间所遇到的地坛中各色人物的命运和悲欢，贯穿始终的是对"为什么不死""为什么活"和"为什么写作"这三个终极问题的自我辩论和形上思考。园子里的众生相作为"对话的他者"，被不着痕迹地编织进"我与地坛"的故事，丝丝入扣，使全文获得一种交响诗般悠长深远、秘响旁通的复调效果。② 这种精心结撰还见于作者其他名篇。例如，《合欢树》写母爱，却不拘泥于母亲的操劳忧心，而是由此荡漾开去，回忆母子相伴的生活细节，笔致灵动。对远逝母亲的想念最终外化为一棵承她手泽的合欢树，愈加深化了"树犹如此"而物是人非的沧桑感。阅后思之，读者不能不对这种浑然天成的构思赞叹不已。好的散文通常是即兴成篇、有感而发的，行文的顺畅自如得益于内在情思行云流水般任意舒展："常行于所当行，常止于所不可不止。"

3. 散文的边界与诗文互渗

散文文体的边缘性使散文和它的两个邻居——小说与诗歌——多有边界模糊的灰色地带。如何确立散文文体的边界？如何理解文体之间的互渗？

（1）散文与小说

与同诗歌的紧张关系不同，散文和小说的交界较易辨清，偶有少数例外，就是我们所说的"小说化的散文"或"小说家的散文"。这种带有跨界特征的佳作，一经问世便极引人注目。例如，史铁生的《我与地坛》在发表时，就经历了文体界定的尴尬。作家坚持此作的"散文属性"，拒绝在《上海文学》的"小说"栏目下刊发。可以看到，无论是出于对小说文体的尊重，抑或对散文文体特征的

---

① 俞元桂：《中国现代散文理论》，148 页，南宁，广西人民出版社，1984。
② 赵勇：《〈我与地坛〉面面观》，载《名作欣赏》，2011(22)。

捍卫，史铁生的恪守己见都证明了一种相对稳定的散文文体规范切实存在于人们的期待视野中。①

通常情况下，人们着意于散文在表情达意方面的"非虚构"特征，以区别于小说的纯想象性叙事，认为散文至少应做到"真情实感"。尽管如此，并非所有散文作者都会以秉笔直录的纪实精神严格地还原自己的情感遭际。何况，凭情绪记忆写作本身就不可靠。既然是对往事的重构，难免会游离于彼时彼地之情境。这种游离往往赋予行文不同寻常的神采，成为入乎"化境"的点睛之笔。所以，当涉及散文的"真实性"问题时，我们可以说散文是对真实经历的"重构"而非"虚构"。

散文中也有"叙事"。与以叙事为动力的小说相比，散文毕竟是一种抒情性话语，这就决定了散文中的"叙事"或者说"重构"更加萧散、有神，往往寥寥几笔而境界全出。散文中的叙事不事雕琢，重心并不在叙事本身，而是在于通过对场景、人物、情节的追述和复现唤起某种意绪，营造某种氛围，将读者和自己都拖入其中。这可以被视为一种抒写策略。叙事散文的这种"写意性"和记忆诗学的特点有关，颇有诗歌中"起兴"的意思，亦即"缘起式叙事"。有人认为，这明显受到传统意象理论的影响。②

宇文所安在研究中国古典诗学时曾谈到以"往事再现"为终极动力的"断片诗学"形态："我们所复现的是某些不完满的、未尽完善的东西，是某些在我们的生活中言犹未尽的东西所留下的瘢痕。"③写作成为表达未尽之意的渠道，成为一种补偿和召唤。故事所唤起的，"与其说是一个真实的时刻，倒不如说是时间长河中的一个断片"④。整个过程恰如罗曼·罗兰所描述的，往事的岛屿慢慢浮上意识层面，起初星罗棋布，后来幻化为整块大陆。断片成为记忆重构的中枢，所截取的正是回忆的某个中间状态。它们承载着一些似连实断的失落的空白，与意义的不完整性、不确定性相对应。我们可以顺着自己的体验对其进行解读。"复现的冲动是一台引擎，它是人类文明发展的核心：为了从古老的

---

① 赵勇：《〈我与地坛〉面面观》，载《名作欣赏》，2011(22)。

② 贲志浩：《话语的灵性——现代散文语体风格论》，176 页，杭州，浙江大学出版社，2010。

③ ［美］宇文所安：《追忆：中国古典文学中的往事再现》，郑学勤译，113 页，北京，生活·读书·新知三联书店，2004。

④ ［美］宇文所安：《追忆：中国古典文学中的往事再现》，郑学勤译，88 页，北京，生活·读书·新知三联书店，2004。

情节中创造出新的生命来，面容、细节和环境都发生了变化。"①从写作和阅读的心理机制来讲，重构的散文情节已很难说完全"虚幻"抑或天衣无缝般"真实"了。

　　我们不妨以沈复《浮生六记》中的回忆性片段为例，探讨散文与叙事重构的关系。这部以夫妻间缱绻情事为主线，兼及对父母兄弟以及大家庭冲突始末、周边世情描述的散文佳作，历来被视为确有其人，确有其事。唯其真实，俞平伯还作了《浮生六记年表》。宇文所安却从沈复对夫妇二人间"闺房之乐"生动忘我的记叙中，窥见了文本最关键也是最形象化的裂缝。宇文所安聚焦的是第二记"闲情记趣"中二人别出心裁，搭建假山园艺以供日后神游其中，却因两只猫争食而毁于一旦，不禁落泪的情节。宇文所安发现，沈复在第一记里"刻意地忘记痛苦"，以便把回忆的断片构建为事情应该如此的模样，同时在第二记中乐此不疲地谱写一则则纯真趣事——这些不过是他一手营造的幻象。"趣事老是被砸为碎片，他不断地捡起碎石，把他们重新拼拢起来"②，就像在这座假山上，到处可以看到油灰抹住的接合部和裂缝。叙事中这个不起眼的显微结构正象征了沈复一生的行为模式。他执迷于制造幻象与"玩物"，但每一次都注定是自我欺骗的尝试。封建父权的巨大阴影像野兽（"猫奴"）一样时刻窥伺着他，逼迫他退守在自身的小世界中。妻子去世，最终的幻象破灭，这本"回忆录"成了他最后的玩物，他精心构造的最后一件艺术品。他细心地缝合着隐秘的欲望，以散文的形式对残酷而悲凉的人生进行某种艺术化的重构。"浮生若梦，为欢几何"，被真实记忆和叙事冲动撕扯着的沈复终于发出了亦真亦幻的慨叹。

　　实际上，理解了这一点，我们也就明白了为什么在阅读"芸的悲剧"时，我们更容易为这样一个时不时跳出来抒一抒情的沈复所打动。文本的故事层面并不复杂，常常由简笔带过，但某种乐极哀来的感慨生发于每一则回忆的结尾，让读者不禁为之恻然。如"记乐"一节，见芸娘少作"秋侵人影瘦，霜染菊花肥"，沈复"虽叹其才思隽秀，窃恐其福泽不深"。索稿观诗，二人戏言之后，沈复叹息道："余戏题其签曰'锦囊佳句'，不知寿夭之机此已伏矣。"此种结构在"鬼节望月"一节最为典型：二人并坐水窗，俯视银河，波光如练，品论云霞，自然而然发出夫妇同观、慧心默证而世属罕有的感慨。"夜忽阴云如晦，

　　①　［美］宇文所安：《追忆：中国古典文学中的往事再现》，郑学勤译，114 页，北京，生活·读书·新知三联书店，2004。

　　②　［美］宇文所安：《追忆：中国古典文学中的往事再现》，郑学勤译，117 页，北京，生活·读书·新知三联书店，2004。

芸愀然曰'妾能与君白头偕老，月轮当初'。"后月轮涌出，二人喜出望外之际，却听见诡异的"溺鬼"之声。沈复由是感叹："真所谓乐极灾生，亦是白头不终之兆。"此种由今视昔、幡然醒悟后悲从中来的声音，微妙地引导着行文的气氛，令一些描写久别重逢的片段也显示出记梦诗般的效果。例如，沈复离家三月归来与芸初见，"入房相迎，握手未通片语，而两人魂魄恍恍然化成烟雾，觉耳中惺然一响，不知更有此身矣"。此处生发的相对如梦寐之感被渲染得尤为明显，实际上是在提醒读者，那些可被称为真实情节的东西都已幻化为背景，或如冰山一角。作者意旨之真正所在，唯有"情"字。这种叙事着意表达的是心中积郁的哀怨和对妻子的眷恋，乃至世事盛极而衰的深切怆痛。

即便是《浮生六记》这样带有较明显虚构特征的散文作品，其叙事性描写在功能上也和小说中的叙事有一定差别。这就决定了在大多数情况下，散文和小说二者泾渭分明。

（2）散文与诗歌

散文与小说的区分相对容易，同诗歌却常存模糊地带。诗与文是两种截然不同的文体，在功用和形式上自古便有一定的分别。明代王文禄说："文显示目也，气为主；诗咏于口，声为主。文必体势之壮严，诗必音调之流转。是故文以载道，诗以陶性情，道在其中矣。"（《文脉》）清代吴乔认为："意喻之米，文喻之炊而为饭，诗喻之酿而为酒；饭不变米形，酒形质尽变；啖饭则饱，可以养生，可以尽年，为人事之正道；饮酒则醉，忧者以乐，喜者以悲，有不知其所以然者。"（《答万季野诗问》）当代学者童庆炳亦有归纳："一、文主叙事道，诗主抒情言志；二、文讲究气势之贯注，诗讲究声韵之婉转；三、文主'醒'，要明确达意，诗主'醉'，要含蓄朦胧；四、文以载道，重实用，诗以冶情，重塑灵。"[1]这些只是大体的区分，许多时候，抒情言志与文以载道交融在一起，诗有文之功能、文又有诗之韵味的情况也并不少见。在长期的文体功能嬗变中，这种诗文互渗的结果是形成了一种同时带有散文与诗歌特征的现代文体——散文诗。如果我们聚焦于其中国版本——中国现代散文诗，就会发现散文诗的独立文体意义正是在长期的争议中逐步确立的。

有一种意见认为，散文诗，即用散体的语言写成的诗，没有固定的节奏（rhythm），没有固定的韵脚（metre）或平仄，是一切具有"诗的情绪和思想"的无韵文辞。用周作人的话说，散文诗是"诗与散文中间的桥"[2]。按这种宽泛的

---

① 童庆炳：《文体与文体的创造》，13页，昆明，云南人民出版社，1994。
② 周作人：《美文》，载《晨报副刊》，1921-06-08。

界定，中国古代小品其才其趣颇近于"诗"者，如郦道元《水经注》、苏轼《记承天寺夜游》，都该名列其中。我们这里所说的"散文诗"并非自古有之，纯粹为一别具意义的现代产物。

据林以亮考证，第一次正式使用"小散文诗"(poèmes en prose)这一称谓并将这种体裁发挥得臻于完美的，是波德莱尔和他同时代的象征派诗人。[1] 波德莱尔往往在写完几首诗后，将其改造为一系列散文诗，起一个总题名，刊载在《费加罗报》《新闻报》等报刊最醒目的位置上。这使后来的《恶之花》与《巴黎的忧郁》出现了同题诗文的现象。如果是为表现同一情感内涵，何必如此周折？在《巴黎的忧郁》的著名献词中，波德莱尔动情地写道："我们当中谁没有在他怀着雄心壮志的日子里梦想过创造奇迹，写出诗的散文，没有节律，没有韵脚，但富于音乐性，而且亦刚亦柔，足以适应心灵的抒情的冲动、幻象的波动和意识的跳跃？特别是经常前去大城市，接触到无数错综复杂的关系，就会产生这种萦回脑际的理想。"原来，"更抽象的现代生活"契合这位发达资本主义时代的抒情诗人内心的悲音与律动，一种新的文体形式呼之欲出。这不复是《恶之花》中古典合律的严谨体式，也不同于后来成了气候的"自由诗"。它虽不用韵却有无形的音乐调式，善于追摹都市人纤细朦胧的意绪活动，更便于诗人从颓唐腐靡的生活中发掘美的沉思。这种格外借重象征、寓言、隐喻的散体诗行使《巴黎的忧郁》不仅仅成为《恶之花》的附录行世，还极大地影响了后来的魏尔伦(Paul Verlaine)、兰波(Jean Nicolas Arthur Rimbaud)、马拉美(Stéphane Mallarmé)乃至俄国的屠格涅夫(Ivan Turgenev)等现代诗人、散文家。散文诗遂登上大雅之堂，在现代主义文学潮流中渐渐占有一席之地。

在新文学运动中，这种与象征主义有着不解之缘的文体被译介、移植到中国，继而开花结果。[2] 在草创时期，散文诗的身份略显微妙，成为新诗和小品文竞相"拉拢"的对象。一方面，作为被援引的西方近代诗歌资源的一部分，散文诗有助于打破"无韵则非诗"的信条，助长新诗"形式解放"的声势，所以与早

---

① 林以亮：《论散文诗》，载《文学杂志》，1956(1)。

② 1918年5月，同期发表《狂人日记》的《新青年》，刊登了印度诗人拉坦·德维(Ratan DeVi)的《我行雪中》一诗，由刘半农用文言译出。导言称，《我行雪中》是一篇"结撰精密的散文诗"。"散文诗"这一名称由此出现。此后，《新青年》《时事新报·学灯》《晨报副刊》《小说月报》《文学旬刊》《语丝》等报刊，陆续发表了波德莱尔、屠格涅夫、王尔德、泰戈尔等人的散文诗，刊载了介绍波德莱尔的专论。参见孙玉石：《〈野草〉与中国现代散文诗》，载《文学评论》，1981(5)。

期新诗"散文化"的倾向一拍即合，理所当然地被视为新诗的有机组成部分。①另一方面，这种优美从容的散体书写形式，似乎更容易同传统的东方形式融合，与古典散文中雪藏已久的文人趣味相通，一时间又造成同笔调随和、意味隽永的小品文难分难解的局面。

尽管如此，散文诗作为独立文体的审美价值还是逐渐得到了肯定。为数不多的、优异且自觉的创作实绩为这种文体的确立打下了基础。鲁迅的《野草》是这种文体的开端，而且一上来就达到了相当成熟的高度。在一系列短章中，时代的苦闷笼罩于知识者心头，愤懑幽思结晶为蕴藉深远的形象和意境，最终以委婉跌宕的散体句式纡徐道出。一些摄人心魄的奇绝意象，如"死火""过客""墓碣文""复仇者""朔方的雪""无物之阵"等，像一朵朵开在"废弛的地狱边沿的惨白色小花"，给人留下寻味不尽的解释空间。这种创新是史无前例的。《野草》之后，20世纪二三十年代，何其芳、李广田、丽尼、陆蠡、唐弢、陈敬容等专心致志治散文诗的作家，愈加注重唯美意境的营造，将鲁迅开启的"独语抒情"范式中玄想、咏叹和象征的特色进一步发展起来，终于形成了别具一格的调式和感觉结构。可惜的是，"荷戟独彷徨"的时日终究短暂，在严峻的现实斗争中，新文学阵营出现明显的分化，苦闷的情思要么向明朗直白的格调转化，要么被压制下来。有意低回的特色极易招致激烈的抨击和自我否定，"画梦"的独语艺术渐渐淡出人们的视线，鲁迅自身的抒情性也被导入《夜颂》《淡淡的血痕》这类同议论浑然一体的散文，一脉传统如沙漠隐泉般不见了。

在一些现代理论家看来，散文诗是一个吸取了散文和诗歌两种文类优长的"混血儿"："在形式上说，它近于散文；在诉诸读者的想像和美感的能力上说，它近于诗。就好像白日与黑夜之间，存在着黄昏，黑夜与白日之间，存在着黎明一样，散文诗也是一种朦胧的、半明半暗的状态。"②但是，正如黄昏与黎明足以确立一种美的风格，散文诗在有机化合诗和散文的表现要素后，在新的结构系统中生成了独立的抒情语体。从本性上看，它属于诗，有诗的情感想象及运

---

① 郭沫若就曾发表十分干脆的主张："诗应该是纯粹的内在律，表示它的工具用外在律也可，便不用外在律，也正是裸体的美人。散文诗便是这个。我们试读太戈儿的《新月》、《园丁》、《几丹伽里》诸集，和屠格涅夫与波多勒尔的散文诗，外在的韵律几乎没有。惠迭曼的《草叶集》也全不用外在律。"所谓"裸体美人"之说，体现了新诗弄潮儿对自由诗理念的极端追求。与此类似，不惜混淆"散文诗"与欧美"自由诗"（free verse）概念，甚至将"散文诗"追认为"自由诗"的鼻祖之一来为其张目，当时也大有人在。参见郭沫若：《论诗三札》，《郭沫若全集》第15卷，338页，北京，人民文学出版社，1990。

② 林以亮：《论散文诗》，载《文学杂志》，1956(1)。

思方式；在外观和内容上，它保留了诗所不具备的柔韧、舒缓的语篇节奏和全部的散文性细节。

回顾现代诗诗体的发展历史，自由化与散文化意味着诗歌向更加自然直接、不假修辞、平民化的表达方式回归，这便和追求神秘、歧义和陌生化效果的语言倾向构成了某种内在的张力。这两种相互搏斗的现代性趋势从未在自由诗内部形成和解，却在散文诗身上历史性地实现了。与自由诗相比，散文诗虽然无法凭借"跨行"造成人为的节奏上的停顿，但工于技巧的散文诗作者会刻意以自然句分行，借此生成一种类似于诗行的冲击力和凝缩意味。不同在于，即使把这些参差不齐的长短句分行，通常也会为遵从文意连贯的惯例而不放弃"文断而意不断"的文句效果。此外，散文诗还会采用诗歌中常用的复沓、散体对仗、排比等修辞手法来增强音乐性。也就是说，如果人们以咀嚼诗歌的心态阅读散文诗，会感受到作品背后文意蓬勃的畅快与轻松；反之，若采用读散文的方式快速浏览之，很可能遭遇"陌生化"的"诗家语"的冲击。这是因为，散文诗实在是一种交流功能和审美色彩并重的抒情语体。联系休谟关于诗歌与散文的比喻，我们可以说，散文诗的目的不仅仅是驱车穿越森林，它同时也在吁请逗留与徘徊、玩味与铭记。

思考题

1. 什么是文体？如何理解文体的内涵？

2. 为什么说自由语体是文体系统中最本质、最活跃的因素？

3. 在众多人物话语形式中，自由间接引语是如何充分体现叙述语体的对话性和杂语性的？试举例说明。

4. 现代诗歌具有哪些重要的语体特征？你认为哪种特征最能体现现代诗"从情感到意识"的转变？为什么？

延伸阅读

1. 童庆炳：《文体与文体的创造》，昆明，云南人民出版社，1994。

2. 申丹：《叙述学与小说文体学研究》，北京，北京大学出版社，1998。

3. 朱光潜：《诗论》，南京，江苏文艺出版社，2008。

4. 赵毅衡：《"新批评"文集》，北京，中国社会科学出版社，1988。

5. 王国维：《宋元戏曲史》，上海，上海古籍出版社，1998。

6. 王光明：《现代汉诗的百年演变》，石家庄，河北人民出版社，2003。

7. 俞元桂：《中国现代散文理论》，南宁，广西人民出版社，1984。

8. 董健、马俊山：《戏剧艺术十五讲》，北京，北京大学出版社，2004。

9. Geoffrey Neil Leech，Mick Short，*Style in Fiction*：*A Linguistic Introduction to English*，*Fictional Prose*，London：Pearson Education，ESL，2007.

10. Cleanth Brooks，Robert Penn Warren：《理解诗歌（第 4 版）》，北京，外语教学与研究出版社，2004。

第四章　审美阅读与文学鉴赏

书本是我们随时可以交谈的朋友。无论身在何处，只要有好书在手，我们就可以沉浸于书中的世界，沉浸在书本带来的快乐中。《阅读史》的作者曼古埃尔认为，阅读使人在独处时不觉得孤独。他在回忆童年阅读的情景时写道：

> 那时候，我最喜爱的阅读场所是我房间的地板，趴在地上，双脚钩在一张椅子之下。之后，半夜三更时，在半梦半醒的朦胧状态中，我的床变成最安全、最幽静的阅读场所。我不记得曾经感觉孤独；事实上，在寥寥几次和其他小孩碰面的场合中，我发觉他们的游戏及谈话远不及我所读之书中的冒险和对白有趣。①

这是很多读者阅读时常有的状态。对于大多数人来说，阅读是一种愉快的体验。有过阅读经验后，我们可以探讨有关阅读的理论问题。什么是审美阅读？什么是文学鉴赏？文学鉴赏有哪些类别？这些都是本章试图回答的问题。

一、审美阅读

阅读有很多种，并不是任何形式的阅读都可以叫审美阅读。为了考上理想的大学，莘莘学子刻苦攻读政治、外语等，但也许并不喜欢这类书。这时，读者虽然读得很认真，却谈不上有什么审美的感受。考上大学后，有些学生为了写论文，也会阅读一些参考文献。这种阅读仍然谈不上是审美阅读。还有些青少年，在阅读文学作品的时候只求了解故事情节，抱着猎奇的态度去读，完全不注意对作品中艺术形象的感受、体验和品味，这也不能叫审美阅读。为了考试和写论文而阅读，这是一种带有功利性目的的阅读；为了解闷而阅读，似乎不带功利性，但解闷本身就是一种功利性，二者都不同于审美阅读。

---

① 　[加]阿尔维托·曼古埃尔：《阅读史》，吴昌杰译，11 页，北京，商务印书馆，2002。

1. 什么是审美阅读

要回答这个问题，我们要先说说什么是审美。审美之"审"作为动词，表明一定有人在"审"，有主体介入；同时，也有可供人"审"的"美"，即审美客体或对象。由"审美"一词可以看出，美一定和人有关系，没有人就无所谓美，美只对人有价值。[①] 审美活动离不开审美主体和审美客体。主体是人，客体是被欣赏的事物。只有在人和世界发生审美关系时才会出现审美现象。概而言之，审美活动就是审美主体与审美客体之间相互依存、相互规定、相互激荡的矛盾运动过程。所谓"审美"，就是对美的审视和观照。

朱光潜在《谈美》中，用一个浅显易懂的例子解释了审美和科学、实用的区别：

> 假如你是一位木商，我是一位植物学家，另外一位朋友是画家，三人同时来看这棵古松。我们三人可以说同时都"知觉"到这一棵树，可是三人所"知觉"到的却是三种不同的东西。你脱离不了你的木商的心习，你所知觉到的只是一棵做某事用值几多钱的木料。我也脱离不了我的植物学家的心习，我所知觉到的只是一棵叶为针状、果为球状、四季常青的显花植物。我们的朋友画家什么事都不管，只管审美，他所知觉到的只是一棵苍翠劲拔的古树。[②]

在这段话中，木商看到的是松树的实用价值，植物学家看到的是松树的科学特性，画家看到的则是松树的美学意义。画家对松树的欣赏就是审美活动。

审美阅读毫无疑问是审美活动中的一种。在这种特定的审美活动中，审美主体依旧是人，但审美客体却被限定在文学作品这一事物中。审美客体本包含各种事物，这里仅突出其中一种。审美阅读既是人们阅读文学作品时的精神活动，又是特殊的认识活动。读者通过作品的文学语言把握艺术形象，一方面具体地认识形象所反映的社会生活的面貌和本质，另一方面体会作品所蕴含的作者的思想感情，从精神上获得某种满足。审美阅读的这一性质决定了它的特点：它是一种审美的认识，不同于科学研究和道德判断等活动。

在审美阅读过程中，审美主体的心理机制有什么特点？与其他精神活动有什么不同？审美阅读活动自身又有什么特点？

审美阅读的心理体验是一种自由和谐的内在体验。康德认为，审美体验是

---

① 朱立元：《美学》，4 页，北京，高等教育出版社，2012。

② 朱光潜：《谈美》，1～2 页，桂林，广西师范大学出版社，2004。

"内心诸能力的游戏中那种一致性的情感"①。在非审美活动中，各种心理机能没有处在那么和谐的状态中。例如，在某些纯粹的生理体验中，只有一部分器官处于极端兴奋的状态，其他器官或心理机制则处于静止或不兴奋状态。科学家在进行科学实验的时候，理智的因素压倒一切，情感与个人倾向被尽量排除。在审美体验中，人以情感为中心的心理机制被全面地、充分地调动起来，达到高度的和谐。当读到一本好书，全身心地投入其中时，读者就会体会到上述审美体验。文学审美的自由是体验的自由，文学的审美阅读是自觉而高尚的精神追求，不带有被迫或强制的性质。真正的审美阅读可以塑造健全自由的人格，把人从庸俗和狭隘中提升出来，进入一个与物为春、天地澄明的境界。因此，黑格尔说："审美带有令人解放的性质。"②

在审美的瞬间，人以情感为中心的全部心灵世界都打开了门窗，实现了完全的舒展、自由与和谐。现实中人性的残缺会在文学审美中得到修复，现实中心灵的扭曲会在审美阅读中得到匡正，现实中的麻木与冷漠会在文学审美中转变为清醒和热情。③ 审美阅读能有益于读者身心，促进读者健康成长。

2. 文本与读者

文学作品一经诞生，就意味着经验的客体已经形成。一部文学作品之所以能被读者接受，就是因为它凝聚了作者的许多生活经验、审美经验。一部作品是不是优秀，在某种程度上取决于经验的结构、层次和水平。这时的艺术经验只是客观地存在于作品中，还没有获得呈现。如果我们把作品中的艺术经验看作一个自足的系统，那么这时它仍处于封闭的状态中。使这个系统开放、使艺术经验得以呈现的唯一方式就是阅读。

从作者的角度来说，作家写出作品，通常都希望有人阅读、欣赏，希望读者理解作品的意义，理解作家想要表达的思想或感情。中国古代有"诗言志"的说法，认为诗的功能是抒发情感，诗是人的心灵世界的呈现。试想，如果文学作品没有读者，作者的思想又何需表达呢？中国古代文论也强调文学艺术的社会功利性。孔子说："诗可以兴，可以观，可以群，可以怨。""兴"指诗歌的具体艺术形象可以感发情感，引起联想、想象活动，使读者在感情的涌动中获得审美享受。"观"是说读者可以通过诗歌了解社会政治与道德风尚，以及作者的

---

① ［德］康德：《判断力批判》，邓晓芒译，64 页，北京，人民出版社，2002。
② ［德］黑格尔：《美学》第 1 卷，朱光潜译，147 页，北京，商务印书馆，1996。
③ 童庆炳、赵勇：《文学理论新编（第 2 版）》，127 页，北京，北京师范大学出版社，2005。

思想倾向与感情状态。"群"指诗歌可以交流思想，统一认识，促进社会的和谐与团结。"怨"强调诗歌可以表达对不合理现象的不满与批判。其中，"兴"既可以指作者在创作时的情感激发，也可以指读者在阅读作品时的感受等；"观"侧重于读者通过阅读来了解；"群"侧重于读者阅读后互相交流；"怨"突出作者的批判等，但必然通过读者的"读"来实现。

中国古代的许多作家都表达过文学作品可以"怨"的观点。例如，唐代诗人白居易在《与元九书》中说："文章合为时而著，歌诗合为事而作。"白居易想用自己的文章、诗歌等"补察时政"，"泄导人情"。而所有这一切，都要通过读者的阅读活动来实现。

西方文论家也非常注重读者的作用。例如，萨特在《文学是什么?》中说，如果不想让文学作品变成没用的废纸，而是变成有生命的东西，"就需要一个叫作阅读的具体行为"。没有阅读，"存在的只是白纸上的黑色符号而已"。"写作活动包含着阅读活动，后者和前者存在辩证的联系。""正是由于作者和读者的努力，那虚虚实实的客体才得以显现出来，因为它是头脑的产物。"①

接受美学家姚斯(H. R. Jauss)认为，文学活动包括三个环节(作家、作品、读者)，两个阶段(作品的生产、作品的接受与潜能价值的实现)。他把这三个环节统一起来，把作品和读者之间的关系当作动力学关系，即作用与反作用的双向运动关系。姚斯把读者的作用提升到突出地位。

第一，读者是有创造性的。读者有着期待视野。所谓"期待视野"，指读者的思想观念、道德情操、审美趣味、直觉能力、接受水平和他在阅读前的具体环境中产生的愿望。它是由读者以往的阅读经验构成的思维定向或先在结构。期待视野决定了读者的阅读品位、对作品的基本态度与评价。读者对作品的接受是阐释性接受，有一定的主观性。不同时代的读者有不同的期待视野，作品本身存在未定性，因而同一部作品会有过去的理解与现在的理解之间的阐释差异。例如，20世纪五六十年代，甚至20世纪80年代，"红色经典"一直是中国读者寻找偶像、汲取精神力量的源泉。到了21世纪，"红色经典"更多地成为读者重构的对象，成为其窥探过去的途径。这说明，文学作品有不同的接受状况，读者能通过阅读赋予作品现实的生命。

第二，作品的价值与地位不是由作者单方面决定的，读者的作用也非常重要。在某种意义上，读者甚至起着更重要的作用。这是因为文学作品是创作意识和接受意识共同作用的结果，其意义和价值只能通过读者的阅读活动来实现。

---

① 伍蠡甫：《现代西方文论选》，195页，上海，上海译文出版社，1983。

接受美学家伊瑟尔（Wolfgang Iser）为了描述文本和读者之间的相互关系，用了"隐含读者"这一概念。在伊瑟尔看来，文本的存在本身便包含着隐含读者。作家在创作时，就已考虑到读者，包括读者如何阅读、理解作品。同时，文本只有满足读者的某种需要，才能被阅读和接受。伊瑟尔还强调，文本必须存在"未定性"。未定性源于"空白"。他认为，作为文学的文本，写出来的部分给我们知识，没有写出来的部分给我们想见事物的机会。如果作品没有未定的成分，没有空白，我们就不可能发挥想象。伊瑟尔解释道："未定性这一术语指在意向性客体的确定性或图式化观相的序列中的空缺（gap）；而空白，则指文本系统中的空白之处。对空白的填充带来了文本模型的相互作用。易言之，填空的需要在这里为联结的需要所替换。只有当文本的各图式之间已联结起来，而且在想象客体开始形成时已按此方式进行连接运演，这时所要实现的才是空白。空白暗含着文本各不同部分的互相联结，尽管文本自身并未这样明说。空白是文本看不见的接头之处。空白从相互关系中划分出图式和文本视点，同时触发读者方面的想象活动。"①

中国也有类似的说法，叫作"留白"，即在文学和绘画中给欣赏者留下想象的空间。《二十四诗品》中有"含蓄"一品，谓"不着一字，尽得风流"，说的也是这个意思。例如，顾城有一首小诗《小巷》：

　　　小巷
　　　又弯又长
　　　没有门
　　　没有窗
　　　我拿把旧钥匙
　　　敲着厚厚的墙

这首诗虽只有短短二十四字，却为读者提供了很多想象的空间。小巷里发生过什么？既然没有门，作者为什么还拿着钥匙？作者为什么要用钥匙敲打墙壁？这首诗因大量空白而充满张力，让读者产生无限的联想。

作品的意义只能在阅读过程中产生，是作品和读者相互作用的产物。作品只有同读者发生关系，才能成为真正的鉴赏对象，即第二文本。第二文本不同于作者单方面创作的第一文本。这时，作品已不是孤立的存在了，而是经读者

---

① ［德］沃尔夫冈·伊瑟尔：《阅读活动——审美反应理论》，金元浦、周宁译，220页，北京，中国社会科学出版社，1991。

感悟、阐释、融化后再生的艺术(包括情感与形象),构成了一个新的艺术世界。

可以看出,古今中外的文艺理论家都十分注重读者的阅读活动。他们知道,作家可以写出好的文学作品,但如果没有读者,就如同匣内的明珠,就算有璀璨的光芒也不会被看到;或者像一株开在深山的娇美百合,就算再美也是枉然。当然,我们并不因此忽视文学作品本身,因为作品是读者获得意义的源泉,是建构鉴赏客体的基础和前提。

3. 阅读中的介入

阅读过程包括两种经验活动:一种是文学作品的艺术经验,即文本的经验;另一种是读者自身的经验。阅读在呈现客体经验的同时,也会将主体的经验呈现出来。阅读不仅使两种经验的呈现有了可能,而且使这两种经验不断地碰撞、交融、渗透。阅读的过程是主体与客体,即文本与读者相互作用的过程,也就是两种经验相互作用的过程。

萨特提出了作家创作的"介入"说。作家要介入生活,介入社会,方法是通过文字影响读者:"作者的全部艺术迫使读者创造他揭示的东西,也即把读者牵连进去。"①作家介入的力量是通过读者显示出来的。"当作家为自己,也为其他人把介入从自发、直接的阶段推向反思阶段时,他便是介入作家。作家是最出色的中介人,他的介入就是起中介作用。"②萨特明确指出,介入就是一种中介,作家是中介人,作品就是中介物。读者阅读作家的作品,会通过作家的引导发现他们所描述的世界。读者的思想会随之改变,而思想的改变会引起行动。这时,作家的介入就成功了。③

对于读者来说,真正的阅读必须是成功的介入。读者不仅要介入作家所创造的世界,而且要介入自己的心灵。读者既要介入文本,又要介入自身。介入文本时,读者进行的是逼近文本经验的阅读;介入自身时,读者进行的是靠近自身经验的阅读。

要介入自身,必须先介入文本。在实际的阅读过程中,介入自身往往比较困难。介入自身所要求的不仅是读者与文本的异质同构,而且要求读者与文本在某种程度上保持一种同质同构的关系:作品所呈现的一些艺术经验是读者在某种情况下类似的体验。介入自身的前提是读者的先前的经验中有与文本经验

① 《萨特文集》第 7 卷,施康强译,139 页,北京,人民出版社,2005。
② 《萨特文集》第 7 卷,施康强译,150 页,北京,人民出版社,2005。
③ 王茹:《萨特〈什么是文学〉的再阐释》,载《济宁学院学报》,2012(4)。

相同或类似的经验。当有了这种经验而这种经验又被文本唤起时，读者就能实现对自身的介入了。这样一来，在阅读过程中，读者的心灵会呈现出自由开放的状态。读者要以积极主动的姿态去融解对象、观照对象，尽可能地实现自己现有水平上的经验与文本经验的遇合，进一步完成自身经验对文本经验的占有。

介入文本主要是情感的介入，介入自身也离不开情感，只不过这种情感不同于前者。

白居易脍炙人口的《琵琶行》，就描绘了情感的自身介入。在浔阳江头听赏音乐时，琵琶女倾诉不幸身世的乐曲使满座听者"皆掩泣"。这些掩泣者心态却各不相同。"座中泣下谁最多，江州司马青衫湿。"当时正值白居易被贬为江州司马。① 同为听众，白居易和其他人的感情大不相同。其他人因为乐曲的哀婉和感伤而感动，流下的是同情之泪。这种感情是由外在事物引起的，是欣赏者仅仅介入作品的结果。白居易的眼泪更多是为自己而流的。乐曲的哀婉让他想起了自己的境况，琵琶女的身世让他想起了自己的遭遇。表面上，他沉浸在乐曲中，实际上却是沉浸在自己的经验感受中。这是欣赏者介入自身的典型例子。

读者介入文本是读者完全沉没于文本，读者的感情是由文本触发的，自身的情感经验基本未呈现。在这种情况下，我们只能说读者拥有了对象的感情。例如，读者读到黛玉之死时，会完全被悲伤的情绪左右，为黛玉的死而伤心流泪。这时感情的流动是文本向读者的流动，即客体向主体的流动。在介入自身的阅读过程中，读者则会完全沉入自己的经验系统。面对对象时，读者实际上面对的是自我，文本所呈现情绪及情感经验仿佛都是读者赋予的。在这种情况下，感情的流动是从读者到文本、从主体到客体的流动。例如，马致远的《天净沙·秋思》描绘了一系列平淡无奇的景物，但是它所表达的情感是作者深刻的生命体验。读者阅读时，会依靠作品的描述展开想象，努力还原历史情境，体验作者落魄思乡的心情。读者由此进入角色，涉足境界，掀起情绪的波澜。一旦进入角色，读者可能会想起一些伤心事，不自觉地把自身的生命体验附着和连接起来，进入审美想象的超然境界。②

梁启超在《小说支配人道之四种力》中，总结了文学作品对读者的影响。第一是熏。"熏也者，如入云烟中而为其所烘，如近墨朱处而为其所染……人之

---

① 浙江美术学院、上海音乐学院、上海戏剧学院马列主义教研室：《艺术中的哲理》，189 页，杭州，浙江美术学院出版社，1987。

② 符有明：《论读者文学阅读的特质》，载《广西社会科学》，2003(12)。

读一小说也，不知不觉之间，而眼识为之迷漾，而脑筋为之摇扬，而神经为之营注。"①这描述了读者刚刚介入文学作品并为之吸引的情景。第二是浸。"浸也者，入而与之俱化者也。人之读一小说也，往往既终卷后数日或数旬而终不能释然。读《红楼》竟者，必有余恋有余悲；读《水浒》竟者，必有余快有余怒，何也？浸之力使然也。"②这描述了读者介入文学作品较深的情景。"浸"，就要求读者沉浸其中，几乎忘掉自身，完全进入文学作品并持续较长的时间，读后久久不能释怀。第三是刺。"刺也者，刺激之义也……熏浸之力在使感受者不觉；刺之力，在使感受者骤觉。"③这是描述读者介入文学作品，被情节或其他因素刺激，从中受到激发，进而有所感悟，有所收获。"熏""浸""刺"，是读者一步步介入文学作品，受到吸引，沉浸其中，感悟收获的三个阶段。这时，读者还是没有介入自身。第四是提。

前三者之力，自外而灌之使入；提之力，自内而脱之使出……凡读小说者，必常若自化其身焉，入于书中，而为其书之主人翁。读《野叟曝言》者，必自拟文素臣。读《石头记》者，必自拟贾宝玉。读《花月痕》者，必自拟韩荷生若韦痴珠。读"梁山泊"者，必自拟黑旋风若花和尚。虽读者自辩其无是心焉，吾不信也。夫既化其身以入书中矣，则当其读书时，此身已非我有，截然去此界以入于彼界，所谓华严楼阁，帝网重重，一毛孔中，万亿莲花，一弹指顷，百千浩劫，文字移人，至此而极。④

"提"是读者"介入"的最高境界。读者和作品似乎已经融为一体，读者自身化为文学作品中的某个形象。或者说，文学作品中的形象深深打动了读者，读者不但沉浸其中，而且把自身的生命体验带进了书中。

这两种不同的介入带来了不同的欣赏体验，给读者提供了不同的享受。介入文本的阅读体验的是别人的情感，读者获得了和自身经验不同的享受。介入自身的阅读体验的是自己的情感流露和生命表达，读者的享受是客观化了的自

① 北京大学哲学系美学教研室：《中国美学史资料选编》下册，418 页，北京，中华书局，1981。

② 北京大学哲学系美学教研室：《中国美学史资料选编》下册，418 页，北京，中华书局，1981。

③ 北京大学哲学系美学教研室：《中国美学史资料选编》下册，418 页，北京，中华书局，1981。

④ 北京大学哲学系美学教研室：《中国美学史资料选编》下册，419 页，北京，中华书局，1981。

我享受。读者在阅读过程中津津有味地温习着自己感受过的经验、往事、情绪，并且接受和观赏着经过艺术改造的自我形象。

4. 青少年读者接近文学的心理动因

当告别童年走向青少年时，人们大多怀着喜悦的心情。"长大成人"是一种强有力的诱惑，是一种迷人的召唤。走进成人世界是青少年的美好愿望。实际上，青少年的世界与成人世界仍非常不同。

青少年在实际生活中不能走入成人世界，于是就以幻想的方式参与社会生活，建构自己的世界。心理学家指出："14—17岁是幻想的顶峰期。"[1]

青少年时期是从"自然人"向"社会人"转化的中间地带，是盛产情绪又极力想抒发情绪、制造幻想又苦于幻想自生自灭的时期。这种尴尬的状况，这种堆积起来的心理能量所形成的紧张，促使青少年必须找到消除尴尬、缓解紧张的通道。这条通道还必须符合青少年认知水平和心理特点。于是，很多青少年选择阅读文学作品。

文学是对现实的反映，也是超越现实的幻想，文学的丰富性就在于表现了包括成人世界在内的全部世界的丰富性。通过文学这个窗口，青少年窥视到了成人世界的秘密，极大地满足了好奇心。通过阅读，青少年以假想的方式参与了社会活动，并以置换、移情的方式完成了对成年人的角色扮演。文学阅读是青少年实现幻想的有效途径。青少年的幻想不外乎两种：英雄幻想和情爱幻想。

青少年的英雄幻想，主要是由他们本身的英雄情结决定的。一般来说，青少年的自我处在一种膨胀状态。这种自我膨胀源于生命力的自然勃发。所以，青少年会过高估计自己的力量，以一种征服的目光看待世界。当认为自己不同凡响时，青少年就会产生英雄情结。这种情结促使他们去营造英雄活动的情境，并在其中完成英雄梦。文学作品正好为这种幻想提供了经验和内容。从孙悟空、武松到奥德修斯、保尔，他们都能为青少年提供具体化的人物和场景，并且提供榜样。

青少年的这种英雄情结，表明他们有提升精神境界的冲动，是值得肯定的。但我们也要注意到，有些青少年自我控制能力较差，盲目模仿英雄行为，甚至有暴力举动。这是需要教师和家长及时纠正和引导的。在大众媒介发达的今天，市场上有着大量纸质文学作品，网上还有无数随手一点就可以阅读的网络文学。这些作品良莠不齐，需要教师和家长在指导青少年阅读时教育他们学

---

[1]　祝蓓里：《青年期心理学》，116页，上海，上海人民出版社，1986。

会正确选择。

情爱幻想是青少年的另一种幻想。随着生理的日趋成熟，渴慕异性成为少男少女的潜在心理。他们会在文学作品中找寻自身需要的对象，通过虚构的故事情节体验一种表达生命的形式，从而获得某种情爱经验的替代性满足。

有些青少年往往不满足于阅读，想亲自进行实践。但是，由于现实经验不足，缺乏判断力、选择力，他们也许会进行错误的模仿。有的青少年看完爱情小说，会想模仿书中人物去喜欢异性。如果这一行为受挫，有可能会出现悲剧性事件。例如，读完《少年维特之烦恼》，有人因为失恋而模仿维特开枪自杀。这虽然是极端的例子，但也说明了文学作品对青少年的影响之大。有些青少年看了恋爱失败的小说，或者自己的求爱行动受挫折，也许当时反应并不激烈，但却会留下长久的心理阴影。这种心理阴影会对青少年以后的生活造成影响，比如到了正常的婚恋年龄，反而没有勇气追求自己喜欢的人。

针对青少年阅读时会产生的种种现象，教师和家长要进行及时和必要的引导，既要使他们对阅读感兴趣，从阅读中获得知识和快乐，又要注意化解消极影响。只有这样，青少年的阅读才能走上正确的道路。

二、文学鉴赏

提起文学鉴赏，大多数读者似乎并不陌生。不过，什么是文学鉴赏？文学鉴赏有哪些特点？文学鉴赏的过程如何？

1. 什么是文学鉴赏

文学是一种语言艺术，以语言为材料创造艺术形象。读者需要借助语言这种媒介，把握艺术形象，具体感受、深入体验作者所要表达的思想感情，从中获得美感享受。这样的"读"就是对文学作品的鉴赏。

刘勰说："夫缀文者情动而辞发，观文者披文以入情，沿波讨源，虽幽必显。"（《文心雕龙·知音》）这句话的意思是：作者先有了情思再发为文辞，读者先看了文辞再了解情思，沿着波流向上追溯源头，即使隐微也一定会有所显露。在阅读文学作品时，读者需要先"披文"再"入情"，先看明白文章再体会情思。

郑振铎在《研究中国文学的新途径》中谈到很多文学鉴赏的实例：

> 浓密的绿荫底下，放了一张藤榻，一个衣衫不整的文人，倚在榻上，微声的呷唔着一部诗集，那也许是《李太白集》，那也许是《王右丞集》，看

得被沉浸在诗的美境中了，头上的太阳的小金光，从小叶片的间隙中向下陕眼窥望着，微风轻便的由他身旁呼的一声溜了过去，他都不觉得。他受感动，他受感动得自然而然的生了一种说不出的灵感，一种至高无上的灵感，他在心底轻轻叹了一口气道："真好呀，太白这首诗！"于是他反复的讽吟着。

……

斗室孤灯，一个学者危坐在他的书桌上，手里执的是一管朱笔，细细的在一本摊于桌上的书上加注。时时的诵着，复诵着，时时的仰起头来呆望着天花板，或由窗中望着室外，蔚蓝的夜天，镶满了熠熠的星。虫声在阶下唧唧的鸣着，月华由东方升起，庭中满是花影树影。那美的夜景，也不能把这个学者由他斗室内诱惑出去。他低吟道："寒随穷律变，春逐鸟声开。"随即用朱笔在书上批道"妙语在一'开'字"，又在"开"字旁圈了两个朱圈。再看下去，是一首咏蝉的绝句，他在"居高声自远，非是藉秋风"二句旁，密密的圈了十个圈，又在诗后注道："于清物当说得如此。"

当一个人进入类似情境时，我们便可以说他是在鉴赏。有时候，鉴赏也可以集体进行。

腻腻的美馔，甜甜的美酒，明亮的灯光，喧哗的谈声，那几位朋友，对于文艺特别有兴趣的朋友，在谈着，在辩论着。直到了酒阑灯灭，有几个已经是被这美酒醉得连舌根都木了，却还捧着茉莉花茶，一口一口的喝，强勉的打叠起精神，絮絮的诉说着。

"谁曾得到过老杜的神髓过？他是千古一人而已。"一个说。

"杜诗还有规矩绳墨可见，太白的诗，才是天马行空，无人能及得到他。所以倡言学杜者多，说自己学太白的却没有一个。"邻座的说。

以上这些例子，可以帮助我们从感性上理解什么是文学鉴赏。

那么，我们应该怎样定义文学鉴赏？当代美学家王朝闻的观点很值得借鉴，他说："读者或观众只有接触艺术才能引起对艺术的欣赏，只接触艺术而没有受到感动还说不上是欣赏。感动既是情感的活动，也有理智的活动，所以艺术欣赏也称艺术鉴赏。"他举了看戏叫"好"的例子，指出，它"虽是一种伴随艺术批评的感动，但也只有当观众知道它好在哪里和为什么好的时候，这一声

'好'，才具备艺术批评的自觉"①。我们看艺术表演是如此，看文学作品也是同样。例如，读者读到黛玉葬花时非常感动，甚至流下眼泪。这只是初步的文学鉴赏。我们不但要读出文学作品的好，还要说出它为什么好，好在哪里。

所谓"文学鉴赏"，简而言之，是人们在听讲或阅读文学作品时产生的审美精神活动。具体指读者在接触（阅读是主要方式）文学作品时引起的对文学的欣赏，不仅包括读者对作品的接触，还包含读者对作品的感受。这是一种既有情感因素又有理智成分的活动。② 人们对文学作品的欣赏是从形象感受开始的。形象作用于读者的感觉和感情，使读者受到艺术感染，于潜移默化中逐步体会到其中的思想。

《中国大百科全书·中国文学》是这样界定"文学鉴赏"的：

> 读者通过语言的媒介，获得对文学作品塑造的艺术形象的具体感受和体验，引起思想感情上的强烈反应，得到审美的享受，从而领会文学作品所包含的思想内容，这就是在进行文学鉴赏。③

这说明，并不是随便看看读读就是在进行理论意义上的文学鉴赏。真正的文学鉴赏是一种"审美的认识活动"，包括五个不可缺少的环节。

第一，读者需要阅读作品中的文字，理解这些符号的意思。这些文字符号就是作者借以表达思想的媒介。例如，《红楼梦》是用汉字写成的，如果是文盲或者不认识中文的外国人，那他不可能阅读这部作品，不可能理解作品的意思，更谈不上鉴赏了。

第二，读者读懂文字符号后，要获得对文学作品塑造的艺术形象的具体感受和体验，或者明白作品所描写的故事。例如，我们阅读《红楼梦》，大概会了解它讲了荣宁二府的一些事，包括贾宝玉和林黛玉的爱情故事。

第三，读者在阅读文学作品时会产生思想感情上的反应。再以《红楼梦》为例，读到黛玉葬花时，我们会忍不住为黛玉的命运多舛感到伤心，这是和作品的一种共鸣。

第四，读者通过阅读文学作品得到审美享受。如上所述，我们在为黛玉感到难过的同时，又能体会到黛玉葬花所表现的诗情画意。

第五，读者领会作者想要表达的思想和作品的意义。这是最后一环，也是

---

① 汪曾培：《艺术鉴赏漫笔》，序言，杭州，浙江人民出版社，1981。
② 黄书雄：《文学鉴赏论》，4 页，北京，北京大学出版社，1998。
③ 《中国大百科全书·中国文学》第 2 卷，950 页，北京，中国大百科全书出版社，1986。

最重要的一环。只有体会到这些，读者才算是真正达到了鉴赏的目的。

再来看看"鉴赏"这个词。鉴赏包括鉴和赏两个方面，鉴是鉴别，赏是欣赏。要先鉴别后欣赏，鉴别的目的是欣赏。只有鉴别出值得欣赏的文学作品，才能接着进行文学欣赏。对着毫无价值的作品，做任何欣赏都是徒劳的。鉴别和欣赏，二者不可分离。

2. 文学鉴赏的特点

一般而言，文学鉴赏有四个特点。

第一，文学鉴赏既包括感性活动，又包括理性活动。通常，读者先进行感性的认识和欣赏等活动，再进行理性的鉴别和分析等活动，最后感性和理性相结合，达到真正的文学鉴赏。

文学鉴赏一开始总是以感性认识为起点。我们阅读文学作品，首先就是感受作品。例如，翻开《红楼梦》，读到林黛玉出场，我们就知道她是个美丽柔弱的女子："两弯似蹙非蹙罥烟眉，一双似泣非泣含露目。态生两靥之愁，娇袭一身之病。泪光点点，娇喘微微。闲静时如姣花照水，行动处似弱柳扶风。心较比干多一窍，病如西子胜三分。"这段文字让我们对林黛玉有了感性认识。接下来，我们看到她和贾宝玉的一些互动，但仍然只是知道了一些事情，没到更深层次的鉴赏。

要进行真正的鉴赏，不能仅了解故事情节，知道主人公的命运和故事的结局，而是要通过对作品的感性认识，发掘作者的情感和思想，作品所反映的人生哲理等，并且体会到作品的魅力。例如，北宋词人秦观写有《满庭芳·晓色云开》：

> 晓色云开，春随人意，骤雨才过还晴。古台芳榭，飞燕蹴红英。舞困榆钱自落，秋千外、绿水桥平。东风里，朱门映柳，低按小秦筝。
>
> 多情，行乐处，珠钿翠盖，玉辔红缨。渐酒空金榼，花困蓬瀛。豆蔻梢头旧恨，十年梦、屈指堪惊。凭阑久，疏烟淡日，寂寞下芜城。

张晓风在评论"秋千外、绿水桥平"时写道：

> 秦少游那句"秋千外、绿水桥平"，是从一个女子眼中看春天的世界。秋千让她把自己提高了一点点，秋千荡出去，她于是看见了春水。春水明艳，如软琉璃，而且因为春冰乍融，水位也提高了。那女子看见什么？她看见了水的颜色和水的位置，原来水位已经平到桥面去了！墙内当然也有

春天，但墙外的春天却更奔腾恣纵啊！那春水，是一路要流到天涯去的水啊！只是一瞥，另在秋千荡高去的那一刹，世界便迎面而来。也许视线只不过以二公里为半径，向四面八方扩充了一点点，然而那一点是多么令人难忘啊！人类的视野不就是那样一点点地拓宽的吗？女子在那如电光石火的刹那窥见了世界和春天。而那时候，随风鼓胀的，又岂只是她绣花的裙摆呢？①

张晓风从一句描写开始，不但体会到词的意思，更体会到人生的意义，甚至整个人类生活的意义，实现了真正的文学鉴赏。

我们能通过阅读受到影响和感染，从而提升情操，加深对美的理解。只有达到上述境界，我们才可以说完成了文学鉴赏。

第二，文学鉴赏既包括认识活动，又包括情感活动。其中，以情感活动为主。

文学鉴赏活动首先要通过文字把握艺术形象，这是对文学作品的认识，之后是产生理智上的领悟，并且引起感情上的反应。读优秀的作品时，读者的感情反应可能十分强烈。这种感情上的反应是文学欣赏的重要特点，甚至可以说，没有情感反应，就没有欣赏活动。

例如，唐人王翰有首著名的《凉州词》：

葡萄美酒夜光杯，欲饮琵琶马上催。
醉卧沙场君莫笑，古来征战几人回。

这首诗前两句写将士出征之前设乐宴饮的情景。我们在读这两句诗的时候，仿佛看到将士们一边拿着盛满葡萄美酒的夜光杯痛饮，一边欣赏着琵琶曲，气氛愉悦。"醉卧沙场君莫笑"，这当然是玩笑话，却能够让我们真切感受到将士们的乐观与豪迈。"古来征战几人回"又告诉读者，战争是残酷无情的，今天还生龙活虎的小伙子，也许明天就会马革裹尸。这又让人体味出感伤与苍凉。最后一句是画龙点睛之笔，提升了整首诗的高度，点出了战争带给人们的伤痛，同时赞扬了战士们视死如归的情怀。在短短的四句诗中，作者的情感一波三折。认真阅读，我们能体味出欢乐与忧伤、悲壮与豪迈交织在一起的复杂感情，体会到这首短诗极具魅力、耐人回味的韵致。

第三，文学鉴赏既有愉悦性，又有一定的功利性。其中，以愉悦性为主。

一般来说，文学鉴赏是一种自觉的精神活动。读到好玩有趣的地方时，我

---

① 张晓风：《秋千上的女子》，127页，广州，花城出版社，2005。

们会哈哈大笑；读到悲伤感人的地方时，我们会忍不住难过叹息，甚至流泪。不论是高兴还是悲伤，我们都能从书中得到精神上的享受。例如，我们在阅读《红楼梦》时，会为宝黛的爱情所打动，既为爱情的美好而欣喜愉悦，又为主人公的悲惨结局难过悲伤；我们在阅读《西游记》时，会被孙悟空不畏艰辛、追求理想的精神打动，产生钦佩和赞叹，又被猪八戒憨态可掬、好吃懒做的形象逗乐，感到开心和愉快。通过阅读文学作品，我们对作品中的各种人物形象或陶醉、倾倒，或拒绝、鄙视，从而表达出爱、憎、喜、怒的感情，继而在心理上进入自由、和谐的境界，获得精神上的愉悦。

文学鉴赏不只是单纯的愉悦性活动。虽然我们在打开一本书时，并没有功利性目的，只是希望得到阅读的快乐，但是随着阅读的深入，我们会或多或少地受到启发，或者对人生有新的认识。这是一种间接的功利性。实用主义美学家杜威认为，任何具有人类价值的东西，都必须以某种方式满足人应付其环境世界时的机体需要，增进机体的生命和发展。艺术品亦然。高级的艺术作品不单是一套产生特别的审美经验的精制器具，还可以使我们的知觉和交流得以修缮和锐化，激励和鼓舞我们。审美经验总是溢出自身并与我们的其他行为结为一体，进而提高和拓深它们。①

例如，唐代诗人孟郊写了著名的《游子吟》：

慈母手中线，游子身上衣。
临行密密缝，意恐迟迟归。
谁言寸草心，报得三春晖。

开头四句，所写的人是母与子，所写的物是线与衣，点出了母子深情。中间两句写慈母的动作和意态，表现了母亲对儿子的关切与不舍。虽无言语，也无泪水，诗句却充溢着爱的纯情，扣人心弦，催人泪下。最后两句是前四句的升华，以通俗形象的比喻，寄托赤子炽烈的情怀：对于春日般的母爱，小草似的儿女怎能报答于万一？

《游子吟》全诗无华丽的辞藻，亦无巧琢雕饰，但其清新流畅、淳朴素淡的语言饱含浓郁醇美的诗味。我们初读这首诗，感到情真意切。简单的诗句深深地拨动着我们的心弦，引起共鸣。我们从诗中不仅感到了韵味之美，还受到了教育，更加深刻地认识到母爱的伟大，感受到作为人子不能报答母爱于万一的

① ［美］理查德·舒斯特曼：《实用主义美学——生活之美，艺术之思》，彭锋译，24～25页，北京，商务印书馆，2002。

惶恐之情。这就是文学鉴赏中愉悦性与功利性的统一。

阅读文学作品，美的愉悦是直接的，功利性却离不开审美过程的潜移默化。究其原因，是因为愉悦性只是文学鉴赏功能之一，而不是唯一功能。例如，文学有认识、教育、娱乐作用，三者互相关联，认识与教育作用要在阅读过程中通过潜移默化的方式来实现。

第四，文学鉴赏既有多样性，又有统一性。

如上所述，文学鉴赏是一种感性活动。鉴赏文学作品和做科学研究是完全不同的。阅读时，我们会感到审美愉悦，会对文学作品中的艺术形象进行再创造。我们根据作者提供的情节线索等，依靠形象思维，结合个人的生活体验，对艺术形象进行补充、扩大、丰富，创造出自己心目中特有的形象。例如，读完《三国演义》，每个人心中的曹操都是不一样的。评书大师袁阔成根据他的理解讲出了评书《三国演义》中的曹操；易中天在《百家讲坛》中又根据他的理解讲出了自己心目中的曹操；电视剧《三国演义》已经拍了两个版本，两个演员都按照自己的理解塑造了不同的曹操。观众会评价演员演得像不像，但谁也没见过曹操本人，观众所持标准其实就是自己心目中的曹操。这就是文学鉴赏的多样性。在文学鉴赏活动中，人们可以充分发挥主动性，以自己的见解、情感充实鉴赏对象。有些例子是与我们处在同一时代的例子，如果读者所处的时代、民族、地域不同，产生的差异会更大。几百年前人们脑海中的曹操和今天人们脑海中的曹操肯定有差别，外国人想象中的曹操肯定也不同于中国人想象中的曹操。

不可否认的是，文学鉴赏又具有统一性。文学作品一旦产生，就成为客观存在，不以他人意志为转移。读者虽然在脑海中再创造了一个个文学形象，但这些形象都建立在文学作品的基础之上，受到作品的制约。还是以曹操为例，不管读者如何想象，曹操就是曹操。曹操说："宁教我负天下人，休教天下人负我。"无论读者怎样想，也不能把这句话放到刘备或者孙权头上。再如，《水浒传》描写李逵耍两把大斧，读者不管怎么想，怎么再创造，也不能让武松或者宋江来耍大斧。所以，鉴赏的多样性中是有统一性的。

文学鉴赏的这种统一性，其实是读者的主观情感和文学作品所表达的客观情感的共鸣。同一时代、同一民族、同一地域的读者有这种共鸣，不同时代、不同民族、不同地域的读者同样有这种共鸣。

3. 文学鉴赏的客体与主体

文学鉴赏离不开文学作品，也离不开读者。文学作品是文学鉴赏的客体，读者是文学鉴赏的主体。文学鉴赏客体的审美特性与文学鉴赏主体的鉴赏是文学鉴赏活动的两个方面：只有在具体的鉴赏过程中，鉴赏主体才能成为真正的主体，客体才能成为真正的鉴赏对象。其中，鉴赏主体起着重要作用。只有当鉴赏客体出现在鉴赏主体的视野中，鉴赏活动才得以进行。这并不是说，鉴赏客体是可以被忽视的，而是说我们要对鉴赏客体进行鉴赏，就要以审美的态度对待它。

并非所有文学作品都能充当文学鉴赏的客体。文笔拙劣或思想低级的文章就不能成为文学鉴赏的客体，因为它并没有值得鉴赏之处。只有思想性和艺术性完美统一的文学作品才能成为文学鉴赏的客体，才具备鉴赏价值。

同样，也不是所有人都能成为文学鉴赏的主体。不识字的人不能成为鉴赏的主体，识字的人也不一定能成为鉴赏的主体，只有具备一定审美素养和能力的人才能成为鉴赏主体。充当文学鉴赏客体的文学作品是实现文学鉴赏的基本条件，有审美素养和能力的读者作为文学鉴赏的主体是实现文学鉴赏的必要条件，二者缺一不可。正如著名文艺理论家王朝闻所说："没有审美对象无所谓审美主体，没有审美的主体也无所谓审美客体(对象)，主、客双方是对立的又是统一的，统一于具体的创作过程或欣赏过程……艺术美能不能成为审美主体的欣赏对象，既要看对象自身是美的还是不美的，也要看对方是不是知音。美的艺术能不能成为艺术接触者的知音，这要看接触者能不能转化为接受者。"[1]

文学鉴赏的主体是读者，读者的审美素养及能力是实现文学作品审美价值的关键因素。鉴赏主体与鉴赏客体要相互适应，这是进行文学鉴赏活动的直接条件。当鉴赏主体对鉴赏客体进行了阅读、鉴别、欣赏等，头脑中显现出文学作品所塑造的艺术形象，或者理解了作者所要表达的思想感情等，这时他就完成了对鉴赏客体的鉴赏。

面对文学作品，鉴赏主体不仅仅是被动地接受作者创作的文学作品，而是有一定的主动性，或者说有一定的创造性。每个人都有自己与众不同的知识背景，每个人的阅读与欣赏都会自觉不自觉地结合个人的生活体验理解作品，对作家塑造的艺术形象进行再创造。为了欣赏艺术，感知者必须使他的自然情感和能量，甚至一些生理感觉运动的反应参与其中。"欣赏者在进入欣赏过程时，并不是以心理白板去接受文本，而是以一种完整的内在经验模式去加入欣赏活动的……它是欣赏者全部人生感受与体验的一种积淀，其中既有纯属欣赏者个人的志趣、爱好，也有时代与社会、民族与地域传统在欣赏者心理上的一种意识积淀。"[2]很多文学理论家在评论文学作品时，都会注意到读者，也就是鉴赏

①　王朝闻：《审美谈》，82～83 页，北京，人民出版社，1984。

②　钱谷融、鲁枢元：《文学心理学教程》，366 页，上海，华东师范大学出版社，1987。

主体自身的经验。

例如，鲁迅认为："看别人的作品，也很有难处，就是经验不同，即不能心心相印。"①朱光潜认为："生来没有恋爱经验的人读恋爱小说，总不免隔雾看花，有些模糊隐约。反过来说，我们愈能拿自己的经验来印证作品，也就愈能了解它，欣赏它。我们每读到好诗文时，就惊讶作者'先得我心'，觉得非常快慰。"②萧乾认为："字好像是支票，银行却是读者的经验库。善读的艺术即在如何把握着支票的全部价值，并能在自己内在的银行里兑了现。"③

文学鉴赏的过程是主体与客体相互作用的结果。由于自身经验的差异，不同的读者在阅读和欣赏同一部文学作品时，会想到很多不同的意义，甚至会想到作者自己都没有发现的问题，领悟到作者自己都没有思考过的意义。读者在鉴赏时，往往会加入自己的感情，对文学作品做一定的改变。因此，文学作品的鉴赏主体等于参与到了作者的创作之中。

根据文学作品改编的影视作品较为明显地说明了这一点。例如，《红楼梦》多次被搬上银屏，多个演员扮演过林黛玉，但每个人塑造的林黛玉都不同，甚至差别很大。有观众曾在个人博客中这样评论陈晓旭扮演的林黛玉和陶慧敏扮演的林黛玉：

> 电视连续剧中，陈晓旭演的林黛玉，在外形上突出了多愁善感与爱哭，但是整体造型上过于小气。林妹妹既是"神仙似的妹妹"，气质自是不凡，退一万步讲，那种不与凡同的大家闺秀风度和心机别致的书卷气还是要有的，陈晓旭身上缺的就是这些。
>
> ……
>
> 相形之下，电影版《红楼梦》中陶慧敏饰演的林黛玉，更接近原著的描写。她的扮相可能不如陈的精致，但是气质与容貌更为大方，愁而不苦，哀而不伤，分寸感很好，整个人物形象更加立体。即使是在损人的时候，那个样子也是相当可爱的。陶有多年舞台古装越剧的经验，在气质上更具书卷气，行为举止更具美感。尤其是陶慧敏拿笔题帕时，绝对具有说服力。

虽然一个观众的意见并不能代表众多观众的看法，但从中我们可以看出，两位演员虽同演林黛玉，却有不同的效果。这也充分说明了导演和演员对林黛

---

① 《鲁迅全集》第 10 卷，165 页，北京，人民文学出版社，2005。
② 《朱光潜美学文集》第 1 卷，25 页，上海，上海文艺出版社，1982。
③ 龙协涛：《鉴赏文存》，455 页，北京，人民文学出版社，1984。

玉这个艺术形象的理解不同。"一千个读者就有一千个哈姆雷特"，也是同样的意思。

4. 文学鉴赏的过程

文学鉴赏是一种综合性活动，需要用眼睛看，用脑子想，有时候还要动动嘴巴动动笔。要真正地鉴赏文学作品，不但要感受到文字美，还要体会到文学作品所包含的思想感情，以及其中蕴含的特殊韵味。一般而言，文学鉴赏分为三个阶段。

（1）观赏——艺术感受阶段

"观"，就是看。我们要进行文学鉴赏，首先就是要看书，要了解书的内容。鲁迅在《文艺的大众化》中说："读者也应该有相当的程度。首先是识字，其次是有普通的大体的知识，而思想和情感，也须大抵达到相当的水平线。否则，和文艺即不能发生关系。"①艺术感受就是读者阅读作品后，了解语言文字的含义，通过联想、想象，在脑海中再现作品所描述的艺术形象。刘勰说："物沿耳目，而辞令管其枢机。枢机方通，则物无隐貌。"（《文心雕龙·神思》）这句话本是描绘作者构思文章的，但同样适用于文学鉴赏。刘勰又说："瞻言而见貌。"（《文心雕龙·物色》）艺术感受阶段是对文学作品的感受和认同阶段，读者可以通过阅读了解作品所描写的事物的基本面貌。

例如，朱自清著名的《荷塘月色》中有这样的描写：

> 月光如流水一般，静静地泻在这一片叶子和花上。薄薄的青雾浮起在荷塘里。叶子和花仿佛在牛乳中洗过一样；又像笼着轻纱的梦。虽然是满月，天上却有一层淡淡的云，所以不能朗照；但我以为这恰是到了好处——酣眠固不可少，小睡也别有风味的。月光是隔了树照过来的，高处丛生的灌木，落下参差的斑驳的黑影，峭楞楞如鬼一般；弯弯的杨柳的稀疏的倩影，却又像是画在荷叶上。塘中的月色并不均匀；但光与影有着和谐的旋律，如梵婀玲上奏着的名曲。

初读这段文字，我们感受到了文字的清新优美，通过文字，仿佛可以看到一幅荷塘月色图。

这段文字的重点是描绘月色。"月光如流水一般，静静地泻在这一片叶子和花上。薄薄的青雾浮起在荷塘里。"月光本来是没有形状的，作者却说月光像

---

① 《鲁迅全集》第 7 卷，367 页，北京，人民文学出版社，2005。

流水一样。"叶子和花仿佛在牛乳中洗过一样；又像笼着轻纱的梦。"流水被密密的叶子遮住了，叶上"流水"一般的月光在"静静地泻"着。一个"泻"字，化静为动，使我们仿佛看到了月光的流动感。"薄薄的青雾浮起在荷塘里"，一个"浮"字又突出了雾的轻飘朦胧。叶子和花在薄雾的笼罩下，迷迷蒙蒙，仿佛在牛乳中洗过一样，如梦似幻。月色柔和，薄雾轻笼，读到这里，我们仿佛可以看到荷塘中的花叶与荷塘上的皎洁月光上下辉映，恍如仙境。满月而有淡淡的云雾，如"小睡"一般。用"小睡"来比喻云层背后的月光，虽然匪夷所思，却又如此贴切。这是一种程度上的相同：皓月的光辉固然像大睡一样酣畅淋漓，但透过云层照射下来就同"小睡"那样有所收敛了。"弯弯的杨柳的稀疏的倩影，却又像是画在荷叶上。"杨柳的倩影不是"投"在荷叶上，而是"画"在荷叶上，仿佛绘画高手在泼墨挥毫，精心描绘。"光与影有着和谐的旋律，如梵婀玲上奏着的名曲。"月色清淡，黑白相间的光和影犹如和谐的旋律。荷香缕缕，水乳交融，作者如此细腻入微的描写，真是让读者如痴如醉。

这就是对文学作品的观赏，即艺术感受阶段。在这个阶段，我们虽然只是直观地阅读语言文字，但也初步感受到了作品的美。

（2）欣赏——审美接受阶段

欣赏是在思考过程中接受美感的审美活动，交织着读者复杂的精神活动。

经过对文学作品的感性认识，读者进入了理性思考。在这一阶段，读者开始接受作者想要表达的思想和感情，从语言中超脱出来，感受到艺术创作的内在美。

如果说观赏阶段侧重感知认同，欣赏阶段则侧重情感的投入。作者通过作品"以情动人"，读者尽量接受作者所要表达的感情，并受到感染，进入一种动情的状态。

仍以《荷塘月色》为例。荷塘月色是美妙温馨的，当然能给人以喜悦。虽然文中很少有直接抒情的句子，但透过写景的词语，读者不难体会作者当时的欣悦。行文充溢着这种"淡淡的喜悦"，但"落下参差的斑驳的黑影"后有一句"峭楞楞如鬼一般"，似乎和美妙温馨的景色很不协调。峭楞楞的鬼影带来了恐怖，仿佛作者在借此向我们诉说着心中"淡淡的哀伤"。

作者的描写曲曲折折，情绪亦由淡淡的喜悦转向淡淡的哀伤。透过文字，透过如画的美景，我们慢慢可以体会到作者情绪的变化。在作者和读者进行情感交流的过程中，文学作品成为媒介，作者和读者都把真情实感投入其中，从而产生情感上的共鸣。

（3）研赏——体验玩味阶段

文学鉴赏的第三个阶段是读者在文学鉴赏时所能达到的最高境界——体验玩味出作品的精妙之处，领略到味外之旨、韵外之致。

有了对作品的初步感受和美感接受，读者会进一步体验品味作品所要表达的一切，沉浸在作品描绘的艺术情景之中，甚至忘我。只有达到这一步，读者才算真正地进行了鉴赏，领悟了作品所要表达的思想，体会到了作品蕴含的意境，获得了真正的美感。

例如，唐代诗人常建写有著名的《题破山寺后禅院》：

清晨入古寺，初日照高林。
曲径通幽处，禅房花木深。
山光悦鸟性，潭影空人心。
万籁此都寂，但余钟磬音。

初读此诗，我们仿佛看到了一系列美好的图画：诗人清晨进入破山寺，旭日初升，温暖的阳光洒满树林。诗人穿过寺中的竹林小径，走到幽深的后院，发现唱经礼佛的禅房就在花丛、树林的深处。他举目望见青山焕发着日照的光彩，看见鸟儿自由自在地飞鸣欢唱；清清的水潭旁，天地和诗人的倒影湛然空明。天地万物都是静悄悄的，只有钟磬之音悠扬洪亮。

再读此诗，我们体会到，作者在美好的环境中仿佛领悟到空门禅悦的奥妙，于刹那间摆脱一切烦恼，像鸟儿那样自由自在，无忧无虑。只有静下心来，细细品味，我们才能领略到诗人所在的禅院是怎样幽美绝世的居处，才能领略到空门忘俗的意境，才能体会到作者对遁世情怀的寄托。如此，我们才算真正地读懂了这首诗，进入了体验和玩味的阶段。

当然，在实际的文学鉴赏过程中，读者不一定要按部就班地来经历这三个阶段。只要能鉴别欣赏到文学作品中的美好情感与美妙意境，或者领会到作者所要表达的思想感情以及所要讲述的道理，这同样也是文学鉴赏。

叶圣陶在《文艺作品的欣赏》中，以王维的诗歌为例，来说明如何鉴赏文学作品：

王维的一首诗中有这样两句：
大漠孤烟直，长河落日圆。
大家认为这是佳句。如果单就字面解释，大漠上一缕孤烟是笔直的，长河背后一轮落日是圆圆的，这有什么意思呢？或者再提出疑问：大漠上也许有几处地方聚集着人，难道不会有几缕的炊烟吗？假使起了风，烟不就曲折了吗？落日固然是圆的，难道朝阳就不圆了吗？这样地提问，似乎是在研究，在考察，可是也领会不到这两句诗的意思。要领会这两句诗，得睁开眼睛来看。看到的只是十个文字呀。不错，我该说得清楚一点：在想象中睁开眼睛来，看这十个文字所构成的一幅图画。这幅图画简单的很，景物只选了四样，大漠，长河，孤烟，落日，传出北方旷远荒凉的印象。给"孤烟"加上个"直"字，见得没有一丝风，当然也没有风声，于是更来了个静寂的印象。给"落日"加上个"圆"字，并不是说惟有"落日"才"圆"，而是说"落日"挂在地平线上的时候才见得"圆"。圆圆的一轮"落日"不声不响地衬托在"长河"的背后，这又是多么静寂的境界啊！一个"直"，一个"圆"，在图画方面说起来，都是简单的线条，和那旷远荒凉的大漠，长河，孤烟，落日正相配合，构成通体的一致。

像这样驱谴着想象来看，这一幅图画就显现在眼前了，同时也就接触了作者的意境。读者也许是到过北方的，本来觉得北方的景物旷远、荒凉、静寂，使人怅然凝望。现在读到这两句，领会着作者的意境，宛如听一个朋友说着自己也正要说的话，这是一种愉快。读者也许不曾到过北方，不知道北方的景物是怎样的。现在读到这两句，领会着作者的意境，想象中的眼界就因而扩大了，并且想想这意境多美，这也是一种愉快。假如死盯着文字而不能从文字看出一幅图画来，就感受不到这种愉快了。[1]

叶圣陶读到王维这句诗时，一边欣赏其文字之美，一边想象诗句所描绘的大漠孤烟、落日长河的壮观景象，同时还体会到作者想要表达的意境。这个例子表明，我们可以一边认识和接受文学作品，一边玩味文学作品。观赏、欣赏和研赏，三者可以同时进行。

三、中西文学鉴赏观举要

中西方文论中有大量关于文学鉴赏的观点。这些观点各执一词，各有各的道理，同时又或多或少存在缺陷。我们在接受这些观点的同时，要多反思，也可以尝试将一些方法运用于文学鉴赏的实践。下面，我们择其要者进行简单的介绍。

1. 兴会说与迷狂说

(1)兴会说

鉴赏文学作品时，读者会欣然有所感，这就是兴会。

兴会说是中国传统的文学鉴赏观，出现较早。孔子说"诗可以兴，可以观，

---

[1] 叶圣陶、夏丏尊：《阅读与写作》，91～92 页，上海，开明书店，1939。

可以群，可以怨"，"兴"就指诗歌能够激起情感，唤起联想、想象等各种心理活动。推而广之，不仅诗歌，其他形式的优秀文学作品同样有这种作用。"兴"在此不是一种创作方法，而是艺术本质的一个特点。

"兴"也是评判文学作品高低、优劣的一个标准。刘勰认为，好的作品"谈欢则字与笑并，论戚则声共泣偕，信可以发蕴而飞滞，披瞽而骇聋矣"（《文心雕龙·夸饰》）。意思是说，好的作品谈到欢乐，文字里面都带着欢笑；讲到悲伤，声音里面都带着哭泣。它们可以展露内心的奥秘，使郁积的感情飞腾起来，具有使盲人开眼的光耀、使聋人震惊的声音。

明代文学家徐渭说："试取所选者读之，果能如冷水浇背，徒然一惊，便是兴观群怨之品，如其不然，便不是矣。"（《答许口北》）徐渭在这里把吟咏讽诵的阅读体验化为冷水浇背的肌肤之感，可见他喜欢能使人印象深刻的作品，排斥不痛不痒、不咸不淡的作品。

清代戏曲作家孔尚任认为，好的文学作品能"令读者动心变态，啼笑无端，真如声之震耳，色之炫目，五味之沁舌"（《长留集·序》）。也就是说，好的作品能够让读者跟随作品（尤指有一定情节的文学作品）情感起伏，甚至随之哭笑。这虽是从作者一方提出的观点，但我们也可以看出读者在进行文学鉴赏时的体会和感受。只有好的文学作品才能达到上述效果。

兴会说对中国文学理论有着深远的影响，从孔子开始，就不断有理论家对兴会说进行阐释。好的文学作品既然能有如此巨大的感染力，读者在阅读欣赏时就不能仅仅理解作品的内容，而是要运用情感、想象、联想等诸多心理因素去感受和体会，与文学作品产生强烈的共鸣。

（2）迷狂说

孔尚任认为，好作品能让人"动心变态、啼笑无端"。这可以被看作一种迷狂之态。西方的迷狂说以古希腊哲学家柏拉图为代表。柏拉图把审美观照和艺术活动说成失去理智、神志不清的迷狂。这种迷狂状态是如何产生的呢？

> 有这种迷狂的人见到尘世的美，就回忆起上界里真正的美，因而恢复羽翼，而且新生羽翼，急于高飞远举，可是心有余而力不足，像一只鸟儿一样，昂首向高处凝望，把下界一切置之度外，因此，被人指为迷狂。[①]

[①]　[古希腊]柏拉图：《柏拉图文艺对话集》，朱光潜译，125～126页，北京，人民文学出版社，1963。

柏拉图的迷狂说主要有三层含义。其一，灵感源于神的感召。诗人在取得灵感时，就丧失了理智，所作所为全凭神意。其二，灵感的表现是迷狂。诗人进入一种非现实的、一般人所经历不了的神秘境界，他的所见所闻是实际生活中所不存在的。其三，获得灵感的过程就是"灵魂回忆"。柏拉图的迷狂说的前提是他的理念论。柏拉图认为，现实世界是虚幻的世界，理念的世界才是真实的世界。人只能依靠"回忆"进入"迷狂"的状态，从而见到真理。如何才能和美相遇并体验到美呢？柏拉图给出了答案：在迷狂中和美相遇。

在《伊安篇》中，柏拉图集中论述了迷狂说。柏拉图借苏格拉底与伊安的对话，阐释了关于"灵感"的主要看法：

> 伊安说："我不能否认，苏格拉底。可是我自觉解说荷马比谁都强，可说的意思比谁都要多，舆论也是这样看。对于其他诗人，我就不能解说得那样好。请问这是什么缘故？"
>
> 苏格拉底回答说："你这副长于解说荷马的本领并不是一种技艺，而是一种灵感，像我已经说过的。有一种神力在驱谴你，像欧里庇得斯所说的磁石，就是一般人所谓的'赫刺克勒斯石'。磁石不仅能吸引铁环本身，而且还能把吸引力传给那些铁环，使它们也像磁石一样，能吸引其他铁环。有时你看到许多铁环相互吸引着，挂成一条长锁链，这些全从一块磁石得到悬在一起的力量。诗神就像这块磁石，她首先给人灵感，得到这灵感的人又把它传递给旁人，旁人接上它们，悬成一条锁链。凡是高明的诗人，无论在史诗或抒情诗方面都不是凭技艺来做成他们优美的诗歌，而是因为他们得到灵感，有神力凭附着。科里班特巫师们在舞蹈时，心理都受一种迷狂支配；抒情诗人们在做诗时也是如此。他们一旦受到音乐和韵律节拍的支配，就感到酒神狂欢，由于这种灵感的影响，他们正像酒神的女信徒受酒神凭附，可以从河水中汲起乳蜜，这是她们在神志清醒时所不能做的事。抒情诗人的情形这正像这样，他们自己也说他们像酿蜜，飞到诗神的园里，从流蜜的泉源吸起精英，来酿成他们的诗歌。他们这番话是不错的，因为诗人是一种轻飘的长着羽翼的神明的东西，不得到灵感不失去平常理智而陷入迷狂，就不能够创造，就不能够做诗或代神说话。"①

---

① ［古希腊］柏拉图：《柏拉图文艺对话集》，朱光潜译，7～8页，北京，人民文学出版社，1963。

在这段话中，苏格拉底指出，人只能从伟大的诗人那里得到灵感，因为伟大的诗人有神灵的凭附。他们本身并不是神，就像被磁石传递着吸引力的铁环本身不是磁石一样。迷狂说可以指作者创作时的一种神秘状态：伟大的诗人是神的代言人，他们所创作的作品是神的旨意。同时，它也可以指读者在欣赏文学作品时所达到的状态：读到好的文学作品后心醉神迷，如同进入了迷狂的境界。

柏拉图的迷狂说影响很大，康德和黑格尔的天才论、弗洛伊德的无意识理论、尼采的酒神精神等，可以说都源于此。迷狂说有些神秘主义色彩，和宗教也有一定联系，我们要批判地进行吸收。

2. 妙悟说与直觉说

（1）妙悟说

妙悟又叫禅悟，是禅宗的一个重要范畴。"妙悟"二字出自《涅槃无名论》，指超越寻常的、特别颖慧的悟觉、悟性。① 《坛经》也提到了"妙悟"，要求人们通过参禅"识心见性，自成佛道"，达到本心清净、空灵清澈的精神境界。从字面意思看，"妙悟"指对所要理解的事物心领神会。

南宋文论家严羽将这一概念引入诗歌审美范畴，后被广泛接受。严羽创立妙悟说，针对的是当时影响很大的江西诗派的一些弊病，目的是为艺术创作和鉴赏提供一种新的方法，确立一定的标准。

严羽在《沧浪诗话·诗辩》中写道：

> 大抵禅道惟在妙悟，诗道亦在妙悟。且孟襄阳学力下韩退之远甚，而其诗独出退之之上者，一味妙悟而已。惟悟乃为当行，乃为本色。然悟有浅深，有分限，有透彻之悟，有但得一知半解之悟。汉魏尚矣，不假悟也。谢灵运至盛唐诸公，透彻之悟也。

严羽以禅道喻诗道，说诗歌的妙悟像禅宗那样是真正的"悟"。他将"妙悟"称为"正法眼藏"，又名"清静法眼"，泛指佛教正法。

> 夫诗有别材，非关书也；诗有别趣，非关理也。然非多读书、多穷理，则不能极其至，所谓不涉理路、不落言筌者，上也。诗者，吟咏情性也。盛唐诸人惟在兴趣，羚羊挂角无迹可求。故其妙处透彻玲珑不可凑泊，如空中之音、相中之色、水中之月、镜中之象，言有尽而意无穷。

---

① 　陶东风：《文学理论基本问题》，78 页，北京，北京大学出版社，2004。

严羽认为，只有通过妙悟，才能得到真正的审美体验，这也是他的诗歌理论的核心范畴。妙悟就是所谓的"悟性"，通俗点讲是禀赋或潜质。无论是禅家还是诗家，他们都承认人的本性包含天分。在严羽看来，审美创造应该以艺术直觉为主，要从生活中领悟富有诗意的成分，或者说诗意地领悟生活，而不是一般地认识生活。

严羽所说的"妙悟"，既包括诗歌的创作，也包括对诗歌的审美阅读。在审美阅读方面，严羽还给出了一定的实践方法，即"以汉魏晋盛唐为师，不作开元天宝以下人物"。严羽认为，好诗都在汉魏晋和盛唐，盛唐以后的诗歌不足道。读诗，就要读那些汉魏晋盛唐时期的诗，这就是取法乎上。说盛唐之后的诗歌不值得读，这未免偏颇，但说学诗要从"参读"第一流诗歌开始，培养第一流的审美趣味，这是正确的。这就是严羽所提到的"妙悟"即"识"。这种"识"不是日常生活中的常识，而是通过对文学史上最优秀的作品的鉴赏和品味栽培出的审美判断力和艺术鉴赏力。如何才能获得"妙悟"的能力？严羽提出了"以识为主""熟参"等观点。

妙悟说的可贵之处在于把艺术思维与知识积累、理性思维的差别说得非常透彻。从文学思维的角度看，"妙悟"其实就是一种艺术直觉。[①] 作为审美主体独特的个体生命体验，"妙悟"可类比于柏格森所说的"直觉"。

（2）直觉说

直觉说源自法国哲学家柏格森（Henri Bergson）的直觉主义（intuitionism）。直觉主义强调直觉或直观在认识中的作用。直觉主义者认为，直觉是比抽象的理性更基本、更可靠的认识世界的方式。这种学说或思潮通常带有强烈的反理性主义、反实证主义和反唯物主义倾向。

历史上不少哲学家都重视直觉，但 20 世纪初才真正形成相关学说和思潮。直觉主义的代表有柏格森、克罗齐、胡塞尔等人。

柏格森认为，直觉是把握或认识宇宙的本质，即生命或绝对真理的唯一工具。"所谓直觉，就是指那种理智的体验，它使我们置身于对象的内部，以便与对象中那个独一无二、不可言传的东西相契合。"柏格森以小说为例，认为对主人公的了解、通过分析的感受，根本不能同自己刹那间与这个人物打成一片时所得的直截了当、不可分割的感受相提并论。"在这里，描述、历史和分析只能让我们停留在相对的事物中。唯有与人物本身打成一片，才会使我得到绝对。"但是，"绝对是只能在一种直觉里给予我们的，其余的一切则落入分析的

---

① 陶东风：《文学理论基本问题》，79 页，北京，北京大学出版社，2004。

范围"①。

柏格森运用直觉主义理论对艺术创造过程进行了剖析。

首先，要获得对对象本质的直觉，必须与对象的外部表现有长期、大量的接触，以在接触中得到的主观感受为材料，来了解对象的内在本质。比如说，文学家要创作一篇作品，必须熟悉主题，从实际生活中收集素材。只有在积累的基础上，灵感才会出现。

其次，仅仅掌握大量的材料还不够。材料的简单堆砌并不是真正的艺术品。直觉的产生有赖于想象力的发挥。想象力可以把我们带到对象的内部，使我们与对象融为一体。在这种物我相融的境界中，直觉可以充分体验实在的真谛。所谓"想象力"，主要指主体对自我的内心观照；所谓"体验"，主要指主体对自我意识流动的感觉；所谓"物我相融"，指以自我精神为主要认识对象的主客体交融。柏格森主张，艺术创作的源泉最终在于自我的内心冲突，外在的现实生活在艺术中不过是心灵激情的派生物。例如，莫奈等艺术家通过观察和体会大自然的内在精神，创作出天才作品。这些作品的美就是大自然内在精神的体现，就是作者与对象的生命之流交融的结果。

最后，直觉的实现有赖于超越理智的审美态度。理智在认识时不是直接进入对象的真实本质，而是功利性地怀着先入为主的态度，把一些概念投射到对象上。这些都遮蔽了对象的本来面目。因此，要把握事物的真实本质，必须摒弃功利心和先入为主的偏见，抛开对事物的好坏、用途的考虑，不去理会那些概念和名词，只是用纯粹的审美眼光观察和体验事物，即超越理智的直觉。艺术家只需注意对象的变化引起的主观感受，着意用自己的作品去表现这些感受，其他一切都可以置之不顾。柏格森认为，只有这种绝对超然的审美态度才能带来真正的艺术。文学鉴赏者在鉴赏文学作品时也是如此，绝对超然的态度才能使读者欣赏到作品的真谛。

3. 虚静说与移情说

（1）虚静说

"虚静"是中国古代文论中的概念，最早由老子提出。庄子也对"虚静"作了一些表述，此后历代文论家不断对其进行阐释。

老子说："致虚极，守静笃。万物并作，吾以观复。"（《老子·第十六章》）老子的意思是，世间一切原本都是空虚宁静的，万物也因此生长起来。要追寻万物的本质，必须恢复其最原始的虚静状态。"致虚极"就是要达到空虚的极

---

① 伍鑫甫：《现代西方文论选》，83 页，上海，上海译文出版社，1983。

限，"守静笃"就是要坚守静以致虚无。人只有在静虚的状态下才能观察清楚身外的事物，就像学习的时候一定要静下心来一样。你动物也动，就不能对物进行观察。要想学习和观察，我们必须先学会虚和静。

如何才能达到虚静呢？老子认为，"音""象"等本由心生。"大音希声""大象无形"，这要靠欣赏者自己去体会。

庄子发展了"虚静"的思想。他在《庄子·天道》中说："夫虚静恬淡寂寞无为者，万物之本也。"庄子用"心斋"来解释"虚静"："若一志，无听之以耳而听之以心；无听之以心而听之以气。耳止于听，心止于符。气也者，虚而待物者也。唯道集虚。虚者，心斋也。"（《庄子·人间世》）"心斋"就是一种空虚的心境，一种虚静的、没有思虑的精神状态。"唯道集虚"是说，万事万物的根本——"道"——也是虚静的。因此，只有心境虚静，才能对世界进行观照。

虚静说带给我们一些启示：在审美观照和鉴赏活动的情感体验中，无论是创作者还是欣赏者，都必须先排除主观成见和利害欲求，保持空虚明净的审美心境。只有这样，创作者才能创作出好的文学作品，欣赏者也才能体会和领悟到美好的情感和意境。庄子提出的"心斋""坐忘"等，有其合理性：文学鉴赏者如果不能摆脱实用功利的考虑，就不能静下心来，全身心地投入作品，也就不能发现作品之美。

西晋陆机把虚静说运用到文学理论中。在《文赋》中，陆机主张作家在构思之前要内心宁静，不受外界的干扰，保持一种虚静凝神、注意力集中的精神状态：

> 其始也，皆收视反听，耽思傍讯，精骛八极，心游万仞。其致也，情瞳昽而弥鲜，物昭晰而互进。倾群言之沥液，漱六艺之芳润。浮天渊以安流，濯下泉而潜浸。于是沈辞怫悦，若游鱼衔钩，而出重渊之深；浮藻联翩，若翰鸟缨缴，而坠曾云之峻。收百世之阙文，采千载之遗韵。谢朝华于已披，启夕秀于未振。观古今于须臾，抚四海于一瞬。

陆机所描述的就是一种"虚静"的状态。他认为，只有保持这种状态，才能创作出美妙的文学作品。

刘勰也在《文心雕龙·神思》中说："是以陶钧文思，贵在虚静，疏瀹五脏，澡雪精神。""虚"，是不主观；"静"，是不躁动。如果有成见，就不能看到外界的真实情况；如果心情躁动，感情用事，就不能深入细致地观察和思考。"虚静"就是排除一切杂念和欲求，排除外在的干扰，使精神清醒纯净。只有这样，才能保障文思的运行，促进想象的充分发挥。

陆机和刘勰都克服了老子和庄子那种对现实的消极态度，对虚静的理解更积极。

虚静说描述了创作者与欣赏者在构思或作品时聚精会神、凝神观照的精神状态，应该说是比较准确的。它也探讨了鉴赏主体进行文学艺术鉴赏时的心理特征，以及鉴赏的方式方法等。

（2）移情说

移情说是19世纪后半期西方美学思想中影响很大的审美学说。最先提出这一学说的是德国美学家费肖尔父子。弗里德利希·费肖尔（Friedrich Theodor Vischer）提出了"审美的象征作用"，认为"人把他自己外射到自然界事物里去"，最终会造成"对象的人化"①。劳伯特·费肖尔（Robert Visher）在《论视觉的形式感》一文中，发展了"审美的象征作用"的观点，正式提出了"移情作用"这一理论。劳伯特·费肖尔认为，只有向对象"移入感情"，才能使审美活动达到最完满的阶段。他说："我们把自己完全沉没到事物里去，并且也把事物沉没到自我里去：我们同高榆一起昂然挺立，同大风一起狂吼，和波浪一起拍打岸石。"②费肖尔父子为移情说的提出奠定了理论基础。

哲学家卢梭（Jean-Jacques Rousseau）在《忏悔录》中回忆童年读书的情景时，谈到过类似的经历。

> 每逢读到一位英雄的传记，我就变成传记中的那个人物。读到那些使我深受感动的忠贞不贰、威武不屈的形象，我就两眼闪光，声高气壮。有一天，我在吃饭时讲起西伏拉的壮烈事迹。为了表演他的行动，我伸出手，放在火盆上，可把大家吓坏了。

可以看到，卢梭在读书时不自觉地进行了移情。他把自己投入威武不屈的英雄形象中，因此有了英雄般的表情和举动。

德国心理学家、美学家里普斯（Theodor Lipps）大力发展了移情说。从心理学角度出发，里普斯的补充和完善，最终使移情说成为一个自成体系的学说。

为了说明移情的作用，里普斯举了古希腊建筑中的多立克石柱的例子。多立克石柱下粗上细，柱面有凸凹形的纵直的槽纹。石柱支撑着平顶建筑。石柱本是大理石构成的无生命的物质，"但是这并不妨碍我们在看石柱时，觉得从

① 朱光潜：《西方美学史》下，254～255页，北京，人民文学出版社，1964。
② 转引自朱光潜：《西方美学史》下，257页，北京，人民文学出版社，1964。

地面上自耸立上腾到一定高度的并不是那重量而是那反抗重量而自腾起的'力量'，只有这个才是石柱所特有的活动；在我们眼中，是这种活动而不是重量完成了使石柱获得它所特有的那种存在的工作……石柱并不是一个物，这个物凭重量会自己崩塌，会朝横的方向自己膨胀起来；而是一个意象，这个形象不顾重量而且在克服这重量中自己凝成整体，耸立上腾"①。石柱的"凝成整体"和"耸立上腾"，构成了石柱所"特有的活动"。里普斯认为，这一切都是在观照时产生的错觉，是石柱的"空间意象"而不是它本身。

为什么会觉得"凝成整体"和"耸立上腾"呢？里普斯解释说，是因为我们把自己心中的意象和感受移情到石柱上了。"在我的眼前，石柱仿佛自己在凝成整体和耸立上腾，就像我自己在镇定自持和昂然挺立，或者抗拒自己身体重量压力而继续维持这种镇定挺立姿态时所做的一样。"②"这种向我们周围的现实灌注生命的一切活动之所以发生而且能以独特的方式发生，都因为我们把亲身经历的东西，我们的力量感觉，我们的努力，意志，主动或被动的感觉，移置到外在于我们的事物里，移置到在这种事物身上发生的或和它一起发生的事件里。"③里普斯把移情作用看成一种主观意志、感情向客观事物"移置"或"外射"的活动。在移情现象中，不是主观意识反映客观事物，而是主观意识决定客观事物。也就是说，审美对象不是客观存在的，而是审美主体自我移入的结果。"移情作用就是这里所确定的一种事实：对象就是我自己，根据这一标志，我的这种自我就是对象；也就是说，自我和对象的对立消失了，或者说，并不曾存在。"④

所谓"移情作用"，就是主体感情的外射作用，即把"我"的情感外射到物的身上，使这些情感为外在事物所有。原来没有生命的东西因"生命灌注"而成为有生命的东西，人自己受到对事物的错觉的影响，和事物达成生命情感的统一关系。这种移置"自我"与欣赏对象的物我同一，是移情作用的特征。这物已不是纯然的实体，而是受主体"灌注生命"的自我对象化形象，"我"作为审美主体也生活在对象里并关照着自我。可以说，我就是物，物就是我。⑤

移情说的倡导者还有弗农·李（Ver Vernon lee）、古鲁斯（Karl Groos）等。

中国也有一些关于移情说的表述。丰子恺认为：

---

① 马奇：《西方美学史资料选编》下卷，840 页，上海，上海人民出版社，1987。
② 马奇：《西方美学史资料选编》下卷，842 页，上海，上海人民出版社，1987。
③ 马奇：《西方美学史资料选编》下卷，841 页，上海，上海人民出版社，1987。
④ 马奇：《西方美学史资料选编》下卷，848 页，上海，上海人民出版社，1987。
⑤ 黄书雄：《文学鉴赏论》，182 页，北京，北京大学出版社，1998。

我们鉴赏艺术品时，先由感觉，次生感情，已如上述。感情起在我们的心中，但我们似乎觉得这感情是对象所有的。例如，见了盛开的玫瑰花，而起愉快的感情，似乎觉得玫瑰花是具有这愉快的感情的。又如，听了活泼的进行曲，而起爽快的感情，似乎觉得进行曲是具有这爽快的感情的。这就是把我们的感情移入于玫瑰花与进行曲中。这叫做"感情移入"（Einfühlung）。德国美学大家李普斯［里普斯］（Theodor Lipps）的美学，就是以这感情移入说为基础的。吾人鉴赏艺术品时，似觉艺术的题材与内容具有感情；其实无非是吾人自己的感情移入于艺术品中。例如，描写悲哀的人物。起悲哀之情的，是看画的人，并非画本身。这就是把我们的感情移入画中。感情移入，艺术品即有生命。例如，笛中吹一支乐曲，听笛的人把悲哀的感情移入笛中，就听见笛音如泣如诉，宛如有生命的人。我们的感情移入于艺术中，变成了艺术的感情，二者相融合，而发出艺术鉴赏的最高调。观剧便是最好的例子：观剧的时候，观者的感情移入于演者的体中。演者的感情就是观者的感情。观者的感情就是演者的感情。观者与演者融合为一体。[1]

移情说无疑有一定的唯心主义色彩。比如，它否定了美的客观存在与客观来源，也否定了美感中感情需要以美的认识作为前提和基础。但是，它确实在解释艺术欣赏的过程中，尤其是在接受者的心理活动等方面起了重要作用。对此，我们可以批判地接受。

四、青少年文学鉴赏力的培养

1. 独上高楼，望尽天涯路

《人间词话》说："古今之成大事业、大学问者，必经过三种之境界：'昨夜西风凋碧树。独上高楼，望尽天涯路'。此第一境也。"王国维认为，治学的第一境界是"昨夜西风凋碧树。独上高楼，望尽天涯路"。这句话出自晏殊的《蝶恋花》，原意是在上高楼上眺望到更为萧飒的秋景，西风黄叶，山长水阔，漫漫长路通向天涯。它被王国维引申为：做学问成大事业者，首先要有执着的追求，登高望远，瞰察路径，明确目标与方向，了解事物的概貌。文学鉴赏者

---

[1] 《丰子恺文集·艺术卷》（四），109 页，杭州，浙江文艺出版社、浙江教育出版社，1990。

亦然。

登高才能望远，厚积才能薄发。只有站在一定的高度，才能用宏观的态度把握文学作品，理解文学作品，真正地鉴赏文学作品。

首先，鉴赏文学作品要有历史的高度。文学作品是由作者创作的，作者又都居于一定的历史时间中。他们有自己的世界观和人生观，是从自己的角度出发来描绘事与物的。鉴赏者要想充分理解作品，就必须站在历史的高度，用历史的眼光加以审视。历史的差异、时代的隔阂必然会造成作者和鉴赏者对作品理解的不一致。我们也要知道，有些名著名篇之所以能流芳百世，正是因为它们都是大浪淘沙后的精品，表达了古今共通的情感和思想。法国批评家圣·艾弗蒙(Saint Évremond)在《论对古代作家的摹仿》中说："荷马的诗永远会是杰作，但不能永远是模范。它们培养我们的判断力，而判断力是处理现时事物的准绳。"①

其次，我们要站在艺术的高度来鉴赏文学作品。文学是以语言为媒介来塑造形象的。文学作为语言艺术的本质决定了文学艺术形象都是非直观的。它源于生活又高于生活，是对生活的抽象概括。好的文学作品必然会传达作家的审美态度，浸透作家的审美理想，反映生活的美，创造艺术的美。因此，鉴赏者在阅读时不仅要有直觉的美感，还要能进行理性的审美判断。对于作品的美和自身感受到的艺术快感，鉴赏者要知其然又知其所以然。

以余光中的诗歌《乡愁》为例：

> 小时候
> 乡愁是一枚小小的邮票
> 我在这头
> 母亲在那头
>
> 长大后
> 乡愁是一张窄窄的船票
> 我在这头
> 新娘在那头
>
> 后来啊
> 乡愁是一方矮矮的坟墓

---

① 伍蠡甫：《西方文论选》上卷，272页，上海，上海译文出版社，1979。

　　我在外头
　　母亲在里头

　　而现在
　　乡愁是一湾浅浅的海峡
　　我在这头
　　大陆在那头

　　这首诗蕴含着深沉的历史沧桑感，需读者细心体会。

　　我们要先了解海峡两岸的现实状况，感受到台湾同胞的思乡情怀。远离故乡的人，无论何时都希望回到故乡。"小时候""长大后""后来啊""而现在"，这些表现时间的序词把全诗贯穿起来，也概括了诗人漫长的生活历程和对故乡的绵绵怀念。层次的渐递使主题逐渐鲜明，流露出深沉的历史感。

　　诗人通过联想、想象，塑造了四幅生活场景，把对母亲、妻子、故乡的思念、眷恋之情熔于一炉，表达出渴望亲人团聚、国家统一的浓烈情绪。"而现在/乡愁是一湾浅浅的海峡/我在这头/大陆在那头"，仿佛是呐喊，是诗人的无限期盼：盼望台湾回归，盼望亲人回归，盼望自己回归。从古至今，只要有游子，就会有乡愁，就会有乡愁文学。这首诗不仅仅会在当下产生影响，对它的吟诵也必将久久地回响在历史长河中。

　　余光中的青少年时光是在南京度过的，有深厚的文化学养，他的诗歌也体现了这一点。《乡愁》深受《诗经》的影响，其形式美一表现为结构美，二表现为音乐美。《乡愁》共四节，每节四行，节与节之间相当均衡。诗人注意到长句与短句的变化调节，使诗形于整齐中形成参差之美。《乡愁》的音乐美，主要表现在采用《诗经》中的复沓手法，营造出回环往复、一唱三叹的旋律。"乡愁是……"与"在这头……在那（里）头"的四次重复，加之四段中同一位置上的叠词运用，使全诗低回掩抑，如泣如诉。"一枚""一张""一方""一湾"这四个数量词，不仅表现出诗人的语言功力，也加强了全诗的音韵之美。

　　通过以上的例子可以看出，历史的高度主要涉及文学作品外部世界的规律，也就是社会的规律；艺术的高度强调把握文学内部的艺术规律。文学鉴赏的宏观态度来自对文学的外部规律和内在艺术规律的摸索和把握，更重要的是二者的有机结合。

2. 圆照之象，务先博观

　　"凡操千曲而后晓声，观千剑而后识器；故圆照之象，务先博观。"（《文心雕龙·知音》)什么是"博观"？简而言之，就是看得多。一个人只有见多识广，才分得出事物的好坏。文学也是一样。读者要经过大量的阅读，才能培养出真正的文学鉴赏力。

古希腊哲学家苏格拉底常常游走于雅典城邦，和人谈论知识学问。和苏格拉底交谈的人往往一开始觉得自己什么都懂，但是经过讨论，他们发现自己根本回答不了苏格拉底的问题。苏格拉底才是真正懂得多的人，但却声称自己什么都不懂。苏格拉底并不是谦虚。正是因为懂得比别人都多，所以他才知道自己在哪些方面无知。我们读书也是一样。假如一个人只读过几本书，那他就只知道这几本书，会认为他读的这几本书是最好的。实际上，世界上那么多的好书他根本没看过，甚至听都没听说过，这不是很可悲吗？

鉴赏文学作品，需要两方面经验的积累：一是阅读的积累，二是生活阅历的积累。

什么是生活阅历？生活阅历主要指人们从生活经历中获取和积累的知识经验、审美经验。鲁迅说过，没有一定阅历的人未必能看懂他的作品。这话很有道理。比如，没有经历过战争的人和经历过激烈战争的人同样看一部描写战争的小说，体验会有巨大差异。

青少年的生活阅历还很不够，应该如何弥补呢？多阅读是很好的方法。

例如，《红楼梦》思想深邃，博大精深。一般人虽然可以对故事情节有大概的了解，但要体会其中深意就比较困难，对青少年来说更加困难。不过，我们可以采取一些方法来增强对《红楼梦》的鉴赏能力。

首先，通过阅读有关其时代背景的书来增进对《红楼梦》的理解。《红楼梦》大约成书于清代乾隆年间，读者可以阅读一些有关这一时期的书，如《清史稿》。这样一来，读者就会对历史有一定的把握，对曹雪芹的处境有一定的理解。古人说"知人论世"，认为文学作品是社会生活的反映。因此，了解作者及其时代背景是非常有必要的。读者如果了解到当时文字狱大行其道，就会理解曹雪芹对书中朝代、纪年交代含糊、讳莫若深的苦衷。

其次，可以适当阅读同一时代的文学作品。读者可以阅读一些清代同期的小说、诗歌、散文，大体了解当时的人对文学的审美态度，这对于理解《红楼梦》也有一定的帮助。

最后，适当阅读文学理论书籍，如红学类书籍。《红楼梦》对后世产生了极其重要和深远的影响，以至于产生了一门专门的学问——红学。红学书籍包括点评类、索引类和考据类等，称得上浩如烟海。阅读此类书籍，对于理解《红楼梦》也很有帮助。需要注意的是，红学门类驳杂，良莠不齐，应挑选一些精品，如王国维的《红楼梦评论》和著名红学家的书。

通过以上三种阅读，再细细研读《红楼梦》本身，相信读者一定会收获良多，甚至成为鉴赏《红楼梦》的高手。对于其他文学作品的鉴赏也一样，读者只有多读多看，才能具备较高的鉴赏力。

当然，知识和经验的积累需要一个逐步增强与提高的过程，鉴赏能力的培养也需要由浅入深，由易到难。例如，青少年接触文言文较少，阅读古代文学作品可能有一定的难度。那么，可以先读一些现代作家的文学作品，待阅读和鉴赏的能力有所提高，再增加文言文的阅读。

叶圣陶说："认真阅读的结果，不但随时会发现晶莹的宝石，也随时会发见粗劣的瓦砾。于是收取那些值得取的，排除那些无足取的，自己才会渐渐地成长起来。"（《文学作品的鉴赏》）也就是说，读多了，我们才会看出作品的好与坏，才能进行鉴赏。这就是"圆照之象，务先博观"。

3. 品味外之旨，辨韵外之致

唐代司空图提出过"味外之旨，韵外之致"的说法。他在《与李生论诗书》里写道：

> 文之难，而诗之难尤难。古今之喻多矣，愚以为辨于味而后可以言诗也。江岭之南，凡足资于适口者，若醯非不酸也，止于酸而已；若盬非不咸也，止于咸而已。华之人所以充饥而遽辍者，知其咸酸之外，醇美者有所乏耳。彼江岭之人习之而不辨也，宜哉。诗贯六义，则讽谕、抑扬、渟蓄、温雅，皆在其间矣。然直致所得，以格自奇……绝句之作，本于诣极，此外千变为状，不知所以神而自神也，岂容易哉？今足下之诗，时辈固有难色，倘复以全美为工，即知味外之旨矣。①

司空图认为，优秀的诗歌要有一种富于"韵味"的美感，令人体会到"诗外"的风神远致，产生回味无穷的美的享受、难以言说的审美愉悦。这种"美感"源于诗歌意象鲜明而具体、切近而不浮泛、意蕴深远而含蓄的"意境"。所谓"辨味"，第一步是品别诗歌是否具有这种"醇美""全美"，这是评判艺术优劣、高下乃至雅俗的标准；第二步是品别"韵外之致""味外之旨"的不同，这是优秀诗歌的"个性差异"问题。② 要想做到这一点，离不开大量的阅读和思考。

---

① （唐）司空图：《司空表圣诗文集笺校》，祖保泉、陶礼天笺校，193～194 页，合肥，安徽大学出版社，2002。

② 陶礼天：《"味外之旨"说——司空图"诗味"说新论》，载《中国文化研究》，2003(4)。

例如，陶渊明的诗脍炙人口，很多人都喜欢读。但要真正体会到陶诗的"味外之旨"，并不容易。陶渊明有一首很有名的《饮酒》：

> 结庐在人境，而无车马喧。
> 问君何能尔？心远地自偏。
> 采菊东篱下，悠然见南山。
> 山气日夕佳，飞鸟相与还。
> 此中有真意，欲辨已忘言。

这首诗描写了陶渊明辞官后自得其乐的隐居生活，表现了悠然、恬淡、与世无争的心情。"问君何能尔？心远地自偏"一句点出了拥有这种心境的原因。陶渊明是名副其实的隐士。他因不愿与贪官污吏同流合污而辞官回乡，自身"性本爱丘山"且颇悟禅机，这些使这首诗有一种空灵之感。阅读这首诗的难点就在于体会作者当时的心境。

唐宋时期，陶渊明的诗歌就非常受推崇，但真正能品出其诗歌之味的人并不多。例如，有人认为"悠然见南山"中的"见"不对，应该是"望"。这种争论一直持续到宋代苏轼说出一番极有见地的话。苏轼认为，应该是"悠然见南山"："采菊之次，偶然见山，初不用意，而境与意会，故可喜也。"如果是"望南山"，"觉一篇神气索然也"。"陶渊明意不在诗，诗以寄其意耳。'采菊东篱下，悠然望南山'，则既采菊又望山，意尽于此，无余蕴矣，非渊明意也。'采菊东篱下，悠然见南山'则本自采菊，无意望山，适举首而见之，故悠然忘情，趣闲而景远，此未可于文字精粗间求之。"[①]苏轼准确把握到诗人所要表达的意思，而且体会出诗的意境。通过"见"字，他阐释出陶渊明的悠然自得。不经意的"见"，正是诗的神韵所在。一字之差，诗的韵味就会不同。苏轼能品到这一点，正说明他是极其高明的文学鉴赏家。

虽然不可能人人都达到苏轼那么高的水平，但是如果我们潜心阅读，认真品味，力图最大程度地把握文学作品所传达的信息和意象等，相信多少也可以体会出文学作品的"味外之旨，韵外之致"。

思考题

1. 为什么说审美主体与审美客体相互依存？怎样理解"审美阅读"这个概念？

---

① （宋）苏轼：《东坡诗话》，见中国社会科学研究所文艺理论研究室：《中国历代诗话选》（一），204 页，长沙，岳麓书社，1985。

2. 如何理解"空白"？请举例说明。

3. 文学鉴赏有哪些特点？请举例说明其一。

4. 中西文学鉴赏观大概包括哪些？试以具体的文学作品或文学样式为例，阐释一种你比较认同的文学鉴赏观。

5. 如何理解"圆照之象，务先博观"？大学生应该如何提高阅读和鉴赏能力？

延伸阅读

1. [加]阿尔维托·曼古埃尔：《阅读史》，吴昌杰译，北京，商务印书馆，2002。

2. [德]康德：《判断力批判》，邓晓芒译，北京，人民出版社，2002。

3. （南朝梁）刘勰：《文心雕龙注》，范文澜注，北京，人民文学出版社，2006。

4. [德]沃尔夫冈·伊瑟尔：《阅读活动——审美反应理论》，金元浦、周宁译，北京，中国社会科学出版社，1991。

5. 朱光潜：《谈美》，桂林，广西师范大学出版社，2004。

6. 童庆炳、赵勇：《文学理论新编（第 2 版）》，北京，北京师范大学出版社，2005。

7. 黄书雄：《文学鉴赏论》，北京，北京大学出版社，1998。

8. 赵勇：《审美阅读与批评》，北京，中国社会出版社，2005。

9. 张炳隅：《文学鉴赏学》，上海，上海教育出版社，1991。

10. 胡经之：《中国古典美学丛编》，南京，凤凰出版社，2009。

第五章　文学阐释与文本解读

　　面对文学文本，不管是诗、散文还是小说，我们总试图理解它说了什么。这个进入文本的过程以及其后形成的文字，就是阐释。阐释总是假设文本现象背后还有更深层的东西(本质)，有待我们开发和认识。在阐释过程中，文本会从陌生到熟悉，经由"对话"和我们成为朋友。有时候，老朋友也需要重新认识，这就是再阐释。

　　本章我们首先介绍阐释学及其历史，阐释学的理论主张对文本解读的积极意义；继而探讨阐释的开放性和有效性；再根据"作者—文本—读者—世界"阐释重心的位移，介绍常用的文学阐释方法；最后对文本做出示范性解读，分析误读、过度诠释的成因。

一、阐释学及其发展

　　文学阐释是阐释学的分支。阐释既可以被看作名词，也可以被看作动词，词根来自宙斯被称作"信使"的小儿子——赫尔墨斯(Hermes)。相传，赫尔默斯的使命是往返于奥林匹斯山与人世之间，把众神的教谕传给人间。人神道殊，必然语言不同，所以需要"翻译"；神语晦暗不明，充满微言大义，所以需要"解释"。要进行"翻译"和"解释"，前提是自己先理解。"阐释"的本意就是"带入理解"和"促成理解"，使一种意义从陌生的世界转换到我们熟悉的世界。

　　阐释学在古代一直是一门关于理解、翻译和解释的技艺。一直到中世纪末期，阐释学都和解经学密切联系在一起，注重对圣经文本的精细释读——有点类似于中国历代对"十三经"经典文本的注疏。文艺复兴后，阐释学开始摆脱神学束缚。18世纪以来，阐释学先后受到维柯(Giambattista Vico)、施莱尔马赫(Friedrich Schleiermacher)、狄尔泰(Wilhelm Dilthey)等人的影响，经历了神学、文字学、精神科学等重要阶段，开始由方法论研究转向本体论关注，遭遇海德格尔(Martin Heidegger)对形而上学的解构和语言论转向，以哲学解释学的形态在伽达默尔（Hans-Georg Gadamer）那里集为大成。①

1. 方法论阐释学

（1）施莱尔马赫

在阐释学的发展历史中，德国神学家、哲学家施莱尔马赫起到奠基作用。作为圣经阐释专家，他提出来一种"普遍阐释学"的观念，把阐释学从阐释神圣经典的特殊领域，扩大到所有精神作品。阐释文本不再仅是接近、信靠上帝的真理，而是重新再现、体验作者所经历的生活故事。施莱尔马赫认为，阐释的目的是"首先要像作者一样好地理解文本，然后甚至要比作者更好地理解文本"②。他把理解活动看作对原初创造活动的"重构"。施莱尔马赫对阐释的理解既是语义学的，注重语法和修辞等细微的层面；又能渗透到文字背后主体的精神世界。西方哲学史家称，他把阐释"置于作者和文本的精神之域"③。施莱尔马赫的阐释学注重寻求文字背后的作者原意。在施莱尔马赫看来，阐释是一门"避免误解的技艺"，主要是关于理解和解释的方法论。

（2）狄尔泰

德国哲学家威廉·狄尔泰进一步发展了方法论阐释学，将它看成整个人文学科的认识论基础。狄尔泰承续了施莱尔马赫提出的"我们说明自然，我们理解精神"这个命题。在他看来，自然科学从外部说明可实证的世界，人文学科从内部理解世界的精神生命。人文学科的落脚点在于通过"移入""模仿"和"重新体验"，达至对客观精神的基本理解。"我们的行动总是以对他人的理解为前提；人类大部分幸福都产生于对陌生的心理状态的再感觉。"④阅读的过程就相当于读者和作者之间的相遇，是一个生命对另一个生命的理解。如果说在施莱尔马赫那里，"理解"意味着重构过去的思想和生活；那么对狄尔泰而言，理解意味着重新体验过去的精神和生命。

狄尔泰提出两条至关重要的阐释原则。一是人文理解原则。阐释之所以成为可能，就在于作者和读者之间存在着共通的人性。"我们是根据个人间的相

① 李砾：《阐释》，见赵一凡等：《西方文论关键词》，1～3 页，北京，外语教学与研究出版社，2006。

② ［德］汉斯-格奥尔格·加达默尔：《真理与方法：哲学诠释学的基本特征》上，洪汉鼎译，249 页，上海，上海译文出版社，2004。该书将伽达默尔译为加达默尔，下同。——编者注

③ ［挪］G. 希尔贝克、N. 伊耶：《西方哲学史——从古希腊到二十世纪》，童世骏、郁振华、刘进译，398 页，上海，上海译文出版社，2004。

④ 洪汉鼎：《理解与解释——诠释学经典文选》，74 页，北京，东方出版社，2001。

似性和共同性理解个人的，这一过程以全人类的共性和个体化之间的关系为前提。"①理解的一个重要环节是接受主体（读者）通过"移情"，打破时空距离进入创造主体（作者）的生活空间，身临其境地感受作者的生命体验。二是历史理性批判原则。狄尔泰认为，应该在理性批判中引入历史的维度。每一个人都置身于意义网络之中，都是具体的生命存在。他提倡"生命哲学"，认为不存在抽象的、普遍的主体，只有历史的、经验的、具体的个人。

狄尔泰受历史主义的感召，希望发展出一种经验的方法，以此把握不同文化情境中的个人及其各自不同的意识模式。他既坚持方法论，又开辟了历史主义的视角，对阐释学的发展起到了承前启后的作用。他的《体验与诗》可以被看作文艺心理学的名作：从人文理解和历史哲学的角度进入作品，用充满激情的笔触追踪莱辛（Gotthold Ephraim Lessing）、歌德、诺瓦利斯、荷尔德林（Johann Holderlin）的生平轨迹，凸显当时的生存际遇和精神潮流对其创作的影响。例如，他探讨莱辛思想性格的成型过程，正视其作为启蒙之子在内心理性与神学信仰之间的纠结，并在时代风潮中定位莱辛的世界观。"伟大的国王弗里德里希二世、莱辛、青年男子气的康德，三人并驾齐驱。笼罩他们的是清明的晨光。他们身上的理智清醒的意志，驱散了德意志精神生活的学究的、神学的、虔敬主义的气氛。"②狄尔泰把莱辛看成现代德意志精神的代表。

2. 本体论阐释学

（1）海德格尔

20世纪20年代末，德国哲学家海德格尔使阐释学的重心从方法论转向本体论。他的"此在"现象学为阐释学解开了符咒，打破了以施莱尔马赫和狄尔泰为代表的心理学主观阐释一统天下的局面，把阐释的重点从读者与作者心灵交流的主体性模式，转移到读者与作者共存的"世界"。海德格尔指出，西方形而上学的源头过于强调主体，以"存在者"取代了"存在"本身。自柏拉图—亚里士多德，到培根—笛卡尔—康德，人们越来越强调主体的知识意志，忽略了每个人的"在世"生存本身。③ 海德格尔继承了狄尔泰对历史中的个人之具体存在的重视，但又认为理解不是主体的行为方式，而是此在本身的存在方式。

首先，海德格尔认为，"理解"与"存在"不可分离。通过对西方本质主义形

---

① 洪汉鼎：《理解与解释——诠释学经典文选》，102页，北京，东方出版社，2001。

② ［德］威廉·狄尔泰：《体验与诗：莱辛·歌德·诺瓦利斯·荷尔德林》，胡其鼎译，145页，北京，生活·读书·新知三联书店，2003。

③ 赵一凡：《从胡塞尔到德里达——西方文论讲稿》，133～143页，北京，生活·读书·新知三联书店，2007。

而上学传统进行解构，海德格尔指出世界是动态展开的，世界背后没有任何"理念""绝对精神""客观规律"之类固定的本质。因此，文本的"原意"（客观本质）永远不可追溯，对文本的理解永远是无止境的。海德格尔把以往阐释学家对文本意义的认识论关注引向对世界本身的存在论思考，使"理解"和"存在"不可分离。他一反笛卡尔的"我思故我在"，主张"我在故我思"，认为任何"此在之此"都把自身的境缘性和规定性投射向未来，因此一切理解都是"此在之为能在"的理解。①"此在"为主观认知设置了"先见结构"，任何理解都受到"先在""先有""先把握"这些生存论结构整体的影响。海德格尔关于"先在结构"的认识，让我们在面对文本时不再有唯我独尊、强求客观解释的虚妄心理，而是谦卑地聆听世界在文本中的回音，将自己、世界和文本看成不可分割的整体。

其次，海德格尔认为，"诗"与"思"不可分离。从20世纪30年代开始，海德格尔的研究兴趣逐渐集中于艺术、诗、语言，搜寻其中残存的原始本真。他跳出逻辑思维方式，展开了真正的诗意之思。他的艺术阐释经验强调直觉。在《艺术作品的起源》中，海德格尔对德国诗人荷尔德林诗歌的解读，以及对古希腊破败神殿的礼赞等，都试图破解艺术中的真理显现自身的方式。例如，他解读海边的希腊神庙，认为它简单素朴又充满神圣的意味，有神的形象隐蔽并在场，无声地伫立，历经千年风雨的冲刷和海浪的洗礼。它"使得白昼的光明、天空的辽阔、夜的幽暗显露出来……神庙无声地开启着世界，同时把这世界重又置回到大地之中"②。破败的神殿敞开了这个历史性民族的生存世界，把历史、祸福、荣辱都以命运的形态展现在人类面前。海德格尔以中国式明悟的方式，看到了艺术作品中的真理。

在海德格尔看来，艺术品与器物不同。艺术品具有葆真功能，和真理有着深邃的关系：真理以艺术的方式敞开自身。注入作品的闪光就是美。美是无蔽真理的一种现身方式。艺术作品之所以能够葆真，并不在于体现了黑格尔的理念，而是凝聚了存在的某些最高动势。艺术的本质是真理，真理之所以能在作品中得以演绎，是因为它的构成方式是一种诗的方式。"一切艺术在本质上都是诗。"③人，诗意地栖居在大地上。诗乃"存在"之原初命名。诗人自古便是众神与人民之间的使者。诗人何为？守护秘密，袒露真理。诗语并非在寻常意义

---

① ［德］海德格尔：《存在与时间》，陈嘉映、王庆节译，166～172页，北京，生活·读书·新知三联书店，1999。

② ［德］海德格尔：《艺术作品的起源》，孙兴周译，见《海德格尔选集》上，262～263页，上海，上海三联书店，1996。

③ ［德］海德格尔：《艺术作品的起源》，孙兴周译，见《海德格尔选集》上，292页，上海，上海三联书店，1996。

上编织词句，而是在努力捕捉神奇。

既然诗的本意是以有限的语言表达不可言说之奥秘，那么我们不妨经由海德格尔对诗与思的思考，解读中国古诗，体悟中华民族特有的生存方式。例如，《诗经·豳风·七月》中饱经风霜的老农，聆听着四时的节奏，感受着天道不变，四季如期。他以"天行健，君子当自强不息"的进取精神，日日辛劳，周而复始，安守着与土地的情谊，接受着生活微薄的馈赠。这是对自身命运另一种"恭顺的聆听"。古人正是以这样的"聆听"，在大地上诗意地栖居，演绎着"此在"独有的天人和谐。再如，王维的《辛夷坞》：

> 木末芙蓉花，山中发红萼。
> 涧户寂无人，纷纷开且落。

这是在岁月无声中写花开花落、云卷云舒，写生命自我展现的泫然与归于明灭的枯寂。该诗既有世事无常、历尽沧桑、闲看风云的淡定，又回荡着冷彻神髓、参破人生的禅意。由此可见，海德格尔从对存在真理的追寻转向对诗歌语言的沉思，不乏顿悟神明、大道不言的东方式智慧。

（2）伽达默尔

当海德格尔走向晚年的诗语沉思时，他的弟子伽达默尔开始将老师早年钟情的哲学阐释学发扬光大，并以此为基础把人类的理解活动归入与生存、存在、真理问题有关的思考，建立起和方法论阐释学相区别的本体论阐释学。在《真理与方法》中，伽达默尔写道："它（诠释学）标志着此在的根本运动，这种运动构成此在的有限性和历史性，因而也包括此在的全部世界经验。"①伽达默尔同样放弃了方法论阐释学对客观真理占有的偏执。在他看来，阐释意味着一种意义的嵌入，而不是意义的寻找。针对时人对哲学阐释学的非难，伽达默尔写道："海德格尔对于人类此在的时间性分析已经令人信服地表明：理解不属于主体的行为方式，而是此在本身的存在方式。"②

伽达默尔阐释学的焦点是理解活动和理解事件本身。科学认识的真理指陈述的主客观相符，理解活动中发生的真理指意义的发生和持存方式。例如，一尊古代神像不仅仅是作为静观的艺术品（客观对象），而是带着过去那个世界所

---

① ［德］汉斯-格奥尔格·加达默尔：《真理与方法：哲学诠释学的基本特征》上，洪汉鼎译，484页，上海，上海译文出版社，2004。

② ［德］汉斯-格奥尔格·加达默尔：《真理与方法：哲学诠释学的基本特征》上，洪汉鼎译，4页，上海，上海译文出版社，2004。

有的宗教经验，立于我们面前的；我们能够理解它，是由于那个宗教世界部分
地属于我们的世界。在长文《我是谁，你又是谁》中，伽达默尔解读了德国犹太
诗人保罗·策兰(Paul Celan)的诗集《换气》中的二十一首诗。在《子午线》演讲
里，策兰指出有抱负的诗歌在"以他者的方式言说——天知道，也许是以全部
的他者的方式"。

> 以歌的桅杆驶向大地
> 天国的残骸航行
>
> 进入这支木头歌里
> 你用牙齿紧紧咬住
>
> 你是那系紧歌声的
> 三角旗。

　　伽达默尔认为，诗人用生命之歌言说着创作："诗最后'系紧歌声的三角
旗'不仅仅指诗人和他的不屈的希望，它也是所有生命的最后的希望。这里，
再一次，在诗人和人类存在之间没有什么区分，人类存在，是一种要以每一阵
最后的力气把握住希望的存在。"①因此，真理在艺术经验中发生的样式是涌现，
是绽开，永远在过程之中。伽达默尔意在探讨理解与存在的关系，人们理解的
局限性，以及这些局限在什么意义上昭示了新的希望。
　　首先，伽达默尔提出，我们应正视"先入之见"并尊重"传统"。与海德格尔
一脉相承，伽达默尔认为我们在理解文本的时候，要看到自身的有限性，清楚
自己在世界中的位置。人不能将自己从历史和传统中连根拔起，站在认识对象
的对面。我们根本无法剔除"先入之见"，但是，"前见"并不总是"偏见"，"合
理的先见"来自历史和传统。在实际生活中，传统和权威并非一无是处，遵循
传统也不一定就是迷信和盲从。所谓"传统"，是不经理性证明而经人类生活实
践经验证实有效的东西，如摩西十诫、中国古代的"礼义廉耻"等道德教条；同
时，对"传统"的服从也并非彻底强制，在大多数情况下是自由的选择。人文科
学不是靠冰冷的数据说话，而是靠综合的判断能力和意识统觉。在这一点上，
权威意见的个体性和洞见性更为重要。日常生活中的每一次判断都要我们凭借

---

　　① ［德］汉斯-格奥尔格·伽达默尔：《"隙缝之玫瑰"：伽达默尔论策兰》，王家新译，
见《新诗评论》第 2 辑，北京，北京大学出版社，2009。

理性做出选择，然而理性不是凭空产生的，它也是环境的产物。"个人的前见比起个人的判断，更是个人存在的历史存在。"①

有别于传统方法论阐释学将共通的人性看作解释的前提，伽达默尔强调"传统"，也就是我们（作者和读者）共同处身其中的世界本身。在这样的存在中，"我"总是与他人共在，意义总是在"共享"和"交谈"。传统在这里不是封闭的，而是向未来开放的。不断有新的文本和新的理解加入这个意义共同体与连续体，语文教师在课堂上所做的经典传承工作，仿佛是不断编织由传统和习俗构成的意义之网。

其次，伽达默尔认为："理解不只是一种复制的行为，而始终是一种创造性的行为。"②我们可能永远无法自称某种理解是完善的，宁愿相信所有的努力都是向着完善进步。在伽达默尔看来，意义不是先于阅读、先于读者理解的"自在之物"，而是阅读过程的"生成物"。③《红楼梦》的意义不在曹雪芹的创作意图中，也不在各种版本《红楼梦》的纸痕墨迹间，而是在历代读者的理解历史中。理解就意味着在传统中皈依相同和承认差异。时空距离既使我们和文本疏远，又是我们和文本得以对话的基础。理解是一场"效果历史"（Effective history)④事件，总是与文本的接受史不可分离。每一个新的读者在阅读中都受过去的效果历史影响，并以自己的声音加入理解的大合唱。

在跨越历史长河的阅读接受过程中，对文本意义的"汲舀"是永无止境的。有些错误被清除，有些意义被重新发现。随着时间距离的拉大，这成为一个过滤的过程。在这一过程中，不断有人进入与文本的"攀谈"，"假前见"经过与文本的接触后不断被摒弃。因此，时间距离有可能使解释者比作者理解得更多。例如，斯威夫特（Jonathan Swift）的《格列佛游记》本是一部政治讽刺小说，然而在作者死后多年，它却作为儿童文学作品在世界范围内流传。这是因为文本超越历史而存在，文本的意义也有可能超越作者原意，在后来的时代激起更大的意义涟漪。再如，同一部《红楼梦》，"经学家看见易，道学家看见淫，才子

① 〔德〕汉斯-格奥尔格·加达默尔：《真理与方法：哲学诠释学的基本特征》上，洪汉鼎译，357 页，上海，上海译文出版社，2004。

② 〔德〕汉斯-格奥尔格·加达默尔：《真理与方法：哲学诠释学的基本特征》上，洪汉鼎译，383 页，上海，上海译文出版社，2004。

③ 王丽亚：《解释》，见赵一凡等：《西方文论关键词》，270 页，北京，外语教学与研究出版社，2006。

④ "效果历史"（Effective history），德文为"Wirkungsgeschichte"。伽达默尔认为，历史或传统不仅仅是过去，而且是实现的过程，历史通过制约我们的历史理解力产生效果。

看见缠绵，革命家看见排满，流言家看见宫闱秘事"①，言人人殊。阐释的意义正在于此。在瞬间的视域融合中，在过去和未来、作者和读者、读者和文本跨越时间的对话中，传统得以延续和更新，世界的意义得以显现，自我获得了更丰富的发展。

最后，伽达默尔重视阅读中的视域融合与问答逻辑。在伽达默尔看来，"我"并不能完全"植入"别人的体验，完成狄尔泰意义上的"移情"，"理解"的意义总是来自"我"对文本的意义期待与文本的"召唤结构"之间形成的"视域融合"。"理解其实总是这样一些被误认为是独自存在的视域的融合过程。"②在这里，文本不是纯客体，而是准主体。它用自己的存在向我们提问，并回答我们的问题。"问与答的逻辑"使伽达默尔把理解过程看作读者与文本之间的平等对话。"某个流传下来的文本成为解释的对象，这已经意味着该文本对解释者提出了一个问题。"③解释包含与这个问题的关联和对这个问题的回答。提问既预设了某些开放性，也预设了某些限制。理解文本，就是恰如其分、如其所问地重构这个问题，并在文本中进一步寻求答案。这里的对话逻辑与在实际生活中不同，没有对话语境和反应的即刻性。我们并不能任意地自说自话，而是受文本期待视域的限制。

在进入文本时，我们要如何重构这个有关文本的主要问题？伽达默尔认为，可以先预设作者的写作理念。这个理念就是对文本完满性的一个概略的"前把握"。我们会提出问题，并用阅读去检验作者是不是很好地回答了这个问题。我们边阅读边提问，文本则一面被阅读，一面回答或者修正我们的问题。可见，伽达默尔所理解的问答逻辑是一种试探逻辑，也是视域融合具体展开的过程。

例如，我们可将《骆驼祥子》的主题定位为社会批判，认为它写了一个"旧社会把人变成鬼"的悲剧故事。循此思路，读者会一步步发现，在祥子的悲剧中，社会不利因素是怎样起作用的。如果把文本看成一个反思人性的故事，主题是个体成长，主要内容是一个农村青年在城市中的堕落，读者就会关注在每一个关键路口，祥子自身的性格因素与其命运是怎样纠缠在一起的。教师可以在解读前，先列出若干主题关键词，让学生选择。每一个问题都预设了一个意义方向。关键词一般比较宽泛，学生在下一步的阅读中会将问题逐步细化，文

---

① 《鲁迅全集》第 7 卷，419 页，北京，人民文学出版社，1963。
② ［德］汉斯-格奥尔格·加达默尔：《真理与方法：哲学诠释学的基本特征》上，洪汉鼎译，396 页，上海，上海译文出版社，2004。
③ ［德］汉斯-格奥尔格·加达默尔：《真理与方法：哲学诠释学的基本特征》上，洪汉鼎译，480 页，上海，上海译文出版社，2004。

本会不断给出或者矫正读者对这个问题的回答。教师在课文解读中所起的关键作用，就在于恰当地重构问题。

总而言之，伽达默尔对传统和权威的肯定态度，对先入之见、期待视域和问答逻辑的强调，向我们提示了一种守成的文本解读方法。时下文化研究及各种"后"学主张彻底打翻经典，就此而言，伽达默尔的教诲可构成有效的平衡。如果说文化研究和"后"学对经典采取激进革命的态度，伽达默尔阐释理论的文化保守主义色彩就很明显了。教师要保存和延续文化传统，让经典文本经过历代人的自由选择和历史沉淀，进入当代人的内心生活。因此，伽达默尔的解释学在文学教学中值得重视。

二、阐释的开放性与有效性

关于文本的阐释理论有一个核心问题，就是阐释有无边界。对此问题的回答，主张追究作者原意的作者中心论位于一极，提倡以读者为中心的任意解读论位于另一极。大多数人持折中的观点：一方面，原意无可追究，正如尼采在《道德的谱系》中所言，"没有事实，只有阐释"①；另一方面，解读总要有个界限，不可以无中生有，天马行空。如何在文本意义的开放性和解释的有效性之间获得平衡，既敞开多元解读的可能，又不致过度诠释？

1. 阅读即误读

"阅读即误读"是美国耶鲁学派②的主将哈罗德·布鲁姆提出来的。布鲁姆认为，对文本唯一可信的解释是"误读"（misreading），文本唯一的存在方式是在读者中激起的系列反应。文本没有确定的意义。文本之间是互文的，并不指涉文本之外的现实。文本并不反映作者及其时代的意识状态，也不构成读者与作者之间的"交流"。它只是语言的编织物，可以有多种解读。这些阐释可能并不相通，甚至互相抵触。批评家的解释不在于找寻文本的意指物，而在于怎样将其铸入新的文本。阅读在某种意义上就是写作，就是创造意义。布鲁姆并不否定文本意义的存在，而是反对将文本意义视为一成不变的纯客观的东西。换

---

① 转引自王丽亚：《解释》，见赵一凡等：《西方文论关键词》，269 页，北京，外语教学与研究出版社，2006。

② "耶鲁学派"指 20 世纪 70 年代至 80 年代初，在美国耶鲁大学任教并活跃在文学批评领域的几位有影响的教授，包括保罗·德曼、哈罗德·布鲁姆、杰夫里·哈特曼和希利斯·米勒。

言之，他主张文本解读的开放性。①

(1)文本之外无他物

布鲁姆"阅读即误读"的理念深受法国解构主义者德里达(Derrida)和后结构主义者罗兰·巴特的影响。德里达激烈地反对文本有客观恒定的意义，将文本比作没有条理的"蛛网"。罗兰·巴特将文本比作没有中心的"葱头"，高呼"作者死了"。在他们看来，结构主义追求批评的恒定模式，坚持文本背后存在深度意义，是逻各斯中心主义②的遗留。这种思维定式必将造成为强求意义的统一而无视文本内部的矛盾差异，"为了批评而批评"。他们认为，"作品"是个陈旧的观念，容易让人想到文本是作者的精神产品，从而把作者想象成文本的主人，把文本看成意义负载的工具。实际上，"人类能思维到的存在就是语言"，文本之外无他物存在，除了文本还是文本。③

解构主义者认为，文本经过拆分重组，不再有确定唯一的深度意义，而是可以根据读者的批评趣味在文本中找到无数的关注点，建构众多的意义可能。这些意义之间没有确定的联系，杂语喧哗，甚至相互矛盾，相互抵消。游移、播撒的文本意义不断在转换中变异或增值。结构主义者眼中稳定的结构开始散逸，变成了无数可能的、虚幻的、交叉重叠的、互文共在的微型结构，意义闪烁不定。文本单一结构的封闭性、稳定性和整体性被打破。这就是"解构"。值得注意的是，"解构"之要旨并不在于摧毁一切，也不全是虚无主义和非理性的疯狂，而是代表了对规范和成规的抵制，对中心和权威的颠覆。

(2)阅读即重写

"耶鲁学派"诸位理论家，将对文本确定意义的否定推向了极端。保罗·德曼(Palu de Man)主张，任何语言都不具实指内容，文本不存在客观意义。布鲁姆吸收了德里达的"异延"概念和德曼"阅读不可能"的思路④，提出了"阅读总是误读"的论断。

在布鲁姆看来，意义总是推迟到来，并且不断播撒开去。阅读永远不能和作者的原意重合，阅读总是误读，并在某种意义上成为重写。误读主要有三种

---

① 张中载：《误读》，载《外国文学》，2004(1)。

② "逻各斯中心主义"是西方"形而上学"的别称。这是德里达继承海德格尔的思路对西方哲学的总裁决。顾名思义，逻各斯中心主义是以逻各斯为中心的结构。"逻各斯"出自古希腊语，有很多含义，我们很难在汉语里找到对应的词。希腊语"逻各斯"，意即"语言""定义"，别称是"存在、本质、本源、真理、绝对"等。它们都是关于每件事物是什么的本真说明，也是全部思想和语言系统的基础所在。

③ ［法］雅克·德里达：《论文字学》，汪堂家译，15 页，上海，上海译文出版社，1999。

④ Paul de Man, *Allegories of Reading*, Yale University Press, 1979, p. 17.

情况：作者对文本的误读，批评家对文本的误读，后代对前代文本的误读。尤其是在第三种情况中，误读在所难免，是为"影响的焦虑"。布鲁姆将此用于浪漫主义文学的研究，认为后辈诗人总是处在"影响的焦虑"中，生成文学上的弑父情结，即通过"误读"，改写上一辈诗人留下的话题，形成自己的风格。这里的传统"影响"不仅仅是积淀和承袭，如同 T. S. 艾略特和伽达默尔的传统说所强调的那样；也表现为叛逆和颠覆，意味着后来者要在一种"影响的焦虑"中成长，要在对前辈的"误读"中超越，创造出自己的风格。多种多样的"误读"带来了积极的意义，也开启了创新的源泉。① 不同时代、不同作者的文本都处在相互影响和交叠转换中，形成"互文性"（Intertexuality）②，就像刘勰所说："伏采潜发，秘响旁通。"（《文心雕龙·隐秀》）

因此，文本解读不能坐享其成，不应该像新批评提倡的那样，只是孜孜不倦地寻找终极、权威的阐释模式，而是应该采取刻意挑剔的"误读"模式，从文本的裂缝里找寻矛盾和差异，不断从新的角度发现新的意义。

2. 过度诠释

文本阐释是指可以随心所欲、任意挖掘新的意义吗？在《诠释与过度诠释》中，意大利符号学家、小说家安伯托·艾柯（Umberto Eco）提出了"过度诠释"（over-interpretation）的概念。过度诠释是对诠释限度的无限突破和对诠释者权力的无限夸大。诠释者认为作品在无休无止的漂流中无限地漫延，相信对作品的诠释可以不限于文本。艾柯承认，在一定意义上，创造性的文本总是开放的作品，但是不同意"根本不存在文本的原义"这种说法。"我接受文本可以有许多不同的诠释这样的观点，我反对那种认为文本可以具有你想要它具有的任何意义的观点。"③艾柯认为，清醒合理的解释和妄想狂式的解释还是有着巨大的

---

① ［美］哈罗德·布鲁姆：《影响的焦虑》，徐文博译，25～29 页，南京，江苏教育出版社，2006。

② 互文性，也有人译作"文本间性"。作为重要批评概念，互文性出现于 20 世纪 60 年代，随即成为后现代、后结构批评的标识性术语。互文性通常指示两个或两个以上文本发生的互文关系。这一概念首先由法国符号学家、女权主义批评家朱丽娅·克里斯蒂娃在其《符号学》中提出："任何作品的文本都是像许多行文的镶嵌品那样构成的，任何文本都是对其他文本的吸收和转化。"其基本内涵是，每一个文本都是其他文本的镜子，每一文本都是对其他文本的吸收与转化。它们相互参照，彼此牵连，形成潜力无限的开放网络，以此构成文本过去、现在、将来的巨大开放体系和文学符号学的演变过程。

③ ［意］艾柯等：《诠释与过度诠释》，王宇根译，172 页，北京，生活·读书·新知三联书店，1997。

区别的。

(1)文本权力与读者权力

针对保罗·德曼、布鲁姆以及米勒等解构主义者无限制强调"读者权力"，艾柯深入讨论了文本诠释的可能性和有限性，提出了"文本权力"这一概念。艾柯认为："如果确实有什么东西需要诠释的话，这种诠释必须指向某个实际存在的、在某种意义上应该受到尊重的东西。"①开放性阅读必须从作品文本出发，因此会受到文本的制约。诠释者应该研究文本权力和读者权力之间的辩证关系。读者的积极作用就在于对文本意图进行推测。文本不只是文字物质形式放在那里的文本本身，而是在阐释循环过程中逐渐按其合法性过程确立起来的客体。我们必须尊重作品文本，而不是生活中的作者本人。

在艾柯看来，"不确立边界，就不可能存在城邦"。解构主义文论家越来越重视"误读"的积极意义，认为它提高了读者的阅读创造性和自主性，是文本解读中一种反本质主义的解构策略。然而，"误读"不是随意阐释的理由。布鲁姆的"误读"理论只是证明了文学阐释并不存在唯一正确的解释，并不能证明阐释是没有限度的。

(2)作品意图与经验作者

为强调文本权力，艾柯又提出了"作品意图"(intention auctoris)这个富有挑战性的概念。它既不同于"意图谬误"中先于文本的作者意图，也不同于"感受谬误"中读者的自由发挥，而是内在于文本本身的结构之中。"作品意图"可以通过作品的连贯性整体加以检验。艾柯的"作品意图"是动态的，就像接受美学中文本的"召唤结构"。在这里，艾柯区分了经验读者(Empirical Reader)、隐含读者(Implied Reader)和标准读者(Model Reader)。他认为，"经验读者"是实际阅读者本人，"隐含读者"是作者写作时潜在的对话读者，而文学文本的目的是产生"标准读者"。"标准读者"具有按文本应该被阅读的方式去阅读的内在规定性，但并不排除对文本进行多种阐释的可能。

经验作者(Empirical Author)，比如艾柯自己，在阐释自己的作品时是否享有特权？艾柯的看法和赫施"意向性"理论比较相近。艾柯认为，作者所代表的"前文本的意图"(pre-textual intention)确实不能成为阐释有效性的标准，但是经验作者确实对作品的合法阐释有更多发言权。各种"解构"策略和"误读"理论为了花样翻新，忽视了阅读经验本身，并且无视"阅读总是为了达成理解"这一事实。不管人们如何否定作者的作用，在经验阅读中，人们仍然会在同一作

---

① ［意］艾柯等：《诠释与过度诠释》，王宇根译，52 页，北京，生活·读书·新知三联书店，1997。

者的作品中寻找某种精神上连贯的东西。艾柯自己作为《玫瑰之名》《傅科摆》的作者，其"在场"无疑为更好地理解作品的创造过程（如文本由哪些偶然的选择构成、由哪些无意识驱动）和文本的隐含策略提供了帮助。艾柯强调，在作者所"意指"的东西与具有说服力的阐释所解读出来的东西之间，往往有某种程度的"暗合"。

（3）诠释文本与使用文本

艾柯还主张在"诠释文本"和"使用文本"之间做出区分。他认为，理查德·罗蒂（Richard Rorty）对《玫瑰之名》的阅读就有断章取义之嫌。"他关心的只是小说的某个方面，有意忽视了其他方面。他出于自己哲学观点的需要——或如他自己所示，出于其自身修辞策略的需要——部分地'使用'了我的小说。他仅仅关注的是我小说解构性的一面（反阐释的一面）。"①美国文学理论家乔纳森·卡勒持大致相同的看法。卡勒认为，只追问文本的"使用"，不关心文本意义形成的诸多"问题"，是成问题的。卡勒不完全同意艾柯所说的"作品意图"之类的概念，担心这些概念会阻碍意义的敞开从而变成"意义专制"的绳索。在卡勒看来，意义必须受制于"语境"，而"语境"是无法事先确定的。② 随着时间的推移，"语境"会变得越来越开放。但是，卡勒仍然希望文本意义理论"问题"得到重视。

基于文本的开放性，艾柯并不强调有某种固定的理论可以帮助人们据以界定"过度诠释"。不过，他也认为自己的提议是"类波普尔"式的，是可以证伪的。这足以使人认识到，并非任何阐释都是可行的。既存在文化意义系统，也存在文本的内在运行机制，对于解读者来说，"要理解本文的运行机制意味着去断定为了得到一个连贯的诠释，它的众多特征中哪些是相关的，哪些是不相关、不能支持连贯性解读的"③。

艾柯重申，文本自身的特质会为合法性阐释设立一定的判断标准。对文本的任何解释都会涉及三个方面：第一，文本的线性展开；第二，从某个特定的期待视域进行解读的读者；第三，理解某种特定语言所需的文化百科全书，以及前人对此文本做的各种各样的解读。有些事实就是事实本身，例如，文本中的三只小猪不会被看作四只。因此，为诠释设立某种界限是可能的：超过界限

---

① ［意］艾柯等：《诠释与过度诠释》，王宇根译，173 页，北京，生活·读书·新知三联书店，1997。

② ［美］乔纳森·卡勒：《当代学术入门：文学理论》，李平译，71 页，沈阳，辽宁教育出版社，1998。

③ ［意］艾柯等：《诠释与过度诠释》，王宇根译，178 页，北京，生活·读书·新知三联书店，1997。

的诠释是不好的或勉强的诠释。

　　此外，艾柯试图求助于某种"文化达尔文主义"，把"历史"选择看作大浪淘沙的过程。共识的形成是一个需要不断修正的长期过程，经过淘汰，某些解释自能脱颖而出，获得比其他解释更大的读者认同。"我们已经精心构筑了一些语言习惯，根据这些习惯来判断，某些证据、某些文献是可信的。"[①]我们有理由认为，《荷马史诗》产生在《神曲》之前，现在如果我们想把"赫克托尔之死"解释成耶稣受难的隐喻，并使它具有可信性，就需要依赖群体所形成的共识。

　　"在无法企及的作者意图和众说纷纭的读者意图之间，显然有一个第三者'文本意图'的存在，它使一些毫无根据的诠释立即露出马脚，不攻而自破。"[②]阐释最终无法脱离对人类经验的态度，"永无止境的自我创新"和"墨守成规的本质论"都会求助于某种价值判断，也就是最终会触及"人文价值"。在神秘的创作过程与难以驾驭的诠释过程之间，"文本"的存在是使阐释活动有所归依的鹄的。

3. 阐释的循环

　　"故说诗者，不以文害辞，不以辞害志；以意逆志，是为得之。"（《孟子·万章》）前半句关乎阐释过程中部分与整体的关系，即"阐释的循环"；后半句"以意逆志"关乎作者与读者在作品上相遇时必须有的协调（mediation）。作者传意是一种写作，读者释意是一种重写。在阅读过程中，因为有不同的己意，我们会对眼前的作品（不断说话的存在）做出种种意会。读者和作品的相遇是一种对话，一种交谈。[③] 在这个意义上，"文无定解"是成立的。

　　（1）言不尽意，文无定解

　　西方古典文学观把意义看作埋藏的秘密，一定要由读者亲手从文本中把它挖掘出来。然而意义的传达并不是"作者—意义—读者"这样一个"手—饼—手"的过程，人的审美经验要复杂得多。"书不尽言，言不尽意"说的就是这个道理。文本永远不是意义明确、绝对自足的单元，而是一个暧昧模糊、不断变化的语义空间，其间渗透着无数海市蜃楼般的印迹和其他作品的回响。文本之间的互为指涉（互文）总是无法穷尽。正如 T. S. 艾略特所言："欣赏诗的读者，不

---

　　① ［意］艾柯等：《诠释与过度诠释》，王宇根译，183 页，北京，生活·读书·新知三联书店，1997。

　　② ［意］艾柯等：《诠释与过度诠释》，王宇根译，96 页，北京，生活·读书·新知三联书店，1997。

　　③ 叶维廉：《中国诗学》，139 页，北京，生活·读书·新知三联书店，1992。

只一个而是有无数个。我以为，批评理论常犯的错误之一，便是假想在一面只有一个作者，在另一面只有一个读者。"理想的读者、普遍性的读者、共通的读者之不能成立，正如普遍的口味之不能成立一样。维持社会的契约一旦改变，语言的契约也会受到影响。可见，一时一地的阐释是无法穷尽文本意义的。

伽达默尔主张一种探究型阐释，区别于以施莱尔马赫为代表的强调作者原意的独断型阐释。独断型阐释是一种本质主义的思维方式，认为文本的意义是客观的、固定的，是作者的意图，理解所做的就是把确定无疑的真理用于个别案例。探究型阐释是一种历史主义的思维方式，认为作品的意义是构成物，是在长久的时间里不断建构、沉淀、累积形成的，而字句在全文中传达的具体意义会随具体时代、具体人的不同而不同。理解并不是简单的复制，更是一种创造。没有人可以垄断对经典的阐释。我们可以参照金圣叹对《水浒传》、朱熹对《四书》的评注，但我们的理解仍只属于我们自己。它投注了我们自身时代的生存倒影。在理解的过程中，我们修正、补充和增益对文本的"前理解"，发展着"传统"本身。伽达默尔认为："这不是打开任意解释的大门，而是揭示一直在发生的事情。"[1]

（2）阐释的循环

由于有了不同的历史性，文本在不同读者那里就会有不同的回响。这并不足以成为我们可以对文本进行任意解读的理由。要弄清这个问题，还是要回到"阐释的循环"——"部分没有整体不知所属，整体则必须依赖部分逐步地认识才得以完成"。阐释的循环指向整体与部分在解释时互相依赖这种认知上的矛盾。阐释的循环所提到的"整体"涉及语境，即具体文本解读和整个文化系统、生存背景的关系。[2]

任何解释都要有一个前提，这个前提就是解释者和文本共享的意义系统。它是潜在的共同规则。例如，我们只能在中国文化传统中理解"红楼梦"这个书名所负载的文化意蕴。如果把这三个字对译成英语，不管用哪些单词，它所附着的文化光晕，它所蕴含的看破红尘的感伤情绪、人生如梦的虚幻意味，都会大打折扣。恰当的解释总依赖于若干这样的预设或者文化背景，或者解释者和作者生命上的联系。

既然阐释学的"整体"条件依赖于文化"传统"和生活背景，那么"传统"是封

① ［德］汉斯-格奥尔格·加达默尔：《真理与方法：哲学诠释学的基本特征》上，洪汉鼎译，485页，上海，上海译文出版社，2004。

② ［美］D. C. 霍埃：《批评的循环——文史哲解释学》，兰金仁译，95页，沈阳，辽宁人民出版社，1987。

闭的圆圈还是开放的空间？在这里，我们遇到了"盲人摸象"这一古老的问题，即对"传统"的依赖会不会导致封闭的循环。伽达默尔认为，不必担心。阐释的循环，即整体与部分的一致性，是阐释有效性的基础，同时又是一个开放的循环。在理解过程中，整体所规定的各个部分本身也规定着这个整体。也就是说，对整体的意义预期是不断推进的。旧的整体不断被打破，新的意义带来新的部分，有点像百川汇海。例如，对莎士比亚的接受史，共同促成了后来每一个读者对莎士比亚的"前理解"。理解的运动在这种意义的同心圆中不断扩大。历时性文本的开放性结构，是有待于实现而又不可能最终完成的，是不断增值的生命意义体。

意义是文本在动态阅读中不断生成的东西，包括作者发送的意义、文本话语提供的意义和读者阅读赋予的意义。意义不能脱离作者、文本和读者而独存。"在完满的理解中，整体和部分的循环不是被消除，反倒是得到了最真正的实现。"①这种循环在本质上与理解活动相伴始终。理解就是流传物运动和解释者运动内在的相互作用。

（3）意义的内在性

我们和文本置身于共同的历史和传统之中，有属于"世界""人类"这个大整体的不可分割的共性。我们和宋玉、欧阳修等人一样，生活在这块土地上，像他们一样经历生命的挫折，伤春悲秋。这是隔了几千年，我们在读到《九辩》《秋声赋》这些文本时依然感动的原因。理解不只是心灵之间的神秘交流，也是一种对共同意义的分享。

理解的目的是取得协调，即我们的解释要自圆其说并和文本同步。虽然阐释是开放的，然而意义的内在性构成了阐释学理解的限度。这种内在性主要表现在文本意义的"先设定"（召唤结构）和理解在"历史"和"传统"中的"自循环"。阐释的根本问题，是既渴望创造（读者）又最终皈依（传统）。② 懂得了这一点，在具体的文本解读中，我们就能尝试在意义开放性与文本相关性之间获得有效的平衡。不论是对经典还是其他文本的解释，我们都既不能死板地拘泥于字面，也不能完全脱离文本字面意义，断章取义，指鹿为马，使阐释失去合理可信的基础。

---

① ［德］汉斯-格奥尔格·加达默尔：《真理与方法：哲学诠释学的基本特征》上，洪汉鼎译，379页，上海，上海译文出版社，2004。

② ［英］特雷·伊格尔顿：《二十世纪西方文学理论》，伍晓明译，90～93页，西安，陕西师范大学出版社，1986。

三、文学阐释常用方法

与哲学阐释一样，文学阐释同样关注意义、作品、读者以及它们之间的关系。决定意义的是什么？作品的意义既来自主体的经验，同时也关联着文本的属性。它既是我们的知识，又是我们试图在文本中获得的知识。作品意义是先于理解而存在的，还是在理解中生成的？艾布拉姆斯把文学作品放到一个由"作家—作品—读者—世界"四个活动要素构成的坐标系里进行解释（见图 5-1）。① 纵观 20 世纪的文学批评发展史，文学阐释也经历了四次重心的位移。

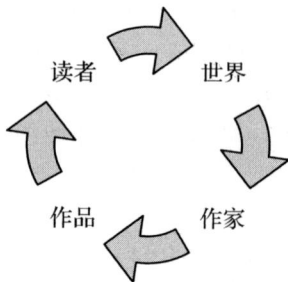

图 5-1　文学作品四要素

文学阐释的方法尽管五花八门，本章主要介绍几种常用的方法。

1. 知人论世

"知人论世"是中国古代文论中很有代表性的观念，由孟子最先提出。《辞海》对"知人论世"的释义是："了解一个人并研究他所处的时代。"

（1）知人论世及其应用

此语出自《孟子·万章下》。孟子谓万章曰："一乡之善士斯友一乡之善士，一国之善士斯友一国之善士，天下之善士斯友天下之善士。以友天下之善士为未足，又尚论古之人。颂其诗，读其书，不知其人，可乎？是以论其世也。是尚友也。"在这里，孟子谈到交友之道在于"友善士"。除了和当代的仁人志士为友，我们还要通过读书结交古人。"颂其诗，读其书"，必须"知其人""论其世"。孟子此言，既可被看作识人之法，也可被看作读书之法。

---

① ［美］M. H. 艾布拉姆斯：《镜与灯：浪漫主义文论及批评传统》，郦稚牛、张照进、重庆生译，5 页，北京，北京大学出版社，1989。

　　"知人"包括两方面的含义。首先，是能鉴察人的品行、才能。其次，是知晓人事及其变化。写作要如曹雪芹所说，世事洞明，人情练达，阅读就是回到世态人情，恰如其分地理解作者和作品。一般认为，孟子言"论世"指的是治乱政事，后人将"论世"理解为研究作家身世及相关历史背景。① 朱熹是注释《孟子》的权威，认为："论其世，论其当世行事之迹也。言既观其言，则不可不知其为人之实，是以又考其行也。"朱熹把"世"解释为所论对象的身世和经历。知人论世，指了解一个人并研究他所处的时代背景，在这个过程中鉴别人物的好坏，议论世事的得失。

　　孟子这句话对中国传统的文学批评影响甚大。知人论世成为通行的文学批评方法。此法用于作品解读，强调一定要尊重作者的存在，深入地了解其生平经历及其所处时代的精神背景。南朝文学批评家钟嵘擅长用这种方法考察作品。他在《诗品》中评论晋人刘琨的作品时说："其源出于王粲。善为凄戾之词，自有清拔之气。琨既体良才，又罹厄运，故善叙丧乱，多感恨之词。"这是用刘琨遭逢厄运的经历，来解释其诗作何以多感慨悲愤之词。金圣叹评点《史记·平原君虞卿列传赞》云："末'穷愁著书'，另宕一句，乃写自家意思。"这是用司马迁受宫刑的惨痛经历，来解释他的发愤著书。

　　当代的文学评论家更是自觉地运用这种方法考察作品。在曹雪芹研究领域，考据派注重搜集有关曹雪芹家世、生平的史料，把贾宝玉的原型锁定在纳兰容若等几个清代才子身上；索引派对曹雪芹当世的政治更感兴趣，把《红楼梦》看作隐喻的政治文本，用历史上或传闻中的人和事去比附《红楼梦》中的人和事。两者都是在知人论世上狠下功夫，为《红楼梦》的文本研究提供了不少资料。

　　知人论世要求用"联系的""全面的"眼光观察问题，是一种富含辩证元素的方法，最常用也最行之有效。以鲁迅《故事新编》中的《奔月》为例，如果我们走近五四退潮后的 1926 年，了解鲁迅写作该篇时的心境，就会发现，后羿心中的悲凉正是鲁迅当时精神世界的投射。作为新文化运动中的英雄，鲁迅坠入了现实的平庸，体味着生命弱化的悲哀。结尾"有人说老爷还是一个战士""有时看上去简直好像艺术家"②这些双关语句，以反讽的口吻写出了"战士"兼"艺术家"的回天无力，饱含鲁迅对自身境遇的冷嘲。

---

① 童庆炳：《中国古代文论的现代意义》，95 页，北京，北京师范大学出版社，2001。
② 鲁迅：《奔月》，载《莽原》，第 2 卷，第 2 期，1927。

（2）知人论世与实证批评

对于"知人论世"的"世"，除了指以"人"为中心的"身世"研究，还可以是"时势"或"时世"，意指作者所处的时代和社会。将这种视野比较开阔的方法用于文学评论，有助于把某一作品与时代特征、社会思潮结合起来考察。在西方文学批评源流中，这种知人论世之法比较接近实证批评。

首先，实证批评重视"论世"与生存环境的关系。受达尔文进化论和孔德实证主义的影响，实证批评强调文学得以形成的外部因素，探究与作家生平、作品写作相关的事实材料。与施莱尔马赫和狄尔泰的方法论阐释学遥相呼应，实证批评把文学看作认识世界的一种方式，认为作品的意义就是作者要传达的思想，而作者思想无疑是时代精神的产物。

实证批评以法国作家史达尔夫人（Madame de Stael）、法国文学批评家丹纳（Hippolyte Adolphe Taine）等为代表。史达尔夫人在《从文学与社会制度的关系论文学》里，对南方（法国）文学与北方（德国）文学在气候地理、民族体质、民俗风情、人性等方面有不同的描述，认为必须根据文学和政治制度、宗教状况、风土人情、民族性格的关系，来探讨某种文学性质和特征的原因。①丹纳在《艺术哲学》中，以欧洲文艺复兴时期的意大利绘画、尼德兰绘画和古希腊雕塑为例，以艺术发展史实为依据，强调种族、环境、时代对精神文化的制约，认为在这三个因素中，种族是"内部动力"，环境是"外部压力"，时代是"后天动力"。②

实证批评主张在时代、种族、环境组成的坐标系中框定作家的位置，破译创作的密码，可被看作西方版的知人论世说。在《屈子文学之精神》中，王国维借用"南方文学/北方文学"的阐释模式，在时代、种族、环境三要素中定位屈原及其作品。他从气候地理、风俗人情等方面探讨南方楚文化（道家）和北方齐鲁文化（儒家）的不同，指出："屈子南人，而学北方之学者也。"③屈原既受南方道家浪漫主义思想影响，又受北方忠君笃学的儒家文化熏陶，最终在历史潮头、文化夹缝中成为特立独行的人。这是融汇中西学说为"知人"而先"论世"的典型例子。

其次，"知人"与"时代精神"密切相关。实证批评通过"论世"而"知人"，认

---

① 伍蠡甫等：《西方文论选》，124～126 页，上海，上海译文出版社，1982。

② 余瀛波：《图解西方文论》，134～137 页，西安，世界图书出版西安公司，2010。

③ 王国维：《屈子文学之精神》，见《王国维文集》第 1 卷，33 页，北京，中国文史出版社，2007。

为社会历史和时代心理这些外在因素，即黑格尔所谓的"时代精神"①对作家精神气质的形成有巨大影响。黑格尔在论荷兰画派时提到，德意志民族有着独特的性情气质。② 时代精神是带有特殊的时代特征和地域特色的精神导向，往往体现在创作风格和语言上。李长之在探讨司马迁的创造个性时，注意到秦文的疏宕矫健与楚文的抒情浪漫共同造就了司马迁的文风。"这是时代精神使然，也是《楚辞》的影响使然。"③李泽厚在《美的历程》中探讨楚汉浪漫主义与屈骚传统，魏晋风度与阮籍、陶潜文风，盛唐之音与李白写作之间的关系④，都是从生平和社会环境出发，关注特殊时代精神对作家创作的影响。

在现代文学中，时代精神影响到作品创作的例子也很多。例如，郭沫若的《天狗》，与五四的"狂飙突进"精神就有一种复杂的同构关系。

> 我是一条天狗呀！
> 我把月来吞了，
> 我把日来吞了，
> 我把一切的星球来吞了，
> 我把全宇宙来吞了。
> 我便是我了！
>
> 我是月底光，我是日底光，
> 我是一切星球底光，
> 我是 X 光线底光，
> 我是全宇宙底 Energy 底总量！

具有强烈的叛逆风格，追求绝端自由、绝端自主，桀骜不驯的天狗形象，最典型、最充分地反映出五四冲决一切封建藩篱、追求个性解放的时代精神。

知人论世说历久不衰，主要是因为它把"人"作为理解文本的出发点和归

---

① 时代精神（德语"Zeitgeist"）时作"时代思潮"，德文意为"时间"（zeit，对应英文"tide"和"time"）和"精神"（geist，对应英文"ghost"），意指一个国家或者一个群体在一定的时代环境中的文化、学术、道德、精神和政治方面的总趋势，以及一个时代的氛围、道德、社会环境。

② ［德］黑格尔：《美学》第 3 卷上册，朱光潜译，325 页，北京，商务印书馆，1996。

③ 李长之：《司马迁之人格与风格》，230 页，北京，生活·读书·新知三联书店，1984。

④ 李泽厚：《美学三书》，114～117 页，天津，天津社会科学院出版社，2003。

宿，主张以心换心、推己及人的理解方式。这种解读方法无需特殊的批评技术，只需对世界基本的感受和对同类起码的同情。在教学中，大多数课文都能采用此法，便捷实用。其缺点在于，容易把文本看成作家传记或社会历史背景的辅助说明，运用失当就会忽视文本的审美内涵。

2. 文本细读

文学文本有自身的审美自足性，不只是人物心理和社会背景的注脚。因此，不能将作品的价值和意义，与作者的意图或者读者的感受相混淆。20 世纪以来的形式主义文论主张将批评关注的中心从作者移向文本，关注文学作品的语言及其构成。我们不应该只看作品"说了什么"，还应该分析它"是怎么说的"。

（1）新批评

新批评的兴起是对浪漫主义和实证主义文学批评的反拨。它提倡文本细读，认为批评就是培养对书页上的文字的敏感。文本中心主义的新批评非常重视语义分析，认为优秀的诗是复杂经验的调和，是多种对立冲动的平衡。对修辞的重视和语义分析，使新批评成为操作性很强的实用批评流派。I. A. 瑞恰兹（I. A. Richard）提倡一种隐去作者、直接面对诗歌文本的"细读"式分析方法。细读法（Close Reading）要求读者从语言入手，耐心琢磨、仔细推敲作品的语言和结构。它会具体分析语调、语法、语义、格律、音步、意象、隐喻、语言、神话等因素，品味作品的悖论、张力、反讽等内在质素，揭示出作品内在有机结构不同层面的意蕴。下面，我们用细读法分析一下徐志摩的《偶然》[①]：

> 我是天空里的一片云，
> 偶尔投影在你的波心——
> 你不必讶异，
> 更无须欢喜——
> 在转瞬间消灭了踪影。
>
> 你我相逢在黑夜的海上，
> 你有你的，我有我的，方向；
> 你记得也好，
> 最好你忘掉，
> 在这交会时互放的光亮！

---

① 写于 1926 年 5 月，初载于同年 5 月 27 日《晨报副刊·诗镌》第 9 期，署名"志摩"。

　　这首诗将时间副词"偶然"形象化，把它置入象征性的结构，于意象的措置和词语的并立中呈现出抒情主人公复杂暧昧的情愫，充满玄思。全诗两节，格律对称。每一节的第一句、第二句、第五句都由三个音步组成，严谨中不乏洒脱，委婉顿挫又朗朗上口。诗歌文本内部的张力结构更多。"你/我"是构成"二元对立"，或是偶尔投影在波心，或是相遇在海上，都是人生旅途中匆匆擦肩的过客；"你不必讶异/更无须欢喜""你记得也好/最好你忘掉"以"二元对立"式的情感态度，及语义上的"矛盾修辞法"呈现出充足的"张力"。① 尤其是"你有你的，我有我的，方向"一句，看似背道而驰，实则永不相忘。"你""我"在茫茫人海中偶然相遇，交会着放出光芒，但却擦肩而过，各自奔向自己的方向。两个相异的意向——"你有你的"和"我有我的"——恰恰统一、包孕在同一个句子里，归结在"方向"这一字眼上。在相识的偶然与相爱的必然，身影的消失与爱意的永恒，各自追逐人生的方向与内心频频回首、遥遥相望之间，该诗写出了有情人对浪漫的坚持和别离的苦涩。

　　新批评在美国的后继者是南方学派②。他们继续推崇这种形式主义批评，重视研究诗歌语言特性，诗歌内部的语义结构，如张力、悖论、反讽、含混、隐喻等。布鲁克斯(Cleanth Brooks)进一步完善了细读法。他写过一本对新批评文本实践有很大影响的书——《精致的瓮》，对邓恩、弥尔顿、华兹华斯、济慈等人的十首诗，用"悖论""反讽""含混"等术语进行详细的分析。我们可以试着用布鲁克斯常用的术语，分析一下穆旦的《出发》：

> 告诉我们和平又必须杀戮
> 而那可厌的我们先得去欢喜
> 知道了"人"不够
> 我们再学习蹂躏它的方法
> 排成机械的阵势
> 智力体力蠕动着像一群野兽
> 告诉我们这是新的美
> 因为我们吻过的已经失去自由

---

　　① 陈旭光：《徐志摩的诗〈偶然〉赏析》，见谢冕：《徐志摩名作欣赏》，70 页，北京，中国和平出版社，2010。

　　② 南方学派是现代文学理论中重要的形式文论派别。20 世纪 20 年代起源于英国，30 年代形成于美国，五六十年代在美国文论界占统治地位，60 年代初渐渐衰亡。南方学派对现代文论的发展做出了重要贡献。基地在美国的新批评派，也对其他国家的文学批评产生了重大影响。

好的日子去了
可是接近未来
给我们失望和希望
给我们死
因为那死底制造必须摧毁

给我们善感的心灵又要它歌唱
僵硬的声音
个人的哀喜
被大量制造又该被蔑视
被否定，被僵化，是人生的意义
在你底计划里有毒害的一环

就把我们囚进现在
呵 上帝！
在犬牙的甬道中让我们反复行进
让我们相信你句句的紊乱是一个真理
而我们是皈依的
你给我们丰富，和丰富的痛苦

    这里出现了一对对反义词：和平/杀戮，可厌/欢喜，人/野兽，失望/希望，善感的心灵/僵硬的声音，紊乱/真理，囚进/皈依。这些对立的词语和义项由选择轴并置到组合轴，使得语感以及意象冲突、扭结，构成诗意空间的巨大悖论和张力。战阵本身、战争理由、战士和战争旁观者（上帝）处于荒谬的关系之中。这首诗写了战士出征前的心灵煎熬：无法背叛和超离时代；但是又因所受的人文教育，对所有"历史""正义"等大写的真理充满怀疑。这是20世纪40年代必须为赴国难走上战场的知识青年的悲哀。

    细读是新批评的长处，也是其局限。这种方法最适合分析篇幅短小的现代抒情诗，如奥地利诗人里尔克的诗，德国诗人保罗·策兰的诗。20世纪30年代末，瑞恰兹的学生燕卜荪（William Empson）执教于西南联大。当时，中国很多现代派诗人深受其诗歌理论的影响，如冯至、戴望舒、卞之琳、艾青、穆旦。20世纪80年代，现代派重新崛起，朦胧诗诗人北岛、江河、杨炼的诗，以及后朦胧诗诗人海子、骆一禾等人的诗，都适用于新批评的文本细读法。

（2）结构批评

如果说新批评重视批评感性，造就了批评的"精神贵族"；结构主义则注重符号图式，造就了批评的"科学贵族"。[①] 结构主义者就像拿着标尺的科学家，到各个文本中寻找符合语言学阐释模式的结构，以此研究故事的"语法"。他们通过横向组合、纵向聚合，在双轴上重新建立故事情节的联系，借以发现故事背后的"深层结构"。对于结构主义者来说，"事物的真正本质不在于事物本身，而在于我们在事物之间构造，然后又在它们之间感觉到的那种关系"[②]。同样关注文本，同样深受索绪尔语言学的影响，新批评注重文本细读的语义学微观层面，常用于分析抒情性作品（如现代诗歌）；结构主义却接过了语言学、符号学的某些概念，诸如能指/所指，共时性/历时性，语言/言语，常用于分析小说、戏剧等叙事性作品。

结构主义者把文本看成自足的结构整体。这个"整体"不是艾略特意义上文本原来的有机整体，而是拆分之后重新组合各元素形成的整体。结构主义者关注的不是具体的文本，而是文本的构成和叙述规律；不是阐释作品的意义，而是解析作品的结构规则，即发现诸多叙事故事背后的叙事"语法"。法国符号学家托多洛夫在《十日谈的语法》中，把文学看作某些语言属性的扩展和应用。他认为，每一个故事情节都是一个完整的句子。小说的基本结构和陈述句的句法可互相类比，标准格式是"主语＋谓语＋宾语"，人物—主语，行动—谓语，行动的对象、结果—宾语。[③]

法国结构主义者格雷马斯（Algirdas Julien Greimas）引入符号学方法进行叙事研究。他的《结构语义学》旨在用科学的方法描述感性的世界，主要操作概念有"能指"和"所指"。"能指"是表层的人物成分及其分组，"所指"是"能指"得以存在所覆盖的意义。格雷马斯把意义的成分分成若干义素，在双项（如大/小、黑/白、高/低）对立的语义轴上，构想人物情节的结构关系，又把一般叙事故事分为六个行动位，建立起一个双轴模式：发者—客体—受者；助者—主体—对手[④]。

结构主义的叙事语法研究在中国也有较多富有成效的尝试。高辛勇曾经用

①　［英］特雷·伊格尔顿：《二十世纪西方文学理论》，伍晓明译，140 页，西安，陕西师范大学出版社，1986。

②　［英］特伦斯·霍克斯：《结构主义和符号学》，瞿铁鹏译，8 页，上海，上海译文出版社，1987。

③　［法］茨维坦·托多洛夫：《叙述的结构分析》，盛宁译，见王逢振、盛宁、李自修：《最新西方文论选》，123～130 页，桂林，漓江出版社，1991。

④　［法］A. J. 格雷马斯：《结构语义学》，蒋梓骅译，264 页，天津，百花文艺出版社，2001。

热奈特的理论分析中国古典小说《西游补》的叙事技巧，认为这部小说巧妙地运用创造性叙事动作，制作出如梦的气氛，使得各层现实在真与幻之间颠仆反复，合二为一。① 乐黛云采用结构主义的方法分析鲁迅的《药》，认为革命者夏瑜和愚昧者小栓这两组人物构成二元对立关系：他们通过人血馒头联系在一起，后来又通过馒头一样的坟头连成一片，通向永恒。两位上坟的母亲隔路相望，两个结构要素各自向前发展。小栓坟上的青白小花（象征自然的）和夏瑜坟上红白相间的花环（象征人为的）也是二元结构的表现。甚至乌鸦铁铸一般凝固、站立，与突然腾空向远方飞去，静与动，凝固与腾飞，都在对立中起着各自的结构作用，蕴蓄着阐释的空间与艺术的活力。②

格雷马斯以运用符号矩阵对民间故事、神话进行叙事形态研究（semiotic retangle）著称。符号矩阵阐释的是文本深层的结构模式。在索绪尔语言学中，意义是通过区分得到命名的。符号矩阵图的原理就是通过结构主义语言学的符号对立，确立整个故事的意义和深层结构关系。

格雷马斯把符号矩阵看成一切意义的基本细胞。受亚里士多德逻辑学命题与反命题的诠释模式启发，格雷马斯认为，所有故事都在对立项和矛盾项之间寻求平衡。文本在深层结构上有一两个关键词涉及故事内核和基本冲突，是解读文本的钥匙。符号矩阵分析的关键是找到在文本中有对立或矛盾关系的对立项，分别沿着矩阵四条边和对角线两条轴探讨六组人物关系。格雷马斯设立一方为X（白），那么对立方就是反X（黑），此外还有与X矛盾但不对立的非X（红），又有反X的矛盾方非反X（黄）。X与反X项是命题与反命题的关系。格雷马斯将简单的二元对立扩充为四项，将对立和矛盾的关系引入各项，通过函项的赋值剖析人物复杂的关系，实现了人物形象分析和对深层内蕴的挖掘，具有很强的操作性（见图 5-2）。

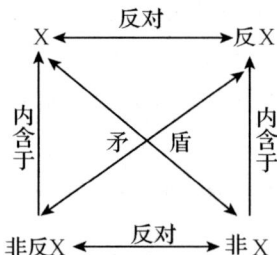

图 5-2　格雷马斯的符号矩阵

① 高辛勇：《〈西游补〉与叙述理论》，载《中外文学》，1984(8)。
② 乐黛云：《比较文学与中国现代文学》，278～279 页，北京，北京大学出版社，1987。

格雷马斯的叙事学符号矩阵适合解读神话、民间故事、唐传奇、宋元话本、明清传奇小说等情节复杂的作品。例如，美国学者弗雷德里克·杰姆逊（Fredric Jameson）用符号矩阵分析过《聊斋志异》里的《鸲鹆》[1]，中国学者用它分析了明代小说家冯梦龙的《杜十娘怒沉百宝箱》。[2]

发送者→客　体→接受者
　　　　↑
辅助者→主　体→反对者

它们在故事中分别对应的是：

人　类→爱　情→李　甲
　　　　↑
柳遇春→杜十娘→孙　富

随着情节的发展，李甲和杜十娘一见钟情的爱情平衡被打破：老鸨驱人，李甲筹钱，柳遇春相助，孙富挑拨，李甲负心，十娘投江。经历一系列的波折，故事达致高潮，最后在结尾获得新的平衡：善有善报，恶有恶报，各得其所。故事发展的关键词是爱情和金钱（见图5-3），二者构成对立，就像黑色和白色一样。世界又并不是非黑即白的，每一个故事都有黑白之间的灰色地带或者灰色人物，或者作为帮手，或者作为帮凶，使得整个故事在错综复杂的矛盾冲突中不断推进。

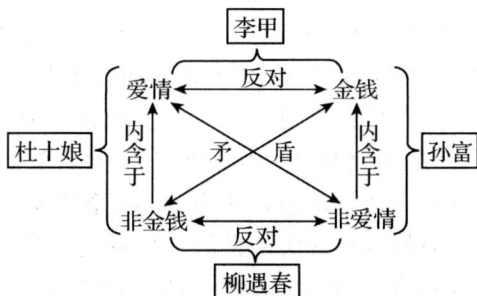

图 5-3　《杜十娘怒沉百宝箱》的符号矩阵

---

① ［美］杰姆逊：《后现代主义与文化理论》，唐小兵译，108～112页，北京，北京大学出版社，2005。

② 薛莹：《从格雷马斯叙事学视角解读〈杜十娘怒沉百宝箱〉》，载《文教资料》，2011(11)。

一定程度上，找到恰当的关键词，形成符号矩阵，图解故事，是巧妙的解读技术。当然，这也有赖于对文本独到的理解。符号矩阵能从故事的表层话语结构进入意义的深层结构，适用于对小说和戏剧的解读。

3. 印象批评

印象批评是创造性地表现读者（批评家）的主观印象和瞬间感受的批评方法。它依据审美直觉，关注文学作品的审美特性。如果说知人论世的实证批评是古典主义、现实主义批评的翻版，印象批评就是批评中浪漫主义和唯美主义的合流。它否认作者"客观意图"的存在，强调读者（批评家）的阅读感受，实开接受美学的先河。

（1）西方印象主义批评与中国古典感兴批评

印象批评的说法来自西方，与印象主义文艺思潮相关。"印象主义"之名出自法国19世纪中期印象主义绘画流派。后期印象主义画派提出，绘画画的不是客观事物，而是主体对客观事物的认识和体验。这一表现对现实世界印象的思潮，很快波及音乐、雕刻、文学及其他艺术领域。印象批评正是在这样的艺术土壤上成长起来的。

20世纪文学批评实现了非理性转向。受尼采、叔本华、弗洛伊德、柏格森等人所引领的哲学思潮影响，人们开始重视创作和阅读中的直觉与非理性、欲望与潜意识，探讨审美直觉、生命冲动对作品的影响。现代人本主义哲学重视人作为个体精神的存在，强调审美过程中的直觉作用，为印象批评提供了思想准备。

19世纪末，法国作家、印象主义批评家阿纳托尔·法朗士（Anatole France）明确提出印象批评的基本理论。印象主义批评强调艺术的独立性，认为"人生应该模仿艺术"。唯美主义提出"为艺术而艺术"，印象主义批评则主张"为批评而批评"。印象主义批评重视批评家的主观介入和创造性发挥，对创作和批评一视同仁，主张"最高之批评，比创作之艺术品更富有创造性"①。印象主义的哲学基础是相对主义和怀疑论，认为世间万物都处于永恒变动的"印象"之中，没有可以绝对把握的客观现实。世间一切真实不过是一种感觉，人们只能相对地把握客观世界的某一瞬间。这一瞬间的"真实"是人的主观感觉和印象，一切推理无非是感觉的作用。因此，艺术批评依赖于个人的趣味和感觉。个人的感觉和印象由是取代了传统的批评标准——作者的客观原意。法朗士坦

---

① 梁实秋：《王尔德的唯美》，转引自温儒敏：《中国现代文学批评史》，128页，北京，北京大学出版社，2005。

率地说："批评家应该声明：各位先生，我将借着莎士比亚、借着莱辛来谈论我自己。"①"好批评家是这样一个人：叙述他的灵魂在杰作之间的奇遇。"②

法国印象主义的批评理论一定程度上和中国感兴批评传统遥相呼应。司空图的《诗品》、严羽的《沧浪诗话》、金圣叹的《水浒传》评注、王国维的《人间词话》等，都是点评式鉴赏批评的代表作，可以被看作中国式印象批评。古典感兴批评大多是随笔，语言韵散相间，往往以意会体悟，以形象说诗。正如司空图所言："不着一字，尽得风流。"首先，古典感兴批评的主体大多集作、赏、评于一身。古人常选择生动具体、含蓄隽永的自然形象，用比喻和描绘的方法，将作品的神韵和品评者对作品的领悟传达出来。其次，古典感兴批评具有浓郁的艺术性，甚至在有些情况下批评和创作合二为一。其用语大多玄妙，给人以暗示，资人以联想，注重言外之意、味外之旨。例如，《诗品》这样论及"冲淡"一品：

素处以默，妙机其微。饮之太和，独鹤与飞。
犹之惠风，荏苒在衣。阅音修篁，美曰载归。
遇之匪深，即之愈希。脱有形似，握手已违。

中国古典感兴批评与西方印象主义批评一样都具有直观性、鉴赏性，但只是在比较的意义上具有印象批评的某些特征。前者的批评术语没有严密的逻辑性，而是直觉把握批评对象的艺术特征和整体风貌，往往使用"气象""境界""隔与不隔"等用语。例如，王国维论李白诗，称"太白纯以气象胜"。感兴批评多是一些感悟式描述，对仗工整，思维跳跃，用字空灵。例如，严羽论盛唐诗，称"如空中之音，相中之色，水中之月，镜中之象，言有尽而意无穷"。

（2）中国现代印象批评及其特征

五四新文化运动前后，西方印象主义批评理论开始进入中国。在中国新文学产生之初，茅盾和周作人就引介过印象批评。20世纪30年代中期，李健吾从法国学成归来，受到法朗士等人的影响，系统地将印象批评的理论和方法运用于自己的批评实践，成为中国印象批评的代表人物。其《咀华集》的问世显示了印象批评在中国的实绩。

① ［美］卫姆塞特、布鲁克斯：《西洋文学批评史》，颜元叔译，457页，北京，中国人民大学出版社，1987。
② 李健吾：《自我与风格》，见《李健吾文学评论选》，214页，银川，宁夏人民出版社，1983。

　　李健吾既追随西方印象主义，又继承了中国感兴批评传统，强调创造的心灵对文本的鉴赏和体味，主张批评是一种"自我发现"。他反感道德说教和政治审判式的批评。在当时党派之争的夹缝中，他试图尊重批评的个性，寻求一种"自由的批评"。朱光潜、沈从文、梁宗岱、李广田等京派文人，在批评主张和实践上也受到印象主义的影响，提倡主观的、感性的、鉴赏式的批评，一时使得印象批评在中国蔚然成风。中国现代印象批评的主要特征包括以下几点。①

　　首先，推崇批评主体的创造性与个性色彩。中国现代印象批评把批评视为自我表现的艺术，把批评家的自我当作批评的标准，非常重视批评的创造性。李健吾认为："一个批评家他不仅仅是印象的，因为他解释的根据，是用自我的存在印证别人一个更深更大的存在，所谓灵魂的冒险者是指，他不仅仅用经验，而且要综合自己所有的观察和体会，来鉴定一部作品和作者的隐秘的关系。"②批评家永远无法摆脱个性的影响去纯客观地把握对象，批评家对作家与作品进行批评的依据必须是人生，必须以人生印证人生，以人性衡量人性。

　　其次，强调批评过程中的印象和直觉。印象批评以对作品的整体直觉为批评的基础与主要内容。在思维方式上，它崇尚审美直觉，重视印象，是主体面对作品时的直观感受和瞬间反应。朱光潜把克罗齐的直觉说导入现代文论，并于《诗论》中，回到由沧浪的"兴趣"、渔洋"神韵"、简斋的"性灵"和静安的"境界"构成的诗学语境中，把西方的"审美直觉"东方化。再如，李健吾对沈从文小说特征的直觉印象是"可爱"："他所有的人物都可爱。仿佛有意，其实无意，他要读者抛下各自的烦恼，走进他理想的世界，一个肝胆相见的真情实意的世界……这些可爱的人物，各自有一个厚道然而简单的灵魂，生息在田野晨阳的空气，他们心口相应，行为思想一致。"③"可爱"并非批评术语，然而经过批评者印象统合，娓娓道来，的确给人清晰真切的感受。

　　再次，突出批评文本和语言的审美特性。印象批评把文学作品的审美特性作为考察对象，认为文学批评的任务是发掘作品的审美内涵，进行美的再创造。它在感受对象的审美特性过程中，凸显批评者不同流俗的审美情趣，揭示作品给读者带来的审美感受，如情调之美、境界之美。印象批评很少从政治的角度，而是常常从人性的、生活的角度进入作品。同时，印象批评关注批评文本在语言和结构上的审美传达。它看重个人的体验，多用感性形象和富有情致

---

　　①　王先霈、胡亚敏：《文学批评导引》，94～98 页，北京，高等教育出版社，2005。

　　②　刘西渭：《咀华集》，68 页，北京，文化生活出版社，1936。按：刘西渭为李健吾的笔名。

　　③　刘西渭：《咀华集》，72 页，北京，文化生活出版社，1936。

的语言，将对作品的整体阅读体验凝成一个或一组鲜明的意象，形成一种诗性的表述。例如，李健吾在谈对《边城》和《八骏图》的阅读印象时说："《边城》是一首诗，是二老唱给翠翠的情歌。《八骏图》是一首绝句，犹如那女教员留在沙滩上神秘的绝句。"①

最后，注重批评印象的比较与辨析。李健吾对京派和左翼作家作品充满洞见，非常看重阅读印象的综合和比较。例如，他这样表达对茅盾和巴金的阅读印象："巴金生活在热情里，热情做成了他叙述的流畅……热情就是他的风格。"②"读茅盾先生的文章，我们像上山，沿路有的是瑰丽的奇景，然而脚底下也有的是绊脚的石头；读巴金先生的文章，我们像泛舟，顺流而下，有时连你收帆停驶的工夫也不给。"③他用上山和泛舟的形象比喻，让读者感受到巴金小说一泻千里的热情和浪漫，以及茅盾作品客观、冷峻、理性的特点。

（3）印象批评在当代的发展

印象批评深具批评的洞见，强调艺术敏感。当代以降，以个体批评和审美批评为特色，印象批评在中国文学批评实践中不绝于缕。夏志清的《中国现代小说史》和木心的《文学回忆录》可以被看作中国当代印象批评的代表。

《中国现代小说史》强调作品的审美自足性，重新评价了1917—1949年的新文学小说家，以自身的敏感、心灵的会意、精神的游历和印象的捕捉为主旨，注重审美感知，力争对每一部作品、每一位作家都做到直观、整体地把握。例如，他论及张爱玲的小说："张爱玲的讽刺并不惩恶劝善，它只是她的悲剧人生观的补充。人生的愚妄是她的题材，可是对于一般人正当的要求——适当限度内的追求名利和幸福，她是宽容的，或者甚至可以说是赞同的。这种态度使得她的小说的内容更为丰富——表面上是写实的幽默的描写，骨子里却带一点契诃夫的苦味。在《留情》《等》《桂花蒸　阿小悲秋》几篇小说里，我们可以看到一方面是隽永的讽刺，另一方面是压抑了的悲哀，使得这些小说都有一种苍凉之感。"④张爱玲凌厉背后的宽容、幽默之中的苦味、善意的讽刺、压抑了的悲哀，以及整个作品的深刻苍凉之感，都是批评家得到的总体审美感受。

木心的随笔式点评同样强调批评的感性。他把文学看成回忆，正如史铁生所言："记忆是一个牢笼，而印象是牢笼外无限的天空。"⑤木心的批评本质上是一种隐喻性的表述，是用一个文学印象阐释说明另一个文学印象。在《文学回

---

① 刘西渭：《咀华集》，75 页，北京，文化生活出版社，1936。
② 刘西渭：《咀华集》，17 页，北京，文化生活出版社，1936。
③ 刘西渭：《咀华集》，14 页，北京，文化生活出版社，1936。
④ 夏志清：《中国现代小说史》，273 页，上海，复旦大学出版社，2005。
⑤ 史铁生、周国平、和歌：《史铁生：扶轮问路的哲人》，载《黄河文学》，2010(7)。

忆录》中，木心以丰富的学识自由出入于古今中西的艺术传统中，以直觉的方式进入作品，以瞬间"妙悟""体验"和"灵感"凝定成批评的神来之笔。例如，木心论屈原的《离骚》："屈原全篇是一种心情的起伏，充满辞藻，却总是在起伏流动，一种飞翔的感觉。用的手法，其实是古典意识流，时空交错。"木心谈《九歌》的阅读感受，寥寥数语就切中肯綮："神，鬼，都是人性的升华。比希腊神话更优雅，更安静，极端唯美主义。《少司命》有如行书，《山鬼》有如狂草。其余篇幅，如正楷。《九歌》超人间，又笼罩人间。"①这样的批评用语简约、轻灵，看似随笔道来，漫不经心，却字字珠玑，余味无穷。

20 世纪 80 年代以来，一部分批评家开始重新审视印象批评，强调批评的主体意识，重视批评的独立品格，敢于书写独有的阅读印象。吴亮的《文学的选择》以及他对当代名家余华、莫言、韩少功、张承志等人的点评，就是这种探索的代表。例如，他谈对莫言小说的感受："莫言为我们开辟了一个拥有极大可能性的小说空间，在那里失去了优雅与节制，只有生命之流和感觉之流浩浩荡荡泥沙俱下地向我们涌来。其中，我们经常读到冗赘的段落，繁复、猥琐、丑陋和透明、圣洁、美丽交替出现。它扰乱了画面的统一，使和谐的旋律不断插入噪声。"②

印象批评重视直觉和印象，使批评文本充满真知灼见，为批评注入了活力和生机。它看重作品本身的审美特性，力求批评本身的诗意，为读者带来很多智力愉悦和审美享受，一定程度上弥补了实证批评的不足。大多数优美的文学作品，都可以用印象批评进行解读、鉴赏和分析。但如果把握不好，过分强调主观性和印象，印象批评很容易走向批评的随意和滥情。此外，由于排斥理性因素，印象批评容易停留在表面，很难对大部头作品做出系统、全面、深入、细致的分析。

4. 症候阅读

从"作者"到"文本"，再到"读者"，文学批评重心在发生位移。晚近时期，"后"学理论家和文化研究学者又把关注的焦点移到"世界"——作家和读者赖以生存、文本赖以产生的世界。人们在社会中的各种关系、各种错综复杂的意识形态立场，决定了对文本不同的解读策略。在米歇尔·福柯看来，一切历史都是文本，是权力话语建构出来的编织物，一切文本都产生于各种权力关系角逐的缝隙。因此，文本解释应该正视各种阐释行为、话语背后的差异，以及这些

---

① 木心：《1989—1994 文学回忆录》上，156 页，桂林，广西师范大学出版社，2013。

② 吴亮：《1988 年吴亮如是说：余华、莫言、韩少功、张承志》，http：//bbs. 99read. com/dispbbs. asp？ boardid＝18&id＝105569，2018-08-01。

差异所蕴含的权力的不平等。把文学文本的产生、阅读、批评放在不同的社会历史文化语境中，重新审视文学批评话语的形成及嬗变，洞悉各种阐释理论、文学经典看似自我生产的社会表象下隐藏的社会、历史力量，成为后马克思主义批评流派进行意识形态批评的常用方法。法国结构主义—马克思主义者路易斯·阿尔都塞(Louis Althusser)据此提出了"症候阅读"(lecture symptomale)。

(1)症候阅读的语境

阿尔都塞认为，文化作为一种意识形态，不仅是生活经验的表征，也是自我意识产生的前提。所谓"意识形态"，是从外部塑造我们、使我们的"主体性"(Subjectivity)得以成形的东西。阿尔都塞不像雷蒙·威廉斯那样把文化看作生活经验的符号形态，看成自然的东西。他认为意识形态不是铁板一块、混沌一片的整体，而是内在复杂的结构，就如同化学的分子结构。阿尔都塞把一个社会占统治地位的意识形态称为"意识形态的国家机器"(Ideological State Apparatuses，ISAS)。① 意识形态实践是通过意识形态生产改造其内部的结构关系，进入一种新关系的过程。历史是由政治、经济、意识形态实践等多元因素构成的，多种要素、多个矛盾对历史的发展起着"多元决定"(over-determination)的作用。②

阿尔都塞在《列宁与哲学》中给"意识形态"的定义是"个人同他所存在于其中的现实环境的想象性关系的再现"③。"我"处于这个意识形态结构之中，并被这个结构，即历史本身包括的政治、经济、文化各个实践层面多个因素"多元决定"。意识形态建构了我们对自己的认识，并以无意识的方式作用于我们。所有人都处于"看"与"被看"之中，启蒙所预设的完整自足的主体性是一个幻象，其词根"subject"亦有"屈从体"之义。"我"不仅创造着文化，"我"本身就是被文化塑造而成的。④ 主体性的选择看似自主，实则由多种外部力量决定着。

通俗地理解，阿尔都塞更强调外部的生存结构、体制压力、人际关系等对

---

① 意识形态国家机器，源自法文"Appareils Idéologiques d'Etat"，是法国马克思主义思想家路易·阿尔都塞创用的概念。阿尔都塞首先将意识形态问题纳入社会物质生产结构中进行讨论，在很大程度上绕开了将意识形态当成精神现象或理论(知识)体系的普遍思路。阿尔都塞继承了马克思、列宁和葛兰西等人对于国家和意识形态所做的理论探讨，最终将主体建构、劳动力的再生产与国家机器等概念有机地联系起来，揭示出主体及主体性被建构的物质基础和体制结构。

② [美]杰姆逊：《后现代主义与文化理论》，唐小兵译，63～64 页，北京，北京大学出版社，2005。

③ 转引自罗钢、刘象愚：《文化研究读本》，12 页，北京，中国社会科学出版社，2000。

④ 罗钢、刘象愚：《文化研究读本》，12 页，北京，中国社会科学出版社，2000。

主体的影响。例如，在小说《家》鸣凤之死一节中，鸣凤的生活世界是没有温爱的。她"心比天高，身为下贱"，一心爱着三少爷觉慧，却要嫁给冯乐山做"小"。这个无可逆转的命运让她体会到巨大的耻感。她觉得自己生活在高府上上下下、各色人等羞辱的目光里，仿佛所有人都在背后议论着自己。这些"看"和"非议"挤压着鸣凤的精神世界，让她觉得内心分裂，无路可走。在这里，自我主体的统一性和自足性是一个假象。阿尔都塞告诉我们，现实、社会、国家、体制、意识形态、结构、系统等是多么坚硬、神秘又残酷的东西。"意识形态召唤个人成为主体"①，任何个体都无从逃离其摆布。阿尔都塞认为，真正的文学艺术不是意识形态本身，而是揭露出意识形态和现实的想象关系。就像弗洛伊德的梦是本我、自我、超我冲突的场所一样，文本也是一个多重意识形态斗争"多元决定"的领域，是时代主导意识形态和具体主体（作者、读者、主人公）的意识形态冲突、斗争的场所。

（2）什么是症候阅读

针对文本潜藏着多种意识形态之间的复杂斗争，阿尔都塞提出了"症候阅读"这个概念，即通过文本表层叙述的矛盾、疏漏和空白，拖出控制着叙事的、以社会无意识方式存在着的意识形态结构，从而揭示占统治地位的意识形态和个人的意识形态之间的关系。症候阅读强调文本的可疑性和非透明性，不把文本看成现实的直接反映，而是看成"有问题"的，看成意识形态话语的二度创造。读者需要像弗洛伊德解析梦一样对文本进行重新组装、加工、移位和解码。症候阅读主张在"显在话语"的背后读出"无声话语"，要看见那些被遮蔽的东西，那些"失察的（over-sight）东西"，要在文本的断裂、分歧、沉默和空白之处，找到文本得以形成的生产机制和权力奥秘。②

症候阅读将文本看成意识形态生产，看成与社会结构同构的"有意义的结构"，在文本中寻找"沉默"和"缺无"，在文本的断裂处和不为人注意的字缝里寻找全新解读的契机。以朱自清的名作《桨声灯影里的秦淮河》为例。作者写了秦淮河月夜的美好，但其心情却是怅惘的。为什么？作者没有明说。根据症候阅读，我们能读出沉默处无言的空白——那个时代知识分子内心的焦虑。这种焦虑源于"理"与"欲"的斗争，源于作者身上"旧我"与"新我"的分裂。作者这代人站在五四新旧交替的门口，身上既有旧文人的习性，熟谙秦淮河畔才子佳人的风流故事；又是新时代具有民主平等思想的新青年，懂得应该平等地尊重每

---

① 赵文：《症候阅读》，见赵一凡等：《西方文论关键词》，857页，北京，外语教学与研究出版社，2006。

② 王先霈、王又平：《文学批评术语词典》，583页，上海，上海文艺出版社，1999。

一个人，包括歌女。在这样的内心冲突中，他们拒绝了歌女"点歌"的邀请，选择做"新"我，但"旧"我的惆怅又萦绕于心，排遣不去。

（3）症候阅读的特征

首先，症候阅读是一种怀疑性阐释。文本到底是在"经典"的意义上被顺向解读，还是在"问题"的意义上被逆向阅读，取决于读者。乔纳森·卡勒把阐释分为两种。一种叫"恢复阐释"（hermeneutics of recovery）。这种阐释法力图把文本看成经典，恢复作者的原初语境，以跨越时代获得本真的理解。例如，教师以赏析的姿态，与学生探讨对李白、莎士比亚、鲁迅等名家作品的理解。另一种叫"怀疑阐释"（hermeneutics of suspicition）[①]。这种阐释法往往把文本看成有问题的，根据当代社会思潮及观察视角，质疑过去人们对经典的理解，揭露文本是借助哪些未经验证的假设（如政治的、性的、哲学的、语言学的）建构起来的。就此而言，症候阅读并非传统文学批评的"鉴赏理解"，而是主张对经典作品进行"祛魅"（Disenchantment）[②]，提出质疑，并常常从新历史主义、女权主义、后殖民主义、后结构主义等理论视角做出重新解读。例如，从《傲慢与偏见》中读出殖民者的傲慢，探究《威尼斯商人》中的排犹倾向。这些解读往往能独辟蹊径，刷新后代对经典的理解。

在症候阅读中，研究者关注社会边缘群体，往往站在资产阶级/工人阶级、白人/黑人、男人/女人二元对立的区分中弱势的一边，在文本的裂缝中寻找政治无意识或社会无意识的痕迹，指出其意识形态的遮蔽性，重视阶级、种族、性别这些文化身份所蕴含的权力及不平等。例如，如果我们用普通的方法读毛姆（William Somerset Maugham）的小说《面纱》，或者杜拉斯（Marguerite Duras）的《情人》，会将作品的主题归于爱情；如果采用症候阅读喜欢的后殖民主义视角，我们就会注意到，两部小说中的中国（东方）人形象——无论是作为男主人公，还是作为陪衬角色——都是孱弱无力的、病态的，过着灰色的、没有未来的生活。这些看似自然的体貌特征和精神状态描述，背后也许有人为的痕迹或不自觉的潜意识。我们会怀疑，这样的形象是为了某种现实的权力关系建构出来的，适时地迎合了后殖民时代白人世界关于"东亚病夫"的想象。

---

① ［美］乔纳森·卡勒：《当代学术入门：文学理论》，李平译，72页，沈阳，辽宁教育出版社，1998。

② "祛魅"（Disenchantment）一词源于马克斯·韦伯所说的"世界的祛魅"，汉语也可译作"去魅""去魔""解魅""解咒"，指对世界的一体化宗教性解释的解构。它发生在西方国家从宗教神权社会向世俗社会的现代型转型中。通俗来讲，"祛魅"指对科学和知识的神秘性、神圣性、魅惑力的消解，引申之，也可以指主体在文化态度上对崇高、典范、儒雅、宏大叙事、元话语的能指疑虑或表征确认。

其次，症候阅读是一种意识形态分析。它旨在探讨文化与社会的关系，从不讳言自身鲜明的意识形态性。作为典型的意识形态分析，症候阅读将文本看作社会文化生活中各种复杂权力关系的表征。福柯指出："假如解释是对一些规则进行激烈或隐秘的挪用……那么人类历史就是一系列的解释。"①这一历史观同样适用于文学阐释行为，这样我们就打通了文学文本、社会文本、历史文本之间的界限，建立起"文学小文本"与"社会、历史大文本"之间的"互文性"。正如佩里·安德森在《关于西方马克思主义的思考》中所言："西方马克思主义作为一个整体，把全部精力集中于上层建筑的研究，文化构成了它关注的焦点。"

这种阅读方法打破了经典文本（文学）和社会文本（文化）之间的界限。它常以怀疑的目光"重读"经典，拆解经典文学叙事背后的权力关系。例如，在《红灯记》等文本中，革命者大义凛然，不徇私情，义无反顾。如果采用症候阅读，我们会发现这个为了革命"临时"组合的家庭是不完整的：李奶奶没有老伴儿，李玉和没有妻子，小铁梅没有父母。这种没有配偶或双亲出场的情况在其他样板戏中也有体现，如《林海雪原》中的杨子荣、《沙家浜》中的阿庆嫂。它用隐喻的方式说明革命的宏大叙事和个体的肉身叙事是存在矛盾冲突的。为了革命的宏伟理想和坚硬伦理，常常需要牺牲个体的肉身欲望以及凡夫俗子的正常生活。

症候阅读着眼于文本之外的世界，往往从文本结构穿刺进社会结构，揭示文本意象与叙事线索得以构成的深层社会原因。它以社会学、政治学、人类学的视野和跨学科的方法，完成了对人类文化和生活方式的全新解读。这种批评方式也容易建立起社会文本和文学文本之间简单的"互文关系"，把所有文学问题化约为意识形态问题。文学毕竟不是社会学的注脚。如果失去自主性，过度关注时代，文学就会把自身锁在当代而"速朽"。权力可能是文本形成的秘密之一，却无法解释文本魅力的全部。如何听取建设性的意见，在审美的鉴赏批评和症候阅读的表征阐释中寻得有效的沟通，这依然是值得深思的问题。

四、多元解读及其限度

童庆炳在《文学理论教程》中指出，一方面，阅读接受存在审美差异性，是多元的、无限的；另一方面，阅读接受存在社会共通性，是有阈域、有范围的。考虑到阅读接受的审美差异性，我们应该从不同角度和层面剖析、理解作品；应该兼顾文本的社会共通性，掌握适当的"度"，尊重作者和文本，力避荒

---

① 转引自王丽亚：《解释》，见赵一凡等：《西方文论关键词》，277 页，北京，外语教学与研究出版社，2006。

谬的误读和过度诠释。

1. 多元解读示例

在中学语文教学改革中，阐释的开放性和文本的多元解读已成共识。教学参考书再也无法垄断文本意义的全部来源，所有读者（包括教师和学生）的主动性和创造性都被调动起来。近年来，对经典课文的多元解读浮出水面，经多主体、多角度、多方位、多层次解读实践的推动而蔚为潮流。下面，我们以两个文本为例进行多元解读。

（1）《离骚》的接受史研究

《离骚》是神奇瑰丽的文本。古往今来，制度有别，人们的价值观差异很大。不同的时代造就了不同的问题意识，人们对屈原文本的解读也有了不同侧重。

在古代，对《离骚》和屈原的评价基本围绕两点：正面褒奖和负面指摘。其中，正面评价以司马迁为代表，他把《离骚》看成屈子人生的歌哭（刘鹗）。司马迁本人和屈子精神气质相近，都充满浪漫主义激情，生活年代也较近。他们同样遭遇了异常坎坷的人生。在《史记·屈原贾生列传》中，司马迁写道："《国风》好色而不淫，《小雅》怨诽而不乱。若《离骚》者，可谓兼之矣……其文约，其辞微，其志洁，其行廉，其称文小而其指极大，举类迩而见义远。其志洁，故其称物芳。其行廉，故死而不容自疏。濯淖污泥之中，蝉蜕于浊秽，以浮游尘埃之外，不获世之滋垢，皭然泥而不滓者也。推此志也，虽与日月争光可也。"①此外，汉初才子贾谊，也在《吊屈原赋》里一唱三叹，为屈子鸣不平。南朝时的文学批评家刘勰在《文心雕龙·辩骚》中，充分肯定了屈原的文学成就。

另外一种意见对屈原的个性有微词，以东汉的班固为代表。班固接受正统儒家教育，认为屈原"露才扬己，竞乎危国群小之间，以离谗贼。然责数怀王，怨恶椒兰，愁神苦思，强非其人，忿怼不容，沉江而死，亦贬洁狂狷景行之士"②。班固具体指出了屈原的文本在哪里与儒家经义和法度精神背离，认为司马迁对屈原的评价不乏过誉："多称昆仑冥婚宓妃虚无之语，皆非法度之政，经义所载。谓之兼诗风雅而与日月争光，过矣！"③尽管如此，他也承认屈原在文学上可称"妙才"。

总之，古人对屈原的评价一般集中在道德、文章两个方面。对其文章的华

① 周振甫：《文心雕龙今译》，41页，北京，中华书局，1986。
② 周振甫：《文心雕龙今译》，41页，北京，中华书局，1986。
③ 周振甫：《文心雕龙今译》，41页，北京，中华书局，1986。

彩及贡献，人们众口一词给予肯定；对骚体传统中流露出的创作个性和人格，有人大加赞赏，有人却不以为然。到了近现代，鲁迅对屈原的评价基本沿袭了班固"怨诽之词"的说法。他在《摩罗诗力说》中称《离骚》"然中亦多芳菲凄恻之音，而反抗挑战，则终其篇末能见，感动后世，为力非强"。鲁迅以直面黑暗、反抗绝望的现代斗士心境，实不以为屈原的悲戚能承载士大夫的精神追求。

由此可见，现代人在同情屈原惨切遭遇的同时，会生出自己对人生的感慨。例如，刘小枫在《拯救与逍遥》中提出，屈原的《天问》正是对价值的追问，是一种"超验之问"。屈原的投江成为一个症候，表征了儒家的精神危机。"可以说，屈原至死也是相信王道的，不然他就不会自杀。但屈原也不是至死都坚信不疑，不然他也不会自杀。"①屈原将宗国社稷作为自己的精神家园，庙堂之上却又容不下他的精神世界。受重用时风光无限，遭贬谪时便只有忿怼沉江。《离骚》变成了这种心理屈辱和彷徨求索的明证："国无人莫我知兮，又何怀乎故都？既莫足与为美政兮，吾将从彭咸之所居。"屈原以上天入地之瑰丽奇景、呼天抢地的悲愤文风，汇聚成崇高追问的语境。"欲远集而无所止兮，聊浮游以逍遥"，这实际上传达出的是无路可走的人生悲哀。屈原的殉道之路，由此带上了深刻的幻灭意味。

对屈原文本及人格的另一种有代表性的解读，是余光中的《水仙操》：

> 把影子投在水上的，都患了洁癖
> 一种高贵的绝症
> 把名字投在风中的
> 衣带便飘在风中
> 清芬从风里来，楚歌从清芬里来
>
> 美从烈士的胎里带来
> 水劫之后，从回荡的波地升起
> 犹佩青青的叶长似剑
> 灿灿的花开如冕
> 钵小如舟，山长水远是湘江

这是余光中写于1973年端午的小诗，文质兼美。余光中看到了屈原这位伟大诗人性格中悲剧的一面，并以隐喻的手法表达出来，即洁白的水仙花。水

---

① 刘小枫：《拯救与逍遥》，91页，上海，上海三联书店，2001。

仙的节操让人敬仰，水仙花情结又是"自恋"的别称。"自恋"（narcissism）一词背后有个关于水仙花（narcissus）的希腊神话，让人想起希腊美少年那喀索斯不死的灵魂。屈原的悲剧中就没有一点自己的过失吗？屈原以儒家哲学武装头脑，而儒家的软肋就在于两个不反思——不反思君王，不反思自我。道德上的洁癖和过度理想主义的确是高贵的绝症。"举世混浊而我独清，众人皆醉而我独醒，是以见放。"（《史记·屈原列传》）

古人和屈原共处一个话语系统中，对屈原无论褒贬，都代入了古代的价值观和自身遭际；现代人则不受古代话语系统的束缚，对屈子的解读更为求新、开放、灵活。后者不仅多出了理性反思，而且几乎是以症候阅读的方式，在屈原文本的沉默和空白处审视其精神症候和价值危机。

(2)《祝福》敞开的阐释空间

有时即便同时代，但时代精神不同，理论视角不同，就会形成完全不同的解读。鲁迅小说的魅力经久不衰，不仅在于其"内容的深切和格式的特别"，也在于每一篇小说都敞开了无尽可能的阐释空间。以《祝福》为例，长期以来，教学参考书都是在套用毛泽东《湖南农民运动考察报告》中的现成结论，即封建社会中的神权、君权、族权、夫权是压迫妇女身心的四重枷锁。妇女地位的改善、政治的解放，唯有通过彻底推翻黑暗的旧社会来完成。同《狂人日记》一样，《祝福》再一次揭露了封建社会"吃人"的本质。这种解读成为对《祝福》文本的主流诠释。

高远东从文化阐释的角度做出了新的解读。他认为，只关注政治层面的解释，而忽视以儒道释为主体的整个中国传统文化对人的精神戕害，是不全面的。"鲁迅其实是以祥林嫂的遭遇为结构中心，令人信服地展示了以儒道释三角构成的'鲁镇社会'将其逐渐吞噬的清晰过程和思想图景，并通过祥林嫂的'被吃'，宣判了中国传统文化的死刑。"①在一片"祝福"声中，小说自始至终笼罩着原始多神教意味的混沌氛围。据周作人考证，"祝福"作为一个节日，综合了吴文化"过年"和越文化"谢神祖"的因子，这两者又是古代祭拜百神的"腊"文化遗风。鲁镇风俗中对福神的供奉，与中国古代儒、道、释三教文化有很深的关系。中国历来讲究"儒治世，道治身，佛治心"。"鲁镇文化之魂"鲁四老爷是一个"讲理学的老监生"，作为儒教的代表人物主宰着鲁镇的日常生活秩序。他的墙上挂着朱子语录，中间有陈抟老祖写的大大的"寿"字，隐隐透露出企望长生的道教生活情趣。另一关键人物鲁妈谆谆提醒祥林嫂"捐门槛"，可被视作"鲁镇文化"中佛教的代表。这些隐秘的风俗、信仰和禁忌都建立在

① 高远东：《〈祝福〉：儒道释"吃人"的寓言》，载《鲁迅研究动态》，1989(2)。

对"巫鬼"的信奉上，共同构成祥林嫂生存的障壁，将她与"鲁镇文化"置于敌对的、隔绝的紧张关系之中。原始文化的愚昧和野蛮，以无声的力量改变着祥林嫂的命运。

钱理群从叙事学的角度看到《祝福》中有两个故事："我"的故事和祥林嫂的故事。在后者的故事中，导致祥林嫂死亡的叙事行动元有：贫穷；两次婚姻；儿子的死；对地狱的恐惧；捐门槛后仍被禁止参与祭祀；精神崩溃；被解雇；成为乞丐。这使祥林嫂的故事成为一个开放的故事。祥林嫂的故事中隐含着"看/被看"的二元对立模式，这也是鲁迅小说的一个基本模式。《示众》《狂人日记》《孔乙己》《头发的故事》《药》《阿Q正传》《长明灯》《铸剑》《理水》《采薇》等文本，一再出现类似的"示众"—"围观"的场景。鲁迅的国民性批判的重要一维就是对"看客"心态的剖析。群众的"看"把"被看"的牺牲者分为"独异的个人"，其余大多数人则成为"庸众中的一员"。祥林嫂的不幸在于，她在鲁镇社会唯一的存在价值就是充当"玩物"。一旦被"看得厌倦"，变得"陈旧"，她就失去了存在的权力。人们在品味、满足之余，开始"烦厌唾弃"，施以"又冷又尖的笑"。祥林嫂由是成为这无主名、无意识祭坛上的牺牲品。

祥林嫂与鲁镇社会是一个"吃/被吃"的关系，而在"我"的故事中，"我"对故乡来说始终是异己。"我"当年离去，自是对故乡的背弃；如今归来，"已没有家"。这"离去—归来—再离去"的模式，表明了现代知识分子与传统社会的不相容性。他们注定扮演永远的"游子"(漂泊者)。[1] 钱理群用结构主义的二项对立分析法分析《祝福》的深层语法，挖掘出更丰富的内涵。

同样从叙事学的理论视角出发，有人运用格雷马斯的符号矩阵，对《祝福》做出了颇有结构主义色彩的解读，诠释了一个挣扎在符号方阵中的祥林嫂(见图5-4)。论者认为，祥林嫂的人生悲剧来自她的内心，"来自她对于自己有'罪'的确信和'罪不可赦'的绝望"[2]。因此，使用符合矩阵，可以将《祝福》的主题探究推进到更深的心理层面。

图5-4　《祝福》的符号矩阵

① 钱理群：《〈祝福〉——"我"的故事与祥林嫂的故事》，见王丽：《中学语文名篇多元解读》，39～43页，广州，广东教育出版社，2006。

② 刘海波：《挣扎在格雷马斯符号方阵中的祥林嫂——对〈祝福〉的另一种解读》，载《济南大学学报》，2011(5)。

总之，影响文本多元解读的因素有很多，不同的立场、不同的方法、不同的文化传统等，都会构成对文本多元的解读。例如，在中国文化语境中，《小二黑结婚》中的"三仙姑"老来俏，令人讨厌。20世纪80年代以后，该文本传到美国，"三仙姑"被视为一个很有个性和自我的中国女人。显然，跨文化语境产生了不同的接受效果。即便是同一文化传统、同一阶级、同一种族、同一性别，即便是在同一环境氛围中长大的人，因为世界观、人生观和价值观不同，解读者性情不同，阅读理解也会呈现出多元的态势。反过来说，文化身份是在族群的文化实践中建构而成的，一个人的阅读趣味不会始终不变。

2. 误读辨析

"误读"指读者的理解超出作者和文本原意。哈罗德·布鲁姆把"误读"看成创造意义，属于有意识的积极误读。有的误读是对文本无意识的曲解，是为消极误读。

（1）积极误读

积极误读其实是一种创作心态，一种怀疑式、逆反式的阅读策略，与读者自身阅读的创造性有关。"诗无达诂"，历代对《诗经》的解释就布满了误读的风景。以"绘事后素"为例，此语出自《论语·八佾》。子夏问曰："'巧笑倩兮，美目盼兮，素以为绚兮。'何谓也？"孔子曰："绘事后素。"子夏曰："礼后乎？"孔子曰："起予者商也！始可与言诗已矣。"子夏所引之诗本是在说女子的美貌如何得来，孔子却从"绘事后素"引申出"先仁后礼"。[1] 按照艾柯对过度诠释的界定，这属于"使用文本"，而非"阐释文本"。这样的误读在后人对《诗经》的解读中实则比比皆是。

西方文学史上也有不少积极误读的例子。《鲁滨孙漂流记》是丹尼尔·笛福受真实故事启发而创作的小说，最早被读成发扬资本主义勤俭、开拓精神的励志之作，"鲁滨孙"也一度成为西方文学中理想化的新兴资产者形象。这个创业的故事在流传过程中逐渐以漂流历险、荒岛风光和鲁滨孙与"星期五"的非凡经历吸引读者，进入儿童文学行列。到了20世纪，后殖民主义等文化思潮兴起，这部书又被读出"颂扬新殖民主义的宗教"之意。

关于积极误读，我们要明确以下几点。

首先，积极误读的产生与作者有关。作者不能完全把握自己的创作和人物，创作时会有无意识机制的渗入。刘震云曾说，小说是一种梦境，我们永远达不到那里，但可以用生命来写作，努力去接近那里。

---

[1]　张少康：《中国文学理论批评史》上，26页，北京，北京大学出版社，2005。

其次，读者对作品的解读仁者见仁，智者见智。鲁迅说过："看人生因作者而不同，看作品因读者而不同。"①每个读者都会将自己的前理解代入文本，在故事中寻找能和自己产生共鸣的解读点和关键词。创作主体与接受主体之间存在永恒的结构性矛盾。艾略特就说，一首诗所包含的意蕴远比作者意识到的丰富。②

再次，文学是一种语言艺术。文学文本由语言符号构成，而对符号的解释永远是一种表征，无法填满。苏珊·朗格认为，艺术符号是一种终极的意象，一种非理性和不能言尽的意象，一种充满情感、生命和个性的意象。语言充满了暗示、象征、空白与隐喻，可以说，越伟大的作品越暧昧。不仅现代主义的诗歌以朦胧含蓄为美，古典诗歌也是意在言外，含蕴无穷。例如，李商隐的《锦瑟》一诗，有"怀人""咏瑟""悼亡""自伤身世""就瑟写情"等多种说法。其内涵如波光涟漪，充满动荡摇曳的美感。

最后，社会权力机制会影响对作品的解读。福柯的话语权力理论认为："历史为话语的构造，在话语及历史所标志的客观性背后，具有某些鲜明的意识形态性质。"③人类社会历史处在前进的过程中，人类的整体认识水平在不断提高。新的社会制度和组织形式一旦出现，总有新的意识形态代替原来的意识形态话语，进入人们生活和意识的中心。读者以新的时代精神审视旧的文本，就会读出许多新的意义。例如，《水浒传》这个文本，在封建社会被看作"诲盗"之作。中华人民共和国成立后，流行"继续革命"，《水浒传》被视为农民起义的先驱。新时期以来，随着回归人道主义成为时代精神的主流，人们开始反思《水浒传》中杀人如麻的英雄行为有没有滥杀无辜之嫌。

在提倡"无中心""测不准"的价值多元时代，几乎每一个人都竭力在每一件事物中寻找别人还没有看到和研究过的东西。美国学者乌尔利希·韦斯坦因（Ulrich Weisstein）宣称，一本书，只要被误读，就意味着仍具有生命力。④ 积极误读彰显了阅读主体的自由，也促进了作品意义的创新。在对作品意义永无止境的发现过程中，有的误解被屏蔽掉，新的创造性阅读得到承认。对于误读，作家有时持默认态度。例如，郁达夫的《沉沦》塑造了一个因性压抑而抑郁变态的留学青年。在五四时期，这个青年被看成弱国子民爱国抗争的代表。这种解释也得到了作者的承认。由此可见，误读有时会在作品的流传过程中起积极作用。

---

① 鲁迅：《俄文译本〈阿Q正传〉序》，见《鲁迅全集》第7卷，78页，北京，人民文学出版社，2005。

② 单艳红：《文学误读》，硕士学位论文，南京师范大学，2005。

③ 朱立元：《当代西方文艺理论》，335页，上海，华东师范大学出版社，1997。

④ ［美］乌尔利希·韦斯坦因：《比较文学与文学理论》，刘象愚译，62页，沈阳，辽宁人民出版社，1987。

（2）消极误读

艾米莉·狄金森说："只要有眼光，最荒谬的解读恰恰最辉煌。"①误读是读者的权力，无须求全责备，但这并不意味着我们可以随心所欲地解读。一千个读者眼中有一千个哈姆雷特，但毕竟还是哈姆雷特，而不是李尔王。消极误读指的是不同程度的错误解读，即对文本的曲解。曲解有时是对文本不合情理的理解。例如，有学生在读《背影》时，认为父亲越过栅栏违反了交通规则，给孩子做了坏的示范。虽然这也是一种读法，但是和《背影》的主题相去甚远。文中铺垫的所有阅读线索都不支持"父亲违反交通规则"这一表义项，所以这样的解读是纠缠于细枝末节，没有读透，属于消极误读。

首先，消极误读的成因是知识性错误。例如，把"停车坐爱枫林晚"中的"坐"理解为"坐下来"。其次，消积误读常源于对文本内容断章取义，任意曲解。例如，有读者对《面朝大海，春暖花开》做细读分析，指出"海子的诗逻辑混乱、语言拉杂、病句百出"。他认为："一个人既能'喂马、劈柴'，又能'周游世界'，既'田园'又'洋派'，既'古典'又'现代'，当然很潇洒、很幸福。但是，这一切为什么要'从明天起'呢？如果明天就能做到这一切，说明今天已经是一个幸福无比的人了，不必等到明天；等到明天再去做幸福的人，说明主人翁并不会体验幸福、享受幸福。如果明天做不到这一切，恐怕明天也仍然幸福不起来，那么，所谓明天的幸福就不过是幻想和梦呓。"②法律专业的背景使这位读者忽视了诗歌语言的一些基本特征，他对海子诗歌的拆解式阅读只是增加了一种消极误读。最后，消积误读的成因还包括文化误读。不同文化传统中的读者先在的理解结构、文化图式不同，自然会产生文化误读。例如，严复在翻译《天演论》时，把哈姆雷特这个西方悲剧典型处理成"罕木勒特，孝子也"，引起了 20 世纪 30 年代关于哈姆雷特"孝与不孝"的讨论。③ 这就是典型的由于文化语境不同而产生的误读。

匡正误读现象需要公允的态度、辨识的眼光和某些价值尺度。既然文本自身存在非确定性、模糊性和多义性，误读就在所难免。阅读与误读的关系，就像物理学中测量与误差的关系。时代价值观变迁、审美主题差异、权力话语运作、整体认知水平等阅读因素的变化，都会导致误读。④ 我们应该推崇那些具

---

① 张中载：《误读》，见赵一凡等：《西方文论关键词》，625 页，北京，外语教学与研究出版社，2006。

② 刘大生：《病句走大运——从海子的自杀说起》，载《书屋》，2002(3)。

③ 赵炎秋、蒋才娇：《误读、曲读与对文本的多重理解》，载《湖南工业大学学报(社会科学版)》，2008(1)。

④ 孙中田：《文学解读与误读现象》，载《文艺争鸣》，1995(4)。

有创造性的积极误读，力避无中生有、任意衍义的消极误读。唯一正确的解读固然不存在，相对合理的解读却是一切阅读实践应有的追求。

3. 过度诠释举要

导致误读的原因有些是知识、学养所限，理解不够，有些是刻意标新立异，过度诠释。艾柯认为："说诠释潜在地是无限的，并不意味着诠释没有一个客观对象，并不意味着它可以像水流一样毫无约束地任意漫延。"[①]读者可以把《小红帽》读作励志童话，也可以把它读作警世恒言，但肯定不能把它读作冶金学报告。正如孔子所言，"过犹不及"，过度阐释和理解不足后果是一样的。

学术界新人何以热衷"过度诠释"？卡勒从学术场域的话语权力斗争出发加以解释。[②] 他认为，年轻人要寻找自己的学术空间，不能老是重复前人，皓首穷经地考证古人的解读哪个更合理。要想有所作为，争取学术场中的话语权，必然得在经典解读上另辟蹊径。从历史角度看，文学批评总有一种深度探究的倾向，特别是文化研究和各种"后"学理论盛行以来，学术界迷恋对文本意义的深度解释，力求挖掘出文本的深层结构所包含的道德意义、政治意义和文化意义。这种对批评的深度追求形成了过度诠释。

常见的过度诠释有以下几种。

（1）泛道德化

这种诠释让文学成为道德学说的附庸。闻一多在《匡斋尺牍》中，抨击了汉代以来对《诗经》的过度诠释。他说："汉人功利态度太深，把三百篇做了政治的课本；宋人稍好点，又拉着道学的手不放，一股头巾气；清人较为客观，但训诂学不是诗。近人囊中满是科学方法，真厉害，无奈历史——唯物史观与非唯物史观的，离诗还是很远。"[③]在他看来，《诗经》主要是民间抒情歌谣集，恢复其文学和审美的特质才是解释的正途。

例如，孔子认为"《关雎》乐而不淫，哀而不伤"。到了汉代，《毛诗序》认为此诗是在借咏后妃之德而教化天下："《关雎》，后妃之德也，风之始也，所以风天下而正夫妇也。故用之乡人焉，用之邦国焉。风，风也，教也，风以动之，教以化之。"这首情诗就这样被读成道德人伦的典范之作。《史记·外戚世家》《汉书·匡衡传》也都延续了这个说法。到了宋代，朱熹引用匡衡的话评价这首诗，认为：

---

① ［意］艾柯等：《诠释与过度诠释》，王宇根译，28 页，北京，生活·读书·新知三联书店，1997。

② ［意］艾柯等：《诠释与过度诠释》，王宇根译，25 页，北京，生活·读书·新知三联书店，1997。

③ 《闻一多全集》，356 页，上海，开明书店，1948。

"'窈窕淑女，君子好逑。'言能致其贞淑，不贰其操，情欲之感，无介乎容仪，宴私之意，不形乎动静，夫然后可以配至尊而为宗庙主，此纲纪之首，王化之端也。"①这种对《关雎》一厢情愿的解读与古代以政治教化为纲的时代气候分不开。从维护封建纲常伦理出发，把情诗做道德化的过度诠释，是服务于当时的政治伦理和道德建设，代价是忽视了这首古老恋歌本身的淳朴自然之美。

（2）泛政治化

一般情况下，主流意识形态拥有绝对的话语权，往往防止和排斥异质话语的对抗，抑制甚至扼杀其他话语的活力因子。在古往今来的意识形态领域斗争中，以政治的高压手腕过度诠释、肢解文学的现象并不少见。清代"文字狱"中，有人因书中有"清风不识字，何故乱翻书"而被处死。近现代以来，文学温柔的情调和诗性的光辉也曾遭到打压。例如，对《红楼梦》《武训传》等文学文本的泛政治化诠释，直接演变成对作者的批判和攻击。

当文学成为政治的注脚，作者对这样的过度诠释也无可奈何，甚至会自觉服从于主流意识形态。例如，曹禺的《雷雨》《原野》等，本是充满诗意的戏剧。曹禺早年受基督教思想影响，作品中的主人公总是饱受神秘命运的捉弄，渗透着基督教的原罪意识。在《〈雷雨〉序》中，他说："《雷雨》对我是个诱惑，与《雷雨》俱来的情绪，蕴成我对宇宙间许多神秘事物一种不可言喻的憧憬……所以《雷雨》的诞生，是一种心情在作祟，一种情感的发酵。说它为宇宙作一神秘的解释，乃是狂妄的夸张，但以它代表个人一种性情的趋止，对那些不可理解的莫名的爱好。"②曹禺认为，《雷雨》表现的是"迷惘人生的罪与罚"，《原野》表现的是"人与人极爱与极恨的感情"③。在主流意识形态确立的过程中，曹禺慢慢靠近左翼戏剧运动，这两个剧本也分别被诠释成控诉封建旧家庭、万恶旧社会和表现农村阶级斗争的典范之作。1949年后，《雷雨》的演出总是删去开头和结尾周朴园在精神病院的段落，而曹禺剧作的构思原本是为了强调周朴园对自己罪恶的承担。泛政治化的过度诠释按其所需地"使用"文本，阉割了文本博大的精神内涵，也常使作者在权力话语的规训中失去自身。

（3）泛文化化

托多洛夫曾说，批评就是一场野餐聚会，作家带去了语词，读者带去了可以解释的意义。当艾柯所说的"无限衍义"在批评中漫延时，过度诠释开始变成

① （宋）朱熹：《诗集传》，2页，上海，上海古籍出版社，1980。

② 曹禺：《〈雷雨〉序》，见《曹禺文集》第1卷，211页，北京，中国戏剧出版社，1988。

③ 曹禺：《给蒋牧丛的信》，转引自田本相：《曹禺传》，464页，北京，北京十月文艺出版社，1988。

一种批评智力的竞赛。20 世纪 90 年代以来，批评界出现很多以"重读"为旗帜的立意颠覆的文字。这些批评者盲目尊崇"误读"，致力于"过度诠释"。在这里，过度诠释是过程，误读是结果。

例如，看到莫言的《丰乳肥臀》等歌颂母爱的作品，就认定文本中有恋母情结；看见奥尔罕·帕慕克的《纯真博物馆》中有对小物件细致入微的描写，就读出了主人公的恋物癖好；甚至把张爱玲小说中对上海家居生活的精细描绘，也归于恋物主题。文化研究盛行之后，症候阅读广为人知，大家不再从美学的、文学的眼光审视作品，而是让文本成为社会政治、文化、心理的"表征"，从而使批评远离了文本。

美国作家麦尔维尔的长篇小说《白鲸》，写的是船长亚哈向一头叫"莫比·迪克"的鲸鱼复仇，最终失败而死的故事。国外有批评家从弗洛伊德的精神分析出发，认为文本中一心复仇的亚哈是"本我"的象征，劝阻亚哈的达巴克是"自我"的象征，凶猛的鲸鱼则是作家"超我"的象征。小说反映了"自我""本我""超我"之间的激烈斗争，以及"本我"无节制的冲动造成的可怕后果。这样的批评显然有过度诠释之嫌。

后现代主义批评者把读者的能动性和想象力发挥到极致，让批评成为能指的游戏。也有作家和批评家拒绝过度诠释。至于哪些解读是积极的误读，哪些解读是过度诠释，二者之间并不存在清晰的界限。这样的界限常常因时代、解读者的不同而模糊、游移。例如，易卜生曾经拒绝人们把《玩偶之家》读作争取女性权益的作品。他认为自己只不过是诗人而不是社会哲学家，自己创作的目的也只不过是写人。但是，易卜生所反对的解读路径在该文本的传播过程中却因为时代的需要而成为主流，可谓不被作者认同的积极误读之例证。因此，作者的意见不是判定过度诠释的依据，读者和批评家的意见当然更不是。例如，提倡"阅读即误读"的哈罗德·布鲁姆就在《西方正典》的序言中，反对女性主义、马克思主义、后殖民主义、新历史主义等理论学派对西方文学经典所做的泛文化诠释，提倡审美批评。然而，对西方经典的怀疑性阐释和批判性误读还是随着"打开经典"的呼声汹涌而来。毋宁说，"过度诠释"概念的提出，是为了给无限衍义和任意解读制造心理藩篱，从而使人们对文本的解读既能"自圆其说"，又能贴近文本本身。

任意解读发挥的过度诠释使文学不堪重负，也导致了对文本的肢解。文学当然与社会、政治、文化和心理有关，但是文学阐释必须从文本出发，应该首先立足于自身的审美价值。对文本意义的追求势必导致对文本多义性的猜想和自我投射的结局。幸运的是，在对多义性旷日持久的寻绎和集体开凿中，意义的确定性会自然地沉积并凸显出来，成为多义中的相对认同。过度诠释尽管会翻空出奇，时间尽管会造成"误读"的迷雾，但是我们依然能在历史的迷雾中蒸馏出意义相对确定的"圣水"。

思考题

1. 阐释学的发展经历了哪几个阶段？请概述其代表人物和理论要点。

2. 文学阐释重心发生过几次位移？请举例说明常用文本解读方法及其理论主张。

3. 试用印象批评解读史铁生的《我与地坛》，用文本细读法分析卞之琳的《寂寞》。

4. 如何在多元解读和过度诠释之间获得平衡？请结合莎士比亚的戏剧做简要分析。

延伸阅读

1.［德］汉斯-格奥尔格·加达默尔：《真理与方法：哲学诠释学的基本特征》，洪汉鼎译，上海，上海译文出版社，2004。

2.［美］苏珊·桑塔格：《反对阐释》，程巍译，上海，上海译文出版社，2003。

3.［意］艾柯等：《诠释与过度诠释》，王宇根译，北京，生活·读书·新知三联书店，1997。

4.［美］乔纳森·卡勒：《当代学术入门：文学理论》，李平译，沈阳，辽宁教育出版社，1998。

5.［英］特雷·伊格尔顿：《二十世纪西方文学理论》，伍晓明译，西安，陕西师范大学出版社，1986。

6.［美］杰姆逊：《后现代主义与文化理论》，唐小兵译，北京，北京大学出版社，2005。

7. 赵一凡等：《西方文论关键词》，北京，外语教学与研究出版社，2006。

8. 叶维廉：《中国诗学》，北京，生活·读书·新知三联书店，1992。

9. 夏志清：《中国现代小说史》，上海，复旦大学出版社，2005。

10. 童庆炳：《文学理论新编（第 3 版）》，北京，北京师范大学出版社，2010。

11. 温儒敏、赵祖谟：《中国现当代文学专题研究》，北京，北京大学出版社，2002。

12. 王丽：《中学语文名篇多元解读》，广州，广东教育出版社，2006。

第六章　通俗小说与大众传媒

在中国，通俗小说有着悠久的历史，可以追溯到宋代的说书艺术。在漫长的历史中，通俗文学与雅文学有时泾渭分明，有时频繁互动。本章侧重介绍俗文学、通俗文学、大众文学，梳理通俗小说的历史、主要类型和特点。由于通俗文学与精英文学在美学品质上存在较大差异，本章会通过个案分析辨明差异，并归纳一些适于通俗小说的分析方法。

一、通俗小说的历史与现状

1. 俗文学、通俗文学、大众文学与通俗小说

通俗小说往往与俗文学、通俗文学、大众文学相混淆。它们之间既有相通之处，又有不少差异。

俗文学、通俗文学都对应于"popular literature"。"popular"的意义是多重的，如果指"人民的""民众的"，就对应于"民间文学"；如果指"为多数人喜爱的""普遍的"，就对应于"通俗文学"或"流行文学"；如果指"廉价的""低档的""大路货"，就对应于"俗文学"。①

俗文学主要指语言和内容通俗，"表现人民大众思想感情和理想愿望，形式多样，具有民族风格，创作和接收者覆盖面广，不断得到传承与发展，为广大群众所喜闻乐见的文学作品"。俗文学既包括原汁原味的民间文学，也包括文人加工后的民间文学。② 以《中国俗文学概论》一书为例，俗文学涵盖的种类有民歌、打油诗、史诗、神话、传说、民间故事、笑话、寓言、对联、谚语、说书、民间唱曲、宝卷、戏曲、志怪小说、传奇小说、话本小说、章回小说

---

① 施蛰存：《"俗文学"及其他》，见《施蛰存学术文集》，216～218 页，上海，上海人民出版社，2012。

② 吴同瑞等：《中国俗文学概论》，5 页，北京，北京大学出版社，1997。

等，其中大部分属无名氏或集体创作的民间文学(folk literature)，少量为文人在此基础上进行的再创作，传播方式主要为口头传播和书面传播。

通俗文学一般指由文人创作的，以大众传播媒介为载体，按市场机制运作，旨在满足读者的愉悦性消费需要的商品性文学。① 它是与现代大众传媒、商品经济、市民读者密切相关的文学形式。清末民初以来，以鸳鸯蝴蝶派文学为代表的旧派小说即属此类。

大众文学(或群众文学)即"mass literature"。"mass"一词指群众、乌合之众，带有较强的意识形态属性。在中国，大众文学的出现与20世纪30年代左翼文学及延安文艺座谈会的"文艺大众化"主张密切相关，后演变为革命通俗文艺，是民间形式被新型国家意识形态整合后，经由大众传媒传播而占主流地位的通俗文艺。② 1949年后的革命历史题材小说、"大跃进"时期的民歌皆属此类。

通俗小说的英文说法是"popular fiction"或"popular novel"。在英美，通俗小说就是流行小说，强调的是作品广受欢迎的特性，通常作为严肃小说、经典小说、精英文学或纯文学的对立面而存在，包括哥特小说、侦探小说、科学小说、言情小说、历史小说、西部小说、间谍小说、暴露小说、幻想小说等多种类型。主类型之下又有次类型，如言情小说又分纯爱言情小说、历史言情小说、哥特言情小说等。

作为约定俗成的概念，在汉语中，通俗小说指涉的对象包括古代文人在民间文学基础上创造的小说(俗文学)③、近现代作家为满足读者娱乐性需求而创作的小说(通俗文学)④。前者属广义的通俗小说；后者属狭义的通俗小说，是对前者在现代社会新形势下的继承和发展。它们的共性特征是既具有广泛的受众，又表现出传统文化观念，因而不同于那些虽然很流行，但传达出精英文化意识和大众文化意识的小说。⑤

---

① 王一川：《大众文化导论》，118页，北京，高等教育出版社，2004。

② 刘禾：《一场难断的"山歌"案：民俗学与现代通俗文艺》，见王晓明：《批评空间的开创：二十世纪中国文学研究》，372页，上海，东方出版中心，1998。

③ 例如，王齐洲的《中国通俗小说史》就将俗文学中的小说作为论述对象，涉及古代话本、章回小说等。参见王齐洲：《中国通俗小说史》，武汉，武汉大学出版社，2015。

④ 近现代通俗文学主要指通俗小说，也涵盖通俗戏剧和通俗期刊。参见范伯群：《中国近现代通俗文学史》，南京，江苏教育出版社，2000；朱志荣：《中国现代通俗文学艺术论》，上海，上海三联书店，2009。

⑤ 汤哲声：《流行百年：中国流行小说经典》，385页，北京，文化艺术出版社，2004。

民国以前，通俗小说已经有了神魔、传奇、武侠、公案、演义、世情等多种类型。① 民国以后，随着中外文学交流的开展，通俗小说吸收转化新文学和外来影响，产生了社会、言情、宫闱、滑稽、黑幕、历史、科幻、公安法制等类型。

2. 通俗小说的发展历史

通俗小说在中国的发展可以分为古代（属于俗文学）和现当代两个阶段（属于通俗文学）。

《庄子·外物》中已出现"小说"一词："饰小说以干县令，其于大达亦远矣。"小说指的是"非道术所在"的琐屑言论。东汉班固《汉书·艺文志》说："小说家流，盖出于稗官，街谈巷语，道听途说之所造也。"小说家被列为儒家、道家、阴阳家、法家、名家、墨家等诸子十家之末位，主要为政教服务。② 长期以来，小说都没有真正进入文学圈的中心，而是被视为"不正经的浅陋的通俗读物"，不够严肃、高雅。③

在现代读者心中，小说就是"通过完整的故事情节和具体的环境描写，塑造多种多样的人物形象，广泛地多方面地反映社会生活"④的文学样式。这种观念是受到西方19世纪文学观影响的结果。这个意义上的小说可以追溯到六朝的志怪和志人小说。志怪是记载鬼怪的故事，志人是记载人物琐闻逸事。撰写者并不将其视为虚构，而是"以为幽明虽殊途，而人鬼乃皆实有，故其叙述异事，与记载人间常事，自视固无诚妄之别矣"。干宝编纂《搜神记》是为了说明鬼神真实存在，《世说新语》中的人事也是真实的，因而不算是严格意义上的小说。直到唐传奇，文人才有了创作意识的自觉，注重"文采与意想"，"作意好奇"。⑤ 唐传奇通常被称为古小说、笔记小说或文言小说，属于广义的俗文学。⑥

当今所谓"通俗小说"，源头是白话小说。宋代，"说话"（说故事）是很有影响的一种技艺。经过金元两朝的传承发展，以"说话"为基础加工而成的话本小说出现了。明代，以"三言二拍"的出现为标志，短篇通俗小说在思想和艺术上达到了较高水平。话本中篇幅较长的有《大唐三藏取经诗话》《全相平话五种之

---

① 吴同瑞等：《中国俗文学概论》，267页，北京，北京大学出版社，1997。

② 鲁迅：《中国小说史略》，7～15页，上海，上海书店出版社，2015。

③ 陈平原：《中国现代小说的起点——清末民初小说研究》，99页，北京，北京大学出版社，2005。

④ 转引自王齐洲：《中国通俗小说史》，2页，武汉，武汉大学出版社，2015。

⑤ 鲁迅：《中国小说史略》，46、83页，上海，上海书店出版社，2015。

⑥ 吴同瑞等：《中国俗文学概论》，267页，北京，北京大学出版社，1997。

三国志平话》《大宋宣和遗事》等，主要满足读者的娱乐需求。据元代《朴通事谚解》记载，有人为了"闷时节好看"去买《唐三藏西游记》。[①] 后来，这些话本经过文人加工，成为章回体小说，如《西游记》《三国演义》《水浒传》。

明朝弘治年间(1488—1505)，随着商品经济的发展，通俗小说出版成为社会产业，《三国演义》和《水浒传》都因拥有广泛的读者引得民间和官方争相刊刻。[②] 书坊主意识到话本小说的商机，促成"三言二拍"的创作和刊印，取得了良好的市场效应："肆中人见其行世颇捷"(《拍案惊奇自序》)，"贾人一试之而效，谋再试之"(《二刻拍案惊奇小引》)。

从小说的功能(注重娱乐)、素材来源(民间)和流通(盈利驱动)来看，明代章回小说与"三言二拍"已经具备通俗小说的部分特性。《西游记》《三国演义》《水浒传》《金瓶梅》《红楼梦》共同奠定了通俗小说的基本类型：神魔小说、历史演义、英雄传奇、世情小说。[③] 尽管如此，直到19世纪，小说仍处于边缘地位，作家也没有成为独立的职业。

进入20世纪，通俗小说有了新的发展，大致可以分为五个阶段。

第一，晚清至五四是通俗小说现代化的开始。以上海为中心，在大众传媒的催生下，中国出现了最早的报人和职业小说家。这是严格意义上中国通俗小说的开端。这一时期，文艺杂志、大报副刊、各种小报成了以鸳鸯蝴蝶派为主的通俗小说的天下。起初，以吴趼人为代表的谴责小说风行一时，主要揭露清末统治者的无能和社会的腐朽。其后出现写情小说与哀情小说潮，关注爱情与以包办婚姻代表的封建礼教之间的矛盾。清廷被推翻后，出现了历史宫闱小说潮。五四新文学兴起后，从启蒙的立场对通俗小说进行批判，斥之为"守旧"的、"封建"的文学。受其影响，在后来的现代文学史研究和教学中，通俗小说长期处于缺席状态。

第二，20世纪20年代至全面抗日战争爆发前，是通俗小说求新求变、百花齐放的时期。狭邪小说、武侠小说、社会小说、都市乡土小说在继承传统的基础上得到发展，侦探小说、科幻小说发生从译介到本土化的转变。在上海之外，天津成为通俗小说重镇，著名的长篇作品有平江不肖生(向恺然)的《江湖奇侠传》(武侠)，还珠楼主(李寿民)的《蜀山剑侠传》(武侠)，张恨水的《啼笑因

---

① 王齐洲：《中国通俗小说史》，51页，武汉，武汉大学出版社，2015。

② 王齐洲：《中国通俗小说史》，176页，武汉，武汉大学出版社，2015。

③ 学界对"四大奇书"是否属于通俗小说存在争议。郑振铎、胡适等人视之为通俗小说，汉学家浦安迪视之为文人小说。参见[美]浦安迪：《明代小说四大奇书》，沈亨寿译，北京，生活·读书·新知三联书店，2006。根据前述定义和特征，本书将其归为通俗小说。

缘》(社会、言情、武侠),刘云若的《红杏出墙记》(社会、言情)等。①

第三,全面抗日战争爆发至1949年,新文学与通俗小说走向雅俗合流。在华北,白羽的《十二金钱镖》和王度庐的《卧虎藏龙》等精品问世,李寿民、王度庐、白羽、郑证因、朱贞木等小说家使武侠实现了从"江山意识"到"江湖世界"的转变。② 在上海,秦瘦鸥的言情小说《秋海棠》一度风行,张爱玲超越雅俗的作品也使人耳目一新。20世纪40年代,京津地区写言情小说最有影响的是刘云若和梅娘。刘云若将社会和言情结合在一起,梅娘的小说则书写"闺怨"。在后方,徐訏、无名氏(卜乃夫)也以超越雅俗的言情小说轰动一时。这一时期,通俗小说在继承传统的同时,进一步受到外国小说和新文学的影响。

第四,20世纪50年代至70年代末,通俗小说获得新的发展。在大陆(内地),由于出版体制和文化政策的变化,通俗小说出现断层,只有公安法制小说(由侦探小说演变而来)一枝独秀。不过,通俗小说的创作技法被"红色经典"/革命通俗文学(如《林海雪原》《平原枪声》《铁道游击队》《烈火金刚》《红旗谱》《青春之歌》)吸收,这类作品的源头可追溯到20世纪40年代的延安文学。在台湾和香港地区,武侠、言情、历史等类型继续发展,出现了金庸、梁羽生、古龙、琼瑶、高阳等通俗小说作家。

第五,20世纪80年代后,随着国门打开,文化政策松动,通俗小说迎来了春天。民国通俗小说被重印出版;以金庸、琼瑶为代表的港台通俗小说进入大陆,引发武侠热和言情热。进入20世纪90年代,通俗小说迎来了社会、历史、科幻等多个类型的繁荣。言情小说方面,有雪米莉、张欣、王朔等人的纯情小说,世纪之交又出现了卫慧、棉棉、木子美、春树、九丹等人的情欲小说。武侠小说方面,有戊戟、沧浪客、独孤残红、沧月等人的创作。社会小说方面,出现了域外小说、商战小说、官场反腐小说、社会纪实小说等不同的类型。历史小说方面,出现了帝王历史小说、文化历史小说、政治历史小说等类型,重要作家有二月河、凌力、刘斯奋、唐浩明、熊召政等。科幻小说方面,实现了从少儿科普到成人科幻,从爱国强国向人性探索的拓展,重要作家有吴岩、星河、杨鹏、韩松、王晋康、刘慈欣等。21世纪前后,通俗小说与网络媒介相结合,产生新变,催生出更多亚类型。

---

① 魏绍昌:《我看鸳鸯蝴蝶派》,19页,上海,上海书店出版社,2015。

② 汤哲生:《20世纪中国通俗小说的海派、津派和港派》,载《上海师范大学学报(哲学社会科学版)》,2007(2)。

二、通俗小说的类型分析

1. 小说类型与基本叙事语法

类型化是通俗小说的基本存在方式。长久以来，由于受新文学传统/纯文学观念影响，加之相关理论资源的匮乏、研究者的不重视，通俗小说研究较为缺失。随着 20 世纪 80 年代以来通俗小说的复兴，尤其是 21 世纪以来网络小说的繁荣，以及结构主义叙事学理论的引入，通俗小说研究受到重视。清末民初的通俗小说现象被纳入类型小说加以分析，成为同类题材小说的学术史源头。

结构主义批评将类型（genre）界定为一套基本的惯例（conventions）和代码。类型随着时代的变化而变化，通过作家与读者之间的默契而被双方接受。① 小说类型指具有一定历史，形成一定规模，通常呈现出较为独特的审美风貌，能够产生某种相对稳定的阅读期待、审美反应的小说的集合体。② 有研究者认为，古今中外的小说大多是以类型形态存在的。所谓"纯文学"小说，也可以被纳入某种小说类型之中；即使极端创新之作，也有可能成为某一类型小说领军之作。③ 韦勒克认为，文学类型是对文学作品的分类编组，这种编组建立在外在形式（如特殊的格律或结构等）和内在形式（如态度、情调、目的以及较为粗糙的题材和读者观众范围）两大根据之上。④ 有学者将小说中的类型成规归纳为五个层面⑤：言语层面，主要指叙事的文体方面，如语言修辞格、人物引语式等；叙事线条层面，主要指小说的叙事方面，如叙事序列、事件类型、情节的时空结构等；叙事修辞层面，主要指叙事主体的选择，如隐含作者、故事外叙述者、故事内叙述者等；叙述视角层面，主要指叙述者感知和讲述的角度，如主观视角、客观视角、限制性视角、二度聚焦等；叙述声音层面，主要指叙述主

---

① ［美］M. H. 艾布拉姆斯：《文学术语辞典（第 7 版）》，吴松江等编译，219～220 页，北京，北京大学出版社，2009。

② 葛红兵：《小说类型学的基本理论问题》，97 页，上海，上海大学出版社，2012。

③ 马相武：《把握类型小说的发生脉络与发展趋势》，载《文化艺术报》，2008-07-15。

④ ［美］勒内·韦勒克、奥斯汀·沃伦：《文学理论》，刘象愚等译，274 页，南京，江苏教育出版社，2005。

⑤ "成规"本是社会学概念，戴维·刘易斯将其定义为："当全体居民（P）中的成员面对一种经常性发生的情形（S）时，在这些成员的行为中所表现出的一致性（R）。"参见葛红兵：《小说类型学的基本理论问题》，117 页，上海，上海大学出版社，2012。

体之间的关系。① 小说的类型研究起步较晚,研究成果往往只涵盖类型成规的某些层面,多为叙事线条层面的探讨。目前,学界对于小说的类型学研究,主要是将小说放置在特定的类型之中,考察它与以往同类作品之间的异同,并进一步分析其成因。因此,了解每一种小说所属类型的基本叙事语法是必要的。

基本叙事语法是"建立一套叙事共同模式的规则和符号系统",从普罗普(Vladimir Propp)、列维·施特劳斯(Claude Lévi-Strauss)、托多洛夫、鲍·托马舍夫斯基(Boris Tomashevsky)到格雷马斯,形式主义文论家和结构主义者都对此有所论及,只是使用了不同的术语。鲍·托马舍夫斯基把基本叙事语法称为"主因素":"类别的特征,即组织作品的结构的手法,是主要的手法。也就是说,创作艺术整体所必需的其他一切手法都从属于它。主要的手法称为'dominant'(主因素)。全部主因素是决定形成类别的要素。"②

在普罗普的研究中,基本叙事语法通过对功能的研究得以彰显。普罗普研究了一百个俄国民间故事后发现,故事的形式可以千变万化,人物功能(行动)的种类却是有限的。因此,研究故事,首先要找到故事的角色或行动元,再沿着行动的序列顺藤摸瓜,厘清故事的基本结构,进而描绘出叙事公式。把握了故事的基本结构,也就掌握了这一类故事。③ 这种分析故事的方法属于故事形态学研究,主要用于分析民间故事,也用于分析类型片和通俗小说。

例如,以下故事存在相似之处:

1. 魔法师赠给伊万一艘小船,船载他到达另一王国。
2. 公主赠给伊万一枚戒指,戒指中出现一个年轻人,载伊万到达另一王国。

在这两个故事中,小船和戒指中的年轻人、公主和魔法师的名称虽然不同,但功能相似。可见,需要着重研究的是故事中角色的功能。

在《故事形态学》中,普罗普将民间故事中角色的功能总结为三十一种④:

1. 一位家庭成员离家(外出)。
2. 对主人公下一道禁令(禁止)。
3. 打破禁令(破禁)。

---

① 葛红兵:《小说类型学的基本理论问题》,114 页,上海,上海大学出版社,2012。

② 转引自葛红兵:《小说类型学的基本理论问题》,103 页,上海,上海大学出版社,2012。

③ 葛红兵:《小说类型学的基本理论问题》,97 页,上海,上海大学出版社,2012。

④ 其中,8 和 8a 被视为一种。

4. 对头试图刺探消息（刺探）。

5. 对头获知受害者的消息（获悉）。

6. 对头企图欺骗受害者，以掌握他或他的财物（设圈套）。

7. 受害者上当并无意中帮助了敌人（协同）。

8. 对头给一个家庭成员带来危害或损失（加害）。

8a. 家庭成员之一缺少某种东西，他想得到某种东西（缺失）。

9. 灾难或缺失被告知，向主人公提出请求或发出命令，派遣他或允许他出发（调停）。

10. 寻找者应允或决定反抗（最初的反抗）。

11. 主人公离家（出发）。

12. 主人公经受考验，遭到盘问，遭受攻击等，以此为获得魔法或相助者做铺垫（赠与者的第一项功能）。

13. 主人公对未来赠与者的行动做出反应（主人公的反应）。

14. 宝物落入主人公的掌握之中（宝物的提供、获得）。

15. 主人公转移，被送到或被引领到所寻之物的所在之处（在两国之间的空间移动，引路）。

16. 主人公与对头正面交锋（交锋）。

17. 给主人公做标记（打印记）。

18. 对头被打败（战胜）。

19. 最初的灾难或缺失被消除（灾难或缺失的消除）。

20. 主人公归来（归来）。

21. 主人公遭受追捕（追捕）。

22. 主人公从追捕中获救（获救）。

23. 主人公以让人认不出的面貌回到家中或到达另一国度（不被察觉地抵达）。

24. 假冒主人公提出非分要求（非分要求）。

25. 给主人公出难题（难题）。

26. 难题被解答（解答）。

27. 主人公被认出（认出）。

28. 假冒主人公或对头被揭露（揭露）。

29. 主人公改头换面（摇身一变）。

30. 敌人受到惩罚（惩罚）。

31. 主人公成婚并加冕为王（举行婚礼）。

这些功能可以进一步被归纳为八个阶段：

1. 英雄逐渐了解某恶行正在进行或得知自己/社会的缺失。
2. 英雄离家展开探索的旅程，想要改变现状。
3. 英雄旅经荒野，遇见身怀魔法的协助者或破坏者。
4. 英雄历经多次的试炼。
5. 英雄最严厉的试炼是与坏人作战。
6. 英雄打败坏人，达成旅程的目的。
7. 英雄返乡，恢复国家的秩序。
8. 英雄接受奖赏，与公主结婚。

根据普罗普的结论，角色在故事中的功能大致可分七类：

1. 坏人。
2. 协助者或提供者。
3. 救援者。
4. 公主和她的父亲。
5. 信差。
6. 英雄。
7. 假英雄。

由此，普罗普针对民间故事得出以下结论。

1. 角色功能是构成故事的基本要素。
2. 角色功能一直是故事中不可或缺的要件。至于如何达到其功能，由谁达到，并没有特定的规范。
3. 传奇故事中角色功能的多寡受到限制。
4. 功能的顺序一成不变。
5. 所有传奇故事的结构都相同。

在此基础上，普罗普建立起结构主义叙事学，说明民间故事中千变万化的角色是功能性的，而功能的深层结构与顺序是不变的。[①] 这种不变的深层结构

---

① 黄新生：《侦探与间谍叙事：从小说到电影》，13页，台北，五南图书出版股份有限公司，2008。

与顺序可以被视为基本叙事语法。

2. 类型小说的叙事语法分析：以金庸小说为例

用上述理论分析《射雕英雄传》，我们可以将小说概括为"（……的）郭靖，在（……人）的帮助下，饱经考验和磨难，终于达成心愿"的故事。

这部小说集武侠、成长、言情、英雄小说于一体，可以按照不同的类型归纳出不同的基本叙事语法。

从武侠小说的类型看，《射雕英雄传》是关于四位武林奇才（王、洪、欧、黄）及其子弟的恩怨情仇的故事；从成长小说的类型看，它是笨却善良的郭靖在武林前辈的指点和教导下，勤学苦练，恪守做人的原则，经过一系列考验，终成一代武学大师的故事；从言情小说的类型看，它是憨厚善良的穷小子郭靖和聪明刁蛮的富家女黄蓉冲破重重险阻终成眷属的故事；从英雄传奇的眼光看，它是义士郭啸天的遗腹子郭靖牢记父亲遗训，修炼品性，苦学本领，保家卫国，终成一代英雄的传奇。①

根据类型对主人公的动机和性格进行分解：笨而好学、品质纯正、想学武报仇的郭靖是武侠小说主人公的初始形象，憨厚善良、待人真诚的穷小子郭靖是言情小说主人公的初始形象，出身贫寒、心地善良又心怀大志的郭靖是成长小说主人的初始形象，忠门之后、继承先父遗志的郭靖是英雄传奇主人公的初始形象。故事的动机在这部小说里表现为：亡国（流落海外）—爱国，父亲被害—复仇，青春年少—爱情；儒家思想影响—建功立业。对于主人公郭靖来说，这些欲望之间不存在矛盾，获得爱情有助于他成为武学宗师，进而成为爱国英雄。

小说中的其他人物围绕主人公组成了三角关系（见图6-1）：

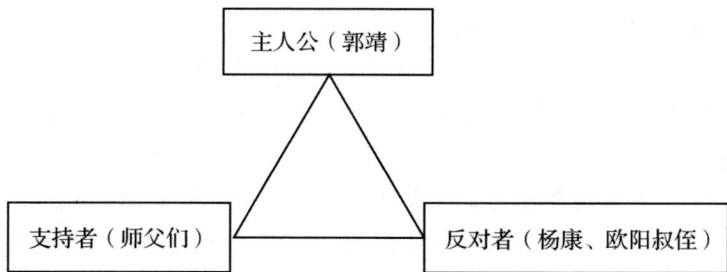

图 6-1　《射雕英雄传》的人物关系

---

①　葛红兵：《小说类型学的基本理论问题》，210～216 页，上海，上海大学出版社，2012。

有丰富动机/欲望的主人公、多样的人物关系、多元的行动元，使得《射雕英雄传》具备多种类型叙事语法。

这个故事有爱情小说的叙事语法：男女般配（爱情的前提）、饱经考验（患难见真情）、有情人终成眷属（好人一生平安）。在爱情小说的层面，"江南六怪"、欧阳克和"东邪"黄药师作为反对者出现。"江南六怪"有意让郭靖和穆念慈成婚。为躲避逼婚，黄蓉和郭靖双双离开江南。欧阳克聪明，出身武学世家，是郭靖的竞争对手，但他心术不正，注定不能在这个传统文化主导的故事里获得爱情。黄药师因为夫人的死而对修习《九阴真经》的人斩尽杀绝，是郭靖与黄蓉爱情的反对者。杨康和穆念慈的爱情悲剧则是郭黄爱情的见证和强化。

这个故事有武侠和英雄传奇的层面。武侠小说的基本叙述语法是："仗剑行侠"（行侠手段）、"快意恩仇"（行侠主题）、"笑傲江湖"（行侠背景）、"浪迹天涯"（行侠过程）。① 技击场面是武侠小说观赏性与悬念的主要来源。在《射雕英雄传》中，技击场面具有推动情节的作用。从牛家村的打斗、大漠的打斗、嘉兴府醉仙楼的打斗、海上的打斗，最终到华山论剑，武功斗技被推向最高峰，情节也走向终结。从郭啸天、杨铁心到"江南七怪"，从"江南七怪"到"黑风双煞"，从"黄河四鬼"到沙通天，再从沙通天到梁子翁、彭连虎、欧阳克等人，最后是"东邪""西毒""南帝""北丐"和"老顽童"，小说人物一层一层出现，武功越来越高，打斗越来越奇异，情节越来越深入。《射雕英雄传》运用这样的"渐进法"成功吸引住了读者。②

英雄传奇的叙事语法是：英雄本有出处，自古英雄多磨难。郭靖在寡母的抚育下长大，他始终不忘自己是宋人，为了大义放弃了富贵，放弃了权力。他虽然并不机敏，但讲情义，重承诺，一以贯之，坚韧不屈，最终成长为一代大侠。成长小说的叙事语法是他人引导（情节方向）、饱经考验（过程）、长大成人（目标）。在成长小说中，郭靖的协助者有师父"江南七怪"、黄蓉和洪七公，他们承担着不同的功能。父母在道德和人格层面帮助他，师父在武功层面帮助他，黄蓉在智谋层面帮助他。这里基本上不存在反对者，算计他的小人只是作为考验而存在。

不难发现，这些叙事语法主要是对叙述事序和价值取向的提炼，而且都遵循中国传统文化的价值取向，与西方价值观存在一定差异。③ 不同的类型虽然

---

① 陈平原：《千古文人侠客梦》，204 页，北京，新世界出版社，2002。

② 汤哲声：《流行百年：中国流行小说经典》，301 页，北京，文化艺术出版社，2004。

③ 葛红兵：《小说类型学的基本理论问题》，210 页，上海，上海大学出版社，2012。

有不同的叙述语法，其中有几点却是相同的。第一，主人公不变。小说虽然人物众多，却有主次之别。例如，杨康只能作为郭靖的反面存在。他的出身与郭靖并无不同，但是贪图荣华富贵的私心与为父报仇之间的不可调和，导致他只能是反面人物。第二，事序大致一致。情节随着主人公自然的年龄成长展开，总体采用顺序。第三，结局是大团圆。成为武学宗师、完成父亲遗愿、有情人终成眷属以及成为千古英雄，是这部小说的基本母题。小说叙事以回归平衡结束，完成了一个事序。新的不平衡需要等新的主人公杨过出场，他会围绕新的恩怨情仇展开新一轮行动。这是下一部小说《神雕侠侣》的内容。①

完成对小说基本叙事语法的研究后，我们可以进一步考察这种叙事语法与以往同类作品之间的异同，分析其成因。

《射雕英雄传》较此前其他武侠小说有两点不同。其一，将武侠世界与传统文化紧密结合起来。其二，通过成长模式，实现了从以写事为中心向以写人为中心的转变。在武侠小说中，人物成长模式始于 20 世纪 30 年代李寿民的《蜀山剑侠传》，完善于金庸。在此之前，武侠小说与绝大多数通俗小说一样，以写事为中心，注重情节的编织，与新文学、雅小说以写人为中心形成鲜明的对比。20 世纪 30 年代起，以张恨水为代表，通俗小说作家开始借鉴雅小说的做法，变革小说的叙事中心，将写事与写人结合起来。到金庸、琼瑶等通俗小说作家的手中，这一做法得到了完善。《射雕英雄传》以郭靖的成长为情节发展的线索，对于以往只注重情节的小说来说是一种突破。这种做法的好处是有利于展现人物的性格特征和情感世界。小说通过郭靖的成长，将性格各异的人物关联到一起，让他们产生碰撞，取得了相互映衬的效果。

以上分析将《射雕英雄传》放置在类型小说（武侠、成长、言情、英雄）的坐标系中，分析了其中呈现的基本叙事语法，继而聚焦武侠小说这一类型，辨析了金庸小说对以往武侠小说的因袭和创新。这种分析还可以细化到辨析金庸小说不同时期叙事语法的变化，并分析其成因。需要补充说明的是，基本叙事语法是一种被归纳出来的理论建构，有待随着分析的深入不断修正，而不是成为一种强制性的规范。

三、通俗小说的类型与特点

常见的通俗小说有言情小说、武侠小说、侦探小说、历史小说、科幻小说

---

① 葛红兵：《小说类型学的基本理论问题》，214～216 页，上海，上海大学出版社，2012。

等。通俗小说总是在既有成规之上进行创新，题材与叙事成规会因类型的不同而不同。同一类型的小说之间也存在规范与创新、类型与反类型的矛盾，这使成规处于稳定与变化的张力之中。

1. 言情小说的类型与特点

（1）才子佳人小说

言情小说是以爱情为主的小说类型，可以追溯到古代的才子佳人小说。才子佳人小说的成规是"一见钟情→小人拨乱→终得团圆"，也被总结为"私定终身后花园，落难公子中状元，奉旨成亲大团圆"。这种模式在唐传奇《莺莺传》中已具雏形。在这类小说中，才子往往容貌清秀、气质不凡、才情出众，是天生的情种；佳人往往是名门之后，貌美多才，渴望爱情。他们往往在佳人宅第的后花园相遇，一见钟情，私定终身。在克服了父母反对、小人作难等重重障碍后，才子高中状元，与佳人成婚。对于这种成规，曹雪芹在《红楼梦》中予以调侃，并用贾雨村的故事颠覆了它。贾雨村是相貌不凡的落魄书生，偶然在甄士隐家与丫鬟娇杏四目相对。他以为娇杏对自己心生爱慕，沾沾自喜。后来，贾雨村当了官，在街上偶遇娇杏，与甄家商量后纳她为妾。这段故事里没有私定终身、小人拨乱，连一见钟情也是误会，完全颠覆了以往的写法。

清末民初，才子佳人小说逐渐发生变化。以《玉梨魂》的畅销为标志，出现了哀情小说的热潮。《玉梨魂》讲述了这样一个爱情悲剧：青年教师何梦霞与所寄居家庭的寡妇白梨影相爱，但传统道德的压力使他们无法在一起。梨影把小姑筠倩撮合给梦霞，无爱的婚姻让三个人都陷于痛苦之中。最后，梨影和筠倩相继郁郁而终，梦霞看破红尘参加革命，在辛亥武昌起义中牺牲。在这类小说中，爱情仍然发生于才子与佳人之间，诗仍是传递心声的主要媒介，但表现的重点变为传统道德与爱情的冲突，解决方案是"发乎情止乎礼"。小说主人公缺乏冲破礼教的勇气，爱情与孝道、守节等传统道德之间的矛盾总是以后者的获胜告终。这些小说弥漫着哀情[①]，故得名"哀情小说"。周作人批评这类小说体现了读者批判意识的缺乏："他悼惜《玉梨魂》中不幸的人，却又不以造成这不幸的现存社会为非。发乎情，止乎礼，终于死了，很足为他们社会的光荣，供他们咏叹的材料。"[②]

（2）社会言情小说

社会小说指运用大众化的创作手段，集中或者侧重描述、反映、批判现实

---

① 朱志荣：《中国现代通俗文学艺术论》，58页，上海，上海三联书店，2009。

② 周作人：《中国小说里的男女问题》，载《每周评论》，第7号，1919。

社会热点问题的小说。社会言情小说是社会小说与言情小说的结合。① 张恨水的《啼笑因缘》就属于社会言情小说。小说不是将婚恋悲剧归因于文化或家长，而是归因于军阀的横行和残暴，从反军阀的角度赋予作品社会批判性，同时又保持了言情小说的缠绵。②

《啼笑因缘》的情节是这样的：在北京求学的樊家树，先后结识了侠客关寿峰父女和唱大鼓词的姑娘沈凤喜。樊家树对沈凤喜一见倾心，关寿峰的女儿秀姑也爱上了樊家树，樊家树的表兄嫂则一心撮合他与豪门千金何丽娜。樊家树陷入与沈凤喜、关秀姑、何丽娜的多角恋爱中。樊家树南下探母，沈凤喜经不住军阀刘国柱的诱骗，成了刘府姨太太。秀姑为了成全樊家树再见沈凤喜一面的心愿，去刘府做帮工，促成樊、沈约会。樊、沈两人虽再度寻盟旧地，但情感的裂痕已无法弥合。刘国柱得知樊、沈约会，将凤喜毒打致疯，又见秀姑青春貌美，便想占为己有。秀姑将计就计，在洞房花烛夜刺杀了刘国柱。刘国柱被刺，北京城风声鹤唳，樊家树为避风头，去天津探望叔父，遇到何丽娜。叔父力劝樊、何成婚，樊家树不答应，何丽娜负气出走，隐居西山别墅，学佛吃素。樊家树想回归学校生活，途中遇暴徒绑票。关寿峰父女及时赶到，解救了他。在关氏父女的精心策划下，樊家树与何丽娜终成眷属。③

这部小说颇有新颖之处。

第一，沈凤喜与樊家树是一见钟情，沈凤喜不能与樊家树结合，虽然有军阀压迫的外部原因，但主要还是源于自己的贪婪和虚荣。小说肯定了建立在两情相悦基础上的爱情，肯定了青年应该将恋爱和婚姻的主动权掌握在自己手中。这种恋爱观比起《玉梨魂》之类的小说，已经相当"现代"。

第二，确定了"说故事、写人物"的通俗小说美学模式。在《啼笑因缘》之前，通俗小说的普遍问题是只注重情节的传奇性，不注重人物塑造，对人物的描述往往沦为"动作的清账"和"生活起居注"。例如，小说会有这样的段落："某甲开眼向窗外一看，只见天已大明，即忙推开枕头，掀开被窝，坐起身来，披上了一件小棉袄，随即穿了白丝袜，又穿了裤子，扎了裤脚管，方才下床，就床边套上那双拖鞋。"这段话是对动作的流水账式记叙，既缺乏选择提炼，又缺乏具体的心理描写，无法体现人物的性格特征。用雅文学的眼光看，毫无艺术价值可言。④ 又如，在短篇通俗小说《留声机器》中，情劫生是一个"中华民国

① 汤哲声：《边缘耀眼：中国现当代通俗小说讲论》，90页，北京，北京大学出版社，2013。

② 汤哲声：《流行百年：中国流行小说经典》，89页，北京，文化艺术出版社，2004。

③ 汤哲声：《中国现当代通俗小说赏析》，78页，苏州，苏州大学出版社，2012。

④ 茅盾：《自然主义与中国现代小说》，载《小说月报》，第7号，第13期，1922。

的情场失意人",他到一个"各国失意情场的人"聚居的"恨岛"上生活,后因病而死。对于他失恋的历史,小说只用了几句话:"他就一往情深,把清高诚实的爱情全个儿用在这女郎身上,一连十多年没有变心。"在最紧张的一幕中,即情劫生因病将死,小说仍然缺乏描写:"情劫生本是个多病之身,又兼着多愁,自然支持不住了。他的心好似被十七八把铁锁紧紧锁着,永没有开的日子。抑郁过度,就害了心病。他并不请医生诊治,听他自然,临了儿又吐起血来。他见了血,象见唾涎一般,毫不在意,把一枝破笔蘸了,在纸上写了无数的林倩玉字样;他还给一个好朋友瞧,说他的笔致,很象是颜鲁公呢。那朋友见了这许多血字,大吃一惊,即忙去请医生来;情劫生却关上了门,拒绝他进去,医生没法,便长叹而去。"这类小说缺乏对环境的描写、对人物心理的描写,与记账式报告无异。①

与以往小说不同,《啼笑因缘》很注重人物塑造。以樊家树出场为例,小说写道:"他穿了一件蓝湖绉夹袍,在大襟上挂了一个自来水笔的笔插。白净的面孔,架了一副玳瑁边圆框眼镜,头上的头发虽然分齐,却又卷起有些蓬乱。"长袍和自来水笔表明了人物的知识分子身份,梳得整齐却又有些蓬乱的头发写出了他的贵族气息。②《啼笑因缘》不仅通过外貌写人,还通过动作和心理写人。第十二回写刘将军派人请沈凤喜唱堂会,几个兵带着盒子枪在院子里走来走去。"凤喜哭了一顿子,又在窗户下躲着看了一阵,见那几个护兵,在院子里走来走去,那大马靴只管走着咯支咯支的响,也呆了。听了三弦说陪着一路去,胆子略微壮了一壮,正要到外面屋子里去,和母亲说两句,两只脚却如钉在地上一般,提不起来。"沈凤喜到刘府后,作者又通过她的眼睛描写环境:"客厅帘子高挂,有许多人在里面,有躺在竹榻上的,有坐着说话的,有斜坐软椅上,两脚高高支起,抽着烟卷的。看那神情,都是大模大样。刘将军尚师长也在那里,今天见面,那一副面孔,可就不像以前了;望着睬也不一睬。这大厅外是个院子,院子里搭着凉棚,六七个唱大鼓书的姑娘,都在那里,向着正面客厅坐着。凤喜也认得两三个,只得上前招呼,坐在一处。"这段文字将场面描写与人物心理描写结合在一起,把沈凤喜的忐忑不安表现得淋漓尽致。③

第三,出现了以男性为中心的多角恋爱。这有助于改善通俗小说的结构,开拓表现空间。首先,小说以樊家树为中心展开,以主人公的情感起伏为主线

① 茅盾:《自然主义与中国现代小说》,载《小说月报》,第 7 号,第 13 期,1922。

② 汤哲声:《"引雅入俗"张恨水》,http://www.cctv.com/education/special/C13044/01/index.shtml,2018-08-01。

③ 朱志荣:《中国现代通俗文学艺术论》,62~63 页,上海,上海三联书店,2009。

统率起所有材料，使情节变得集中、紧凑，改变了以往通俗小说结构散乱，"说完一事，又递入一事，缺乏骨干组织"的毛病。① 其次，小说中的多角恋爱模式开拓了小说的表现空间，樊、关之爱是书生与侠女之爱，樊、沈之爱是书生与民间女子之爱，樊、何之爱是书生与富家女子之爱。三位性格、身份、地位不同的女性带来了三个不同的空间，构成三组不同的恋爱故事。当它们纠葛在一起时，又制造出很多悬念和风波。比起《玉梨魂》式"一对鸳鸯一对蝴蝶"的模式来说，"多对鸳鸯""多对蝴蝶"的多角恋模式有利于丰富小说内容。② 张恨水在《美人恩》的自序中说："予读言情小说多矣，而所作亦为数非鲜。经验所之，觉此中有一公例，即内容不外三角与多角恋爱。"又说："盖小说结构，必须有一交错点，言情而非多角，此点由何而生？"③

（3）纯情小说

纯情小说又称"古典言情小说"。这类小说回避爱情中肉体和欲望的存在，相爱的男女可以突破门户之见、地位差别、年龄障碍，抛开世俗偏见，不顾一切地在一起。④ 纯情小说始于 20 世纪 40 年代无名氏、徐訏的创作，后在琼瑶笔下发扬光大。

下面，我们以琼瑶的经典之作《庭院深深》为例分析纯情小说的特点。小说情节如下：即将结婚的美国留学生方丝萦回到台北，拒绝了高校的工作，选择成为郊区某小学的教师。学校附近有一个茶园，茶园主人柏霈文是盲人，他的女儿是方丝萦的学生。女孩可怜的样子唤起方丝萦的母爱，使她接受了家庭教师的工作并住进柏府。柏霈文的妻子爱琳长期虐待孩子，对丈夫漠不关心。十年前，茶园的少爷柏霈文（三十岁）偶然认识了摘茶女工章含烟（方丝萦，十九岁），为她高贵纯洁的气质所折服。得知她曾经迫于贫困做过舞女后，柏霈文仍然不顾一切地与之结婚。婚后，章含烟成为家庭主妇，被柏母百般挑剔。柏霈文忙于事业冷落了妻子，又因母亲的挑唆怀疑妻子出轨。含烟长期忍辱负重，最终被迫出走。一场大火烧毁了山庄，柏霈文双目失明，在母亲的安排下与自己不爱的爱琳结合。十年后，方丝萦回到茶园，见到了仍然深爱自己的霈文和缺乏母爱的女儿。她在爱琳面前不断退让，又为父女俩对自己的需要纠结不已。最终爱琳离开，方丝萦留在了父女俩身边。

---

① 张恨水：《我的创作和生活》，见中国人民政治协商会议全国委员会文史资料研究委员会：《文史资料选辑》第 70 辑，150 页，北京，中华书局，1980。

② 汤哲声：《流行百年：中国流行小说经典》，139～141 页，北京，文化艺术出版社，2004。

③ 朱志荣：《中国现代通俗文学艺术论》，60 页，上海，上海三联书店，2009。

④ 汤哲声：《中国当代通俗小说史论》，120 页，北京，北京大学出版社，2007。

　　首先，这部小说是以女性为中心的叙事，主要从方丝萦的视角展开。作为女作家，琼瑶比男性作家更加贴近女性的经验，其小说在女性意识方面具有一定的突破性。

　　以前，文学作品主要是男作家写、男读者读，往往受制于男性中心意识。在这种传统中，女读者作为"偷听者"存在。女性是被描述和想象的客体，而非表达的主体。随着女权主义运动兴起、女性意识觉醒，人们才意识到女性作家对文学做出了独特贡献。她们是女性经验的表达者，也是女性意识的唤醒者。[①]于是，女性主义批评兴起，把女性作家、女性经验作为研究的重点。[②]

　　在西方，言情小说属于罗曼司（Romance）。罗曼司是一种具有崇高典雅风格的文体，后被夏洛蒂·勃朗特（Charlotte Bronte）改造出女性的形式。"这种形式是妇女创作、为了妇女和关于妇女的生活的"[③]，由此为女性文学开拓出一片天空。莉莲·法伦指出："所有的罗曼司提供了女性的爱、情感和信奉的文化领域的模式，而这些领域在主流小说（mainstream fiction）中很少得到揭示。对这种遭忽视的样式的系统分析，会提供关于我们的文化中的妇女体验的有价值的材料。"[④]言情小说围绕男女之间的浪漫关系展开，以恋爱和婚姻为核心，以女性价值为观察点和评判标准。[⑤] 通过创作和阅读这类小说，女性实现了经验的交流。

　　琼瑶的言情小说是富于（传统）女性意识的。"任何妇女的成长和生活过程中的必然目的，就是寻找和缔结一桩满意、成熟、成功的婚姻"，这是言情小说给女性的人生定位。[⑥]《庭院深深》围绕着女主人公的爱情和婚姻展开，对于传统女性来说，这就是她们最重要的生命经验。

　　在小说的开始，女工章含烟被富有的茶园少爷爱上，借助婚姻改变了出

---

　　① 关于西方女性主义批评的发展，王逢振曾做极为简明的梳理。参见王逢振：《女权主义批评数面观》，载《文学评论》，1995(5)。

　　② 伊莱恩·肖华尔特（Elaine Showalter）指出："女性主义批评集中于妇女的写作，更多地以妇女的经验为根据。"它力图"说明妇女写作的每一个方面，如作品的历史、题材、风格、结构以及妇女创作的心理原动力等，同时还应该提供对具体作家作品的研究"。女权主义批评和女性主义批评的区别在于，前者关心作为读者的妇女，后者关心作为作家的妇女。换句话说，女权主义批评的对象是所有性别的作家，是使用女权主义理论对作品进行解读；女性主义批评只分析女作家的作品，将重点放在女性经验上。参见王逢振：《女权主义批评数面观》，载《文学评论》，1995(5)。

　　③ 转引自林树明：《女性主义文学批评的糊涂账》，载《外国文学评论》，1995(3)。

　　④ 转引自林树明：《女性主义文学批评的糊涂账》，载《外国文学评论》，1995(3)。

　　⑤ 王晶：《西方通俗小说：类型与价值》，46页，昆明，云南人民出版社，2002。

　　⑥ 王晶：《西方通俗小说：类型与价值》，48页，昆明，云南人民出版社，2002。

身，过上了优渥的生活，这是世俗意义上的成功。但二人的婚姻并不牢固。她在经济上的依附地位导致了婆婆的不满，她的过去也使丈夫心有芥蒂。章含烟面临的难题是如何处理好家庭中的人际关系，使丈夫的家庭真正接纳自己，这也是每一个嫁给王子的灰姑娘都面临的难题。委曲求全和被动的性格使她无力解决这些难题，最后不得不离家出走。出国留学后，章含烟成为职业女性。表面上看，她已经成为现代女性，拥有独立自主的意识，不再依附于男性，但在内心深处，她的生命重心仍然是孩子和丈夫。她的孩子有了后妈，她的丈夫成为别人的丈夫，她的难题变成了照顾者的"天性"与承认婚姻神圣性之间的矛盾。作为传统女性，她选择了退让。最终，矛盾被"真爱"化解，爱琳自愿退出婚姻，章含烟全家圆满地生活在一起。这样的结局符合传统女性的理想（有情人终成眷属，婚姻幸福，家庭圆满）。

读者未必认同女主人公的想法和做法，但小说确实触及了中国女性的处境（从夫居导致的婆媳问题，婚配时男高女低导致的夫妻关系问题，家庭主妇的苦闷，等等），在一定程度上引发了共鸣。作为通俗小说作家，琼瑶是现状的维护者而非质疑者。在维护现实的前提下，小说给女性找到的出路是委曲求全/成人之美的"真爱"。

因此，琼瑶小说的女性意识具有双重性。它触及了女性在现实中的痛楚，这是新颖的一面；它无视女性对母亲和妻子身份的无条件认同实际是文化建构的结果，给出的方案是在现实秩序中委曲求全，这是保守的一面。小说的美好结局是一种虚幻的慰藉。从现代人的观点看，章含烟的问题不完全是自身的问题。柏霈文的母亲干预小夫妻组建的家庭，柏霈文听命于母亲的安排与不爱的人结合，这才是问题所在。但小说毫不质疑孝顺、母爱等传统道德观念带来的问题，而是把一切归因于宿命，认为是柏霈文违背誓言导致了报应。

其次，琼瑶小说中的女性往往以婚姻为最终归宿，符合"性格决定爱情"的纯爱理想。

在小说前半部中，章含烟是孤儿、做过舞女，背负着债务，柏霈文是台北最大茶庄的少爷。两人门不当户不对，却结合在一起，原因是柏霈文在她身上感受到了"灵气"。在小说后半部中，含烟学业有成，经济自立，年轻漂亮，柏霈文则变成盲人，事业败落。他们还是结合在了一起，因为时间没有割断他们对彼此的思念。在小说里，爱情的标准不是金钱、地位、家庭背景，也不是外表，而是两个人的性情是否投契。这种爱情具有现代性，如柏霈文为了与章含烟在一起，不惜违背母命。同时，这种爱情又带有乌托邦色彩。它可以经受住时间和金钱的考验，但仍然是符合父权价值的择偶，最终以从一而终的婚姻和血缘家庭的团聚为结局。①

最后，琼瑶小说蕴藏着秀美的诗意。琼瑶小说被古诗的意象所笼罩，从人物名称、环境到叙述语言都充满婉约词般的诗意。章含烟、柏霈文、柏亭亭……人物的名字都是古诗词中的自然意象，他们生活的地方是"一个像幻境般的花园，有葱茏的树木，有深深的庭院，还有成千上万朵玫瑰"。小说的名字"庭院深深"直接取自欧阳修的"庭院深深深几许"，不仅以庭院深深的意象与故事的主要环境相对应，还自然贴切地表现出章含烟作为现代家庭主妇备受折磨的苦闷之情，塑造了她清雅脱俗的形象。小说处处表现出柔美感伤的意境，营造出"诗一般的生活、诗一般的意境和诗一般的遐想"②。这样的生活是一种成人童话，意义在于以理想的纯爱给读者带来慰藉，而非具有思想价值和认识价值。

琼瑶小说也有一些艺术缺陷。虽然主人公的形象相对丰满，但出于追求情节曲折性的需要，次要人物多是类型化、脸谱式的。《庭院深深》中柏霈文的母亲和第二任妻子爱琳都被塑造为恶人，与天使般的章含烟形成对比，呈现出善恶的简单对立。小说结尾，爱琳突然转变为成人之美的天使，缺乏可信的逻辑，对人物塑造来说是失败的。

2. 武侠小说的类型与特点

武侠小说是内容上有武和侠的小说。由于武和侠在不同作家笔下含义不同，武侠小说有多种亚类型。武侠小说的前身是侠义小说，由唐人传奇和宋元"搏刀""赶棒"之类的话本发展而来，核心精神是"仗义行侠，除暴安良"。行侠是一种民间行为。侠客靠自己的侠肝义胆与卓绝武功为受压迫者伸张正义，即"侠以武犯禁"③。侠义小说的渊源可以追溯到《史记》的《刺客列传》《游侠列传》，魏晋时代的志怪小说《干将莫邪》，唐传奇《昆仑奴》《聂隐娘》等。这些都属文言，篇幅较短。后来，出现话本、拟话本，篇幅逐渐变长。以清代长篇小说《儿女英雄传》《三侠五义》的问世为标志，侠义小说走向巅峰，同时出现与公案小说合流的趋势。当侠客走入官府成为奴仆，"侠以武犯禁"变成"侠以武尽忠"，侠义精神就被彻底颠覆了。④ 清末民初，侠义小说蜕变为武侠小说。以平

---

① 汤哲声：《流行百年：中国流行小说经典》，276 页，北京，文化艺术出版社，2004。

② 汤哲声：《流行百年：中国流行小说经典》，317 页，北京，文化艺术出版社，2004。

③ 袁良骏：《武侠小说指掌图》，104 页，北京，新华出版社，2003。

④ 袁良骏：《武侠小说指掌图》，104 页，北京，新华出版社，2003。

江不肖生的《江湖奇侠传》(1923)的问世为标志，武侠小说走向繁荣。

武侠小说的基本叙事语法是"仗剑行侠"(行侠手段)、"快意恩仇"(行侠主题)、"笑傲江湖"(行侠背景)、"浪迹天涯"(行侠过程)。① 对于武侠小说而言，其中每个要素的变化都有可能带来革新。

20世纪，武侠小说有过三次转向。② 第一次以《江湖奇侠传》为标志，行侠的背景从"江山"转向"江湖"。从东汉末年到清末民初，侠义小说都是以江山为中心的。在《水浒传》的前半部里，梁山好汉生活在江湖世界；到梁山泊排座次后，小说转向了打江山、保江山。《江湖奇侠传》反其道而行之，从地方上农民争"水陆码头"写起，最后演化成昆仑、崆峒两派的争斗，变成了江湖上的故事。从"江山"向"江湖"的转向使武侠小说在传奇性和虚构性方面得到拓展。传奇性表现在武侠人物的环境摆脱了现实的束缚：可以是神秘的深山古刹、险峻的荒山老林，也可以是荒凉的戈壁沙漠、古怪的水中小岛。传奇性还表现在武侠人物可以摆脱历史的束缚，代替历史人物成为主要人物，并且武功更加神奇。在《江湖奇侠传》的影响下，"系列"武侠小说出现了，因为江湖故事的虚构性很强，可以一波一波地写下去、一个人物接一个人物地生发开来。于是，就有了李寿民写半人半仙的剑仙世界的"蜀山系列"，王度庐写亦正亦邪的江湖世界的"鹤—铁系列"。

第二次是行侠的背景从"江湖"转向"江山"，转折点是朱贞木的《七杀碑》(1949)。《七杀碑》前半部侧重介绍七侠的生平奇事，后半部以张献忠入川为中心，侧重描述七侠纵横川南保全民众的事迹，将武侠与历史结合了起来。武侠小说的历史化是围绕江山的更替写江湖故事。不管故事如何散乱，它都有一条稳定的线索；不管瓜果散落在何处，它们都结在一根藤上。以江山为背景写江湖故事，使武侠小说中的江湖故事有了廓大的表现空间。它可以与政治家相关写到宫廷里去，可以由结党结社写到高山野林之中，也可以根据民族矛盾写到边区异域。

第三次是武侠与传统文化的结合，由金庸等人完成。这里主要从道德文化层面略做分析。

首先，金庸小说中的武林世界是典型的"家长制"统治，是传统伦理道德的社会化表现。师弟、师兄、师父构成了各种帮派，帮派构成了完整的武林世界；在帮派中，师兄大于师弟，师父统领徒弟，德高望重者统帅帮派，此为"掌门人"；在整个武林世界中，帮大于会，派大于帮，少林、武当统帅众帮

---

① 陈平原：《千古文人侠客梦》，204页，北京，新世界出版社，2002。

② 汤哲声：《中国现代通俗小说思辨录》，70~74页，北京，北京大学出版社，2008。

派，此为"武林领袖"。这样的秩序是规范而权威的，长幼不容颠倒，尊卑不容侵犯。尊卑、长幼、德行是建立秩序的基础，其中最根本的是德行。没有德行，就丧失了成为领袖的资格。① 与金庸笔下充满道德色彩的武林世界相比，李寿民笔下的世界充满道家气息，梁羽生笔下的武林秩序由民族斗争维系，古龙笔下的帮派有黑社会色彩。

其次，金庸小说中的道德文化还表现在对大侠形象的塑造上。从《书剑恩仇录》开始，金庸的小说世界就确立起朝廷、江湖与绿林的三元格局。江湖不再是民间的"潜社会"，而是承担起抵抗异族、为国为民的"救亡"主题。这一主题在《碧血剑》《射雕英雄传》《天龙八部》《鹿鼎记》等作品中反复出现，成为江湖事件的核心动力与侠客伦理的最高规范。② 在这种价值观的影响下，金庸小说中的大侠都具有仁爱忠孝、诚信知报、精忠爱国、修己慎独的特点。小说中符合这些特点的人往往得到极大的赞赏，不诚不信、忘恩负义、不忠不孝之人则受到谴责。例如，萧峰是金庸笔下近乎完美的英雄，他的社会心、责任心、诚信知报、忠孝节义都可圈可点，最终在杀身成仁中实现了自我的完善。这正是传统道德文化所追求的一种理想境界。③

最后，金庸小说与道德文化的结合还表现在行侠手段因人而异。每个人所擅长的武功都与习武者的个性、经历、情感息息相关，相互渗透。杨过的独门武功是"黯然销魂掌"，是他和小龙女在绝情谷分手之后，于长达十六年的分离与思念中琢磨而成的，招式包括心惊肉跳、杞人忧天、无中生有、拖泥带水、徘徊空谷、废寝忘食、孤形只影、饮恨吞声、六神不安、穷途末路等，充分体现出他的心声。郭靖擅长的武功是"降龙十八掌"，其中最根本的一招是"亢龙有悔"，寓意是做人做事都需留有余地。这一招正符合郭靖忠厚老实、为人着想的性格。

3. 侦探小说的类型与特点

侦探小说是源于西方的小说类型，通常以侦探的所见所闻为叙事视角，以科学推理方式为破案手段，重视犯罪证据的寻找，并以作案者被绳之以法为情

---

① 汤哲声：《流行百年：中国流行小说经典》，265页，北京，文化艺术出版社，2004。

② 汤哲声：《中国现代大众文化与通俗文学三十讲》，100页，北京，高等教育出版社，2011。

③ 汤哲声：《流行百年：中国流行小说经典》，272页，北京，文化艺术出版社，2004。

节终点，以惩恶扬善为基本价值观。①

在西方，侦探小说始于爱伦·坡（Edgar Allan Poe）的短篇小说《莫格街凶杀案》（1841），后出现了古典派侦探小说、硬汉派侦探小说、警察小说等不同类型。古典派侦探小说（the classic detective novels）的特点是侦探是业余人士，破案带有游戏性质，情节重心在于高明的侦探如何找出凶手，侦破离奇命案，解开谜团。它的基本要素有六个：私家侦探和助手、叙述犯罪情况、调查、破案、解释案情经过、结局。② 爱伦·坡笔下的杜宾与柯南·道尔笔下的福尔摩斯是古典派侦探小说中广为人知的形象。

硬汉派侦探小说（the hard-boiled detective fiction）出现于第二次世界大战以后。这类小说将笔触拓展到对政治黑幕、黑社会以及社会生活中弱肉强食状况的揭露，它的重点不是解谜，而是历险。小说中有一位冷酷坚毅、犹如江湖铁汉的私家侦探。他历经沧桑，不屈不挠地侦查犯罪，面临威胁与试炼，不得不做出道德或情感的抉择。③ 这类小说有五类常见的角色：受害者、罪犯或凶手、私家侦探、代表社会的无助者（如警察与犯罪嫌疑人）、背叛的女性。小说往往以有人遇害开始，通常是侦探的朋友或周围的人。接着，侦探本身面临威胁，随时可能成为受害者，而罪犯或凶手往往有钱有势，背后存在庞大的地下犯罪组织。最后，读者发现罪犯或凶手是与侦探有关系的人。④ 硬汉派侦探小说的知名作家有美国的雷蒙·钱德勒（Raymond Thornton Chandler）、达希尔·哈米特（Dashiell Hammett）等。

警察小说（the police procedural）是出现于 20 世纪 40 年代、盛行于 50 年代的侦探文学亚类型。在这类小说中，职业警察代替私家侦探成为主角，运用可信的手段侦破罪案。⑤ 由于必须严格按照程序，依靠事实和证据抓住凶手，因此小说的大部分篇幅是描绘警察苦苦寻找证据。警察没有天才和个人英雄的光环，看似单枪匹马，实则很多时候是依靠集体的智慧和力量使凶手落网的。⑥

---

① 谢彩：《中国侦探小说类型论》，9 页，上海，上海大学出版社，2012。

② 黄新生：《侦探与间谍叙事：从小说到电影》，25 页，台北，五南图书出版股份有限公司，2008。

③ 张璐：《论托多罗夫的〈侦探小说类型学〉》，载《法国研究》，2011(1)；黄新生：《侦探与间谍叙事：从小说到电影》，66～67 页，台北，五南图书出版股份有限公司，2008。

④ 黄新生：《侦探与间谍叙事：从小说到电影》，67 页，台北，五南图书出版股份有限公司，2008。

⑤ 袁洪庚：《接受与创新：论中国现当代侦探文学的演变轨迹》，载《二十一世纪》，2002(9)。

⑥ 王晶：《西方通俗小说：类型与价值》，102～103 页，昆明，云南人民出版社，2002。

警察小说的知名作家有英国的约翰·克利西(John Creasey)、美国的伊德·麦克贝恩(Ed Mcbain)等。

在中国,侦探小说经历了从译介到本土化的过程。中国本土存在的是公案侠义小说。公案小说是以清官断案折狱为主题的小说,主要通过审理案件、平反冤狱,歌颂刚正不阿、清明廉洁、执法如山、为民申冤的清官。[①] 从源头来看,公案小说可以追溯到五代时期的审案断狱专集《疑狱案》。宋元时期已经有了"说公案",《错斩崔宁》就是著名的短篇公案小说。明代万历年间,出现了《包龙图判百家公案》等长篇小说。清代乾隆后期,公案小说一度繁荣,代表作品有《清风闸》等。后来,公案与侠义相结合,成为公案侠义小说。《三侠五义》是这类小说的巅峰。公案小说与侦探小说在情节、结构等方面有所不同:公案小说的情节模式是"冤案—平冤",结构为"发案—判案—冤案—断案";侦探小说的情节模式是"谜案—释谜",结构为"发案—侦破—迷宫—结案"[②]。

清末民初,随着犯罪作案和破案手段的现代化,公案小说退居次席,西方侦探小说逐渐对本土创作产生影响,一度出现"包公与福尔摩斯交接班"的倾向。[③] 清末小说家吴沃尧在《九命奇冤》中,将公案小说和侦探小说的因素掺杂在一起;鸳鸯蝴蝶派中,程小青、孙了红等作家以侦探小说闻名一时。中华人民共和国成立后,侦探小说受到批判,取而代之的是公安法制小说。这类小说主要表现当代社会公共安全领域的斗争生活,表现以此为使命的司法、公安人员及人民大众的斗争生涯、心灵历程以及法制冲突[④]。

公安法制小说的发展经历了三个阶段:十七年时期的肃反、反特阶段;"文化大革命"的"阴谋文艺"和地下肃反小说阶段;20 世纪 80 年代以来的新阶段。

肃反、反特小说是以侦破和抓捕潜伏特务、派遣特务、反革命分子为题材的小说。肃反是对内,排除中华人民共和国内部的奸细、特务、反革命分子;反特是对外,抓获境外反动势力派遣的特务。[⑤] 这类小说的情节模式通常是特务或内奸准备实施犯罪,如运送电台、枪支,实施爆炸或窃取机密文件,侦探主角(保卫人员、公安人员、边防人员)获知案情后,跟踪追击或缜密调查,识破敌特制造的各种假象,拨开层层迷雾,克服艰难险阻,将特务一网打尽。在这类小说中,私家侦探被代表国家利益的公安司法人员代替。侦察员在党的指

① 王齐洲:《中国通俗小说史》,672 页,武汉,武汉大学出版社,2015。

② 于洪笙:《重新审视侦探小说》,209 页,北京,群众出版社,2008。

③ 范伯群:《20 世纪中国通俗文学史》,6 页,北京,高等教育出版社,2006。

④ 汤哲声:《中国当代通俗小说史论》,239 页,北京,高等教育出版社,2011。

⑤ 汤哲声:《中国当代通俗小说史论》,244～245 页,北京,高等教育出版社,2011。

导、群众的协助和支持下进行破案工作，体现的是集体的力量，与西方的警察小说有相似之处。① 这类题材的作品在 20 世纪 50 年代流行一时，如白桦的《无铃的马帮》、公刘的《国境一条街》等。肃反、反特小说与西方的间谍小说也有不少相似之处。

间谍小说，又名谍战小说，诞生于 19 世纪末 20 世纪初的英国，基本要素是"冒险、爱国主义、身手不凡的特工、先进的武器装备和漂亮的女人"。伊恩·弗莱明（Ian Fleming）笔下代号"007"的詹姆斯·邦德是深入人心的特工形象。②

20 世纪 80 年代以来，极左思潮退去，国外侦探小说得到译介，加之改革开放以来社会生活的变化，公安法制小说有了新的发展：在题材上大为扩展，除了敌对势力的破坏活动和传统的仇杀、情杀、财杀以外，还广泛描写了社会经济领域的斗争；在内容上去政治化和去英雄化，摒弃善恶两分法，注重人物的个性特征。这一时期的知名作家有王亚平、李迪、海岩、蓝玛、张平、钟源、魏人等。

下面，我们以海岩的《便衣警察》为例分析侦探小说的特点。这部小说融侦探、言情、成长三种类型于一体。从侦探小说的角度看，它讲述了这样一个故事：特务徐邦呈潜回南州市被公安人员抓获，之后狡猾逃脱。数年后，南州市发生了 941 厂机密文件失窃案。公安人员经过缜密分析，侦破此案，抓获了所有特务，前案也得以了结。③

从言情小说的角度看，故事是：侦察员周志明与"走资派"的女儿施肖萌相爱。粉碎"四人帮"前，施肖萌的姐姐献挽联时被拍照。为了保护恋人的姐姐，周志明毁掉了胶卷。因为工作中的失误，周志明被当作替罪羊，获刑入狱。施肖萌不顾家人的阻挠，对他不离不弃。三年后，"四人帮"被打倒，施父的问题得到解决。周志明获释出狱，因住房被占，住到了施家，被施家人嫌弃。同事严君一厢情愿、锲而不舍地爱着周志明，却被他拒绝。施肖萌的姐姐犯罪被轻判，周志明出于公心写信反映此事，与公安司法队伍中的不正之风进行斗争，导致施家对他的疏远。严君得知周志明毁掉胶卷保护施家的事后，将真相告诉了施肖萌。施肖萌消除了对周志明的误会，与母亲决裂，一对恋人终于走到了一起。

---

① 汤哲声：《中国当代通俗小说史论》，250 页，北京，高等教育出版社，2011。
② 王晶：《西方通俗小说：类型与价值》，105 页，昆明，云南人民出版社，2002。
③ 莫林虎：《类型融合的价值——以海岩小说为例》，载《郑州大学学报（哲学社会科学版）》，2007(6)。

从成长小说的角度看，故事是：周志明从一开始的腼腆、孩子气、缺乏生活能力，经受冤入狱、与不良现象斗争，成长为有生活能力、有斗争精神，敢于维护正义的真正的警察。

在这部小说中，侦探部分是主线，言情和成长部分是副线。主人公周志明发挥多种作用，将主线与副线结合在一起。在侦探部分，周志明参与了这两起案件的调查，最终促成案件侦破。围绕着周志明，小说呈现了公安司法队伍在极左思潮影响时期和拨乱反正后的情形。这个部分结合了侦探小说与公案小说：侦察和抓捕特务的部分符合侦探小说"谜案—释谜"的情节模式，周志明被冤入狱、申冤获释的部分符合公案小说"冤案—平冤"的情节模式。在言情部分，周志明与施肖萌克服了身份地位悬殊、家人反对和误会的阻碍，终于缘定一生。周志明与严君、陆振羽之间的三角恋，恋情和工作的交织带来的误会冲突，使情节更为曲折。

《便衣警察》通过监狱和家庭触及很多层面，写出了主要人物的成长史，这都使其接近于纯文学。对次要人物的引入使小说涉及广阔的社会领域：通过周志明入狱遭遇狱霸，狱友中有小偷也有政治犯，写出了狱中乱象；施肖萌的父亲从"走资派"变成了市领导，施肖萌的姐姐从工厂的保管员变成了市歌剧院演员，施肖萌从待业青年变成了大学生，人物身份和观念的变化折射出变革的时代氛围。小说对周志明成长的描写突破了同类题材小说对公安人员的表现类型化、概念化的倾向，将说故事与写人物结合在一起。有论者指出，这部小说"既是一部情节曲折、颇有惊险意味的侦察故事，也是若干人物生活、性格、命运的文学观照。它既是故事的，也是文学的"①。

四、通俗小说分析方法举隅

常见的通俗小说分析方法除了前文使用的叙事学分析法，还有社会心理学方法、精神分析法、文化研究方法等。

1. 社会心理学方法

以特定时期流行的通俗小说为对象对文本展开分析，推测小说得以流行的社会心理和社会心态，进而论证背后的社会、文化原因，这就是通俗小说分析的社会心理学方法。②

---

① 王石：《故事的与文学的：致〈便衣警察〉作者》，载《人民日报》，1986-06-22。
② 汤哲声：《中国当代通俗小说史论》，41～42页，北京，高等教育出版社，2011。

以对民国时期言情小说的分析为例。首先，需要弄清具体作品的流行程度，选取具有代表性的作家作品进行分析。一般来说，除非是人为营销的结果，流行一时的小说都会体现特定时期的社会心理。其次，需要分析小说的创作背景和作品内部的心理特征。例如，张恨水的《啼笑因缘》多次被改编为电影，还产生了评书、弹词等多个版本，广受关注。小说中，樊家树在沈凤喜与何丽娜之间的选择是在传统与现代之间的选择。他虽然接受了个性解放、人格独立的现代思想，骨子里却对传统文化充满依恋，这使他表现出对东方情调的欣赏、对沈凤喜"自然美"的迷恋，甚至以此为标准衡量何丽娜，认为她"有一种过分的时髦"，成了"冒充的外国小姐"。小说的结尾，樊家树和回归传统的何丽娜走到一起，体现了在东西文化交汇的时代，人们反叛传统又依恋传统、向往现代又排斥异端的复杂心理。最后，需要分析小说所体现的社会心理的变化及成因。将《啼笑因缘》与之前、之后流行的言情小说《玉梨魂》《秋海棠》加以比较，我们会发现，《玉梨魂》表现的是中国社会转型初期"提倡新政体，保守旧道德"的心理，《秋海棠》表现的是受现代思想感染的觉醒者的爱情，《啼笑因缘》中的社会心理居于二者之间，表现了人们在传统文化与现代文化之间的纠结。[①] 小说中社会心理的演变源于社会的转变。

2. 精神分析法

精神分析理论由弗洛伊德创立，后被用于文学批评，包括对作家创作心理的分析，对人物心理的分析，对作品主题和情节背后深层心理的分析，以及对作品意象的分析。[②]

按照弗洛伊德的说法，文学是作家的白日梦。通过文学创作，作者可以实现自己无法在现实中实现的愿望，得到补偿性满足。这个观点可用于分析创作心理对小说文本的影响。例如，冯晞乾在分析张爱玲的《少帅》时，提出了这样一个问题："四小姐与少帅生活在一起的年龄为什么是十七岁？"他的答案是与作者自身经历有关：对于张爱玲而言，十七岁是被父亲毒打和拘禁的年龄，这在她内心深处留下了伤痕。张爱玲对创伤性经验的改写，表现为四小姐幻想自己被囚禁后获救于少帅。四小姐最终和少帅结婚，就是作者在灰暗人生中写给自己的童话式结局："在那里她过着不一样的人生，异常快乐。"[③]冯晞乾通过这

① 江胜清：《中国社会转型期文化心史的展示——论民国三大言情小说的文化意蕴》，载《湖北大学学报（哲学社会科学版）》，1995(2)。

② 汤哲声：《中国当代通俗小说史论》，45页，北京，高等教育出版社，2011。

③ 冯晞乾：《少帅考证与评析》，见张爱玲：《少帅别册》，74页，北京，北京十月文艺出版社，2015。

样的分析，说明了张爱玲内心的情结是如何转移到小说的人物和事件上的。

弗洛伊德将人格结构区分为"自我""本我"和"超我"。"本我"是按照"快乐原则"行事的本能冲动；"超我"是社会道德对个人的规范；"自我"从外部世界的条件出发，以"现实原则"调节"本我"与"超我"之间的矛盾。如果"自我"的调节失败，人格就会出现偏差。精神分析理论也适用于分析小说人物的心理。例如，在日本推理小说家京极夏彦的《姑获鸟之夏》中，主人公久远寺凉子拥有"凉子""京子""母亲"三种人格，正好对应"自我""本我"和"超我"。凉子正常的人格是其"自我"；当心智处于动物本能支配下时，她就化身为四处寻找和掳走婴儿的"京子"，这是其"本我"；当为了从痛苦中解脱，使自己认同于施加痛苦者的人格时，她就形成了"母亲"这一"超我"。这种设定使小说不同于一般的侦探小说。它不止于以传统的科学理性解释事件真相，也不止于对犯罪心理的剖析，而是将复杂深刻的心理分析糅合到人物塑造之中，颇具特色。①

3. 文化研究方法

用文化研究的方法分析通俗小说，有文本分析法、接受研究分析法等。文化研究的文本分析不是致力于挖掘文本的"文学性"，而是关注文本与社会"整体性"的关系，将文本与其产生语境相结合，解读权力、政治以及不平等如何塑造文本。②

不平等往往表现在阶级、性别、种族等层面，文化研究亦多从这些层面切入。例如，用这种方法分析金庸的武侠小说，我们会发现，小说通常以"汉族处于外族统治或是外族入侵威胁的时期"为背景。其中，外族入侵是故事的有机部分而不仅仅是布景，这象征性地凸显了香港的被殖民心态。《鹿鼎记》中，韦小宝既是康熙皇帝的挚友和重臣，又是反清复明组织天地会的香主，而且他不知道自己的亲生父亲是谁，这可以被解读出"国家—民族—种族"身份认同问题。③我们不能简单地判定金庸的小说没有表现出狭隘的民族主义观念，而是要看到香港这一特殊语境对小说文本的塑造。

文化研究的接受研究分析不同于文学研究中的读者反映批评，更注重分析文本、受众与权力的关系。以"编码/解码"理论为例，霍尔将传播过程分为"编码"和"解码"两个阶段：在编码阶段，生产者借助媒介技术将意义转化为符号；

---

① 彭吉：《悲剧的根源：心灵三我的失衡——解读〈姑获鸟之夏〉主人公凉子的人格》，载《黄冈师范学院学报》，2012(1)。

② 赵勇：《大众文化理论新编》，123页，北京，北京师范大学出版社，2011。

③ 宋伟杰：《从娱乐行为到乌托邦冲动——金庸小说再解读》，153页，南京，江苏人民出版社，1999。

在解码阶段，受众将符号重新解读为意义。解码与编码之间并不是简单的对应关系。它可能是一种支配性的解读（dominant reading），即符合编码者意图的解读；也可能是对抗性的解读（oppositional reading），即拒绝、挑战编码者意图的解读；也可能是协商性的解读（negotiated reading），即接受部分支配性解读的信息，同时加以改造。例如，从连载到出版单行本，金庸对小说做了不少修订，增加了大量史料、脚注，还根据历史原型对一些情节做了修改，目的在于使小说经典化。对此，有人持褒扬态度，认为金庸小说具有"丰富的历史、社会知识"，表现出对"中国历史的整体把握能力"，雅俗共赏①，这是支配性的解读；有人认为，金庸小说对历史的设置是为了使情节复杂好看，是服务于娱乐功能的戏说，并不能改变武侠作为通俗小说的地位②，这是对抗性的解读；有人认为，金庸对史料的添加有提升小说地位的动机，但其实混淆了小说与历史的界限，损害了小说的艺术性③，这是协商性的解读。

五、在通俗与高雅之间

1. 通俗小说的文学性受商业性制约

通俗小说是商业的一部分，其作者和读者的关系不是纯粹的文学关系。小说的商品性制约了文学性，作家的创作受制于读者的消费趣味。为了畅销，通俗小说的娱乐性被强化，格调和质量也受到影响。④

首先，通俗小说的写作受到大众传媒的商业属性和出版周期影响，是为销售而生产，而非"为艺术而艺术"。在连载周期和生计的驱使下，作家随写随刊，将创作变成了流水线式生产。例如，李定夷在不到十年的时间里写了四十多部长篇，包天笑在十三年的时间里翻译了三十七部中长篇，并也创作了不少小说。⑤ 这类小说往往先在报纸或杂志上连载，受欢迎则出版单行本，不受欢迎则中止。陈蝶仙的《玉田恨史》、李涵秋的《侠凤奇缘》、潘伯鹰的《人海微澜》、董濯缨的《新新外史》分别发表于《申报》副刊《自由谈》、《新闻报》副刊《快

　　①　陈平原：《超越"雅俗"——金庸的成功及武侠小说的出路》，载《当代作家评论》，1998(5)。

　　②　王彬彬：《文坛三户：金庸·王朔·余秋雨》，58页，南京，南京大学出版社，2009。

　　③　林保淳：《解构金庸》，55页，北京，中国致公出版社，2008。

　　④　刘雪坚：《通俗文学指要》，10页，沈阳，辽海出版社，1997。

　　⑤　陈平原：《中国现代小说的起点——清末民初小说研究》，87页，北京，北京大学出版社，2005。

活林》、《大公报》副刊《小公园》、《益世报》副刊《益智粽》，后因受欢迎而推出单行本。① 当代读者熟悉的张恨水、金庸、张爱玲等作家的小说都是如此。

其次，受商业性影响，通俗小说迎合的是消遣性、娱乐性趣味。通俗小说尽量降低阅读的难度，避免冒犯和挑战读者的观念，往往有如下特质：传奇性的内容、常规性的叙述、适俗的思想、模式化的情节。

其一，传奇就是超常规的生活。在通俗小说中，传奇表现为"刀客的生活、侠客的行踪、乞丐的秘密、帝王的富贵……那些暴发户怎样发财、那些领袖人物有什么特殊经历……单身女人怎么找情人、官场究竟是什么内幕"②，等等。对于普通人来说，这是他们渴望经历或了解的生活。读通俗小说可以满足好奇心，帮助读者营造白日梦，弥补日常生活中的缺憾。

其二，通俗小说的常规性叙述注重故事，注重悬念。这类小说往往以偶然事件构成故事的开端，以突变构成故事的曲折，以崇高构成故事的结局：

> 偶然之中一个不起眼的人物卷入了江湖的纷争，或成为英雄，或成为小人，围绕着人物的命运，一则武侠故事就开始了叙述；偶然之中见到了一个女孩（或男孩），平时见到的那些女孩（或男孩）都不动心，偏偏对眼前这位一见钟情，于是一则爱情故事开始了叙述；偶然的一次旅行或朋友家做客，偏偏碰到了一个怪人或者一件怪事，引起了这位侦探（专业或业余的）的好奇，于是一则侦探故事开始了……逢凶化吉或者逢吉化凶，小人物的命运引出了一批批大侠，于是武林就掀起了阵阵风波；或者是家庭的阻拦，或者是环境的变故，或者是第三者的插足，原来甜蜜的爱情增了很多的苦涩；本以为凶手就是他，突然一个新的人物或者新的事情出现，原先的结果被全部推翻，一种新的侦破思路开始出现……经过了种种波折，在消除了武林之恶后，伴随着崇高，原来那个不起眼的人物成为真正的英雄，一则武侠小说结束了；无论是破镜重圆，还是无尽的遗憾，或是壮美，或是凄美，纯情总是被提升到崇高的境界，一则言情小说结束了；凶手虽然是抓到了，但凶手留下的故事却总使人在崇高的敬意中回味无穷，一则侦探小说结束了。③

① 倪斯霆：《民国北派通俗小说勃兴原因与出版特征：以市民阅读最为集中的北方最大商埠天津为例》，载《河北广播电视大学学报》，2011(6)。

② 汤哲声：《中国现代通俗小说思辨录》，210页，北京，北京大学出版社，2008。

③ 汤哲声：《流行百年：中国流行小说经典》，11页，北京，文化艺术出版社，2004。

其三，通俗小说在思想上适俗乃至媚俗。通俗小说既不前卫也不保守，而是审时度势，与读者保持一致。为了迎合读者的猎奇心理，清末的谴责小说演变成了专揭隐私的黑幕小说。小说家把官场写得漆黑一团，敢于闯入禁区，批评当朝大官。① 清末民初是传统思想与现代观念激烈斗争的时期。与时代相呼应，这一时期的言情小说既表现包办婚姻给子女带来的痛苦，又反对自由恋爱结婚，提倡"发乎情止乎礼"，游走于旧道德与新思想之间。进入现代社会，人们的观念发生变化，以琼瑶为代表的言情小说也与时俱进。一方面，人物有了现代婚恋观，个体追求幸福的合理性得到肯定；另一方面，故事仍在传统的大家庭中展开，主人公的爱情是注重贞洁的"纯爱"。比起清末民初的同类作品，琼瑶的小说虽"热情奔放"许多，骨子里却还是传统的。②

其四，通俗小说是模式化的，如言情小说的"三部曲"（纯情—变情—纯情），武侠小说的"五要素"（争霸、夺宝、情变、行侠、复仇），官场小说的"腐败—较量—惩治"过程，侦探小说的"报案—侦案—说案"三段论，历史小说的"两线索"（权利和情欲）。③ 通俗小说作家的创作总是建立在既定模式之上。

最后，通俗小说的发展和转变是潮流式的，紧跟市场热点和阅读风向，受外来因素主导。通俗小说发展的基本态势是"先导引领""群众运动"和"英雄辈出"。④ 所谓"先导引领"，指某类小说发生类型变革；所谓"群众运动"，就是这种变革引发众多"跟风"之作；所谓"英雄辈出"，指"跟风"之外出现了具有个性的流派。例如，清末民初，书信热风行一时，徐枕亚率先以书信体创作哀情小说《玉梨魂》。《玉梨魂》出版后成为畅销小说，不到两个月就卖了三版。⑤ 这是先导引领。《玉梨魂》的畅销催生了哀情小说的热潮，出现了《桃李姻缘》《悲红悼翠录》《琵琶泪》等跟风之作，还出现了冒署徐枕亚之名的《燕雁离魂记》《让婿记》《兰闺恨》等小说。⑥ 这类小说的共性是在封建礼教桎梏下，男女主角只能把

① 陈平原：《中国现代小说的起点——清末民初小说研究》，119、90 页，北京，北京大学出版社，2005。

② 汤哲声：《边缘耀眼：中国现当代通俗小说讲论》，100 页，北京，北京大学出版社，2013。

③ 汤哲声：《中国现代通俗小说思辨录》，212～213 页，北京，北京大学出版社，2008。

④ 汤哲声：《边缘耀眼：中国现当代通俗小说讲论》，82～84 页，北京，北京大学出版社，2013。

⑤ 陈平原：《中国现代小说的起点——清末民初小说研究》，75 页，北京，北京大学出版社，2005。

⑥ 魏绍昌：《我看鸳鸯蝴蝶派》，163 页，上海，上海书店出版社，2015。

爱情深埋心底，最终双双殉情。① 这是群众运动。又如，向恺然本来以写中国留日学生的黑幕小说成名，偶然被约稿写了《江湖奇侠传》，很是畅销，引领了武侠热。一时间出版商"非武侠不收，非武侠不刊"，写武侠小说的作者突增至160人，成书680余部，连本来写言情小说的顾明道也写起了武侠小说。在武侠小说盛行时期，戏剧舞台上流行的也是侠义故事，《红玫瑰》与《十三妹》卖座数月。② 其后，《江湖奇侠传》被改编为电影《火烧红莲寺》，引发万人空巷的观影盛况，并且从1928年到1931年连拍了18集，引出《火烧青龙寺》《火烧白雀寺》《火烧九龙山》《火烧百花台》《火烧剑峰寨》等几十部"火烧片"，带动了武侠神怪片的流行。类型小说的畅销不仅会引来跟风之作，还会带动同类电影、戏剧的制作，形成流行文化的浪潮。《江湖奇侠传》是为先导，武侠小说的创作狂潮是为群众运动，最后产生了以李寿民为代表的"剑仙派"、以王度庐为代表的"侠情派"、以白羽为代表的"人生派"、以朱贞木为代表的"历史派"③，是为英雄辈出。

从诞生那天开始，通俗小说就与大众传媒结下了不解之缘。对通俗小说而言，大众传媒是双刃剑。一方面，它使通俗小说拥有了专业的作者、广大的读者；另一方面，它对经济效益的追逐又使文学变成商品，使美的追求屈从于商业动机，使作家变成了写手，读者变成了消费者。

2. 雅俗之别：文学何为

在古代，区分雅俗文学的标志主要是作品的语言。人们通常将文言视为雅文学的标志，将白话视为俗文学的标志。但也有例外，有的俗文学就是用文言包装的，如蒲松龄的《聊斋志异》。

进入20世纪，文学以白话为正宗，区分雅俗文学的标准变成了以下几点：文学的功能是什么？接受的门槛是高还是低？文学是否与世俗沟通，是否浅显易懂，是否重视娱乐消遣功能？通俗文学的特点是注重娱乐性和商品性，门槛较低，往往借鉴已被广泛接受的表现技巧和主题模式，主要表达为普通人所认可的价值标准和伦理准则；精英文学的主要特点是注重启蒙性和思想性，在接受方面有一定的门槛，表现为在形式上注重实验性，在立意上探索和表达还没被大众理解的新观念。

---

① 魏绍昌：《我看鸳鸯蝴蝶派》，163页，上海，上海书店出版社，2015。
② 魏绍昌：《我看鸳鸯蝴蝶派》，103页，上海，上海书店出版社，2015。
③ 汤哲声：《边缘耀眼：中国现当代通俗小说讲论》，84页，北京，北京大学出版社，2013。

　　这些区别可以归结到一个核心，就是文学为谁而作。通俗文学为普通读者而作、为商业利益而作，追求平易的表达，不注重思想价值；精英文学为具有一定文化教养的读者而作，注重思想价值，具有挑战性、先锋性，注重语言的蕴藉美。例如，五四新文学属于精英文学，读者主要是知识阶层，以探求人生真谛为宗旨；鸳鸯蝴蝶派文学属于通俗文学，读者主要为市民阶层，注重休闲和趣味。①

　　以下两段文字是不同小说的开头，我们来做一比较：

　　钱塘江浩浩江水，日日夜夜无穷无休的从临安牛家村边绕过，东流入海。江畔一排数十株乌桕树，叶子似火烧般红，正是八月天时。村前村后的野草刚起始变黄。一抹斜阳映照之下，更添了几分萧索。两株大松树下围着一堆村民，男男女女和十几个小孩，正自聚精会神的听着一个瘦削的老者说话。

　　临河的土场上，太阳渐渐的收了他的金黄的光线了。场边靠河的乌桕树叶，干巴巴的才喘过气来，几个花脚蚊子在下面哼着飞舞。面河的农家的烟突里，逐渐减少了炊烟，女人孩子们都在自己门口的土场上泼些水，放下小桌子和矮凳；人知道，这已经是晚饭时候了。

　　这两段话字数相近，质地不同。第一段话首句从日日夜夜浩浩荡荡的钱塘江写到江边的牛家村，有一种由远及近的感觉。"钱塘江"和"牛家村"都是抽象的名词，唤起的是一种已有的概念。一排乌桕树"叶子似火般烧红"，主要写出了叶子的颜色。对于没见过乌桕树的人而言，乌桕树叶红与八月天的关系并不清晰。秋天野草变黄，这种描写是一种陈词滥调。斜阳照着枯草，显得萧索，这是古诗词中常有的意象，与小说后文中出现的诗句"烟草茫茫带晚鸦"相呼应，有古今对照之感。男男女女和十几个小孩在听老者说话，这种对人群的描写也比较抽象。整段话通俗平易，一览无余。

　　第二段话首句是"临河的土场上"，太阳渐渐收起"金黄的光线"。"金黄"的光线是具体的，联系上下文，可以推测出是傍晚的阳光。这里对太阳的描写采用了拟人的手法，好像太阳具有人格，关注着人世间的一切。这是一个全景式的动态画面，有河流，有土场，有傍晚的阳光，暮色加深。河边有乌桕树，树叶"干巴巴地才喘过气来"，仍然是使用拟人的手法。"才"字传达出夏天终日炎热、憋闷的感觉，"干巴巴"写出了树叶被晒得干枯的情状。花脚蚊子"哼着飞

①　范伯群等：《20世纪中国通俗文学史》，14页，北京，高等教育出版社，2006。

舞"带有感情色彩，写出了它们得意的情状，因为乡村夏天的夜晚蚊子肆虐；同时写出了天黑蚊子开始飞出、数量稀少的特点，与后文蚊子"嗡嗡的一阵乱嚷""撞过赤膊身子闯到乌桕树下做市"形成对比，写出了时间的流逝，写出了蚊子随夜色渐深而增多的生活细节，营造出真实感。农家的烟突里，炊烟逐渐减少，让人想起陶渊明的诗句"暧暧远人村，依依墟里烟"。二者同样具有动感和画面感，不过陶诗是远观，带有闲适的感情色彩，这里的炊烟是近观，是不带感情色彩的局部特写，也从侧面交代了时间：故事发生在人们做完饭，即将开饭的时候。女人和孩子在门口的土场上泼水，放下桌凳，既写出了地方风俗，又侧面写出了天气的炎热。

对比以上两段话，我们会发现，第二段语言更加凝练，信息量更多。它对夏天傍晚的描写是具体的、感官的，有视觉、听觉、心理的感觉，精确细腻，写出了暑气渐渐消散、凉意渐渐袭来的过程。第一段信息量少，对秋天傍晚的描写比较概念化，缺少真实可感的细节。

俄国形式主义的代表人物什克洛夫斯基指出，文学性源于文学语言及其构造原则。在日常生活中，我们的许多活动都是无意识的、自动化的、机械的，这导致了心灵的麻木、感知的迟钝。"经过数次感受过的事物，人们便开始用认知来接受：事物摆在我们面前，我们知道它，但对它却视而不见。"[1]艺术之为艺术，就是为了唤回对生活的感受，使人感受到事物。"艺术的手法是事物的反常化手法，是复杂化形式的手法，它增加了感受的难度和时延……艺术是一种体验事物之创造的方式，而被创造物在艺术中已无足轻重。"陌生化是对付机械化、自动化的武器，只有陌生化的语言才能产生文学性。

上述两段话在语言上的区别正是自动化与陌生化的区别。大致说来，通俗文学出于对阅读顺畅的追求，往往使用传习已久、变得十分光滑、让读者接受起来没有难度的语言；精英文学出于对文学性的追求，往往会使语言变得复杂晦涩。现在，该揭开谜底了：第一段话出自金庸的《射雕英雄传》，第二段话出自鲁迅的《风波》。[2]

通俗小说语言自动化的特点并不完全是通俗小说作家的审美趣味使然，而是为其作为商品的属性所制约："受小说市场及大众阅读心理限制"，通俗小说很难从事真正具有开拓意义的艺术探索，"所有的探索者都是孤独而寂寞的，

---

① ［俄］什克洛夫斯基等：《俄国形式主义文论选》，方珊等译，6页，北京，生活·读书·新知三联书店，1989。

② 金庸：《射雕英雄传》，3页，北京，文化艺术出版社，1998；鲁迅：《风波》，见《鲁迅小说全编》，50页，北京，人民文学出版社，2006。

其著作绝不可能迅速畅销";反之,"要使作品畅销,就不能不使用大众'喜闻乐见'的通用规则"。陈平原以武侠小说为例说明通俗小说的通病:"某种小说技法(情节安排、人物造型、武打设计等)一旦获得成功,众人马上一拥前上,再新鲜的东西,重复千百遍也就成了俗不可耐的老套。创新者没有专利权,同行可以无限量'复制',这是武侠小说艺术水准不高的原因之一。"①

通俗小说是易读型文本,精英小说是耐读型文本。武侠小说之所以易读,原因在于使用"程式化的手法、规范化的语言",表现"明确的价值判断""现存的社会准则和为大众所接受的文化观念";精英小说往往"充满陌生变形和空白暧昧","充满怀疑精神及批判理性",召唤读者的积极参与,从而给阅读带来挑战。②

在长时段中,从动态的角度看,雅俗小说之别不只在于陌生化与自动化,更在于"求新求变的自觉程度、有效性以及读者的心理承受能力"③。随着社会向前发展,读者趣味变化,通俗小说在适俗易读的基础上,也面临着沿袭与创新、成规与变异的问题。其变动不仅表现在题材和情节层面,而且涉及整个叙事语法层面。前文对言情、武侠、侦探等类型历史的梳理已经说明了这一点。

不过,在追求变异与独创方面,精英小说以艺术价值为旨归,通俗小说对艺术价值的追求来自对经济价值的衡量。前者是自律的,后者是他律的。陈平原指出:"武侠小说中好些思想观念和表现方式,都是从高雅文学那里偷来的,只不过慢一两个节拍而已。"④这话也适用于通俗小说其他门类。出于追赶时髦、迎合读者的需要,通俗小说会尽可能吸收新文学的、旧文学的、非文学的元素,化为己用。在这个意义上,精英小说与通俗小说的关系有点像基础理论研究与应用成果转化的关系:精英小说是新技术的开发者,通俗小说是对精英小说的技术转换、二次开发乃至山寨挪用。在与精英小说的对峙和对话中,通俗小说获得了革新的灵感、变异的动力。

3. 沟通与融合

雅俗文学之间有对立与分化,也有沟通与融合。一方面,通俗小说在发展中不断学习借鉴精英小说的手法、技巧乃至价值观;另一方面,当精英小说发展到一定阶段,与普通读者产生鸿沟时,又会出现反向的运动,拉近小说与读

---

① 陈平原:《千古文人侠客梦》,77~78页,北京,新世界出版社,2002。
② 陈平原:《千古文人侠客梦》,205页,北京,新世界出版社,2002。
③ 陈平原:《小说史:理论与实践》,256~258页,北京,北京大学出版社,2010。
④ 陈平原:《小说史:理论与实践》,258页,北京,北京大学出版社,2010。

者的距离。

在通俗小说作家里，张爱玲是由俗趋雅的代表。《倾城之恋》写了这么一个故事：一个"破落户"家离婚的女儿，被兄嫂冷嘲热讽地撵出娘家，跟一个饱经世故、狡猾精刮的留学生谈恋爱。正要陷入泥淖，一个震动世界的变故把她救了出来，让她得到了平凡的归宿。① 这篇小说以婚姻爱情为描写对象，情节是传奇的，人物是为了实际利害忙碌的凡胎俗子②，带有通俗小说的特性。面临再婚的白流苏是徘徊在传统与现代之间的女人。她既有传统女性的一面，如依附男性，将婚姻作为下半生的依靠；又有现代女性的一面，如扮演成"快乐的离婚女人"，为了结婚而"谈恋爱"，适应现代社交礼仪，在西式饭店用餐，在海滩漫步，跳舞，和男朋友的旧情人打交道，等等。从五四精英文学（现实主义文学）的角度来看，文本对白流苏从传统转变为现代的原因缺乏交代，读者对过去的生活怎样改变了她的思想和个性是不清楚的。在某种程度上，这个人物的性格与环境是游离的，可以认为小说为情节的传奇性牺牲了人物的典型性。小说中，白流苏是痛苦和受压迫的，始终没有觉醒和反抗，这也是有论者认为小说不够深刻的地方。

但是，这部小说又超越了通俗小说。小说写道："流苏拥被坐着，听那悲凉的风。她确实知道浅水湾附近，灰砖砌的那一面墙，一定还屹然站在那里。风停了下来，像三条灰色的龙，蟠在墙头，月光中闪着银鳞。她仿佛做梦似的，又来到墙根下，迎面来了柳原。她终于遇见了柳原……在这动荡的世界里，钱财，地产，天长地久的一切，全不可靠了。靠得住的只有她腔子里的这口气，还有睡在她身边的这个人。"这样的语言在叙述层面是通俗的，然而在表现的层面典雅深刻，显示出现代人特有的生命感受和艺术想象力。③

小说的叙述者声音也是独特的，不时跳出来以"亲密而困惑的语调"对人物进行评论，传达出作者的人生态度和价值观念。小说结尾写道："香港的沦落成全了她。但是在这不可理喻的世界里，谁知道什么是因，什么是果？谁知道呢，也许就因为要成全她，一个大都市倾覆了。"这是对"倾国倾城"的调侃和反讽。在历史传说中，男人为博女人一笑，烽火戏诸侯，导致江山覆灭。美丽的女人被视为红颜祸水，受到历史的审判。在这个故事里，美丽的女人获得了幸

---

① 傅雷：《论张爱玲的小说》，见《傅雷经典作品选》，159 页，北京，当代世界出版社，2013。

② 杨联芬：《中国现代小说导论（第 2 版）》，229 页，北京，北京师范大学出版社，2010。

③ 杨联芬：《中国现代小说导论（第 2 版）》，232 页，北京，北京师范大学出版社，2010。

福的结局，历史变成了爱情的背景，历史的严肃性与因果逻辑受到质疑。在白流苏与范柳原的爱情之中，还有比通俗价值（传统婚姻、现代浪漫爱情）多一点的东西，那就是张爱玲的苍凉美学。在那堵灰墙边上，花花公子范柳原的求爱是基于文明将被毁掉的"荒原感"。这种感受是作者赋予他的，是对直线前进的乐观主义历史观的反动。① 这是张爱玲小说超越一般通俗小说的地方。

赵树理也是融合雅俗的作家。赵树理自言不想上文坛，不想做"文坛文学家"，想做"文摊文学家"，"写些小本子夹在卖小唱本的摊子里去赶庙会，三两个铜板可以买一本，这样一步一步地去夺取那些封建小唱本的阵地"②。20 世纪 30 年代，在抗日战争背景下，作家们掀起了"文艺大众化"讨论，对五四文学及其推崇的西方文学太过高雅、脱离普通读者有所反思。后来，革命通俗文艺接续这种思考，以民间艺术为基础传播革命启蒙意识，"旧瓶装新酒"。赵树理的小说是其典范。

《小二黑结婚》开头写道："刘家峧有两个神仙，邻近各村无人不晓。一个是前庄上的二诸葛，一个是后庄上的三仙姑。"小说以说书人的口吻娓娓道来，开门见山地引出人物，介绍"米烂了""不宜栽种"的由来，在富有动作性的故事中塑造人物，符合农民的审美趣味。二诸葛和三仙姑是类型化的人物，类似于传统戏曲中的丑角，特征鲜明；小二黑与小芹，一个是神枪手和民兵队长，一个美丽勤劳，是新时代的才子佳人。故事主体是善恶斗争，最终善战胜了恶，小二黑与小芹结了婚，金旺、兴旺被惩处，两个"神仙"彻底转变。小说从叙述方式、人物设置到故事情节都体现出民间性和乡土性。③ 同时，它又承载着教育农民反对包办婚姻，宣传婚姻自主，倡导民主治理等革命意识形态的主题性需要，从价值取向上与通俗文学拉开了距离。赵树理的小说在形式上是民间的、通俗的，在价值上却属于革命文学、精英文学，是俗与雅在特殊历史时期的融合。

思考题

1. 什么是通俗文学？它与大众文学有何区别与联系？

---

① ［美］李欧梵：《上海摩登：一种新都市文化在中国 1930—1945》，毛尖译，307～317 页，北京，北京大学出版社，2001。

② 李普：《赵树理印象记》，转引自黄修己：《赵树理评传》，43 页，南京，江苏人民出版社，1981。

③ 杨联芬：《中国现代小说导论（第 2 版）》，251～252 页，北京，北京师范大学出版社，2010。

2. 如何区分俗文学与雅文学？

3. 什么是文学类型？

4. 试以具体的文学作品及其所属文学类型为例，描述某一类小说的发展演变。

5. 试以当下具体的文学作品或大众文化产品为例，分析其中雅俗因素及其与市场的关系。

延伸阅读

1. 鲁迅：《〈中国小说史略〉汇编释评》，周锡山释评，上海，上海书店出版社，2015。

2. 王晶：《西方通俗小说：类型与价值》，昆明，云南人民出版社，2002。

3. 黄新生：《侦探与间谍叙事：从小说到电影》，台北，五南图书出版股份有限公司，2008。

4. 陈平原：《千古文人侠客梦》，北京，新世界出版社，2002。

5. 吴同瑞等：《中国俗文学概论》，北京，北京大学出版社，1997。

6. 范伯群等：《20世纪中国通俗文学史》，北京，高等教育出版社，2006。

7. 汤哲声：《边缘耀眼：中国现当代通俗小说讲论》，北京，北京大学出版社，2013。

8. 魏绍昌：《我看鸳鸯蝴蝶派》，上海，上海书店出版社，2015。

9. 王彬彬：《文坛三户：金庸·王朔·余秋雨》，南京，南京大学出版社，2009。

10.［俄］什克洛夫斯基等：《俄国形式主义文论选》，方珊等译，北京，生活·读书·新知三联书店，1989。

第七章　影视文化与文学

电影理论家路易斯·贾内梯（Louis Giannetti）在《认识电影》中写道，20 世纪，一个人不懂摄影机就等于不识字。要了解当代视觉文化，就有必要掌握影视的"语言"；要了解文学的当代处境，就有必要了解影视与文学的互动关联。

一、影视的语言

1. 电影的原理与镜头

电影的基本单位是镜头，镜头就是一个连续的、没被剪辑过的影片长度单元。[①] 持续时间较长的镜头叫长镜头。电影的影像记录在一幅幅胶片上，这些画幅叫画格。放电影时，胶片依次通过放映窗口，画格上的图像被投影到银幕上。胶片以每秒 24 格的速度移动，由于图像之间有微小的差异，上一画幅内容在银幕上闪现之后，下一画幅内容出现，人眼会把画幅内容的差异看作图像在运动。这就是电影的原理。[②]

我们可以从景框和构图分析电影的画面。景框是电影视觉空间的起点与终点。根据与画框的相对关系，我们可以确定画面中某个元素的意义。[③] 一般来说，景框的上部代表权力、权威，下部代表服从、脆弱、无力。[④] 景框内的构图包括稳定性构图与非稳定性构图、常规构图与非常规构图、开放性与封闭性构图等。

---

① ［美］罗伯特·考克尔：《电影的形式与文化》，郭青春译，43 页，北京，北京大学出版社，2004。

② 李稚田：《电影语言：理论与技术》，46、64 页，北京，北京师范大学出版社，2005。

③ 戴锦华：《电影批评》，7 页，北京，北京大学出版社，2004。

④ ［美］路易斯·贾内梯：《认识电影》，焦雄屏译，46 页，北京，世界图书出版公司，2007。

    例如，在张猛导演的影片《钢的琴》开头，钢厂工人陈桂林与妻子小菊谈论离婚。画面中，两人并肩而立，直视镜头，后方是两爿屋顶，采用了稳定的对称性构图。接着，切换为小菊的单人镜头。画面中小菊居左，右边是一爿完整的屋顶。然后，切换为陈桂林的单人镜头。画面中陈桂林居右，左边是一爿残缺的屋顶。这两个画面以不稳定的构图带来视觉冲击，说明了两人感情破裂的事实。

    除了构图，还可以从水平与纵深两个层面，即从人物与物体在画面中居于上下、左右、前后、中心/边缘解读画面的意义。① 在巴兹•鲁曼（Baz Luhr-mann）导演的影片《罗密欧与朱丽叶：后现代激情篇》中，罗密欧的好友莫邱托死于和朱丽叶的表兄泰华的争斗，画面左边上方远景是巨大的拱门，中间的中景是被这一幕惊呆的两个人，右边下方前景是莫邱托的尸体。前景中的尸体约占据横向画面的三分之一，与拱门宽度相当，强化了死亡的悲剧性。接着，镜头切换，画面近景是凌乱的旷野，中景为拱门，尸体在拱门门洞的中央偏左。这时，拱门门框构成了景框中的景框，同样起到强调的作用。

    镜头的景别、角度、焦距、视点是电影画面的重要方面。景别是由摄影机镜头与被拍摄物体距离的远近形成的视野大小的区别。景别包括特写（包括特写、大特写），近景，中景，全景（包括小全景、全景和大全景/远景）等。特写是由被拍摄主体的某个特定的不完全局部构成的画面，如人物的面部。特写具有强烈的视觉效果。近景指由被拍摄对象的局部构成的画面，如人物的肩以上部分。中景是由被拍摄对象的主要部分构成的画面，分为两人中景、三人中景和过肩镜头的中景，能表现不同的人物关系。全景是由环境中被拍摄对象的整体构成的画面，主要用于展示人与特定环境的关系。远景（大全景）指由远距离以外的被拍摄对象构成的视野开阔的画面，常用于介绍环境，渲染气氛，展现场面。景别的使用与电影作品的风格密切相关。卓别林曾经表示，拍喜剧片要用全景，拍悲剧片要用特写，认为摄影机与被拍摄物体的距离会影响观众的感情投入程度。②

    摄影机镜头与被拍摄物体水平之间形成的角度叫作镜头角度，包括平视、俯视、仰视、倾斜、鸟瞰等。水平视线的镜头常常与现实主义美学相结合。俯拍会使人物显得弱小、卑微。仰拍会引起恐怖、庄严的感觉，常见于宣传片及强调英雄主义的电影。倾斜镜头的水平线是斜的，镜头内的人物看起来好像要跌倒，适用于暴力场景，能精确捕捉视觉上焦躁的感觉。③

---

① 戴锦华：《电影批评》，7～8 页，北京，北京大学出版社，2004。
② 尹鸿：《当代电影艺术导论》，42～46 页，北京，高等教育出版社，2007。
③ ［美］路易斯•贾内梯：《认识电影》，焦雄屏译，15 页，北京，世界图书出版公司，2007。

摄影机镜头相当于人的眼睛，不同的焦距会产生不同的效果。焦距即从镜头焦点到透镜中心的距离，镜头可分为标准镜头、短焦距镜头和长焦距镜头等。标准镜头指焦距为 40～50 毫米的镜头，拍摄的画面接近于人的肉眼感觉和视野。短焦距镜头是焦距小于 40 毫米的镜头，又叫广角镜头，视野比标准镜头广，拍摄对象被横向扩张，近景有明显的变形感，画面景深加大，前景和后景之间的距离被夸大，带有深远的纵深感，使人物朝向或远离镜头的运动幅度显得大而快。景深指镜头前能以清晰的焦点拍摄下来的所有景物的距离范围。在其他条件相同的时候，短焦距镜头有较大的景深，所以常被用作"景深镜头"。短焦距所拍摄画面前后景都很清晰，具有纵深感。长焦距镜头是焦距大于 50 毫米的镜头，又称望远镜头。它可以将远距离的物象拉到近处，使深度空间被压缩为平面空间。在这种镜头下，两个相距较远的人可能看起来很近，物体的运动则显得缓慢。在一个镜头内改变焦距，就是变焦镜头。[1] 在影片《毕业生》中，伊莱恩发现男朋友与母亲关系的这场戏使用了变焦镜头。画面先使焦点落在女主角身上，接着失焦，将焦点转至门外的母亲身上，表明女主角突然明白了男友的情妇是自己的母亲。[2]

镜头的角度、构图、场面调度、造型、光与色彩等共用基本的叙事与表意的成规，是上与下、前与后、正面与侧面、中心与边角、大与小、静与动、分与合、明与暗、暖与冷等一系列对立。通常，在构图上方、高处、前景或中心处的人物/物体，占据场景中的主动或优势地位，形成相对正面或强势的表述，居下方、低处、后景、画面边角的元素则相反。银幕形象大的人物相较于银幕形象小的，通常更有力量或肯定性的价值。在运动时，人走向高处或摄影机上升，表明意义的提升或光明的前景，走向低处或摄影机下降则成为某种否定的表述或对灾难、困境的预示。中央电视台《新闻联播》的片头中，随着国歌响起，在仰拍的金色的狮子身后，一轮红日向上升起，镜头切换为天安门前华表的仰拍，摄影机下移，华表缓慢上升，直冲天际，切换为升旗的卫兵右臂向上扬起国旗，色调温暖明亮。仰拍和多次出现的上升运动使片头显得庄严、神圣，昭示着充满希望的未来。

相对于不断运动的人物，镜头中始终处于静态的人物具有心理优势，呈现着对情境的掌控力。在同一场景的不同画面中，相关人物以某种方式分享同一画面，意味着在某种程度上分享意义或心灵空间；若处于不同画面的分割之

---

① 尹鸿：《当代电影艺术导论》，52～54 页，北京，高等教育出版社，2007。

② ［美］路易斯·贾内梯：《认识电影》，焦雄屏译，27 页，北京，世界图书出版公司，2007。

中，则意味着截然对立或无法交流。摄影机与场景中人物的运动也会产生意义。和谐的同步运动意味着积极正面的陈述，不和谐、非同步的运动有着消极负面的含义。[①] 例如，郑建国导演的马来西亚影片《结婚那件事》，有一场戏是工程师蔡伟杰与未婚妻芷欣带着各自的家人商量婚礼细节。一张桌子隔开了两家人，左边是伟杰的家人，右边是芷欣的家人。镜头画面在左边队伍和右边队伍之间来回切换，没有呈现他们相对而坐的全景，形象地呈现出双方的敌对状态。当双方家长舌战时，画面以俯拍呈现伟杰的父亲亚狮，以过肩的仰拍镜头呈现芷欣的父亲、富商张科林，表现出女方家长的强势地位，使观众更多代入亚狮的心理，感受到女方家长的步步紧逼。

电影分析除了涉及摄影的各种因素外，还涉及拍摄的速度、时长以及摄像机的运动等因素。如果拍摄速度快于放映速度，银幕上的动作速度就会变慢，俗称"慢动作"，术语称"升格摄影"。它会给人带来一种抒情、迷离、梦幻的感觉。如果拍摄速度慢于放映速度，就会在银幕上造成一种快速变化的视觉效果，俗称"快动作"，专业术语叫"降格摄影"。电影里花朵由含苞到初放、由盛开到凋零的过程常常是以"降格摄影"表现的。

2. 场面调度与声音

（1）场面调度

场面调度是电影最重要的因素，有两层含义：其一，与话剧艺术相通，指在某一场景中，人物与人物、人物与道具间的相对位移；其二，指电影艺术特有的叙事、表意手段，除了人与人、人与道具之间的位移，还包括摄影机的运动。[②] 电影的场面调度涉及构成镜头场景的所有事物：从镜头构图、取景框、摄影机的移动，到人物、灯光、布景设计和一般的视觉环境，甚至被合成到镜头场景中的声音。[③] 电影的场面调度融合了剧场和摄影艺术的传统，有自身的独特之处。[④]

电影中的布景、道具、灯光、走位及表演等要素与剧场艺术有相通之处，都要服务于主题的需要。在类型片中，布景是情节发展的重要依据，如灾难片中的灾难场景、科幻片中的未来或外星景观、西部片中的荒原与小镇、警匪片中呈现追逐与打斗的特殊场地。在故事片中，特定的内景、人物的服装与化妆

① 戴锦华：《电影批评》，11～12页，北京，北京大学出版社，2004。
② 戴锦华：《电影批评》，10页，北京，北京大学出版社，2004。
③ ［美］罗伯特·考克尔：《电影的形式与文化》，郭青春译，59页，北京，北京大学出版社，2004。
④ ［美］路易斯·贾内梯：《认识电影》，焦雄屏译，44～45页，北京，世界图书出版公司，2007。

常常象征着人物的内心和性格。与剧场相比，电影的布景更细致，妆也更淡。电影中的表演崇尚自然和生活化，不像舞台表演那样夸张。这种风格差异主要源于观众与舞台的距离不同。电影中的特写等手段能使观众看到细微的变化，因而务求精细。

灯光指电影场景、画面中不同光源的设置。光源相对于被摄物体的方位即为光的方位，从水平方向可分为正面光、侧面光、逆光；从垂直方向可分为平角光、顶光、底光。电影可以通过灯光的强弱、明暗与变化叙事表意。

在黑白片中，导演常用光线的对比引导观众的注意力。如果导演希望观众先看到演员的手而不是脸，手部的灯光就会比脸部还强烈。[1] 在彩色影片中，光线往往结合色彩发挥作用。弗朗西斯·福特·科波拉（Francis Ford Coppola）导演的电影《教父》开场段落在光线运用上很有特点。这场戏是白天的内景：商人请求柯里昂教父为女儿复仇。第一个镜头为长镜头，从商人叙说开始。顶光下，商人的眼窝是两团阴影，给人以恐怖的感觉。镜头缓缓拉开，出现了柯里昂教父的右手，他示意手下给商人一杯酒。影像整体是低照度，顶光凸显了商人的前额和桌面。观众无法看清前景中的教父，这让他保持神秘感。之后的全景镜头显示柯里昂穿黑色西服、白色衬衫，胸口点缀着红花。这种打扮体现了他干脆直率的性格。[2]

电影中不同的场景在不同光源状态下的色彩变奏叫作影调，可以成为影片意义结构的主要依托。黑白或泛黄的影调通常代表过去，明亮与暖调的场景比幽暗阴冷场景更有肯定色彩。在罗伯托·贝尼尼（Roberto Benigni）主演及导演的影片《美丽人生》中，开头色彩温暖明亮，背景带有典型的地中海风味，风格欢快。在纳粹屠杀往南蔓延，主角因其犹太身份被逮捕并送往集中营后，影片的色彩开始泛白变淡，几乎剔除了所有颜色，仅剩下几抹苍白的肤色色调，营造出悲惨的氛围。[3]

摄影机的运动方式有推、拉、摇、移、跟、升、降等。推，是镜头逐渐接近被拍摄物的运动。拉，是镜头逐渐离开被拍摄物。摇，是摄像机位置固定，镜头借助三脚架改变方向。移，是被摄物不动，摄像机沿轨道做水平方向的运动。跟，是摄像机跟随运动中的物体同步运动。升、降，是摄像机被架在升降

---

① ［美］路易斯·贾内梯：《认识电影》，焦雄屏译，53页，北京，世界图书出版公司，2007。

② 李晋林等：《视听语言拉片实训教材》，157页，北京，中国广播电视出版社，2011。

③ ［美］路易斯·贾内梯：《认识电影》，焦雄屏译，24页，北京，世界图书出版公司，2007。

机械上做垂直方向的运动。这些方式相互结合，可以派生出复杂的镜头运动方式，如升降、跟推、跟拉、摇摆等。

分析摄影机的运动在电影叙事表意过程中的功用时，可以从以下方面入手：摄影机的运动速度是快还是慢？摄影机的运动状态是平稳还是摇摆？造成这种运动状态的原因是什么，是电影制作者的自觉追求还是资金、技术的限制使然？① 在日本 NHK 电视台与中国中央电视台联合拍摄的纪录片《新丝绸之路：敦煌篇》开头，伴随着刺耳的喇叭声，画面上出现了剧烈晃动的"平安符"特写。镜头慢慢拉远，"平安符"变小，前景中出现了售票员的后脑勺。这样的画面并不"美"，却通过镜头的晃动、平淡的色彩与同期声，营造出强烈的现场感。这是编导有意追求的一种风格。

（2）声　音

在电影里，声音并不是画面的附庸，而是有一定的独立表意能力。在《爵士歌王》(1927)以前，电影是无声的。不过，电影此时已具备最基本的电影语言元素。一个著名的说法是，自格里菲斯以后，电影语言便没再有真正的发现。在默片时期，为了让观众明白剧情，电影会加入字幕，或是在放映时现场配乐。今天，非剧情的音乐仍然不时在各类影片里响起。

电影中的声音可分为对白、音乐和音效。对白包括对白、独白、旁白。对白是两人或两个以上的人交流的声音，独白是画面中人物单独说话的声音，旁白是画面时空以外的人发出的声音。音乐又分为声乐和器乐，可以提供或补充节奏，奠定情感基调，有时也表示价值评判。音效是电影作品中人与物体运动发出的声音以及所有的背景和环境音。

音效常用于强化或烘托人物的心理。在电影《嘉年华》中，生活窘迫的服务员小米用视频勒索犯罪分子后，到海边找"健哥"办假身份证，却被告知涨价了。画面中，"健哥"失焦的侧脸处于暗处，明亮清晰的是小米的脸。当他说出"一万块可不够啊，至少，也得……一万六"时，夜空中隐约响起闷雷，渲染了小米此时震惊、失望的心情。随着雷声变得响亮，镜头切换到下一画面：小米骑车离开，电动车灯映射出雨丝。随后，低沉惊悚的音乐响起，远景中出现一辆车。原来，小米正在被跟踪。在这里，雷声既表达了人物的心情，又起到一定的过渡作用，使场景的切换显得自然。雷声与音乐一起提示了剧情的转变，引起观众对小米遭遇的担忧与同情。

电影中的声音可以分为画外音和画内音。画外音来自故事空间之外的声源。画内音来自影片中的世界，但往往也会经过电影制作者的特殊处理。例

---

① 戴锦华：《电影批评》，10 页，北京，北京大学出版社，2004。

如，在雅克·塔蒂（Jacques Tati）的《于洛先生的假日》中，度假者在旅馆里休息，前景是旅客们在安静地玩牌，远处是于洛先生正在疯狂地打乒乓球。在这场戏的前面部分，前景中的旅客低声嘟囔着，但于洛打乒乓球的声音更大，引导着我们去注意他。在这场戏的后面部分，同样的乒乓球游戏根本没有发出声音，我们的注意力被引到前景中低声嘟囔的人身上。[1]

声音与画面的关系主要有声画同步、声画分立和声画对位。声画同步也叫声画合一，指画面和应有的声音相吻合，同时出现，同时消失。声画分立指声音不源于画面，声音与形象不同步，互相分离，如画外音。在希区柯克的影片《三十九级台阶》中，打扫房间的房东太太发现了一具尸体，她大声尖叫，响起的却是火车的鸣笛声，然后场景切换为真正的火车。这就属于声画分立，声音发挥了衔接不同场景的作用。[2] 声画对位指声音和画面形象以各自特有的节奏发展，分头并进却又殊途同归，从不同方面说明同一含义。这个含义往往是声音和画面原来并不具备的。声画对位可以产生对比、象征、隐喻等效果。维托里奥·德·西卡（Vittorio De Sica）导演的意大利新现实主义影片《米兰奇迹》里有一个场景：两个资本家为买卖一块土地而讨价还价，最后争吵声变成了犬吠声。影片暗示他们就像抢骨头的狗。[3]

（3）个案分析

在奥逊·威尔斯（Orson Welles）执导的影片《公民凯恩》中，关于凯恩童年的一场戏堪称场面调度的典范。

这场戏表现了凯恩的母亲不顾丈夫的抗议，与银行家撒切尔签署契约，将儿子交易出去的过程。开始，年少的凯恩独自在雪地里玩耍。镜头切为小男孩的全景镜头，一个黑影突然出现在画框左上方，是女人的手，接着显示出她正向外望向小孩的侧脸。镜头慢慢向后拉，我们看清手搭在窗户的上沿，是凯恩的母亲在叫他。镜头继续拉，显示出右侧有一个人的侧影，就是孩子的新监护人撒切尔。镜头继续往后，跟拍走向镜头方向的凯恩的母亲和撒切尔。在此过程中，凯恩的父亲逐渐从左侧入画。两个男人的目光都聚集于在他们前面径直走向镜头的女人。凯恩的母亲走到房间一侧的桌子前，摄影机下摇。近景中，母亲在桌子右边坐下，银行家走到她旁边坐下，凯恩的父亲远远站在桌子左边。远景中，窗框里的凯恩玩着雪。凯恩的母亲签完合同起身，镜头上摇，远

① ［美］大卫·波德维尔、克莉丝汀·汤普森：《电影艺术——形式与风格》，彭吉象等译，311 页，北京，北京大学出版社，2003。

② ［美］大卫·波德维尔、克莉丝汀·汤普森：《电影艺术——形式与风格》，彭吉象等译，320 页，北京，北京大学出版社，2003。

③ 汪流：《电影编剧学（修订版）》，31 页，北京，中国传媒大学出版社，2009。

景中父亲走向窗户关窗，母亲离开书桌走向窗户，银行家跟随其后，镜头跟拍，凯恩的母亲把窗户打开。至此，这个长达 1 分 43 秒的镜头结束，切换为从窗外拍摄的凯恩母亲的 180 度反打镜头。

导演在这个镜头中使用了深焦摄影和摄影机移轨，将小屋扩展成巨大的心理变化空间。在室内近景中，成人们决定着孩子的未来，而观众始终能从远景中看到窗框中的男孩，同时听到他声音。凯恩的母亲和撒切尔处于近景，靠近放着合同书的桌子，凯恩的父亲一直不起眼地处于中远景。在这个场景中，父亲的权力是微弱的、被缩减的，他对儿子的未来说不上话。凯恩的母亲和撒切尔坐下后，凯恩的父亲突然走近他们。在那一瞬间，这位父亲好像带了点威胁性，因为他正逼近镜头。但他的态度随即变得温和，走到房间后面关上窗户。凯恩的声音此时消失——就好像他被关在了命运之外。母亲打开窗户后，凯恩的声音再度出现。母亲从凯恩那里收回视线后直视前方，然后向下看着桌面。撒切尔先生和凯恩的父亲始终盯着她，暗示她是关键的、做决定的人。

大多数好莱坞导演可能会用普通的正/反拍镜头来处理这一场景，但威尔斯通过长镜头和复杂的场面调度，将情节的复杂性展现在观众面前。

首先，这个镜头表现了男孩对自身命运的无所察觉。他是被成年人讨论的对象，却一直处于窗外的远处。他认真地玩着游戏，一点也不知道他的母亲在做什么。其次，它表现了凯恩父母之间的紧张关系。画面中，母亲和银行家在前景处的桌子旁讨论，将父亲排除到远景中。电影理论家罗伯特·考克尔（Robert Kolker）认为，导演在描述人物关系的转变时，通过摄影机和人物在场景空间中的移动，通过复杂的编排布置和空间人物的再整合，创造了"一种在狭窄的室内的俄狄浦斯芭蕾，交替展现父母双亲的关系和导致他们双方拥有或失去对他们孩子的权利"。"这一由摄影机和人物在有限空间内跳出的芭蕾舞比对话更雄辩，更不用说比描写性的故事事件更富表现力。"①最后，许多取景都突出了母亲在影片中的地位。她严厉和压抑的情感有助于带动接下来发生的许多事情。在这个镜头里，导演不是通过剪辑，而是通过把人物放在前景或正中央，通过人物说话的声音，实现了对观众注意力的引导，促使观众设想和推论故事的发展。②

3. 剪辑：蒙太奇与平行剪辑

剪辑又称蒙太奇，是法文"montage"的译音。狭义的蒙太奇特指苏联蒙太

---

① ［美］罗伯特·考克尔：《电影的形式与文化》，郭青春译，62 页，北京，北京大学出版社，2004。

② ［美］大卫·波德维尔、克莉丝汀·汤普森：《电影艺术——形式与风格》，彭吉象等译，353～354 页，北京，北京大学出版社，2003。

奇学派的电影理论、美学观念和艺术实践；广义的蒙太奇指电影剪辑，也就是一个镜头与另一个镜头的联结。蒙太奇学派的代表人物爱森斯坦（Sergei Eisenstein）指出，剪辑不等于一个镜头加上另一个镜头，而是一种创造。"这种并列的结果和分开地看各个组成部分时有着质的不同。"①将苏联著名演员莫兹尤辛面无表情的特写镜头，分别与一碗汤、一具棺材及一个小女孩玩耍的镜头组合在一起，放给不同的观众看，观众认为演员的表情分别是饥饿、忧伤和快乐，这就是著名的"库里肖夫实验"。这表明当单个镜头的含义模糊不定时，剪辑会赋予它特定的含义，不同的剪辑会产生不同的效果。

想象这样一个情景：一个女人被绑架了，她的未婚夫知道她在哪儿，正赶去援救。用什么样的方式呈现比较好？一种常用的方法是交替剪辑女人被劫持的镜头和未婚夫赶来救她的镜头，使这两件事像是同时发生的。一边是女人被劫持而去，另一边是未婚夫策马前来，双方好像在进行一场看不见的赛跑，给观众带来了悬念。通过这种方式，影片可以有效地控制镜头的长度和节奏，进而引导观众的情绪。事实上，这种交替剪辑的手法就是平行剪辑（parallel editing），是一种灵活整合故事各个部分的手段。② 在"电影之父"格里菲斯手里，这种手法被运用到炉火纯青的地步。《一个国家的诞生》的末尾出现了四组活动的平行剪辑，越接近高潮，镜头越短，悬疑越强。剪辑为电影带来了张力。③

经过剪辑的镜头是以怎样的方式连接的？最常用的方法是切，也就是直接在一个镜头之后接上另一个镜头。为了不让观众感觉莫名其妙，切是有一定技巧的：可以利用情节的衔接进行切换，可以利用造型的相似或动作的接续进行切换，可以借助声音的延伸进行切换。有时，两个镜头的内容基本没有关联，但被强行切换，称"硬切"。如果两个镜头之间有较大时间跨度，就叫"跳切"。还有一类切换会使用特技技巧，包括淡（淡出/淡入，也叫渐隐/渐显）、叠和划等。

淡出指一个叙事段落终结时，画面渐渐隐没在黑暗之中。淡入指一个叙事段落起始时，画面从黑暗中渐渐亮起。淡出和淡入常连续使用，表明此间一段"略过不表"。两个相邻场景的尾、首镜头叠印在一起，即前者还没有完全消失，后者已经开始明晰，叫作"叠"，也叫"溶"。划是一个画面由其边线划过银

---

① ［苏联］爱森斯坦：《电影艺术四讲》，齐宙译，17 页，北京，时代出版社，1953。

② ［美］罗伯特·考克尔：《电影的形式与文化》，郭青春译，45～46 页，北京，北京大学出版社，2004。

③ ［美］路易斯·贾内梯：《认识电影》，焦雄屏译，127 页，北京，世界图书出版公司，2007。

幕取代原先画面。在划尚未结束时，银幕上同时存在两个画面，但并不叠在一起。①

二、影视文化的生产机制

人们常将电影与电视合称为影视，原因在于二者都利用画面和声音叙事，都基于电子技术，都受到生产电影/电视的文化体制影响，具有不少相似之处。

1. 影视的文化属性

影视属于视觉文化，其发展在一定程度上给印刷文化带来了冲击。

20 世纪 20 年代，匈牙利学者巴拉兹在《电影美学》中指出，印刷文化的流行使人们越来越多地从书本上了解事情，靠面部表情达意的方法逐渐被淘汰："人的面部、额头、眼睛和嘴"发生了相应的退化，脸沦为"心灵的一架拙劣的信号机"。电影的发明恢复了人们对视觉文化的注意。这是一种"可见的直接表达肉体内部的心灵的工具"，人们可以通过视觉体验事件、性格、感情、情绪甚至思想。与之相比，文字是"不很完美的艺术形式的一种过渡性工具"②。电影、电视、摄影、绘画、雕塑、广告、设计、动漫、游戏、多媒体等都属于当代视觉文化的组成部分。美国社会学家丹尼尔·贝尔认为："当代文化正在变成一种视觉文化……这一变革的根源与其说是作为大众传播媒介的电影和电视，不如说是人们在 19 世纪中叶开始经历的那种地理和社会流动以及应运而生的新美学。"③

影视文化的流行影响着文学的处境。有人宣布文学即将终结，也有人认为文学不会终结。无论如何，影视与文学的关系都值得思考。

在电影刚兴起时，托尔斯泰就颇有预见性地指出：

> 这个带摇把的嗒嗒响的小玩意儿将给我们的生活——作家的生活——带来一场革命。这是对旧的文艺方法的一次直接攻击。我们将不得不去适应这影影绰绰的幕布和冰冷的机器。将需要一种新的写作方式。我已想到这一

---

① 李稚田：《电影语言：理论与技术》，165～167 页，北京，北京师范大学出版社，2005。

② ［匈］贝拉·巴拉兹：《电影美学》，何力译，29 页，北京，中国电影出版社，1978。

③ ［美］丹尼尔·贝尔：《资本主义文化矛盾》，赵一凡、薄隆、任晓晋译，156 页，北京，生活·读书·新知三联书店，1989。

点，我能感到将要来临的是什么。但我是很喜欢它的。场景的迅速变换、情绪和经验的交融——这比我们已习惯的那种沉重、拖沓的作品好得多。它更贴近生活。在生活里，变化和转折也是在我们眼前瞬息即逝，内心情感犹如一场飓风。电影识破了运动的奥秘。那是它的伟大之处。[①]

在托尔斯泰看来，电影带来了表现方式的革命。在电影中，场景能够迅速变换，情感与经验交融在一起。这是生活本来就有的，但过去的文学创作难以达到这种效果。电影给文学创作带来了冲击。

在托尔斯泰的年代，电影还没有成为主导性媒体，作为印刷文化的代言人，他尚能较为客观地看待电影的优缺点。随着影视文化的影响力日益彰显，印刷文化面临作者与读者流失的局面。文学创作者和研究者有了浓重的危机感，这也影响了他们对电影的态度。

事实上，电影与文学的关系一直纠缠不清。一方面，从法国作者论的兴起到中国 20 世纪 80 年代初宣称"丢掉戏剧的拐杖"，电影"似乎总是在拒斥某种本质的文学性的侵染，时刻准备为自己的存在正名"；另一方面，大量优秀的电影都改编自文学作品。例如，安德烈·巴赞高度评价罗伯特·布列松改编自小说的电影《乡村牧师日记》，将其树立为"非纯电影"的典范；中国第五代电影人与莫言、余华、苏童、史铁生、阿城等作家关系紧密。[②]

2. 中国影视文化机制的发展历史

理解影视文化的生产传播机制至关重要。在不同的时代，生产与传播机制的差异使影视文化形态各异。在面对具体作品时，我们需要结合生产机制与历史语境展开分析。1949 年以后，中国的电影与电视有着相似的变动趋势。改革开放以来，它们都面临从计划经济体制向市场经济体制的转变，逐渐呈现出大众文化、精英文化与官方文化并存的局面。

（1）大众文化、精英文化与官方文化

大众文化是与商业化、市场化、工业化、城市化同步发生的文化现象。需要补充的是，大众文化的生产者往往属于上层阶级的专业作者；消费者往往处于被动地位，缺乏创作能力。

精英文化是有教养的鉴赏家和专家的文化，人们从中获得的满足是"严峻

---

① ［美］爱德华·茂莱：《电影化的想象——作家和电影》，邵牧君译，2 页，北京，中国电影出版社，1989。

② 孙柏：《摆渡的场景：从文学到电影》，1 页，北京，中国电影出版社，2012。

的智力和道德考验",而不是纯粹的愉悦。内容上,它避免使用重复出现的结构,避免落入俗套;语言上,它运用高度形式化的"秘密语言",而学会这种语言需要较长时间。精英文化的欣赏总是受到教育程度、经济状况和社会地位的制约,这些有形或无形的门槛将一些社会阶层排斥在外。[1]

官方文化是通过教育制度、官方颁奖、政府补贴等机制合法化的文化。[2] 在中国,官方文化又被称为"主旋律"。这一提法最早出现于 20 世纪 80 年代末国家广播电影电视部召开的一次会议上,大致指坚持"四项基本原则",表现爱国主义、集体主义与理想主义,以歌颂改革时代的正面人物与光明事件为主,积极向上,格调健康。[3]

官方文化往往会借用和收编其他文化。例如,1989 年中华人民共和国成立 40 周年与 1991 年建党 70 周年的献礼片就是典型的主旋律电影。其中《毛泽东与他的儿子》等倾向于表现领袖人物非政治化的日常生活、个人情趣、业余爱好等,突出其作为普通人的喜怒哀乐。在《孔繁森》《焦裕禄》等影片中,正面人物开始向"好人"形象转化,更多地展现人类的共同道德与普遍价值。影片中孔繁森、焦裕禄等人物形象之所以感人,不仅因为他们是模范共产党员,也不仅因为体现无产阶级的思想与情感,还因为他们的道德品质超出了阶级范围,具有先进文化的广泛代表性(如一心为群众着想、公而忘私)。[4] 这都属于官方文化对大众文化趣味的吸收。

(2)中国电影生产机制和文化的历史变迁

中国的民族电影工业始于 1905 年,至 1949 年形成了四个传统:其一,受到中国观众广泛认同的社会/家庭/政治伦理情节剧的传统;其二,具有鲜明东方美学风格的文人电影传统;其三,以夏衍、田汉、阳翰笙等人为代表的与中国政治具有密切联系的左翼电影传统;其四,明星公司等电影企业开创的商业娱乐电影传统。

中华人民共和国模仿苏联建立了电影的计划经济体制,直到改革开放前,其基本架构和内部经济关系都没有发生本质变化。电影的生产和流通完全由国家拨款维持。在生产上,对制片厂实行行政指令性管理。电影拍摄完成后,中国电影发行放映公司(简称"中影")作为全国发行放映总代理,负责收购。在发行上,形成了从中央到地方垂直管理的政企合一的电影发行体制,根据省、

① 赵勇:《大众文化理论新编》,152 页,北京,北京师范大学出版社,2011。
② 赵勇:《大众文化理论新编》,315 页,北京,北京师范大学出版社,2011。
③ 陶东风:《社会转型期审美文化研究》,72 页,北京,北京出版社,2002。
④ 陶东风:《社会转型期审美文化研究》,78～82 页,北京,北京出版社,2002。

市、自治区等政府行政级别设立相应级别的电影发行放映公司，即"中影公司—省级发行公司—地市级发行公司—县级发行公司"四级垂直发行的电影发行渠道。①

这种体制使中国电影成为官方文化的化身，被视为"团结人民，教育人民，打击敌人，消灭敌人"的"前沿阵地"，商业属性完全消失。② 直到20世纪80年代被电视取代，电影一直是社会的第一媒体，作用和影响超过了所有其他艺术形式。③

20世纪80年代，随着国家经济体制的转型和文化政策的变化，中国电影逐步开始市场化进程。1985年，电影局在电影体制改革座谈会上提出简政放权、政企分开、扩大制片业和发行业经营自主权的主张。进入90年代，以"广电字(3)号文件"，即《关于当前深化电影行业机制改革的若干意见》及其《实施细则》（征求意见稿）为标志，计划经济下电影的统购统销和制片、发行、放映之间的分配制度开始发生重大变化。

从1997年起，民营公司开始以投资者的身份与电影制片厂合作拍摄。2002年，以新颁发的《电影管理条例》为标志，中国电影制片业初步放开，民营机构无须购买厂标就可以独立投资拍摄电影。④

在发行放映环节，电影制片厂逐渐可以按照自己的意愿把影片直接销售给各省级发行公司，通过省级发行公司向下发行。从2002年起，院线制⑤得以建立并逐步推广，打破了过去四级发行带来的行政分割状态，促进了中国电影市场的统一，也促进了影院的兴建、票房的增长。2014年年底，中国城市院线数达47条，农村院线数达252条，城市院线总票房达294.21亿人民币。⑥

---

① 中国电影家协会：《中国电影新百年：合作与发展——第十四届中国金鸡百花电影节学术研讨会论文集》，124页，北京，中国电影出版社，2006。

② 戴锦华：《雾中风景：中国电影1978—1998》，421页，北京，北京大学出版社，2000。

③ 尹鸿：《关于中国百年电影的认知》，载《当代电影》，2006(2)。

④ 1997年之前，由于政策原因，16家传统制片厂以外的影视机构只有通过和16家片厂"合作"购买影片拍摄指标，才能从事电影拍摄并得到发行。参见中国电影家协会：《中国电影新百年：合作与发展——第十四届电影金鸡百花电影节学术研讨会论文集》，127页，北京，中国电影出版社，2006。

⑤ 电影院线制是以若干影院组合形成统一品牌、统一排片、统一经营、统一管理的电影发行放映机制，由一个电影发行主体和若干电影影院组合形成。

⑥ 艺恩咨询：《2014—2015年中国电影产业研究报告(简版)》，http：//www.entgroup.cn/report/f/0518133.shtml，2018-08-01。

在政策的推动下，电影生产从过去的政治行为变成了与政治息息相关的经济行为，性质和运作体制发生了重大改变。中国电影文化开始了漫长的转型。① 时至今日，电影类型初步形成了娱乐片、主旋律、艺术片三足鼎立的格局。

（3）中国电视生产机制和文化的历史变迁

从 1958 年中国电视剧诞生到改革开放前，电视并没有成为大众文化。在这个阶段，电视承担的是政治宣传和政治教育功能。从 1978 年到 1988 年，随着电视机在中国迅速普及，电视开始替代电影成为最重要的大众传媒。

1979 年，上海电视台播出了中国电视史上的第一条广告，市场经济力量开始进入电视运作。在生产环节，电视的市场化意味着从"制播一体"向"制播分离"的逐步转变。1983 年，第 11 次全国广播电视工作会议提出了中央、省、地（市）、县四级办电视，四级混合覆盖的方针，在一定程度上使电视生产释放出活力。

在整个 20 世纪 80 年代，电视的商业化程度都比较低，电视剧基本由电视台或其直属机构用国家拨款制作。这一时期，精英文化与官方文化在向度上基本一致。在官方的支持下，精英文化以启蒙话语和对个人主体性的高扬确立了文化领导权。② 电视表现出启蒙文化的特性。例如，《四世同堂》《红楼梦》《西游记》等名著被陆续改编为电视剧。③

以启蒙文化为过渡，中国电视从舆论宣传工具逐渐向大众文化转化。市场和政府的力量共同驱动着电视的发展，出现市场性与非市场性并存的局面，形成了相对多元的电视文化格局。④

电视发展中的市场性因素体现在以下方面。第一，节目运作市场化，收视率和广告的作用彰显。在经济体制改革背景下，电视体制面临企业化改革，栏目普遍采取承包制，以广告创收为目标。⑤ 1993 年，《东方时空》引入电视制片人，电视台开始实行承包制，制作经费主要来自贴片广告。与广告收益挂钩的收视率从此成为决定节目成败存亡的关键。这一年，北京电视艺术中心的制片人郑晓龙贷款拍摄了《北京人在纽约》，以国内和海外版权换得中央电视台的 5

① 尹鸿、凌燕：《新中国电影史(1949—2000)》，142 页，长沙，湖南美术出版社，2002。

② 郝建：《中国电视剧：文化研究与类型研究》，314～315 页，北京，中国电影出版社，2008。

③ 尹鸿：《中国电视剧文化 50 年》，载《电视研究》，2008(10)。

④ 尹鸿：《意义、生产与消费——当代中国电视剧的政治经济学分析》，载《现代传播》，2001(4)。

⑤ 张永峰：《中国电视剧审查制度的形成》，载《新闻大学》，2014(1)。

分钟贴片广告，在首轮播映中就获得 4000 万元的回报。从 1998 年开始，电视台改为直接买断电视剧播出权，自己操作广告业务。第二，制作和播出逐渐分离，节目制作主体逐渐多元化。起初，民营企业只能通过赞助的方式与有许可证的单位合作投资电视剧，《编辑部的故事》就采用了这种融资方式。进入 21世纪，随着民营力量日益活跃，总局开始给部分民营影视制作公司颁发电视剧制作许可证，电视制作越来越市场化。受民营公司影响，中央电视台直属的制作部门也由靠拨款拍摄转向自负盈亏。① 近年来，网络剧成为新现象。网络剧是由视频网站制作播出的剧，有的也在电视台播出，主要通过广告植入、视频网站观众付费观看、衍生品开发等方式营利。

电视发展中也有一些非市场性因素，如电视台由政府主办，电视节目的制作和播出需经批准和审查，节目制作方与播出方关系不对称。网络剧在发展之初管理环境较为宽松，但近年来审查标准已逐渐与电视剧统一。

在市场和政府的共同作用下，20 世纪 90 年代以来的电视节目既有大众文化的要素，又有官方文化的特征。大致说来，虚构类节目由于制播的相对分离，在符合审查制度要求的同时，表现出较多大众文化属性；新闻类节目由于制播一体化，意识形态属性较强，更多体现了官方文化的特征。

要想深入了解当代影视文化，仅仅停留于文本分析是不够的，必须将文本分析与时代语境、生产机制分析相结合。下面，我们以《红楼梦》的两次改编为例来看电视文化的影响。

《红楼梦》在 1987 年和 2010 年两次被改编为电视连续剧。87 版电视剧《红楼梦》有两大特点：一是删去了太虚幻境，淡化了宝黛爱情悲剧的情节线，强化了"护官符"和"葫芦案"；二是舍弃了流行的一百二十回本后四十回的结局，按当时探轶学的成果编织情节，强化了家族衰落的主线。贾府后人的下场都很惨，"男的除宝玉外均被杀头，女的被官媒发卖"，王熙凤则死于狱中。87 版强化了原著的现实主义和社会悲剧层面，淡化了浪漫色彩和爱情悲剧层面，实际是将《红楼梦》解读成了"政治历史小说"。有学者指出，所谓"社会悲剧"，实质上就是"四大家族"的"悲剧"、"政治历史"的"悲剧"、"爱情掩盖政治斗争"的"悲剧"，或者说"阶级斗争形象史"的"悲剧"。② 探轶学强化家族衰落的结局，将《红楼梦》解读为"社会悲剧"。87 版《红楼梦》是官方文化与精英文化共同作用的结果。李少红导演的 2010 年版《红楼梦》，拍摄初衷是完成"红楼梦中人"的

---

① 王晓峰：《电视剧买卖那些事儿》，载《三联生活周刊》，2010(15)。

② 白盾、吴溪：《"梦"魂失落何处寻？——关于〈红楼梦〉电视剧及其评价问题》，载《汕头大学学报（人文科学版）》，1988(3)。

选秀任务。该剧以一百二十回本为基础进行改编，恢复了太虚幻境，强化了鬼魅的成分，并用大量篇幅表现爱情纠葛。其中，宝玉得知黛玉死讯后昏迷，到阴间寻访她的魂魄。这段叙事融合了恐怖、惊悚等类型元素，体现了大众文化的特点。①

三、影视与文学的互动

电影与文学一直有着密切的交互作用，既表现为文学与电影在表达手法上的相互借用，也表现在文学的电影改编中。

1. 影视与文学的美学互渗：相通的思维/表现手法

早在电影诞生之前，小说和戏剧中就已经出现了类似于电影的表达手法。今天被认为属于电影的技巧，如渐隐渐显、化出化入、追逐场面、平行剪辑、配乐等，起初都出现在戏剧舞台上。②

小说家狄更斯就具有视觉化思维，有一种"善于历历在目地看见自己所描写的东西的才能"，能够精确地刻画人物的行动。例如，《董贝父子》对董贝先生有这样一段描写：

> 他已经抓住铃绳，正想跟往常那样把理查叫来，就在这个瞬间，他的目光落到一个装信的小匣子上边，这是他亡妻的遗物；是从亡妻房间里的抽屉柜中和其他什物一起拿出来的。他的目光已经不是第一次停留在这小匣上了。他口袋里放着钥匙；现在他把小匣子拿到自己的桌子上，把它打开——先把房门锁上——用平常那种手势很有把握地去开。
>
> 他从一叠支离破碎、残缺不全的乱纸中，抽出了一封完整无缺的信。他不由得屏住气打开了这封信，这种做贼心虚的鬼鬼祟祟的行为，使他多少失去了平素那种道貌岸然的高傲态度，于是他坐下来，一只手支着脑袋，把信读完。
>
> 他慢慢地仔细读着，读出每一个音节。他就是用这种看来费了好大气

---

① 何卫国：《试论电视剧〈红楼梦〉改编版本选择的制约因素》，载《红楼梦学刊》，2006(6)。

② ［美］爱德华·茂莱：《电影化的想象——作家和电影》，邵牧君译，2页，北京，中国电影出版社，1989。

力才装出来的过于从容不迫的态度，来掩饰自己的真情，一点不让它泄露……①

　　引文第一段的最后一句很引人注意。就写法而言，它显得很笨拙。"先把房门锁上"这个"插入的"句子，像是作者忽然想起而"切入"另一个句子中的。按照通常的描写顺序，它本应出现在"现在他把小匣子拿到自己的桌子上"这句之前。这个"插入的"句子被放到后面，产生了一种蒙太奇的效果。这种对描写顺序的倒置很好地暗示出董贝先生在前面一系列动作与开柜偷读别人信件之间突然冒出的行动是鬼鬼祟祟的。到了开柜的时候，他又恢复常态了，装出道貌岸然的绅士派头。

　　如果将第一段话当作剧本来理解，这个句子的蒙太奇式排列就是在提醒"表演者"注意，与道貌岸然、很有把握地打开匣子的动作不同，锁门和拆信的动作应当以一种截然不同的风格去"表演"。在接下来的两段话里，狄更斯不仅靠句子排列对此加以暗示，还用确切的描写进行说明：在读信时，董贝先生又显示出那种绅士派头的冷冰冰的端庄色调。狄更斯总是很注重形象的鲜明性，力求用视觉化的简练手法表现所要表现的东西。②

　　狄更斯小说中不仅有蒙太奇，还有变化光线、与视觉因素交织的音响因素、特写、叠化等手法。爱森斯坦在《狄更斯、格里菲斯和我们》中对此有详尽的分析，值得一读。耐人寻味的是，狄更斯对这种类似交叉剪辑的写法相当自觉，他曾谈道：

　　　　戏剧中有一种惯例，就是在所有那些极好的谋杀题材的闹剧中，悲剧场面与喜剧场面往往以严格的顺序交替出现，正如五花肉似的总是红一层白一层，显得红白相间。主人公倒在草榻上，镣铐在身，受尽厄运的折磨；而在下一个场面里，他那忠实的但对主人的不幸一无所知的仆人准会唱出一曲喜剧性的小调，以饱飨观众。我们怀着忐忑不安的心情，注视着女主人公在那骄横残酷的男爵控制下，她的贞洁与生命同样受到威胁，终于她抽出匕首自尽，以保全自己的贞操；正当我们的激动达到顶点，忽然听到一声呼哨，我们立即被引到城堡的大厅中。在这里，白胡子的贵族管

----

　　①　为了强化紧张气氛，狄更斯在定稿中删掉了这段文字。它在福斯特为狄更斯所写的传记中保留了下来。参见《爱森斯坦论文选集》，魏边实、伍菡卿、黄定语译，226页，北京，中国电影出版社，1962。

　　②　《爱森斯坦论文选集》，魏边实、伍菡卿、黄定语译，228页，北京，中国电影出版社，1962。

家放声唱起滑稽可笑的歌曲，而且与那些更滑稽可笑的藩臣们同声高歌。这些藩臣对什么地方——无论是教堂还是宫殿，都无所留恋。他们成群结队漫游全国，永不停歇地引吭高歌。

　　这种转变，似乎是荒诞不经的，其实并不像乍看起来那么不自然。在生活中，从摆满酒食的桌子转到停尸的床铺，从丧服孝衣转到节日盛装，其惊人程度绝不亚于舞台上。问题仅仅在于：在生活中，我们是奔忙的演员，而不是静坐旁观的观众。重要的区别就在这里。在模仿性质的戏剧生活中，演员本人往往觉察不出急剧的转变和激情或情感的勃发，可是在普通观众的眼里，却可能立即显得过火与荒诞，因而受到指责。①

　　可以看出，戏剧场景的切换会带来情感的变化，这与电影中的交叉剪辑十分相似。从根本上说，这种手法源于生活本身，只是我们在生活中往往对此并不自觉。艺术家则将这种对比提炼了出来。据爱森斯坦的分析，狄更斯的这种写法源于莎士比亚。《麦克白》《理查三世》等剧中都有类似交叉剪辑的手法。

　　格里菲斯在影片《许多年后》中运用了蒙太奇手法。影片在安妮·丽等待丈夫归来的场面中，切入了她的脸部特写，其后切入另一个镜头：安妮·丽朝夕思念的丈夫漂泊在荒岛上。这一创举引来了影片公司老板的抗议，后者认为观众看不懂这种跳跃叙述的情节。格里菲斯回答说，小说家狄更斯也是这样写的，他创作的是电影中的小说。② 可见，交叉剪辑这种手法同时存在于戏剧、小说、电影之中，它们共同的基础是生活本身的杂陈。

　　除了注重视觉形象的小说，注重内心的小说也与电影颇为相似。意识流小说家，如詹姆斯·乔伊斯、伍尔夫、福克纳（William Faulkner），都使用了电影化的手法。电影学者爱德华·茂莱（Edward Murray）指出，乔伊斯的《尤里西斯》在写作方法上与拍电影酷似，几乎拥有所有电影技巧的对等物。以小说中布鲁姆的一段内心独白为例，作者是这么写的：

　　　　行走在玫瑰叶上。想象一下试图吃牛肚和牛蹄冻。我在什么地方从那张画上看到的那个家伙上哪儿去了呢？啊，在水波不兴的海洋里，仰面朝天地漂浮着，在一把打开的阳伞下读着一本书。你试试，沉不下去：盐分

---

　　① 《爱森斯坦论文选集》，魏边实、伍菡卿、黄定语译，242 页，北京，中国电影出版社，1962。

　　② 《爱森斯坦论文选集》，魏边实、伍菡卿、黄定语译，244 页，北京，中国电影出版社，1962。

浓得很。由于水的重量，不，身体在水里的重量和那个的重量是相等的。或者是体积和重量相等？那是一条诸如此类的规律。万斯在大学里把手指关节扳得格格响，一面教着课。大学的课程。

在这里，乔伊斯把各种记忆交叉剪接在一起，从"玫瑰叶"切到"吃牛肚和牛蹄冻""那个家伙"，切到"海洋""浮力的力学规律""万斯""大学课程"。有时，乔伊斯又把布鲁姆回忆过去的内心独白与现时的遭遇剪接在一起。例如，在一次葬礼上，布鲁姆想起了亡子鲁比：

> ……她腹中的我的儿子。我本来能帮助他活下去的。我能。使他独立起来。也学德文。
> ——我们迟到了吗？鲍华先生问道。
> ——十分钟，马丁·肯宁汉看了看表说。
> 莫莉。密莉。同样的东西流淌下来了。她的顽皮的誓言……

小说在此不仅从内心切到外部，也在内心从鲁比切到莫莉，切到女儿密莉。① 乔伊斯小说中不仅有类似"切"的手法，还有类似"化"的方法。乔伊斯的这些手法可能受到了观影经验的影响。1902 年至 1909 年，他常在巴黎等地看电影，还在 1930 年见过爱森斯坦，一起讨论文学和电影中的内心独白问题。爱森斯坦晚年曾说："我们必须向乔伊斯学习。"②

伍尔夫的小说中也有不少电影化手法。在创作《黛洛维夫人》时，她在日记里写道："我摸索了一年的时间，才找到了我所说的隧道开掘法，那就是我需要回溯过去时，便分段叙述。这是我迄今为止的最大发现。"这种手法在电影中叫作闪回。以前，由于需要详细地交代来龙去脉，闪回不仅会打断故事的进程，还会拉慢小说或影片的速度。在伍尔夫发明分段叙述后，闪回不再是长篇累牍的交代，而是更多地穿插在现在时的叙事进程之中。在某些影片里，回忆往事的镜头飞快地切入切出，仅在银幕上停留很短的时间。③

在《雅各的房间》第十三节里，伍尔夫通过快速交叉剪辑传达了一种同时

---

① ［美］爱德华·茂莱：《电影化的想象——作家和电影》，邵牧君译，134 页，北京，中国电影出版社，1989。

② ［美］爱德华·茂莱：《电影化的想象——作家和电影》，邵牧君译，131 页，北京，中国电影出版社，1989。

③ ［美］爱德华·茂莱：《电影化的想象——作家和电影》，邵牧君译，158 页，北京，中国电影出版社，1989。

感。当克拉拉·杜朗特和鲍莱先生在公园里散步时，一匹马飞驰而过，受惊的女人要求男伴截住那匹马。小说此处做了简短的预叙："唷！唷！"一小时后，鲍莱先生接过侍从递给他的胸前饰扣，在更衣室里说："唷！唷！"然后，小说闪回到一小时前，从朱莉娅·艾略特的视点观看公园里的奔马和鲍莱先生试图拦马的情景。朱莉娅走出公园时，看了看表。"她要在 12 分半钟之内赶到布吕东街。康格里芙夫人约她 5 点见面。"小说切到维莱家的一座钟 5 点响起，又切到弗洛林达在看钟。有人向弗洛林达提到雅各，小说又跳到雅各——他坐在海德公园里。雅各正在读桑德拉的信。小说不动声色地化入那个女人在写那封信，然后切回雅各，他在和售票员说话。雅各对售票员的轻蔑态度被用来切到芬妮·艾尔默——她在责备雅各对待下人的行为。当芬妮骑马行经西敏寺时，议院塔上的大钟在 5 点响起，暗示众多事件是同时发生的。①

伍尔夫的小说用不同空间中的钟表指向 5 点来连接各个场景，创造出同时性。它打破了传统小说的连贯序列，通过场景的并置和切换将时间空间化了，也将叙事空间化了。小说是时间的艺术，这样的小说则显示出对空间化的追求。这种在时空之间不断切换的手法与电影有相似之处。

2. 文学的电影改编：从形式变异到文化转换

文学作品的改编是一个复杂的问题，既有美学的维度，又有社会、文化的维度。它不仅意味着故事在不同媒介之间的转译，还伴随着不同文化系统、不同语境的切换。

改编理论是电影理论的一个分支，分为三个不同的时期、三种不同的理论范式：古典时期的讨论注重本体论探讨，集中在艺术的形式层面；现代时期的讨论与叙事学相关，注重文本内部研究；随着文化研究的兴起，注重"再语境化"成为趋势。②

（1）古典时期的改编理论以巴赞和布鲁斯东为代表

巴赞注重寻找文学与电影的共通之处，分析影片是如何"转现"文学的。"转现"不是电影对原著主题、素材乃至精神等内容的搬运和重现，而是以电影的方式表现原著中以文学方式表现的内容。它强调的是形式，是"不同艺术样式之间的形式的对等性及其张力"③。巴赞的"转现"理论试图在电影与文学之间

---

① ［美］爱德华·茂莱：《电影化的想象——作家和电影》，邵牧君译，155 页，北京，中国电影出版社，1989。

② 孙柏：《摆渡的场景：从文学到电影》，4 页，北京，中国电影出版社，2012。

③ 孙柏：《摆渡的场景：从文学到电影》，4 页，北京，中国电影出版社，2012。

建立相互沟通的可能性。

　　罗伯特·布列松（Robert Bresson）的电影《乡村牧师日记》因符合"转现"而得到巴赞的推崇。影片改编自同名宗教题材日记体小说，讲了一位牧师内心的圣洁和腐败、溃烂的俗世之间的格格不入。对于这部小说来说，形式是内容的一部分，"精神对抗现实的主题不能脱离日记作者主观视角的透镜而存在"。在电影中，布列松运用声画对位法，彰显原作以日记体呈现的主客观之间的对峙，"影片的风格恰恰是文句和影像的不一致"①。在形式上，布列松的电影是"完全忠实"于原著的。

　　以"转现"为标准来衡量，冯小刚导演的《唐山大地震》就不够忠实于原著。张翎的小说《余震》具有一种非第一人称的日记体形貌，通过几个重要时刻的回忆勾勒出女主人公王小灯的心灵史。她在生命中的几个重要阶段不断遭受打击，先是在大地震中被牺牲、被放弃，然后是在青春期失去了呵护她的养母，被养父强奸，又在结婚生子之后遭到亲人的背叛和离弃。她在医院接受心理治疗，不断回到 1976 年 7 月 28 日后的创伤性记忆中。小说结尾，王小灯千里寻亲，回到了家里。对于王小灯而言，真正的创伤不是自然的灾难，也不只是母亲的离弃，而是对家庭生活的不抱希望和彻底丧失信心。小说的日记体形式传达出主体的分裂，整合着男性和女性、西方和中国之间断裂而对象化的关系。作家王小灯和心理医生亨利·沃尔佛都是作者的投射，这是一个自己说给自己听的故事。② 电影《唐山大地震》则将小说改编为情节剧化的史诗："含辛茹苦、忍辱负重的母亲取代了无法挥去被离弃之苦痛的女儿成为影片的主人公。"影片采用了客观的叙事者，完全抛弃了原著中日记体形式的意味，"顺时序的叙述手法也从根本上打破了原作中不断跳跃的、闪回式的回忆"。"所有作为绵延之切片的历史瞬间都被重新纳入一个更为逻辑的因果链条和更加严整的时空连续体之中，使故事被赋予某种'史诗'的形貌。"③

　　与巴赞不同，布鲁斯东（G. Bluestone）注重思考文学与电影由于媒介不同而产生的差异。在"现代《拉奥孔》"式著作《从小说到电影》中，布鲁斯东归纳了电影和小说的区别："小说的结构原则是时间，电影的结构原则是空间"；小说更擅长表现人的心理意识、精神世界，电影更擅长表现外部、直观的物象化世界。④ 对此我们能找到不少例证，如伍尔夫就曾讥笑《安娜·卡列尼娜》的电影改编。托尔斯

　　① 孙柏：《摆渡的场景：从文学到电影》，5 页，北京，中国电影出版社，2012。

　　② 孙柏：《摆渡的场景：从文学到电影》，175～176 页，北京，中国电影出版社，2012。

　　③ 孙柏：《摆渡的场景：从文学到电影》，175 页，北京，中国电影出版社，2012。

　　④ 孙柏：《摆渡的场景：从文学到电影》，6 页，北京，中国电影出版社，2012。

泰在小说里从内心来塑造人物，这部电影只是透过外表去表现人物："脑子了解的安娜，几乎完全是她的内心——她的魅力、她的情欲、她的绝望心情。电影则把全部重点放在她的牙齿、她的珍珠和她的丝绒衣服上。"①

再以电影中的意识流为例。意识流的质的一面，亦即意识的各种层级在文学中是通过句法等手段被描绘的。所描绘的思想素材在句法上越支离破碎和不可理解，所表现的意识的层级就越低；反之，句法越有条理，所表现的层级就越高。在文学中，处于这两个极端之间的思想素材的主要特征是修辞、象征和以文字表现出来的想象，如隐喻和类比。电影能用镜头的并列表现意识流最低的层级和最高的层级，但很难表现中间层的意识。②

布鲁斯东认为，小说是有机的整体，主题和内容不可分割。这种改编理论被后人称为"形式主义批评"。它强调文本的形式方面，将改编视为两种不同媒体之间的翻译。既然翻译只能接近或抓住原文本的精神，完全忠实的再现是不可能的，那么，原文本之于改编文本就具有至高无上的地位和权威性，这就注定了改编文本地位低于文学原著。③

（2）现代时期的讨论与叙事学相关，注重文本内部研究

文学叙事学可分为内容叙事学和表达叙事学，前者以格雷马斯为代表，后者以热奈特为典范。电影叙事学以热奈特的表达叙事学为基础发展而来，认为"叙事的表达（讲述的话语）比内容更重要"，把叙事机制看作一种由作为叙事策源地的不可见的"大影像师"调度和编配的"话语"。④

电影叙事学涉及叙述者、叙述时间、叙述媒介（词语和画面的关系）、视点等方面。弗朗索瓦·若斯特（Francois Jost）、安德烈·戈德罗等学者对文学叙事与电影叙事展开了比较研究，其中讨论得较多的是视点问题。

热奈特用"聚焦"（focalization）这个术语体现叙述者和人物之间的"认知"关系，区分出零聚焦、内聚焦和外聚焦的叙事。在小说中，聚焦同时包含认知和观看；在电影中，由于摄影机的存在，认知与观看可能是分离的。一个单一、瞬时的画面要被从观看的层次提升到认知的层次，就必须诉诸剪辑，如正反打的缝合体系。⑤

---

① ［美］爱德华·茂莱：《电影化的想象——作家和电影》，邵牧君译，150 页，北京，中国电影出版社，1989。

② ［美］D. G. 温斯顿：《作为文学的电影剧本》，周传基、梅文译，93 页，北京，中国电影出版社，1983。

③ 庞红梅：《论文学与电影》，9 页，北京，人民日报出版社，2016。

④ 孙柏：《摆渡的场景：从文学到电影》，7 页，北京，中国电影出版社，2012。

⑤ 孙柏：《摆渡的场景：从文学到电影》，8 页，北京，中国电影出版社，2012。

　　为了解决电影中叙事术语的难题，若斯特引入了视觉聚焦、听觉聚焦、认知聚焦等术语，将视觉聚焦细分为零视觉聚焦、内视觉聚焦。内视觉聚焦又分为原生内视觉聚焦、次生内视觉聚焦。前者指不需要镜头之间的衔接，单个镜头本身能体现内视觉聚焦的视点，后者指通过镜头的衔接建立起的内视觉聚焦关系。例如，小说写道："这个男人看见孩子向他跑来。"这是从零聚焦或外聚焦转到这个男人的内聚焦视点。用电影画面来表现，可能是这样的：镜头一，一个男人看着前方；镜头二，一个孩子向前跑来。镜头一是零视觉聚焦；镜头二是男人的主观视点镜头，是通过镜头组合建立起来的内视觉聚焦关系，即次生内视觉聚焦。① 画面还可能是这样的：一个男人站在镜子前，看着镜中的影像，镜中，一个孩子向他跑来。这就属于原生内视觉聚焦。

　　通过细致的批评术语，电影叙事学对电影与文学、影像与语言之间的关系做出了有益的思考，丰富了我们对电影形式特征的认识。但它也有结构主义理论共同的缺陷：悬置了关于内容的讨论，"把历史放入括弧"②。

　　(3)21世纪以来，对文学与电影关系的思考注重"再语境化"

　　"再语境化"是"把从文学到电影的移转视为不同历史、社会与文化背景中的话语操作和表意实践，从而超越单纯对形式或文本的关注"，超越以往单一的"改编"话语。③ 其中，互文性、受众群体、语境（context）、跨文化、历史化等成为关键词，主要以罗伯特·斯塔姆（Robert Stam）等学者为代表。

　　"互文性"（intertextuality）这一概念由克里斯蒂娃（Julia Kristeva）提出。她认为："任何一篇文本的构成都如同一幅镶嵌，任何文本都是其他文本的吸收和转化。文本间的概念取代了主体间的概念，诗意语言至少是双重解读的。"④ 这可追溯到巴赫金的"众声喧哗""复调""对话"等理论。斯塔姆将其应用于电影改编研究，提出"互文本对话"说，指出改编是不间断的对话过程，是互文本的多层次协商，既包括对原文本的知觉回复，也包括更微妙的散播过程；改编使文本进入言语交际的场域，由此，小说作者和电影创作者展开言语交际，即作者的积极生产与改编者的积极应答。这一理论瓦解了（文学）原创对于意义阐释的中心地位，不再重视"忠实性"，而是将改编视为一种阅读，一种持续的对话。⑤

　　注重文本生产和接受的社会语境是改编研究的新趋势，并与文化研究、后殖民主义、女性主义等理论相结合。这种研究将艺术作品或文化产品放到生产

　　① 刘云舟：《电影叙事学研究》，85～86页，北京，北京联合出版公司，2014。
　　② 孙柏：《摆渡的场景：从文学到电影》，10页，北京，中国电影出版社，2012。
　　③ 孙柏：《摆渡的场景：从文学到电影》，11页，北京，中国电影出版社，2012。
　　④ 庞红梅：《论文学与电影》，13页，北京，人民日报出版社，2016。
　　⑤ 庞红梅：《论文学与电影》，16～17页，北京，人民日报出版社，2016。

传播的特定社会文化背景、历史、政治、经济的脉络中去理解。① 这就是改编研究的社会学转向。由此，影响观众接受的因素，如阶级、种族、性别，以及广告、明星话语、影迷文化等因素都被纳入研究视野。②

在简·奥斯汀的《曼斯菲尔德庄园》中，当范妮向托马斯爵士问及奴隶贸易的事情，得到的是"死一般的沉默"。1999 年的电影《曼斯菲尔德庄园》被视为对原著的"修正式阅读"，导演罗兹玛（Patricia Rozema）强化了托马斯爵士的经济来源是奴隶贸易这一小说所淡化的事实，将奴隶贸易和殖民地掠夺作为人物心理备受折磨的原因，揭示了庄园的阴暗面，如托马斯爵士对女奴的殴打猥亵。影片通过"再语境化"，把历史背景和社会场域清晰地植入电影之中，赋予其社会批评和女性主义价值。这是在保留原著社会历史背景的前提下，从当代语境出发对小说及作家的重读。③

电影《唐山大地震》也通过对主要人物身份的调整，成为中国当代社会的寓言。在小说《余震》里，王小灯的父母在当地是比较优越的阶层：长途货车司机万师傅往返于京津和唐山之间，将大城市的时兴带回小县城；李元妮曾被选入省歌舞团，讲究打扮，是时尚的化身。电影删削了关于生活情趣与品位的种种，将其改写为"普通但快乐、满足的工人家庭"。小说中李元妮是自主择业成为个体经营者的；影片中她在 20 世纪 90 年代中期被迫下岗，不得已才开了一家成衣铺。通过这种改写，"从物质生活到精神生活都区隔于普通民众的李元妮彻底被改造成了一个始终如一的社会主义女工的杰出代表"，这个家庭的故事也成了"一个在分享艰难的过程中凭自力更生而平稳度过中国社会结构'地震'的故事"④。

国内对电影改编的思考很长时间以来都受到夏衍忠实论的影响。对于改作与原作之间的差异问题，忠实论主要是以原作为中心，强调改编是在新的语境下对原作的再阐释。

首先，忠实论区分了两种改编对象，一种是经典著作，如托尔斯泰、高尔基、鲁迅这些巨匠大师的著作；一种是非经典著作，如神话、民间传说和稗官野史。夏衍指出，改编的增删幅度"应该按原作的性质而有所不同"。对于前者，改编者需要"力求忠实于原著，即使是细节的增删、改作，也不该越出以至损伤原作的主题思想和他们的独特风格"。对于后者，改编者有更大的增删

---

① 孙柏：《摆渡的场景：从文学到电影》，13 页，北京，中国电影出版社，2012。
② 庞红梅：《论文学与电影》，序言，1 页，北京，人民日报出版社，2016。
③ 庞红梅：《论文学与电影》，69～70 页，北京，人民日报出版社，2016。
④ 孙柏：《摆渡的场景：从文学到电影》，181 页，北京，中国电影出版社，2012。

和改作的自由。其次，忠实论强调改编应该回应时代语境和受众的要求，比如在挑选作品时，要将原作的思想内容放在首位，注意观众的接受程度，尽可能形象化、通俗化。

下面，我们从夏衍的改编实践来看意识形态对电影改编的影响。

其一，夏衍对《林家铺子》的改编。茅盾写作《林家铺子》时，正值"九一八"前后，日货倾销，民生凋敝，农村破产，群众要求抗日。林老板作为小商业资本家的代表，遭受大商号和钱庄的压迫，公安局局长还想占有他的女儿。作家对被统治阶级欺压的林老板给予了一定的同情。[①] 小说改编为电影时，正是1958年。当时工商业者正面临思想改造，夏衍时任国家文化部副部长，认为应该让改编符合时代语境的要求。在新时代下，观众"完全有理由要求我们对《林家铺子》里的人物做出应有的阶级分析"。因此，他对林老板的性格做了调整：一方面是被压迫者、被剥削者；另一方面是压迫人的剥削者。夏衍决定："不把林老板写成一个十足的老好人，不让今天的观众对林老板有太多的同情。"为此，电影剧本增加了一些情节，"即林老板出于自己唯利是图的阶级本质，便不顾别人死活，把转让小商小贩的脸盆都抢回去了，表现了林老板这个人物对上怕、对下欺的本质，以抵消观众对他的同情"[②]。

其二，夏衍对《祝福》的改编。电影在祥林嫂捐门槛后增加了一些内容：祥林嫂受到鲁家的歧视，被再度打发出来后，奔到土地庙砍掉了自己捐的门槛。对于祥林嫂被"抢亲"之后，与贺老六和解的原因，小说中说是因为贺老六力气大，电影中变为贺老六的善良使祥林嫂改变了心意，贺老六等人的形象有很大转变。这是从"社会主义现实主义"美学出发，对农民的美化。影片还增设了代表封建势力的卫老二，他从一出场就表现出"机灵、世故"的特征。正是这个人物直接导致了祥林嫂的出逃以及此后一系列悲剧事件的发生。通过人物的增设、人物属性的修改和情节的调整，影片强化了戏剧冲突，形象化地展示了观众已经熟悉的阶级对立：卫老二等人作为封建势力表征的奸诈、狠毒和祥林嫂作为普通百姓的无辜、凄惨。在对祥林嫂与贺老六婚后生活的表现上，影片不时提醒观众，是黑暗势力吞噬了他们本该享有的平静生活。影片以平行剪辑的手法表现了贺老六与阿毛"共时"的惨死，天灾与人祸同时落到已经遭受生活重创的祥林嫂身上，并特别强调了人祸的巨大破坏力。原作中个人的命运悲剧在影片中被表达为阶级对立导致的社会悲剧。

以夏衍等人为代表，20 世纪 50 年代中国电影界对文学的改编注入了显而

---

① 陈犀禾：《电影改编理论问题》，21 页，北京，中国电影出版社，1988。
② 陈犀禾：《电影改编理论问题》，21 页，北京，中国电影出版社，1988。

易见的时代因素，浓郁的意识形态话语表露在"历史故事"的叙事肌理中，清晰明确的现实需求注入到对经典的阐释中，电影因此担任起政治教化的任务。

这些案例说明，在探讨文学作品的影视改编时，仅仅注意到美学的层面是不够的，还应考察塑造影视文本的时代语境和文化机制，它们都会对改编产生影响。

3. 文学性的追寻：拥抱影视或拒绝收编

以前，研究电影改编的学者往往将文学视为首位，思考改编的忠实性；如今，人们更多把文学与电影放在平等的地位上，甚至偏向电影。理论的这种变化主要和文化思潮有关，也有部分原因是电影的影响力变大，成为重要的大众传媒。①

（1）什么样的文学作品容易被改编

大致说来，现实主义小说容易改编，现代主义和后现代主义小说难改编；中篇小说容量与电影相当，容易改编，长篇小说需要剪裁，短篇小说需要添加或扩展叙述元素。② 夏衍曾指出，故事性较强、人物性格比较鲜明、头绪不太繁复的作品容易改编为电影。例如，《天方夜谭》，莎士比亚的剧本，莫泊桑的短篇小说，以及中国的古典作品《长恨歌》《孔雀东南飞》《琵琶行》等都适合于改编；《约翰·克利斯朵夫》《少年维特之烦恼》之类的作品很难改编。③ 理想的状态是："被改编的文学作品要有很好的情节、几个引人注目的人物和一个中心主题。这部文学作品最好篇幅较短，少于 300 页，或是有一定量的材料可以被舍弃，而不影响其主要情节和主题。文学作品的质量不应依赖精美的文字，人物的发展不应过于依赖内心独白或大人物的深度，也不应过分依赖对任何复杂的叙事观点的使用。"④

反过来说，人物众多、情节松散、心理描写较多、富有隐喻和象征、语言有特色的文学作品不易被改编。意大利电影导演皮埃尔·保罗·帕索里尼（Pier Paolo Pasolini）指出，隐喻很难电影化。文学几乎完全是由隐喻构成的，而电

---

① 李欧梵：《不必然的对等——文学改编电影》，2 页，北京，人民文学出版社，2017。

② ［美］约翰·M. 德斯蒙德、彼得·霍克斯：《改编的艺术：从文学到电影》，李升升译，178 页，北京，世界图书出版公司北京公司，2016。

③ 夏衍：《琐谈改编》，见《写电影剧本的几个问题》，97 页，北京，中国电影出版社，1980。

④ ［美］约翰·M. 德斯蒙德、彼得·霍克斯：《改编的艺术：从文学到电影》，李升升译，326 页，北京，世界图书出版公司北京公司，2016。

影几乎完全没有隐喻。① 例如，"他像绵羊一样温柔"，这种隐喻很难转换成图像。《尤里西斯》被拍成电影后，有人评论说，怎样拍出斯蒂芬"自以为智力上高人一等"呢？"自以为高人一等"是能拍的，"自以为智力上高人一等"却很难。乔伊斯写的是斯蒂芬意识里的戏剧。影片能再现斯蒂芬的妹妹在购买便宜的法语初级读本时遇见斯蒂芬的场面，但小说里这一场面的重心——"自以为智力上高人一等"——不见了。②

　　电影以画面、声音为媒介叙事，无法像小说那样自由表达。以张爱玲的小说为例。她的小说继承了中国通俗小说的传统，又有好莱坞老电影的章法和技巧③，颇受电影界欢迎。《怨女》《红玫瑰与白玫瑰》《倾城之恋》《半生缘》等都被改编为电影。然而，李欧梵认为，这些电影都不如原作。李欧梵是影迷兼张迷，认为张爱玲的文学风格是难以改编的。其小说有一种独特的叙述声音（narrative voice），特点是"一种既世俗又有点寓言意味的文字，以不出场的旁观语气来叙述，却又可随时进入角色内心世界"的自由间接体，可以任意驰骋。这难以用电影的方式表现。如果旁白过多，观众可能受不了。④ 关锦鹏的《红玫瑰与白玫瑰》把张爱玲的句子以默片字幕的方式映在银幕上，力图对应小说的叙述方式，却显得多余。⑤ 张爱玲小说的意象和氛围也是电影难以传达的。例如，《封锁》的开头写道："'叮玲玲玲玲玲'，每一个'玲'字是冷冷的一小点，一点一点连成了一条虚线，切断了时间与空间。"电影如何把电车的铃声转化为"冷冷的一小点"，如何表现"切断了时间与空间"？ 这类音画相融的场面可以用文字叙述，很难靠视觉语言来表现。⑥

　　如果以文学特质为标准，文学被改编为电影必然有所损失。以改作与原著的关系为标准，改编分为三类。一类是取材于原著故事情节的改编，如林海音《城南旧事》的改编。原作的故事情节分五段写五个人，电影删去了"兰姨娘"的

---

① ［美］D.G.温斯顿：《作为文学的电影剧本》，周传基、梅文译，28～29页，北京，中国电影出版社，1983。

② ［美］爱德华·茂莱：《电影化的想象——作家和电影》，郡牧君译，117页，北京，中国电影出版社，1989。

③ 李欧梵：《不必然的对等——文学改编电影》，20页，北京，人民文学出版社，2017。

④ 李欧梵：《不必然的对等——文学改编电影》，193页，北京，人民文学出版社，2017。

⑤ 李欧梵：《不必然的对等——文学改编电影》，195页，北京，人民文学出版社，2017。

⑥ 李欧梵：《不必然的对等——文学改编电影》，193～194页，北京，人民文学出版社，2017。

全部和"驴打滚儿"的后半部，基本保留"惠安馆传奇"，成为上篇；把"我们看海去"和"驴打滚儿"前半部及"爸爸的花儿落了"揉在一起，成为下篇。一类是忠实于原著文字语言的改编。例如，为了保持原著的语言精华，把大段原文搬进画外音或字幕。还有一类是只从原作提取一个"意念"，如法国导演戈达尔（Jean-Luc Godard）的《芳名卡门》把梅里美的小说搬到现代巴黎，故事和人物身份都做了更动。①

这三种改编都有美学上的根据。我们可以把小说理解为由文字、故事、含义三个层次构成的复合体，不同的改编方式侧重不同的层次。通常认为，尊重原著故事情节的改编最合理。它既尊重电影自身的特性，充分发挥了影像语言的潜力，又保持了与文学原著的密切联系。完全忠实于原著文字语言的改编往往会造成电影本身的视觉叙事与声音/字幕的相互干扰/冲突。意念提取式改编则是把文学当作素材，严格来说已经不能算改编，因为已离开原著的形象体系。②

在文学的电影改编中，电影能够移植的只是人物和情节，难以再现原作的语言、节奏和风格。电影能重现的只是文学比较粗浅的层面，其最精微的层面往往会荡然无存。反过来说，文学改编类电影也容易因与原著的牵连而受到拘束，难以自由发挥。正是因为这个原因，大导演通常对改编经典作品不感兴趣。阿尔弗雷德·希区柯克（Alfred Hitchcock）和弗朗索瓦·特吕弗（Frailcois Truffaut)认为，"从理论上说，杰作是某种已经找到其完美形式——其确定形式——的东西"，文学杰作作为"别人的成就"，即使对它花费了力气也不大可能讨到好处。③

（2）影视改编对文学有怎样的影响

首先，影视对文学作品的改编为文学带来了更多读者。一旦被拍成电影，小说的销路就会直线上升。例如，查尔斯·韦伯（Charles Webb）的小说《毕业生》在拍成电影前卖出了 500 册精装本和不到 20 万册平装本。改编成电影后，平装本的销售量突破了 150 万册。④ 也因此，市场上出现了电影小说、影视同期书之类价值很低又冒充文学的书，它们能借助电影的广告效应热卖。

其次，电影的影响力和收益诱惑着作家，可能导致作家的迷失和文学自律性的丧失。从 20 世纪 90 年代开始，中国当代作家开始大面积与影视发生联

---

① 陈犀禾：《电影改编理论问题》，1～3 页，北京，中国电影出版社，1988。

② 陈犀禾：《电影改编理论问题》，1～3 页，北京，中国电影出版社，1988。

③ 转引自[美]爱德华·茂莱：《电影化的想象——作家和电影》，邵牧君译，192 页，北京，中国电影出版社，1989。

④ [美]爱德华·茂莱：《电影化的想象——作家和电影》，邵牧君译，306 页，北京，中国电影出版社，1989。

系。1993 年，苏童、北村、格非等多位作家应张艺谋之约，为电影《武则天》写改编底本。这可以被视为转折点：文学写作不再遵循自主的艺术原则，而是开始追随商业原则。

一些作家难以抵制金钱和名望的诱惑，索性投奔电影，抛弃了文学。福克纳曾坦言，有些作家认为自己很有才能，做着登峰造极的美梦。可是，他们接到好莱坞的聘请，可以赚一笔大钱。他们拥有了宽阔的游泳池和进口汽车，为了继续拥有游泳池和进口汽车，他们不能洗手不干。① 作为文化产业的一部分，电影制作成本高昂，必然以收回成本和盈利为首要目的，往往将观众的喜好与接受程度放到首位。巴赞指出，作为艺术的电影受到作为商品的电影的制约："罗特列·阿蒙和凡·高可以在当时未被理解或受到冷落的条件下进行创作。可是，电影没有起码数量的直接观众就不能存在。"② 由于集体协作属性，除了少数作者型导演，电影难以体现某个主体的特性。投身电影的作家往往备受挫折。他们无法控制自己的素材，被制片人、观众和检查制度搞得灰心丧气。③

一些作家把文学变成了电影的婢女，使影视逻辑渗透到小说中，造成审美的异化。这表现在四个方面：写作的逆向化，技法的剧本化，故事的通俗化，思想的肤浅化。④ 写作的逆向化，即作家先写出电影剧本，然后在此基础上改写小说。有些作家的"影视小说"就是这种逆向写作的产物。例如，刘震云的《手机》与《我叫刘跃进》就是先有剧本后有小说，这使影视剧的剧本思维进入小说，改写或破坏了小说思维。茂莱指出："一个小说家为使他的作品在技巧上手法多样化而借助于电影化方法是一回事，如果他把小说电影搅混到如此程度，以致名为写小说而实际成品是电影剧本，那就是另一回事了。"⑤ 写作的逆向化使文学创作变成影视生产的一部分，会导致文学自律性的丧失。

技法的剧本化，即小说叙事的简化。剧本写作除了必要的场景提示就是人物对话，小说技法的剧本化意味着对话和场景变成了小说的最主要部分，环境描写、心理描写、肖像描写、行动描写等都被拿掉。这会导致小说叙事的扁平

---

① ［美］爱德华·茂莱：《电影化的想象——作家和电影》，邵牧君译，17、173 页，北京，中国电影出版社，1989。

② ［法］安德烈·巴赞：《电影是什么？》，崔君衍译，104 页，北京，中国电影出版社，1987。

③ ［法］安德烈·巴赞：《电影是什么？》，崔君衍译，221 页，北京，中国电影出版社，1987。

④ 赵勇：《文学与时代的精神状况》，76 页，新北，花木兰文化事业有限公司，2017。

⑤ 赵勇：《文学与时代的精神状况》，77 页，新北，花木兰文化事业有限公司，2017。

化，也必然带来整体语言的退化。例如，王朔小说中的人物都滔滔不绝。这不仅是因为北京人的"贫"或王朔的口语化写作，更重要的原因在于，王朔是抢手的影视编剧，不少小说都是对剧本的改写，剧本化的写作、影视化的思维不可避免地进入了他的小说。①

故事的通俗化，即小说叙事的故事化、悬念化、通俗化和大众化。思想的肤浅化，即拒绝深度思考。本雅明在《小说的危机》中指出，小说家孤独地探索着个体人生的意义、生命的困惑，也通过小说向孤独的读者发出邀请。在《机械复制时代的艺术作品》中，他又指出，现代艺术如电影与传统艺术的区别在于，电影形成的是"震惊"的效果，使人获得"经历"而不是"经验"。经验的核心是"光晕"。小说在某种程度上还残留着"光晕"的痕迹，但在电影中，"光晕"已荡然无存。② 受影视影响，文学流失了部分读者；读者受影视影响，甚至发展出心神涣散的消遣的阅读模式，即阅读无法慢下来，只能在生活与生命的表层滑行。③

但是，也有作家逆流而上，转而寻找文学优于影视的特性。巴赞指出，在电影诞生前，情节剧和悲剧追求写实主义的美学革命。由于电影的竞争，戏剧重新强调起舞台程式的作用。④ 这也正如摄影和绘画之间的情况：摄影术的完善、摄影费用的低廉和摄影的简便最终提高了绘画的价值，使绘画艺术专注于体现自身不可替代的特性。⑤ 早在 1996 年，王小波就已经开始思考在电影和VR 技术的时代小说何去何从，接续了法国新小说 20 世纪六七十年代提出的"电影时代小说应该怎么写"的思考："托尔斯泰在《战争与和平》里花几十页写出的东西，用宽银幕电影几个镜头就能解决。还照经典作家的写法，没有人爱看，顶多给电影提供脚本。"王小波的看法是，"真正的小说家不会喜欢把小说写得像电影"。小说该写人内在的感觉，还要使这些感觉组成韵律，这才是叙事艺术的精髓。⑥ 这虽然是一家之言，但也代表了一种另类的追寻。

---

① 赵勇：《文学与时代的精神状况》，78 页，新北，花木兰文化事业有限公司，2017。
② 赵勇：《文学与时代的精神状况》，84～85 页，新北，花木兰文化事业有限公司，2017。
③ 赵勇：《文学与时代的精神状况》，86 页，新北，花木兰文化事业有限公司，2017。
④ ［法］安德烈·巴赞：《电影是什么?》，崔君衍译，149 页，北京，中国电影出版社，1987。
⑤ ［法］安德烈·巴赞：《电影是什么?》，崔君衍译，183～184 页，北京，中国电影出版社，1987。
⑥ 王小波：《盖茨的紧身衣》，见《我的精神家园》，219～220 页，北京，文化艺术出版社，2002。

如果说文学存在的理由是情感表达的需要，是只有语言才能营造的独特氛围与情调，那么，只要人类的情感不会消失，只要人们对语言之美的感受能力不会消失，文学就不会失去它的魅力。① 这是电影改编无法除尽的余数。

思考题

1. 什么是电影中的场面调度？它与戏剧中的场面调度有什么区别和联系？
2. 什么是蒙太奇？
3. 电影与大众文化是什么关系？
4. 电影改编理论的代表人物都有谁？其主要观点是什么？
5. 电影对文学的改编是否一定意味着美学品质的下降？试举例分析。

延伸阅读

1.《爱森斯坦论文选集》，魏边实、伍菡卿、黄定语译，北京，中国电影出版社，1962。

2.[法]安德烈·巴赞：《电影是什么?》，崔君衍译，北京，中国电影出版社，1987。

3. 李稚田：《电影语言：理论与技术》，北京，北京师范大学出版社，2005。

4.[美]大卫·波德维尔、克莉丝汀·汤普森：《电影艺术——形式与风格》，彭吉象等译，北京，北京大学出版社，2003。

5. 尹鸿、凌燕：《新中国电影史(1949—2000)》，长沙，湖南美术出版社，2002。

6. 郝建：《中国电视剧：文化研究与类型研究》，北京，中国电影出版社，2008。

7.[美]爱德华·茂莱：《电影化的想象——作家和电影》，郡牧君译，北京，中国电影出版社，1989。

8.[美]D. G.温斯顿：《作为文学的电影剧本》，周传基、梅文译，北京，中国电影出版社，1983。

9. 陈犀禾：《电影改编理论问题》，北京，中国电影出版社，1988。

10. 孙柏：《摆渡的场景：从文学到电影》，北京，中国电影出版社，2012。

---

① 童庆炳：《美学与当代文化讲演录》，298页，桂林，广西师范大学出版社，2007。

第八章　网络语言与网络文学

1987 年 9 月 20 日，钱天白发出中国第一封电子邮件，标志着中国互联网的开端。截至 2021 年 12 月，中国网民规模达 10.32 亿，互联网普及率为 73%。① 与报刊、影视等大众媒介相比，网络是当代中国最自由、最活跃、最多元的社会场域。各种以青少年为主体的亚文化，如"宅文化"②，凭借网络获得了广泛传播。

一、网络语言：信息时代的文化景观

1. 互联网与网络语言

互联网是由众多相互连接的计算机网络组成的全球信息系统。它起源于 1969 年美国国防部建设的阿帕网（ARPAnet）。美国政府发展网络的最初目的是应对苏联核武器的威胁，防止通信系统在核战争中遭到全盘破坏。早期的互联网是"冷战"的产物，也是国家战争机器的一部分。③ 由于是政府部门出资建设的，互联网最初仅限于研究部门、学校和政府部门使用。20 世纪 90 年代初，随着"冷战"结束，互联网开始走向民用和商用，从"相对封闭、专属于某些团体、某些个人的网络"发展为社会性、开放性和全球性的网络。④

1994 年 4 月 20 日，中国实现了与国际互联网的全功能连接，正式成为国

---

① 中国互联网络信息中心：《第 49 次中国互联网络发展状况统计报告》，http：//www. cnnic. net. cn/hlwfzyj/hlwxzbg/hlwtjbg/202202/t20220225_71727. htm，2022-03-03。

② "宅文化"来自日语中的"御宅族"一词，指以 ACG（动画、漫画、游戏）为核心的亚文化。

③ 殷晓蓉：《网络传播文化：历史与未来》，22 页，北京，清华大学出版社，2005。

④ 殷晓蓉：《网络传播文化：历史与未来》，25 页，北京，清华大学出版社，2005。

际互联网大家庭的第 77 个成员。① 20 世纪 90 年代中后期，中国教育和科研网、中国科技网、中国金桥信息网和中国公用互联网四大骨干网相继建成并开通，中国进入第一代互联网时代。2000 年以后，国家相继启动了多个下一代互联网研究项目。② 随着互联网基础设施的快速普及，网民人数呈几何级增长，可谓"忽如一夜春风来，千树万树梨花开"。

互联网不仅带来了新的传播模式，还带来了新的交际语言，也就是以计算机为中介的交际（Computer－mediated Communication，CMC）中使用的特殊用语。英国语言学家戴维·克里斯特尔（David Crystal）认为，互联网活动本质上是一种交互活动，语言是互联网的核心。网络语言是继口语、书面语、手势语之后兴起的第四种交际媒介。③ 目前，全球网络用户都在互联网上从事着以母语为基础的语言实践。

汉语网络语言可以分为三大类。第一类是"网络行业语"，也就是与计算机和网络技术相关的专业术语，如上网、登录、下载、点击、硬件、防火墙。第二类是"网民常用词语"，也是网络语言中最有活力的部分，如偶、886（再见）、斑竹（版主）、顶、潜水、灌水、☺（笑脸）。第三类是网络语言表达方式，是一种幽默戏仿的话语表达方式。例如，有人根据张爱玲的"人生是一袭华美的袍，上面爬满了虱子"，仿写出"人生是一张茶几，上面放满了杯具（悲剧）"的自嘲性句子。④ 本节主要关注后两类网络语言，并重点讨论网络语言的形式、特点、形成原因和社会接受。

2. 网络语言的形式⑤

网络语言在词汇、语法和表达形式方面都不同于日常语言。

（1）网络词语

网络词语的生成有谐音、缩写、翻新和新造等多种方式。谐音就是利用语言的谐音关系，用一种词语形式代表另一种词语形式。缩写指网民为了提高交际速

---

① 《中国互联网元老共庆中国互联网十周年》，http：//it. sohu. com/2004/04/20/95/article219889576. shtml，2018-08-01。

② 彭兰：《中国网络媒体的第一个十年》，19～21 页，北京，清华大学出版社，2005。

③ ［英］戴维·克里斯特尔：《语言与因特网》，郭贵春、刘全明译，172 页，上海，上海科技教育出版社，2006。

④ 有关网络语言的构成，有二分法、三分法、四分法等。笔者综合比较各家之说，决定采用三分法，目的是突出词汇和风格这两个网络语言最有特色的部分。

⑤ 吕明臣：《网络语言研究》，长春，吉林大学出版社，2008；张玉玲：《网络语言的语体学研究》，博士学位论文，复旦大学，2008。

度，遵循语言的省力原则，用汉语词音节或英语词的首位字母缩写代替整个词语。翻新指网民在网络交际中赋予旧字、旧词、旧符号新的含义。新造指网民在网络交际中通过仿造和拼贴发明的规范汉语之外的字、词。

第一，谐音类词语。

数字谐音：8147(不要生气)、1314(一生一世)、9494(就是就是)、555(呜呜呜)。

汉字谐音：楼猪(楼主，对发帖人的戏称)；大虾(大侠，指行侠仗义的网络高手)；油菜花(有才华)。

英语单词的汉字谐音：哈皮(高兴，英语单词"happy"的谐音)；奥特(落伍，英语单词"out"的谐音)。

英语单词的字母谐音：CU(See you，再见)；IC(I see，我明白)；r u free(Are you free，你有空吗)。

混合型谐音：真 e 心(真恶心)；8 错 8 错(不错不错)；B4(之前，英语"before"的谐音)；3X(谢谢，英语"thanks"的谐音)。

还有一类谐音词具有一定的"童言"色彩，表达活泼亲昵的感情，如粉(很)、有木有(有没有)、稀饭(喜欢)、灰常(非常)、芥末(这么)。

合音词也算一种谐音现象。有些词语在快速连读时恰好和另一个汉字或词语读音相似，网民就用后者代替前者，如表(不要)、酱紫(这样子)。

第二，缩写类词语。

汉语词音节首位字母缩写：GG(哥哥)、LP(老婆)、LG(老公)。

英语词首位字母缩写：BTW(by the way，顺便说一下)；BF(boyfriend，男朋友)；GF (girlfriend，女朋友)。

第三，翻新类词语。

旧词新解：蛋白质(笨蛋＋白痴＋神经质)、偶像(呕吐的对象)、天才(天生的蠢材)。

拆字：将一个汉字拆成两个或两个以上的偏旁，以增强视觉效果，如女子巾占(好帖)、弓虽(强)。

废字回收：近年来，一些生僻的汉字因独特的象形、指意功能而被赋予新的意义，如 2008 年流行的"囧"字。据考证，"囧"字在甲骨文中即已出现，释义有"窗户""仓廪"等五种说法。在当代网民看来，"囧"很像一张脸："八"是两道因悲伤和沮丧而下垂的眉毛，"口"是张口结舌的嘴巴，正好可以表达郁闷、悲伤、无奈、无语、窘迫、尴尬等难以名状的情绪。

第四，新造类词语。

通过对规范汉语中已有词语的仿拟和联想制造的新词：校草(仿校花)、晒工资(仿晒太阳)、网虫(沉迷网络的人)。

键盘符号、字母组合成的网络象形文字或心情符号：源于日本的"Orz"(失意体前屈，有无奈、悲愤、钦佩等多种含义)、"zzzz"(表示在睡觉)。

火星文：最早源于台湾地区，由输入繁体字时出现的错别字形成。目前，火星文已发展成由中文繁体、日文、英文、古文字、表情符号组合成的混合字体。例句：苊葤电脑坏扌卓叻，嘻碾⑴整忝嘟ㄔ艮伤吣～(我的电脑坏掉了，害我一整天都很伤心～)。

时政类流行语：衍生于时政新闻与社会热点问题的网络流行语，如"俯卧撑""打酱油"。①

(2)网络语法

不仅网络词汇像包含古今中外各种语言元素的大杂烩，网络语法也有很强的拼贴性，掺杂了英文语法、方言语法和流行的短句模式。为了追求生动的表达效果，网络语言中还出现了"巨""狂"等表现程度的新副词和"切""晕""汗""寒"等新叹词。

第一，在汉语动词后添加英语现在进行时态的"ing"，表示动作的进行或持续。

> 吃饭 ing，一会再聊。
> 楼主真的很幸福，羡慕 ing！
> 真是强淫(强人)，汗 ing，－＿－！

第二，自从《大话西游》中，周星驰说的"给我个理由先"流行之后，"……先"这种源自广东话的状语后置开始大量出现。

> 我走先。你 QQ 我。谢了先。
> 各位水着哈，村姑我闪先，明天上班呢。

第三，网络语言中存在大量以空格代替标点，甚至在句末不用标点的现象。以下是一名网友在百度"女尊男卑"吧发表的对女尊小说②的评论，近三百

---

① 林秀明：《时政类网络流行语的修辞学分析》，载《福建论坛(人文社会科学版)》，2011(7)。

② 女尊小说是网络小说的一个文类。在女尊小说里，女性的社会地位高于男性。参见百度百科"女尊小说"词条。

字，没有使用一个标点符号。

> 女尊很多年了 我讨厌女子从来就是被男子照顾 男子总是用钱为衡量女子 说什么女子懦弱无能离了他们的照顾离了他们的钱就活不下去 如果他们有一半的人不把封建的思想大男子的思想放在心头 那这个社会又会怎么不一样 总说 ji 女下 jian 但他们总是乐此不疲地要去 由此可见 jian 的人是谁 还不知耻地说那是风流 同是人类 女子能懦弱到哪去 女子九死一生诞下儿女时的痛男子能理解么 不仅不理解还说这是义务 呵 真是可笑至极我个人认为女尊能让女子心理变强 能让女子认识到自己并不弱 弱的是那些男子 他们不敢让我们变强 他们怕我们变强 会超过他们 不喜欢女尊的女子也不奇怪 她们的心中多多少少有些传统 不敢去挑战它 支持女尊 它是一种精神

第四，模式化短语或句式在网络语言中大面积流行，如从"很好很强大"这种"很＋单音节词＋很＋双音节词"模式中衍生出"很傻很天真""很毒很虚伪"等一系列语句。

（3）网络语言的表达形式

除了上述特征之外，网络语言在表达形式上也力求推陈出新，彰显个性。网民常用的修辞策略有超常仿拟、重复、夸张等。仿拟是"对现成的固定词组、句子、篇章甚至语体临时性地加以仿照"。被仿的通常是大众耳熟能详的流行歌词、套话、常用成语、经典台词、名人名言或行业用语。例如，"化愤慨为食量"是仿"化悲痛为力量"，"人不能幼稚到这种地步"是仿陈凯歌所说的"人不能无耻到这种地步"。一度流行的"梨花体""羊羔体""咆哮体""凡客体""甄嬛体"等更是将仿拟从语句层次扩展到了语篇。

例如，2010 年凡客诚品邀请韩寒和王珞丹做品牌代言人。为韩寒量身定做的广告词是："爱网络，爱自由，爱晚起，爱夜间大排档，爱赛车，也爱 29 块的 T-shirt，我不是什么旗手，不是谁的代言，我是韩寒，我只代表我自己。我和你一样，我是凡客。"这则以"'爱……，是……，不是……，我是……'为基本叙述方式的剖白式广告"立刻引发了网友的极大兴趣，并套用类似句式进行恶搞。其中，流传颇广的有郭德纲"凡客体"："爱曲艺，爱相声，爱调侃，爱民间小剧场，爱天价，也爱二十几块的天桥乐，我不是什么大师，也非什么三俗，我是郭德纲，我只代表小人物。我不是主流，我是非著名。"

3. 网络语言的特点及成因

首先，网络语言兼有口语和书面语的双重特征。口语具有典型的时间约束力、自发性、面对面性、人际交往性、松散的结构性、可立刻修正性；书面语具有典型的空间约束性、经过了仔细构思和精心组织、可脱离视觉背景（不必面对面）、适于事实交流、可多次修改并且富于图像表达。一方面，网络能以视觉方式完成传统的书面语交际。例如，网页、博客、电子邮件和书写表达一样，都是非面对面的，写作者与读者距离较远，语言的产生和接受之间有延迟。另一方面，网络的论坛、聊天、游戏等功能非常类似于口语交际。交流的双方虽然身不在一处，却处于同一具体的时间之中，甚至可以通过视频技术看到对方，语言的产生和接受之间的延迟较短（取决于打字速度），交际者可以在交际过程中获得即时的反馈。①

其次，网络语言与计算机媒介密切相关。网络语言不是说出来的，也不是写出来的，而是电脑将我们输入的信息通过数字化处理后，以文字形式映现在屏幕上的。网络语言是电子书写（electronic writing）的产物，和传统印刷文化中的书写大相径庭。美国新媒介研究者博尔特（Jay David Bolter）指出，计算机技术带给我们新的书写和阅读方式，使得书写变得更加灵活，尤其是让长期不受重视的图画书写（picture writing）"重新回到了读写能力的中心"②。社会学家曼纽尔·卡斯特（Manuel Castells）也认为，电子书写"首次将人类沟通的书写、口语和视听模式整合到一个系统里"，延续了以电影、收音机和电视为代表的视听文化在 20 世纪的"历史性的复仇"，使"人类心灵的不同向度重新结合起来"③。也就是说，电脑屏幕与影视屏幕一样，重新确认了声音与形象对于人类感知的重要性。

汉字字体演变的历史总趋向是"图画性减弱，符号性增强，笔形也从绘画式的线条变成由点和直线构成的笔画"。"网络语言中象形符号的出现，使汉字中逐渐弱化的图画特征凸显出来。"想象力丰富的网络表情符号，以及前面提到的"囧"字，都可称得上是"现代甲骨文"。④ 此外，"241"（爱死你）、"259758"（爱我就娶我吧）等网络数字语言，把语言的声音维度重新带回书写符号，提醒人们"阅读"并不只是默不作声地盯着书本"阅"，还可以开口动舌地"读"。阅读不是纯精神性的活动，同时也是身体性的。

---

① ［英］戴维·克里斯特尔：《语言与因特网》，郭贵春、刘全明译，16～18 页，上海，上海科技教育出版社，2006。

② Jay David Bolter, *Writing Space：The Computer，Hypertext，and the History of Writing*，Hillsdale，NJ，Lawrence Erlbaum Associates，1991，pp. 1-61.

③ ［美］曼纽尔·卡斯特：《网络社会的崛起》，夏铸九、王志弘等译，406 页，北京，社会科学文献出版社，2003。

④ 王苹：《网络语言形成源流探析》，载《深圳大学学报（人文社会科学版）》，2007(2)。

再次，受 IT 文化的影响，网络语言具有求新求异的游戏性和跨文化、跨语言的杂交性。IT 文化的实质是"崇尚少年精神、鼓励越轨、强调创造性的个人文化"①。网民在使用网络语言时，通常抱着无拘无束的游戏心态，乐于发掘语言的各种可能性。在早期的 BBS 上，电脑储存空间和网络传输带宽有限，因而出现了很多汉字词组缩写以节省空间。这些缩写利用了汉语多字一音的特点，把在语义上毫无关联甚至互相矛盾的词组重新组合在一起。例如，"JJ"既可以指涉"晋江文学城"和"姐姐"（如"芙蓉 JJ"），也可以指代男性生殖器，有时还是人名昵称。因拼音输入法而随机出现的网络通假字是网络词汇扩展的另一种方式。许多词语经过通假都呈现出新奇又耐人寻味的表达效果。比如"大虾"一词，最初是由"大侠"演变过来的。这个网络词语生动地描绘出长期弓着腰，坐在电脑前的网络高手形象。②

正如互联网是全球性的，汉语网络语言也充分体现了当今时代多种语言（文化）的创造性融合。除了互联网上通用的英语缩略语被中国网民广泛使用，许多日语汉字（词汇）也成了中国网民的常用语，如"萌"（非常喜欢的心情）、"本命"（最喜爱的东西）、"腹黑"（笑里藏刀、背后捣鬼）。有些日语汉字还和英语有着千丝万缕的联系。例如，"控"这个日本汉字实际上是英文"complex"的简称，直译为"情结"，常常用作后缀，指热衷于某事物或对某事物有异常的偏爱。常见的"萝莉控"一词，意为"特别喜欢萝莉的人"。"萝莉"一词本身也源自英语，出自俄裔美国作家纳博科夫的小说《洛丽塔》，指年龄小的可爱女孩。

最后，网络语言是巴赫金对话理论的生动体现。如众多研究者所指出的，以互联网为代表的新媒介技术具有交互、即时、延展和融合的特征。新媒介的出现导致了"传播的回归"，即"'大众'化传播向个性化传播回归，单向传播向双向互动性传播回归，中央集权的传播向自由平等的传播回归"③。网络媒介的交互性与巴赫金的"对话主义"不谋而合。在巴赫金看来，话语是语言交际最基本的单位，任何话语都具有"内在对话性"。一方面，我们的话语是对他人的回应，都同先于它产生的其他话语处在不同程度的对话关系中，是先前话语的继续和反响；另一方面，任何话语都"希望被人聆听、让人理解、得到应答"。对话主义指"话语（包括口头语和书面语）中存在两个或两个以上相互作用的声音，它们形成同意和反驳、肯定和否定、保留和发挥、判定和补充、问和答等言语

---

① 南帆：《双重视域——当代电子文化分析》，156 页，南京，江苏人民出版社，2001。

② 王苹：《网络语言形成源流探析》，载《深圳大学学报（人文社会科学版）》，2007(2)。

③ 赵凯：《解码新媒体》，8 页，上海，文汇出版社，2007。

关系"①。在网络论坛上，所有发言者都期待着他人的即时回应，所有发言都是对其他发言的回应、引用、影射、认同、补充或反驳。网络话语汇聚成平等多元的合唱，充满了民间笑文化的喜剧色彩，也是对社会现实的某种反映。

4. 网络语言的社会接受

从 2000 年开始，网络语言受到了大陆学界和传媒的广泛关注。2000 年 6 月 26 日，《文汇报》发表《网络语言不规范引起关注》。同年，《语文建设》连续四期刊载有关网络语言的文章，形成了第一次相关话题的大讨论。2001 年 4 月，于根元在"新世纪网络传播发展国际论坛"上发表演讲，认为网络语言是汉语生命力的象征，从语言学的角度肯定了网络语言的合法性。亦有研究者忧虑网络语言的泛滥会影响正规语言的使用，呼吁政府部门出台相关规定，对网络语言予以引导。2006 年，上海市通过一项地方性法案，规定国家机关公文、教科书和新闻报道不得使用不符合现代汉语词汇和语法规范的网络语汇。这也是中国首部将规范网络语言行为写入法律的地方性法规。②

不过，近年来，官方语言也开始使用网络语言。2009 年，有人大代表在上海团审议政府工作报告的发言中使用了"顶"字，赢得了其他代表的掌声和笑声。③ 2010 年 11 月 10 日，《人民日报》头版头条的标题中赫然出现了网络热词"给力"。12 日，至少 10 家媒体都不约而同地使用了"给力"一词。④ 2011 年 3 月 16 日，《辽沈晚报》在头版标题中使用"咆哮体"怒斥问题火腿肠。⑤ 许多网络流行语都源自社会事件，是民意的集中体现，网络语言也因此得以与传媒话语、官方话语等主流文化话语相抗衡。

饶有意味的是，随着越来越多的青少年在网络论坛和网络游戏中使用火星文作为个人签名和聊天字体，有关网络语言的争议卷土重来。这一次率先抵制火星文的是网民而非专家。部分网民嘲笑火星文为"脑残体"。在他们看来，"网络语言大都是同音，比喻，简化，或者用英语字母和阿拉伯数字代替。无

① 萧净宇：《超越语言学——巴赫金语言哲学研究》，98 页，上海，上海人民出版社，2007。

② 吕明臣：《网络语言研究》，15～19 页，长春，吉林大学出版社，2008。

③ 姚丽萍、邵宁、晏秋秋：《人大代表借用幽默时尚网络语言表达"世博期盼"》，载《新民晚报》，2009-03-06。

④ 戚庆燕、刘璞：《网络热词给力登上人民日报头版 系年轻编辑所拟》，载《扬子晚报》，2010-11-13。

⑤ 刘灿：《媒体头版"咆哮体"引发争议 网络语言逐渐普及》，http：//news. sina. com. cn/o/2011-03-23/213722169024. shtml，2018-08-01。

伤大雅，正确使用即可"，火星文则"赤裸裸地为了标榜自己多么与众不同而腐蚀中国的语言与文字文化"，不仅影响了网络语言的声誉，也是对青少年的毒害。中立者认为，火星文只是一种影响较大的圈子语言，当冷静看待，让其自生自灭。

语言的功能从来都是双重的，在帮助人们沟通的同时也在建立社会区隔。正如美国记者伊纳托科（Andy Ihnatko）所说："语言的真正目的是加强社会部族之间的差异，或至少使事情变得难以理解，以致乌合之众不会介入。"①不管是网络语言还是自然语言，它们都有排斥外来者的倾向。有些地方，城市方言的使用者会排斥普通话使用者，而普通话说得相对标准的人又会排斥普通话说得不标准的人。语言成了文化身份的表达，成了乡下人和城里人、受教育者和未受教育者的重要区分标准。早在 20 世纪 90 年代中期，就有国外学者指出："网民们把共同的知识和语言作为一种团结的手段，以抵抗外来者。"大量网络俚语"形成了一种抵抗新来者的'势利'，就像其他社群一样，网上社群用语言筑起了一道屏障"②。火星文的出现表明，随着大陆网民人数飞增，网民群体开始出现明显的代际分化。通用的网络语言已不能满足特定网络社群的"屏障"需要，他们不得不使用新的语言来实现社群中的结盟和认同。

除了认识到火星文等网络语言的存在合理性，我们还需要注意，语言是一个由情境因素决定的表达系统。这个系统天然地具有多样性，包括口头语言和书面语言、不同地区和不同阶层的方言、专业语言（如法律和科学语言）、创造性的语言表达（如文学语言）以及其他广泛的表达方式。我们不可能要求足球解说员的语言像法律判决书的语言一样严谨冷静，我们在和朋友闲谈时也不会像老师给学生上课一样正儿八经。每一种语言情境都有自己的游戏规则，这个规则限制了我们言说的内容和方式。如果违反了这个规则，我们会受到排斥甚至惩罚。语文教学的目的不仅是传授一套规范的汉语，还要教会学生根据不同的语境恰当地使用语言。

二、网络文学：一个新文学场的确立

21 世纪以来，网络文学的蓬勃发展已经成为不可忽视的文化现象。尽管文

---

① 转引自［英］戴维·克里斯特尔：《语言与因特网》，郭贵春、刘全明译，59 页，上海，上海科技教育出版社，2006。

② 转引自［英］戴维·冈特利特：《网络研究：数字化时代媒介研究的重新定向》，彭兰等译，47 页，北京，新华出版社，2004。

学在公共领域的影响力日渐式微，网络文学却成为中国网民数字化生活的重要组成部分；尽管纸质文学期刊的发行量锐减，文学网站的用户数量却在猛增；尽管专业作家的市场号召力在削弱，网络作者却在图书市场大显身手。在图像增殖的电子时代，文学非但没有终结，反而依靠电脑网络技术活得风生水起。本节，我们借用法国社会学家布迪厄的文学场理论来阐发当代中国的网络文学，将网络文学视为打破了传统文学秩序的新兴文学场。网络文学一方面是实存的、具体的文化现象，指涉由文学网站、论坛、博客构建的文学生产、传播和消费空间以及由此产生的文学作品；另一方面又昭示了一种理想化的图景和展望，尤其是我们关于文学民主化的乌托邦想象。

1. 什么是网络文学

李顺兴将网络文学（台湾地区称"网路文学"）分为两类。一类是将传统"平面印刷"文学作品数字化，而后发表于互联网站或张贴于 BBS 文学创作版上，另一类是含有"非平面印刷"成分并以数字方式发表的超文本文学（hypertext literature）。"非平面印刷"成分包括动态影像或文字、超链接（hyperlink）设计、互动式读写功能等。这些新元素的加入不仅扩张了文学创作的表现形式，同时催生了新的美学向度。这两类网络文学的根本区别是：前者只是把互联网当作发表媒介，后者进一步将网络当作创作媒介，把诸多网络功能转化为创作工具。"超文本文学"也被称作"电子文学"（Electronic Literature）。据维基百科，常见的电子文学形式有网上或网下的超文本小说或诗歌、以 Flash 形式呈现的动态诗、互动小说（文字冒险游戏）、由电脑自动生成的诗歌或故事以及合作写作计划等。

大陆目前流行的网络文学绝大部分不属于电子文学的范畴，不含"非平面印刷"成分。电子文学是一种实验性很强的前卫艺术，大陆的网络文学通常是"网载"的原创文学作品，只是在文本的生成、储存、传播和阅读方式上有异于传统文学作品。

厘清网络文学的概念对于我们恰当地理解和考察电子技术对当代中国文学发展的影响至关重要。部分研究者曾迫不及待地欢呼"传统文学四要素——世界、作者、作品和读者，在网络文学面前都发生了翻天覆地的变化"[①]；宣称网络文学将成为未来文学的主要形态，未来的文学主要依靠网络这一载体生存和

---

① 袁平夫：《网络文学的兴起与特点》，载《西南民族大学学报（人文社会科学版）》，2006(9)。

传播。① 实际上，网络文学与传统文学之间既有断裂也有承袭。正如网络文学的资深研究者马季所指出的："从本质上讲，网络文学仍然是用汉字（其中夹带的符号都有汉字的对应含义）抒情和叙事，仍然是通过阅读提供给读者审美愉悦，这说明它仍然沿袭了传统文学的基本功能。但是我们也不能忽视它在传播方式与写作形式上对写作产生的巨大影响，否则就很难把握它的发展方向，只能对其做出简单或粗鄙的解释。"②

2. 大陆网络文学的发展历史③

1991年4月，第一家中文网络电子周刊《华夏文摘》在美国创刊，留美作家少君等开始在上面发表作品。同年，留美学生王笑飞创办"中文诗歌网"。这是一个通过电子邮件列表（mailing list）交流和探讨中文诗歌的网络兴趣小组。1994年2月，古平等人创办第一份网络纯文学刊物《新语丝》。1995年3月，诗阳、鲁鸣创办网络中文诗刊《橄榄树》。1996年1月，几位活跃于中文诗歌网的女性作者创办了网络女性文学刊物《花招》。④

大陆网络文学的萌芽可以追溯到1995年8月水木清华站建立的BBS。随后，其他高校相继出现类似的论坛。这些论坛虽然有一些原创，但还是以转载为主。1997年，朱威廉创办大陆第一个原创文学网站"榕树下"。该网站曾聚集慕容雪村、李寻欢、安妮宝贝、邢育森、蔡骏、今何在、郭敬明等当代作家，有力地推动了大陆网络文学的发展。1998年，台湾成功大学水利工程研究所博士研究生蔡智恒在BBS上以连载的方式发表了网络小说《第一次的亲密接触》。这部小说在全球华文地区引起轰动，并引发了大陆第一波网络文学创作热潮。同年，在免费网络空间的刺激下，"文学城""黄金书屋""书路"等文学网站相继出现。1999年，第一代网络写手崭露头角，如邢育森、俞白眉、李寻欢、安妮

---

① 聂庆璞：《网络文学：未来文学的主流形态》，载《社会科学战线》，2002(4)。

② 马季：《十年网络文学：集体经验与民间智慧》，载《南方文坛》，2009(3)。

③ 马季：《读屏时代的写作：网络文学10年史》，北京，中国工人出版社，2008；欧阳友权：《网络文学发展史——汉语网络文学调查纪实》，北京，中国广播电视出版社，2008；王先霈：《新世纪以来文学创作若干情况的调查报告》，沈阳，春风文艺出版社，2006。

④ 蒙星宇：《北美华文网络文学二十年研究(1988—2008)》，博士学位论文，暨南大学，2010；李大玖：《网络文学起源的几种不同说法》，http://blog.sina.com.cn/s/blog_5223ef410100hiv2.html，2018-08-01；黄绍坚：《第一份中文网络杂志——〈华夏文摘〉研究（十一）》，http://blog.sina.com.cn/s/blog_4b531f6401007xef.html，2018-08-01。由于对中文网络文学的起源存在不同的说法，笔者比较甄别后梳理出了相对可靠的发展脉络。

宝贝等。

2002 年 9 月，慕容雪村在天涯社区连载的《成都，今夜请将我遗忘》掀起又一波以都市生活为背景的网络文学热。同年，宁肯的网络长篇小说《蒙面之城》获得第二届老舍文学奖。这是网络文学作品首次获得国家级文学奖项。2003年，木子美的网络日记《遗情书》为大陆公众普及了"博客"的概念，使博客成为普通人进行自我展示的重要媒介。2004 年，玄幻小说《小兵传奇》成为唯一入选十大中文搜索关键词的文学相关词语。从此，玄幻小说开始占据网络小说的主导地位。2005 年，《诛仙》《搜神记》等多部玄幻小说出版，这一年成为出版界的"奇幻小说年"。① 2006 年，《鬼吹灯》《冤鬼路》等恐怖灵异小说在网络上引起较大反响。2007 年前后，《绾青丝》《后宫·甄嬛传》等穿越小说和后宫小说开始风靡各大文学网站。

从 2000 年开始，大陆网络文学经历着高速发展、持续繁荣的阶段。几乎每年都有新的作者脱颖而出，成为网络文学的大赢家。他们往往能开拓新的小说题材，奠定新的创作模式，制造新的阅读热点。当然，以大型综合文学网站和热销的网络文学作品为中心串联起来的网络文学发展史注定是以偏概全的。它遮蔽了不计其数的私人文学网页和各种或公开或封闭的小型文学论坛，也掩盖了许多未能进入纸质图书市场的"非主流"网络文学作品。虽然大陆网络文学的发展时间不算长，但已经构筑了一座漫无边际、每分每秒都在扩张的文字迷宫。1999—2009 年，无论是按字数还是按篇数计算，网络原创文学作品都远远超过了当代文学六十年间在纸质媒体上发表作品的总和。②

3. 网络文学与当代文学场的嬗变

朱国华提出："尽管布迪厄没有对文学场下过任何定义，但是我们不妨按照他的思路，把文学场简单界定为围绕着文学的幻象组织起来的一系列可能性位置空间的动态集合。"③布迪厄经常将场比作游戏，幻象（illusio）就是游戏的参与者在卷入游戏之前，对游戏的价值、用途和利害关系所达成的共识。④ 位置空间指"文学行动者在这样一个社会空间中所占据的位置"。这里的文学行动者既"可以是作家、批评家、出版商等个体，也可以是文学流派、出版集团、批评家群体，甚至作家协会、文学史家、学院、报纸、教育系统、政府有关

① 盖博：《中国玄幻小说热潮现象的多元解析》，载《出版科学》，2006(5)。
② 马季：《十年网络文学：集体经验与民间智慧》，载《南方文坛》，2009(3)。
③ 朱国华：《颠倒的经济世界：文学场的结构》，载《天津社会科学》，2006(6)。
④ ［法］皮埃尔·布迪厄、［美］华康德：《实践与反思：反思社会学导引》，李猛、李康译，135 页，北京，中央编译出版社，2004。

文化主管部门、各种学术委员会等权威机构的群体或者体制"。传统文学场的幻象包括文学的神圣性、崇高性和超功利性，天才的独创性，艺术的自主性等。①

网络文学的首要价值在于开辟了独立于传统文学场的社会空间。这个空间里的文学行动者拥有一个以自由和平等为核心的新"幻象"。网络经常被描述为巴赫金式的狂欢节广场。这个电子广场颠覆了严肃死板、等级森严的日常秩序，打破了地位和身份的区隔。人们可以"根据自己的兴趣、爱好，自由地选择上网的时间与所要加入的'社区'……在开放的网络里，没有谁拥有天然的霸权，凡人可以说话，弱者尽可狂欢"②。网络媒介的特质也渗透到网络文学场的运作中。在网络文学场中，文学创作不再是少数文学天才和专业作家的特权，而是全民参与的日常文化实践。创作者可以随心所欲地尝试和创新，不必惧怕年龄、阅历、文化修养和写作技巧的局限，不必担心期刊和出版社的审查、筛选机制，不必追随任何文坛派系或结交体制内的把关人。正如李寻欢在《我的网络文学观》一文中所说："在过去的文化体制里，文学是属于专业作家、编辑、评论家们的事情。他们创作，发表，评论，津津有味，却不知不觉间离'普通人'越来越远。"网络让文学重新"回到民间"，恢复了文学最根本的功能——自我表达和彼此沟通。

网络文学场为形形色色的文学行动者提供了新的位置空间和行动可能。这一点在网络诗歌的繁荣中表现得尤为明显。张林杰指出，从 20 世纪 20 年代后期开始，诗歌就受到综合类文学刊物的排斥，不得不在专门的诗刊中寻找出路。诗刊的选择标准和篇幅限制使无法进入小圈子的诗人只能自办刊物。近二十年来，民间自办诗刊已成为诗坛上的重要风景。然而，民刊受制于出版周期、经费、派别和趣味，大量潜在的作者仍然很难获得发表的机会。网络的出现为诗歌作者"提供了一个没有界域限制的空间"，让"各种被压抑的诗歌作品得以面世"，并部分"缓解了刊物与诗人之间的紧张关系"③。著名诗人于坚曾断言："当代诗歌的在场已经从纸媒转移到网络上。""最近十年，最优秀的青年诗人几乎都来自网络。"④不仅诗歌的生产、流通和消费是通过网络完成的，诗歌创作的争鸣、诗歌理论的探索也大都发生在网络上。网络以巨大的活力和包容力，"从根本上代替了传统媒体在整个诗歌写作和传播中的主体

---

① 朱国华：《颠倒的经济世界：文学场的结构》，载《天津社会科学》，2006(6)。
② 柏定国：《网络传播与文学》，47 页，北京，中国文史出版社，2007。
③ 张林杰：《互联网时代的诗歌生存》，载《天津师范大学学报(社会科学版)》，2008(4)。
④ 于坚：《"后现代"可以休矣——谈最近十年网络对汉语诗歌的影响》，载《红岩》，2010(1)。

地位"①。

1949 年后的中国文坛"大致上是以专业作家为主体，文学期刊为主导的格局"②。在网络文学场中，拥有独立服务器和编辑队伍的文学网站代替文学刊物，成为网络文学主要的生产、传播和消费平台。原创网络文学网站已有数千家，其中影响较大的有百余家。与由作协、文联、出版社等机构把持的文学刊物不同，文学网站大都由文化公司或网民个人创办。例如，"红袖添香"是由 23 岁的孙鹏和几个网络文学爱好者创建的，"起点中文网"最初是由林庭峰等玄幻写作爱好者自发成立的个人网站。③ 当然，为了保证网络文学社群的正常运作，网站的管理者会制定一些规则。

与此同时，业余作者代替专业作家成为网络文学的创作主体。当前网络小说的创作者普遍 16 至 30 岁，20 至 30 岁的写手最多。④ 许多在网络上成名的创作者都是没有受过任何文学训练的年轻人，全靠想写就写的冲动和天马行空的想象力大获成功。例如，《鬼吹灯》的作者天下霸唱在发表第一篇鬼故事之前，"连一百字的工作报告、检讨书都写不利索"。只是因为喜欢在网上看鬼故事，而作者又迟迟不更新，他才在女友的逼迫下"侃"起了自己的鬼故事。⑤

4. 网络文学的创作与阅读

迄今为止，汉语网络文学的传播经历了电子邮件、BBS、文学网站、博客、微博等不同形式。每一种媒介传播形式都对网络文学的生存样态产生了深刻的影响。早期在 BBS 上张贴的网络文学作品大多短小精悍，少有长篇。杂文和散文是最常见的体裁，小说和诗歌相对较少。在拥有强大的服务器和数据库的商业文学网站出现后，超长篇网络小说开始成为网络文学的主流。"50 万字的篇幅差不多仅相当于中篇小说的规模，超过百万字的鸿篇巨制简直比比皆是。"⑥博客的兴起进一步强化了网络文学的自主性。博客相当于"个人网上出版社

---

① 张延文：《网络诗歌研究》，硕士学位论文，郑州大学，2006。

② 白烨：《新世纪文学的新格局与新课题》，载《文艺争鸣》，2006(4)。

③ 周志雄：《对原创文学网站的考察与思考》，载《山东师范大学学报(人文社会科学版)》，2009(4)。

④ 欧阳友权：《网络文学发展史——汉语网络文学调查纪实》，61 页，北京，中国广播电视出版社，2008。

⑤ 天下霸唱：《扯了这么多故事了，稍微发表一些制作花絮》，http：//blog. sina. com. cn/s/blog_48c95ee90100074y. html，2018-08-01。

⑥ 陈奇佳：《网络时代的文学生产》，载《江苏社会科学》，2009(4)。

区"。在这个"社区"里，作者摆脱了 BBS 版主和文学网站编辑的审查，实现了"我的地盘我做主"。博客更多地体现出网络超媒体的特色。作者可以为文字文本配上各种图形、图像、声音、动画甚至影视片段，为读者提供全方面的阅读享受。① 近几年出现的微博小说一度受到字数限制，多具有语言精练、结构紧凑的特点。

网络媒介的交互性打破了作者和读者之间的传统界限，促成了全新的读者/作者关系。网络文学的作者和读者是平等又相互交融的主体。作者不再是文本意义的唯一创造者和拥有者，文本也不再是封闭定型的成品。文学生产变成开放的、不断变化的过程，"如一股涡流，把作者和读者卷入一种互动关系中"。作者可以从读者那里获得最快捷、最真实的反馈信息，并根据读者的意见进行修改。② 在网络诗歌论坛，"几乎每一个主题帖子的下面，都有一个潜在的、可以无限扩充的话语空间"。读者可以随时跟帖，"自由地与诗作者进行论争、讨辩与商榷，可以对原作进行加工、改造、增删、重写"。这些跟帖会和主帖一起被保留、储存。通过交流，作者获得了写作动力，读者提高了阅读兴趣，人类交往倾诉的天性得到了满足。③

在某些网络文学形式中，作者的概念发生了变化，从传统的单个创作者转变为集体创作。新浪网曾与《中华工商时报》网络周刊联手推出全球华人网络中篇小说接力创作续写的活动。小说的主题、主要人物和开篇由评委事先设定，网友根据人物性格、故事主旨接力续写。在小说接龙网站"嗯等等"上，任何注册用户都可以发起小说接龙，并参与他人的小说接龙。发起人一般会对小说的文类、人物、背景做粗略的约定，然后邀请网友合力完成作品。小说的版权属于所有参与创作的网友。不过，网络接龙小说往往由于参与者的水平参差不齐而质量不高。半途而废、无人问津的接龙小说很常见。④

在传统的文学场里，文学作品的传播更多依靠出版商、文学期刊、文学评论者、教育体制、评奖机制等非读者因素。网络文学的传播则是作者、读者之间的点对点传播。读者在阅读网络文学时，主要依靠自己的阅读趣味，也会参

---

① 欧阳文风、王晓生等：《博客文学论》，24～26、83～84 页，北京，中国文史出版社，2008。

② 马季：《读屏时代的写作：网络文学 10 年史》，27～29 页，北京，中国工人出版社，2008。

③ 张德明：《互联网语境中的新世纪诗歌》，载《中南大学学报(社会科学版)》，2008(1)。

④ 马季：《读屏时代的写作：网络文学 10 年史》，29 页，北京，中国工人出版社，2008。

考熟人圈中的口碑、作品的点击率和网站排行榜。读者的阅读趣味与年龄、性别因素有着直接关系。一个关于穿越小说的阅读调查显示，男性穿越迷最喜爱的穿越小说是以男主为主线的《极品家丁》，女性穿越迷最喜爱的穿越小说是以女主为主线的《梦回大清》。男性穿越迷多向往"左拥右抱""妻妾成群"的小说结局，女性穿越迷更欣赏女主"称霸天下"的结局，"一展当代女性豪放、独立、有干劲的面貌"。①

当然，文学的创作和阅读不管是在网上还是网下，都仍会受到多种主客观因素的限制。旧时代的文学阅读主要受识字率和印刷费用的限制，当今的文学阅读主要受读者时间的限制。在快节奏的信息社会，生存压力和层出不穷的新娱乐形式必然会挤占文学阅读的时间。发表的制度性限制（如编辑审稿、版面限制）虽已解除，但制约文学活动的其他隐形因素（如创作时间、文学素养）依然存在。目前看来，文学创作还是少数人的爱好、消遣和工作，尽管这个少数人不再是拥有最多文化资本的精英阶层。②

5. 网络文学的弊端与未来

新媒介技术为文学的生产和传播开启了新的路径，造就了比纸媒文学场更加开放、多元和复杂的文学场。当然，网络文学场的"低门槛"甚至"零门槛"并非没有弊端。吴思敬从诗歌读者的角度指出，由于网络诗歌发表没有门槛，大量幼稚低劣的作品充斥网络，"使读者要耗费大量的时间和精力去沙里淘金才能得到收益。""某些网络诗歌作者不负责任的发表自由，却造成了读者精力的浪费，制约了读者阅读的自由。"③网络小说同样存在这个问题。当人人都可以成为作家，文学的混乱和"贬值"就在所难免。昆德拉曾说："如果有一天（这一天为时不远了）所有人一觉醒来都成了作家的话，那么普遍失聪、普遍不理解的时代就降临了。"④赵勇对此的理解是："虽然我们都在喋喋不休地言说，我们的喋喋不休又造成了众声喧哗，我们似乎也在享受着信息的盛宴，但却有可能

---

① 陈晓梦、钱昕：《穿越进行时：关于"穿越迷"的分析报告》，载《当代小说（下半月）》，2009(10)。

② 杨玲、刘晓鑫、陈书毅：《解构神话：受众视角中的网络文学——一项关于网络文学观念与阅读的实证研究》，载《济宁学院学报》，2008(5)。

③ 吴思敬：《新媒体与当代诗歌创作》，载《河南社会科学》，2004(1)。

④ 转引自赵勇：《博客写作与展示价值：以名人博客为例》，载《天津社会科学》，2009(4)。

进入一种失聪、失明、失忆的状态。"①网络文学的未来真的会如此糟糕？这需要时间来检验。

随着网络文学从"免费的午餐"变为炙手可热的"利润蛋糕"，资本开始大量涌入网络文学网站。从 2004 年起，知名网络文学网站陆续被收购，网络文学开始迈向商业化和产业化的发展道路。2008 年 7 月 4 日，上海盛大网络发展有限公司宣布成立盛大文学有限公司。② 新成立的盛大文学拥有"起点中文网""晋江原创网""榕树下"和"红袖添香"四家大型文学网站，旗下有上百万作者。据凤凰网《盛大文学整体亮相国展　文化产业链凸显》一文报道，盛大文学希望以全球最大的网络原创文学平台为基础，推动实体出版、无线阅读、影视、动漫、游戏等相关文化产业的发展，打造一条专属于中国创意产业的文化产业链。

值得注意的是，网络文学被商业、市场逻辑收编的过程也是网络文学摆脱边缘位置、进入权力中心、获得全面合法性的过程。马季在描述 2009 年中国网络文学发展概况时指出："2009 年是中国网络文学发展史上的一个重要年份。"这一年，出版业、高校、文学网站和民间机构等的合力，使网络写作与传统写作进入全面融合期。其标志性事件包括：中国作协与中文在线旗下的"17K文学网"联合主办"网络文学十年盘点"活动，选出了十佳优秀作品和十佳人气作品；鲁迅文学院首次开设网络作家培训班，29 位网络作者参加培训。③ 以充足的经济资本为后盾，网络文学终于从主导机制那里争到了它应有的象征资本。代价是只有通过评奖、学术研讨、理论培训等"成圣化"仪式，才能获得权力机制的"加冕"。

从分庭抗礼开始，以握手言欢作结，这是否就是网络文学场变迁的全部？答案显然是否定的。下面，我们进入网络小说和网络诗歌这两个具体的文学体裁，做更深入的分析。

三、在自由与利润之间：网络小说的裂变式发展

小说无疑是网络文学中最受欢迎和最商业化的文体。在大型商业文学网站

---

① 转引自赵勇：《博客写作与展示价值：以名人博客为例》，载《天津社会科学》，2009(4)。

② 周志雄：《对原创文学网站的考察与思考》，载《山东师范大学学报(人文社会科学版)》，2009(4)。

③ 马季：《网络文学：与传统逐渐融合，生产消费机制成型——2009 年中国网络文学述略》，载《文艺争鸣》，2010(1)。

中，各种类型的网络小说争奇斗艳，层出不穷，以至于网络小说几乎成为网络文学的同义语。提起网络文学，人们最先想到的就是玄幻、言情、穿越等类型化小说。本节试图从纷繁复杂的文学现象中剥离出网络小说的基本特征和发展脉络，同时探讨网络小说创作所面临的问题。

1. 类型化：网络小说的生产与消费模式

网络小说的总数浩如烟海。据 2008 年的数据，仅起点中文网就有原创作品 22 万部，总字数超过 120 亿，日新增 3000 余万字。读者数量也很惊人。以 2008 年 6 月 8 日的起点中文网为例，当天有 2481 部原创作品的读者总点击率超过 10 万次，其中 980 部作品的点击率在 100 万次以上。[1] 如何让众多读者在网络小说的茫茫宇宙中快捷地找到自己想要阅读的作品，就成了迫切而又现实的问题。

目前，原创文学网站都对作品做了分类。起点首页设有玄幻、奇幻、武侠、仙侠、都市、现实、军事、历史、游戏、体育、科幻、诸天无限、悬疑、轻小说十四种作品类型。起点是国内浏览量最大的文学网站，拥有大量男性读者。由于男性读者的阅读趣味和文类选择与女性读者不同，为了吸引女性读者，起点还开设了女生网。与起点相比，红袖添香和晋江可谓女性作者/读者云集，晋江更是号称"全球最大的女性文学基地"。红袖添香设有现代言情、古代言情、浪漫青春、玄幻言情、仙侠奇缘、悬疑、科幻空间、游戏竞技、短篇小说、轻小说十大类，每一大类又依据题材、情节等包含若干子类。例如，古代言情又可细分出古典架空、热血江湖、经商种田、穿越奇情、西方时空、上古蛮荒等。晋江设有言情、纯爱、无 CP、衍生、轻小说等作品类型，其中以言情为例，又可细分出古代言情、都市青春、幻想现言、未来游戏悬疑、二次元言情等。[2]

"同人"一词来自日语"どうじん"（doujin），原指有着相同志向的人，现在泛指"由漫画、动画、游戏、小说、影视等作品甚至现实里已知的人物、设定衍生出来的文章图片、影音、游戏等，或'自主'的创作"。同人小说一般根据爱情关系的有无和性取向分为良识、耽美和百合三类。良识指不涉及情爱关系或只涉及异性恋关系的作品，后者也称 BG（Boy and Girl）。耽美又称 BL

① 欧阳友权：《网络文学发展史——汉语网络文学调查纪实》，389 页，北京，中国广播电视出版社，2008。
② 起点、红袖添香、晋江等文学网站会根据实际需要改版，其对作品的分类并不是固定不变的。这里描述的分类情况基于 2022 年 3 月上述网站的具体呈现。

（Boys' Love），指男男同性恋情。百合又称 GL（Girls' Love），指女女同性恋情。① 耽美是大陆同人小说中常见的亚文类，已经发展为原创的、主要由女性作者写给女性读者的、关于男男同性情爱的文学样式。

网络小说的类型化不仅便于不同兴趣的读者根据个人偏好，轻松自如地在"文化超市"挑选出自己需要的产品，"按特定的阅读期待进入作品"，而且为作者提供了成本低、效率高、易于复制的大批量生产模式。② 类型化是通俗文学最主要的生产和实践逻辑，也是通俗文学与纯文学的突出差异所在。一般来说，通俗小说作家的产量远高于纯文学作家的产量。在西方，不少通俗作家的作品都在 50 本以上。例如，美国当代著名恐怖小说家斯蒂芬·金已出版 60 余部作品，英国"侦探女王"阿加莎·克里斯蒂出版了近 90 部小说。中国通俗小说家张恨水更是留下了 100 余部中长篇小说，可谓"著作等身"。

通俗小说的创作依靠的不是天才和灵感，而是文学类型所包含的情节模式。不仅作者需要类型作为创作模具，出版商需要类型作为图书的市场标签，读者也需要类型作为阅读指南。类型代表着一套阅读期待，一种知识和能力。深谙某种文学类型的读者会在该类型中找到自己心目中最好的作品。③

2. YY：网络小说的精神内核

YY（歪歪）是"意淫"的拼音字母组合，出自《红楼梦》中警幻仙子对宝玉的评语，本意为精神层面的"淫"。在网络语境中，YY 并非特指与性有关的幻想，而是泛指一切超越现实的想望，即"白日梦"。④ YY 既指不切实际的胡思乱想（贬义），也指天马行空的大胆想象（褒义）。许多经典的网络小说（如《极品家丁》《飘邈之旅》《太阳传奇》《亵渎》）都具有 YY 的特点。这些小说中的主人公往往被塑造为"武功超强、运气超好、美女超多、敌人超容易杀"的成功者。YY 的存在"让 1975—1995 年生人在刻板教育下的情绪得到了很大的释放"。这个年龄段的人群恰好就是网络小说的主要读/作者。目前流行的玄幻、穿越、耽美类小说，本质上都是 YY。

一些学者用更为学术化的语言，表达了近似的看法。曾洪伟从文学治疗的

---

① 王铮：《同人的世界：对一种网络小众文化的研究》，43～52、53～55 页，北京，新华出版社，2008。

② 何志钧：《网络文学类型化写作管窥》，载《学习与探索》，2010(2)。

③ Ken Gelder，*Popular Fiction：The Logics and Practices of a Literary Field*，London，Routledge，2004.

④ 邵燕君：《破壁书：网络文化关键词》，224 页，北京，生活·读书·新知三联书店，2018。

角度提出，在网络的媒介语境中，"审美主体的文学想象力得到了前所未有的激发和提升，其心灵得到自由放飞，情感得到极度宣泄，生命意志得到无限张扬"。网络小说不仅对创作者是一种治疗，对读者也同样如此。通过网络阅读，"读者在非理想的现实中未实现的愿望得到满足，郁积的负性情感得到最大程度的释放和宣泄，紧张和压抑得到最大程度的缓解和减轻"①。朱玉兰和肖伟胜也援引弗洛伊德"文学是白日梦"的理论，阐释玄幻小说的魅力。他们指出，玄幻小说的作者和读者由于面临"意志世界无穷尽的烦恼、重复、刻板、欲望和痛苦"，只能共同在"第二世界"（想象的世界）里做起"白日梦"。②

美国科幻作家勒奎恩（Ursula Le Guin）称，幻想（fantasy）是纯粹的游戏，是最值得钦佩的逃避现实主义（escapism）。它同时也是下了很大赌注的游戏，是对待现实的不同方式，是理解和应对生存的另类技巧。幻想不是反理性的，而是类理性的（pararational）；不是现实的，而是超现实的，是现实的强化。③换言之，幻想是对现实的一种言说。以玄幻小说为代表的幻想文学在当下中国的繁荣有其深刻的现实原因。"告别革命"后，曾经被民族国家、启蒙救亡等宏大叙事压制的"怪力乱神"等邪僻话语重新找到了滋长的空间。正如志怪小说兴盛于魏晋南北朝，幻想文学也源自我们所处的复杂的社会环境。网络作者在幻想世界里曲折地表达了对现实世界的态度和对美好生活的渴望。

熊杰关于玄幻小说的审美价值的观点或许能给我们一些启发。他指出，当代玄幻小说是"对现实世界的逃离和重构"。玄幻小说"通过建构抽离了现实生活的架空世界来实现和谐的美感体验，达成一种新的理想主义。诸如《我意大唐》《梦回大清》等作品，都选择了对现实世界的逃离，而在过去的时空中与知名人物交锋，斗智斗力，完成生命的发光发亮"。玄幻小说的架空模式"是现实生活带给人们痛感与挫败感的体现，也是人们在另一个世界中渴望弥补现实失败与转移生活压抑的体现"。熊杰认为："玄幻作品中欲望的赤裸表达、对整个价值体系崩塌的设想、对传统道德的巨大颠覆等，都折射出了作者渴望突破世俗世界，重新建构精神至上的理想主义世界的冲动。"④

不少研究者都注意到了幻想文学和成长小说之间的血缘关系。有研究者称

① 曾洪伟：《文学治疗的新阶段与新景观——试论网络语境下的文学治疗》，载《宁夏大学学报（人文社会科学版）》，2008（2）。

② 朱玉兰、肖伟胜：《无可抗拒第二世界的魅惑——以网络玄幻小说〈诛仙〉为例》，载《重庆三峡学院学报》，2007（6）。

③ Ursula Le Guin, "From Elfland to Poughkeepsie," in *Fantasy Literature：A Critical Reader*, David Sandner ed. , Westport，CT，Praeger，p. 145.

④ 熊杰：《解读玄幻小说开辟的别样审美时空》，载《重庆三峡学院学报》，2009（1）。

"游历与成长"是神魔小说、武侠小说、科幻小说、玄幻小说共同的主题与结构方式。① 有人通过对《哈利·波特》和《诛仙》的比较，认为"成长叙事"是玄幻小说的重要母题。正如哈利·波特从小失去父母，寄人篱下，成长道路上处处荆棘，《诛仙》的主人公张小凡也是幼年经历家门惨变，小小年纪就孤苦无依。② 还有人直言，玄幻小说是一种"青春写作"，是青年人在成长过程中不可或缺的自我释放。玄幻小说中的人物成长模式源自网游的升级模式。③ 也有研究者在思考穿越小说时发现："乱世背景的穿越小说不关注民族冲突、国恨家仇、华夷之辨，关注的是人的成长与奋斗，类似于现代商战竞争的权力纷争中的谋略、智慧与经营之道，当然最主要的是人性、情感还有人与人之间的恩怨情仇。"④

幻想小说也是新的时代背景下东西文化交融的产物。玄幻小说一方面"发掘或拓展了中国传统文化中特有的玄幻文化"⑤，另一方面通过瑰丽奇谲的幻想世界透露出一种"世界主义的眼光"⑥。有研究者指出，玄幻小说中一些想象宏大、背景设定细腻复杂的玄幻作品，如《紫川》《猛虎王朝》《神州狂澜》《佣兵天下》等，常常会涉及政权与教权的对抗、自由城邦制度、骑士制度，并出现矮人、精灵、阿修罗等形象。诸如此类的构想明显不是源自本土文化经验，而是直接借用了欧洲诸国和印度、日本等文明传统中的相关积淀。在表现这些异质文化内容时，玄幻作者不是局限于简单的知识性介绍，而是展示出一种兼容并蓄的文化相对主义。"他们绝少从文化性格上判定哪种是优秀文化，哪种是劣等文化"，而是意识到"每种文化都有自己的优势和长处，但这种优势和长处往往也相应地潜伏着危机"。这种眼光和胸襟在以往的传奇文类中是很少见的。⑦

3. 商业化写作与兴趣化写作：网络小说的发展模式

引人入胜的故事情节、开放的叙事结构以及适合连载的篇幅，都使小说可以轻而易举地转化为文化商品。陈平原在研究清末民初的小说时指出，中国现

---

① 王姝：《网络玄幻小说的历史母题与价值观审视》，载《理论与创作》，2008(3)。
② 张文联：《玄幻小说刍议》，载《文艺争鸣》，2008(8)。
③ 汤哲声、陶春军：《"青春写作"的玄幻小说》，载《重庆三峡学院学报》，2010(1)。
④ 李玉萍：《论历史元素在网络穿越小说中的运用》，载《小说评论》，2009(A2)。
⑤ 张文联：《玄幻小说刍议》，载《文艺争鸣》，2008(8)。
⑥ 陈奇佳：《虚拟时空的传奇——论网络玄幻小说》，载《江苏行政学院学报》，2006(3)。
⑦ 陈奇佳：《虚拟时空的传奇——论网络玄幻小说》，载《江苏行政学院学报》，2006(3)。

代小说从一开始就具有商品化倾向，并且以读者为"衣食父母"，以大众的阅读口味为"上帝"。① 在网络时代，小说不仅是可以带来收益的文化商品，更是利润巨大的文化产业。网络小说的商业化经历了一个曲折的过程，受到网络技术、大众观念和资本等多种因素的影响。

2000 年之前，网费奇高，能经常上网的人多是有一定文化资本的理工科学子、IT 界从业人员和国家机关工作人员。② 一部分人对文学化的表达形式抱有特殊的热情，成为网络文学的最早参与者。网速的限制和网络内容的贫乏也是网络文学兴起的原因。据邢育森回忆："20 世纪 90 年代，很多人已经不看文学作品了，但上网以后没有东西可看，只好搞文学。网络这个能自由创作和发表的天地，激励了我本已熄灭的热情。"这是网络文学的"天真时代"和"精英时代"。少数非专业的文学爱好者利用网络实现着"我手写我心"的性灵抒发和自由表达。

2003 年 10 月 10 日，起点率先启动 VIP 会员制度。读者可以免费阅读部分章节，如果想完整阅读，需支付每千字 2 分钱的费用。起点还建立了原创文学作品网络版权签约制度，不同签约级作品拥有不同的稿酬标准。签约作品如实体出版，签约作者可以在网络版稿酬之外获得实体出版稿费。起点的收费模式不仅为网络文学网站开辟出可持续发展的光明大道，也让广大的网络用户/读者逐渐接受了付费阅读的观念。起点的革命性之举被其他文学网站和门户网站的读书频道争相效仿。阅读收费形成了作者、读者和网站"三赢"的局面：作者依靠稿酬解决了生计问题，读者通过付费满足了阅读需求，网站通过收费得到了运营成本。③ 传统文坛强调对文学的信仰和虔诚，网络文学网站则倾向于用利益的驱动保证作品的质量和数量。在"日进斗金"的诱惑下，不少网络写手沦为"人肉打字机"，一味用光怪陆离的情节刺激读者的感官。由于没有字数限制，且作者的收入和字数挂钩，不少作品被刻意拉长为鸿篇巨制。④

早在 2001 年，曾任"榕树下"网站"躺着读书"版主的作家陈村就放言："网络文学已经过了它最好的时期，老子说的赤子之心的时期。""它的自由，它的

---

① 陈平原：《中国现代小说的起点——清末民初小说研究》，83 页，北京，北京大学出版社，2005。

② 马季：《读屏时代的写作：网络文学 10 年史》，162～163 页，北京，中国工人出版社，2008；何志钧：《网络文学类型化写作管窥》，载《学习与探索》，2010(2)。

③ 欧阳友权：《网络文学发展史——汉语网络文学调查纪实》，242～245 页，北京，中国广播电视出版社，2008。

④ 陈奇佳：《网络时代的文学生产》，载《江苏社会科学》，2009(4)。

随意，它的不功利，已经被污染了。"①近年，学界对网络文学商业化趋势的批判日益尖锐。白寅以起点的 VIP 会员制为分水岭，将中国网络文学的发展历程划分为截然对立的两个阶段。"在前一阶段，网络文学是草根狂欢的天堂，是无功利的自由叙写"，"而在后一阶段，网络文学逐渐变成商人逐利的场所，是满足各种欲望的工具"。前一阶段遵循的是"情感逻辑"，是"表达"的文学。后一阶段则遵循"市场逻辑"，是"制造"的文学。② 不过，网络文学的商业化并不是什么"不可阻挡"的"必然趋势"。在商业文学网站之外，还存在不以商业出版为目的的网络文学，以及诸多非营利性质的网络文学论坛。

陈思和曾提出"潜在写作"的概念，指涉那些因客观环境而不能公开发表的文学作品。例如，"文化大革命"时期，许多被剥夺写作权利的作家只能将文学才情熔铸到日记、书信、读书笔记等日常性文字中，一些作品只能以手抄本的形式私下流传。③ 当下，也还是有一些文学作品因其特殊属性，无法以纸媒的方式传播，只能在特定的网络社群中流传。同人小说就是网络时代"潜在写作"的代表。这里的"潜在"绝非暗指其影响力的薄弱。实际上，在女性文学网站，同人小说已经成为举足轻重的文类。据刘玮波统计，截至 2009 年 5 月 5 日，晋江原创网的同人类作品已经达到 58736 部，占网站所有作品的 17.5%。④

同人小说与商业小说存在至少四个方面的区别。首先，同人小说是根据原作衍生出来的，在没有获得原作者授权的情况下很难正式出版。因此，"同人作者们的创作可以说是完全无偿的"⑤。非营利性质某种程度上使同人小说在创作上更自由、更大胆，甚至敢于挑战、颠覆主流观念。而商业小说因为要迎合大多数读者的阅读趣味，在价值观念的表达方面会相对保守。由于不必按字数计酬，同人小说的篇幅通常比商业小说短得多。⑥ 非商业的爱好者写作也不是没有问题。同人小说一般属于兴起而为之，更新时间不固定，许多作者还会因各种私人原因中途"弃坑"。商业小说为了争取点击率，不仅更新固定，完成度

---

① 转引自王先霈：《新世纪以来文学创作若干情况的调查报告》，189 页，沈阳，春风文艺出版社，2006。

② 白寅：《网络文学产业化的新趋势及其后果》，载《学习与探索》，2010(2)。

③ 陈思和：《中国当代文学史教程》，12 页，上海，复旦大学出版社，1999。

④ 刘玮波：《网络同人文学的发展及其问题》，载《当代小说（下半月）》，2009(9)。

⑤ 王铮：《同人的世界：对一种网络小众文化的研究》，23 页，北京，新华出版社，2008。

⑥ 杨玲：《"弄弯的"罗曼司：超女同人文、女性欲望与女性主义》，见陶东风、周宪：《文化研究》第 9 辑，217 页，北京，社会科学文献出版社，2010。

也更有保证。

其次，同人小说不纯粹是一种小说类型。它是附属于某个特定粉丝社群的文化产品，是一种包含复杂的术语、知识、规则、实践和价值观念的亚文化。同人文不是只要识字就能读得懂。读者必须有一定的知识储备，以及在社群中的学习和浸染。例如，为了读懂超女同人文，读者首先必须对 BG、BL 和 GL 这三个基本的同人小说亚文类有所了解。在此基础上，读者还必须对超女比赛的来龙去脉、超女选手的个人经历、超女社群的俗语典故有一定了解。商业写作面向的是大众读者，一般不会和亚文化社群发生直接联系。

再次，与纯文学或商业写作相比，同人小说的社交功能更突出。孔子认为诗"可以兴，可以观，可以群，可以怨"，同人小说就充分发挥了"群"的作用。同人小说的创作者不仅借助小说的形式表达对原著人物的喜爱①，还通过小说创作与社群的其他成员进行情感交流。同人小说一方面是满足个人愿望的自娱自乐，另一方面是发生在社群里的、和其他社群成员共享的集体娱乐。例如，某著名超女同人写手称："写文是为了更好地 TQ（调情，同人文作者习惯使用异性恋的'色语'来描述女性社群成员之间的友谊）。"同人小说经常被当作送给整个社群或某位特定成员的饱含爱意的礼物，读者的跟帖和评论则是对礼物的回应。

最后，在商业化写作中，作者和读者的关系类似商家和客户的关系，而在兴趣化写作中，作者和读者是平等的同好关系。商业作者必须主动迎合或顺应读者的趣味和要求，同人作者则常常不在乎读者的意见，执意"展示自己的心声"，"更接近于网络写作的本来面目"。商业作者虽然也能够和读者建立良好的关系，获得读者的支持，但这种读者/作者关系多少还是会受到商品关系的侵蚀。尤其是在兴趣化写作转变为商业化写作的过程中，不少读者会有不适感。例如，一部网络小说的作者最初动笔只是出于一时兴趣，但在读者的鼓励下越来越有动力。这部高人气小说被商业出版机构看中，作者签订出版合同后，不得不按照出版社的要求在一定阶段停止免费更新作品。这就有可能引起一些读者的不满。

4. 代入感与创意：网络小说的评价标准

网络小说的读者/作者经过多年的实践和积累，形成了一套民间评价标准。优秀的网络小说通常需要具备新颖的剧情、强烈的代入感、张弛有度的节奏、

---

①　王铮：《同人的世界：对一种网络小众文化的研究》，3 页，北京，新华出版社，2008。

稳定的更新速度和简洁准确的文笔这五大要素。其中，代入感的重要性甚至超过了剧情，成为网络文学的最大看点。代入感的强弱不仅是读者判断作品是否值得阅读、决定追文或弃文的重要依据，也是文学网站编辑判断作品是否具备商业潜力、有无必要与作者签约的首要标准。

代入感是一个源自游戏产业的术语，指读者在阅读小说的过程中产生的身临其境的感觉。读者想象自己就是故事里的人物（通常是主角），跟随故事情节的发展而产生情绪上的变化。① 真实度、认同度和爽快度是影响代入感的三个主要因素。真实度指的是小说文本建构一个富有逻辑性和自洽性的"第二世界"的能力。认同度指的是读者对小说人物的设定和思想行为方式的认同程度。网络小说的主人公通常拥有与目标读者相似的身份。例如，起点男频的读者主要是男性青少年，因此，这里发表的小说多以学生或初出茅庐的社会新人为主人公，而且清一色是男性。爽快度（或爽点）是读者在阅读过程中获得的成就感和满足感，常常来自主人公突破社会常规的才能和气度。

起点高人气作家"唐家三少"就非常重视代入感。他曾在个人社交平台上写道："网络小说对代入感要求很高。一部作品如果三千字就能抓住读者的心，那它必定是成功的，如果三万字还抓不住读者，那就很难成功了。""唐家三少"小说中的主人公通常是不起眼的小人物，但却通过一步一步的修炼，最后成为拯救人类的大英雄，并获得各类美女的青睐。这样的主人公和情节设定很容易让读者代入，并获得满足感。有读者将"唐家三少"的作品概括为一副对联："一男两膀，坐拥三妻四妾五奴六婢，同占七八九女，十足种马！十步九杀，踏遍八荒七岭六合五湖，连闯四三二界，一等 YY！"这样高度模式化的文学生产当然不可能制造出文学经典，但可以给读者带来足够的快感。

网络小说并不都是千篇一律的"小白文"。随着网络文学文类的日益丰富和网络写手的大量涌入，读者的阅读期待也在不断提升。网络作者只有努力求新求变，才能持续吸引读者的眼球。网络写手"zhttty"（又名"长弓手"）2007 年至2009 年在起点中文网连载的《无限恐怖》就是一部极富创意的作品，以新颖的叙事方式为读者提供了丰富的阅读体验。故事主人公郑吒（"挣扎"的谐音）是过着行尸走肉般生活的 24 岁都市白领。有天上班时，他的电脑屏幕上突然弹出一个对话框："想明白生命的意义吗？想真正地……活着吗？"②郑吒点了 YES，然后就如电影《黑客帝国》中拨通电话的情景一样，瞬间进入了恐怖片《生化危

---

① 王宇景：《对网络小说代入感的叙事分析》，硕士学位论文，华东师范大学，2012。
② 长弓手：《无限恐怖》，1 页，哈尔滨，北方文艺出版社，2007。

机》的剧情世界。从第一部恐怖片中活下来的郑吒随后被送入万能的主神空间，这里储藏着各种强化属性、技能、武器和秘籍。郑吒可以用他得到的奖励积分进行兑换。修炼后的郑吒随后进入下一部恐怖片，继续完成主神分配的任务。在这样的轮回过程中，郑吒和源源不断进入恐怖片世界的冒险者组成了战斗小队，成功解开了四阶基因锁①。小说的故事情节主要发生在主神空间和恐怖片空间，个别人物偶尔会回到现实空间。《无限恐怖》对好莱坞恐怖大片的挪用，以及将"作者"当作小说世界的终极秘密和大反派的做法表明，它并不只是一部流行的玄幻/修真小说，而是颇有后现代小说的拼贴风格和自反性。

《无限恐怖》可以说是一种全新的媒介融合文本。根据美国媒介学者亨利·詹金斯（Henry Jenkins）的定义，"媒介融合指的是一个情境，在这个情境中，多种媒介体系共存，媒介内容在这些体系之间顺畅地流动"②。《无限恐怖》以文字符号为载体创造出了独特的媒介融合情境。小说的世界观设定将文学、电影和游戏三种媒介体系进行了无缝结合。恐怖片粉丝能从耳熟能详的片段摹写中重温观影的乐趣。主神空间的积点奖励、兑换升级规则复制了最常见的游戏模式，能够激起游戏玩家的共鸣。小说还利用原创的基因锁设定，找到了整合中西方神话的方式，即把盘古、伏羲、巨人族等神话人物当作远古时代开启基因锁的圣人。从理论上说，《无限恐怖》的叙事框架具有无限的延展性，可以容纳其他媒介体系。例如，受《无限恐怖》的启发，"观沧海"的《冰之无限》开始让主人公穿越动漫作品。

《无限恐怖》问世之后，激发了读者极大的兴趣，出现了大量的同人和跟风作品。这些作品共同组成了一个新的网络小说流派——"无限流"。正如蔡晨旭在《网络小说的多元路径与无限可能：以"无限流"为例》一文中所指出的，无限流"最根本的元素是不同世界的叠加、统和以及人在不同世界的经历和感受"。从广义上看，"《格列佛游记》中的各类岛屿，《镜花缘》中的海外诸国，《小王子》中不同的星球，甚至《苏菲的世界》中一章一个哲学家的世界，都可以被看成另一种层次上的无限流"。"我们每个人的生命是有限的，而外在的世界和内心的感受却是无限的。我们渴望以有穷的生命去体验无穷的世界，所以我们去读那些或真实或虚构的故事和小说，去体味那些或真实或虚构的世界和生命，以获得内心的充实。一书就是一世界，一书就是一人生。无限流既是将万千世

---

① 基因锁是《无限恐怖》虚构的力量体系，共有六层。它是人体内隐藏的基本潜能，只有受到特殊刺激才会释放。

② Henry Jenkins，*Convergence Culture：Where Old and New Media Collide*，New York，New York University Press，2006，p. 282.

界万千人生融为一体，其自身就孕育着无限之意。"①可以说，无限流是一种逼近小说终极意义的文学样式，值得学界的关注和探究。

5. 网络小说的抄袭风波与版权保护

网络技术不仅为文学作品的生产和传播带来了巨大便利，也为文本的复制、抄袭提供了条件。为了打击抄袭，维护网络文学的良性发展，相关网站也积极行动起来。例如，晋江于2009年2月颁布了严格的抄袭判定、处罚制度，并对借鉴和抄袭做了细致的区分。例如，"涉嫌抄袭文章与被涉嫌抄袭文章，在具体描述语言上雷同的，但雷同段落不属于被涉嫌抄袭文章独创的（如她的脸红得像苹果），或已具有广泛知名度的（如名人名言），或雷同段落少于25个汉字的（因句型结构简单，易撞车），不认定为抄袭。但雷同段落文字性质为诗、词、歌词等短体裁作品的，不受25个汉字的限制"。在具体描述语言上雷同的，总字数低于1000字的，判定为借鉴过度。总字数超过1000字的，判定为抄袭。如果构成借鉴过度，作品会被扣除一定的积分，并被要求清理。如果构成抄袭，该作者的所有文章会被扣分，甚至删除文章和作者ID。

网络文学或许可以通过作者自律或网站监管来杜绝抄袭，但却无法消除盗版现象。和纸质图书一样，当前网络文学也"面临严重盗版的困扰"。盗版者使用"网络爬虫、图片下载、拍照、截屏和手打"等多种手段，大肆盗取商业文学网站的VIP作品。与纸质盗版相比，网络盗版更快捷、更方便，几乎没有成本。网络文学的盗版会直接导致付费读者和潜在付费读者的流失，给商业文学网站带来巨额经济损失。② 2010年，盛大文学以"涉嫌发布盗版内容"为由将百度公司告上法庭，起因是百度文库中"收录的小说绝大部分是未经许可的侵权作品。这些侵权小说为百度带来的流量和由此导致权利人的损失都是无法估算的"。相对于盛大文学的用户收费模式，百度文库的信息共享模式也许更加符合互联网的自由/免费理念（英文的"free"一词既有自由也有免费的意思）。但网络文学创作者的正当利益也迫切需要得到保护。

四、在先锋与低俗之间：网络诗歌的夹缝生存

中国当代诗歌的发展曾经历两个繁荣期：一是20世纪50年代末至"文化

---

① 杨玲：《体验经济与网络文学研究的范式转型》，载《文艺研究》，2013(12)。
② 马季：《网络文学遭遇版权困境，应建立知识产权保护体系》，载《人民日报海外版》，2010-09-06。

大革命"前期，二是 1976 年至 1989 年的"新时期"。① 1989 年 3 月 26 日，诗人海子在山海关卧轨自杀。海子的死不仅象征着 20 世纪 80 年代理想主义文化范式的终结，也标志着一个辉煌的诗歌时代的终结。② 20 世纪 90 年代以后，随着商业化和世俗化的社会转型以及影视流行文化的蔓延，诗歌逐渐被边缘化。网络的出现为濒死的诗歌注入了新的生机和活力，引发了"第三次诗歌热潮"③。诗人马铃薯兄弟曾在 2002 年出版的《中国网络诗典》中称："网络改变了中国诗歌的生态和版图/网络扩张了中国诗人的活动空间与视野/网络激发了中国诗人生存的勇气和创造的活力/网络改变了诗歌的疲弱状态/甚至可以说，网络拯救了中国诗歌。"事实到底是怎样的呢？网络究竟是如何拯救中国当代诗歌的？网络和诗歌的联姻真的"幸福美满"吗？

1."诗歌在网上"：网络诗歌的生存图景

早期的网络诗歌主要存在于高校 BBS 的诗歌讨论或写作专区、大型商业网站开设的诗歌版块，以及纯文学网站开设的诗歌分区。在这一阶段，网络诗歌的影响力很小，没有引起主流诗坛的关注。④ 1999 年 11 月，李元胜、沈方、张曙光等人正式推出了中国第一家诗歌网站"界限"。"界限"的横空出世"极大地刺激了关注诗歌的人们的热情"。随后"诗生活""灵石岛""或者""诗江湖""扬子鳄"等著名诗歌网站或论坛相继问世，"中国网络诗歌运动正式拉开了序幕"⑤。网络诗人、诗歌报网站的站长"小鱼儿"2004 年对各大诗歌网站有过如下点评：

> 想查看各路诗人作品，可去诗生活诗人专栏。想查诗歌资料，可去灵石岛。想看诗人骂战的硝烟弥漫，可去诗江湖论坛。想送书和领书或者看诗人吵架，可去扬子鳄论坛。想看大众化和学生作者的诗歌交流，可去中诗网论坛。想看知识分子写作，可去文学大讲堂。想看丰富多彩的诗歌活动和火热的诗歌交流，可去诗歌报。想看官刊对网络诗歌的参与与态度，

---

① 马季：《网络文学：与传统逐渐融合，生产消费机制成型——2009 年中国网络文学述略》，载《文艺争鸣》，2010(1)。

② 王士强：《无序的自由与溃败中的坚守——论 1990 年代以来中国当代诗歌的民间化趋向》，硕士学位论文，山东师范大学，2006。

③ 马季：《网络文学：与传统逐渐融合，生产消费机制成型——2009 年中国网络文学述略》，载《文艺争鸣》，2010(1)。

④ 张延文：《网络诗歌研究》，硕士学位论文，郑州大学，2006。

⑤ 李元胜：《界限——中国网络诗歌运动十年精选·序》，载《青年作家》，2010(3)。

可去星星诗刊论坛。想看伊沙一脉诗人，可去唐论坛。想看论坛结盟的规模，可去哭与空。想看市民文学视野里的诗歌，可去榕树下现代诗歌社区和网易现代诗歌版。想看互联网诗歌早期发展的历史，你可以去翻看一下橄榄树网站。①

诗歌网站不仅是诗歌发表和传播的平台、诗歌写作者的交流园地，还是各种诗歌信息的集散地和诗歌活动的组织者。以"集网站、论坛、网刊、纸刊为一体的大型华语原创诗歌网站"诗歌报网站为例，自 2001 年 5 月创建以来，"策划并主持了许多在网络诗歌界有影响力的活动和事件"，包括网络诗歌讨论会、诗歌朗诵会、年度诗人评奖等。近年来，网站还以团购出版的方式为一百余位网站会员出版了近 200 本诗集、随笔集。这些只有国际书号的自助出版书籍虽然不能在国内书店销售，却可以被公共图书馆和大学图书馆上架收藏，对外借阅，有一定的社会传播功能。

诗歌网站培养了一大批与网络共生的网络诗人。与传统诗人相比，网络诗人的作品主要通过网络传播，而不是传统的诗歌刊物。他们的创作直接起步于网络，并且主要在网络上得到承认与推崇。② 王璞观察到，由于"对传统诗人身份较少认同"，网络诗人更看重网络上的自娱和嬉戏，更愿意在网络空间与同好进行交流和交际。对于他们来说，"网络不仅意味着新的占位，而且意味着新的诗歌生产、消费、批评和互动模式，甚至意味着一整套新的诗歌生活"。张延文也注意到，那些真正意义上的网络诗人都将大量的个人时间投入新兴的网络诗歌社群的建设。例如，每个诗歌网站都聚集了一批诗人，他们在共同创作、评论之余，还拥有自己的 QQ 群、聊天室、灌水区和贴图区。除了网上的交流，许多网络诗人还会参加网下的聚会，进行私人联络。③

值得一提的是，较之网络小说作者的低龄化趋势，网络诗人的年龄分布更加均匀。尽管有人认为，构成网络诗歌主体的是一批"70 后"诗人④，但"60 后""80 后"诗人也不在少数。⑤ 根据马季的观察，有超过 80％的中国当代著名诗人直接在网络上发表作品，并参与网络诗歌活动。著名小说家则不然，在线发表

---

① 转引自何平：《"诗歌在网上"——网络诗歌》，载《当代作家评论》，2008(5)。
② 张德明：《网络诗歌研究述评》，载《诗探索》，2006(1)。
③ 张延文：《网络诗歌研究》，硕士学位论文，郑州大学，2006。
④ 王本朝：《网络诗歌的文学史意义》，载《江汉论坛》，2004(5)。
⑤ 陈仲义：《新世纪五年来网络诗歌述评》，载《文艺争鸣》，2006(4)。

作品的人数不足 20％。① 不难看出，网络诗歌与网络小说有着迥然不同的场域运作逻辑，网络诗歌与传统诗坛的关系远比网络小说与传统文坛的关系密切。纸质诗刊的编辑不仅不排斥网络诗歌，反而"从网络上约稿、选诗，扩展自己的稿源"。《诗选刊》《扬子江》《中国诗人》等诗歌刊物都曾多次推出网络专辑，介绍网络诗人的作品。②

布迪厄认为，在一个场域中，各种行动者和机构会根据构成游戏空间的常规和规则，以不同的强度、不同的成功概率不断地争来斗去，力图把持作为游戏关键的那些特定产物。③ 十多年来，持续不断的网络诗歌论争就凸显了网络文学场中激烈的权力竞争。新崛起的网络诗人试图通过论争向前辈诗人发起挑战，获得自己在诗歌场中的一席之地。例如，诗人沈浩波就坦言："诗坛如江湖，没有名分何来席位？一代人长大了，有一天发现自己的嗓子已变粗了，他们需要一个借口扯出自己的义旗，再在这面旗帜之下找到自己的蹲位。"④不同的网络诗歌派别还就诗歌的写作立场、方向和批判标准争得天翻地覆。可以说，"有多少个诗歌网站就有多少个诗歌团体，有多少个诗歌团体就有多少种诗歌观点"⑤。难怪诗评家陈仲义将网络诗坛命名为高科技条件下的"新罗马斗兽场"。在这个"斗兽场"里，"说不清多少是立场之争、观念之争、话语之争、诗学之争，又有多少是姿态之争、意气之争和眼球之争"⑥。

不过，网络并没有实质上改变诗歌在当代文化生产/消费机制中的边缘地位。正如罗振亚所言，诗坛喧嚣热闹的背后隐藏着"一种可怕的沉寂"。诗歌依然是受欢迎程度最低的文学体裁，"不但一般的读者不再读诗、谈诗，就连高等学校至少半数以上的大学生都从来不接触诗歌，诗人自己也不再关心自身以外的诗"⑦。张延文也提到，即便是在诗生活、诗歌报等热门诗歌网站，经常在线的也只有几十个人，帖子的点击率从几次到几十次不等，上百次的点击非常

---

① 马季：《网络文学：与传统逐渐融合，生产消费机制成型——2009 年中国网络文学述略》，载《文艺争鸣》，2010(1)。

② 张林杰：《互联网时代的诗歌生存》，载《天津师范大学学报（社会科学版）》，2008(4)。

③ ［法］皮埃尔·布迪厄、［美］华康德：《实践与反思：反思社会学导引》，李猛、李康译，140 页，北京，中央编译出版社，2004。

④ 转引自杨铁军：《从"下半身"到"梨花体"——七年网络诗歌论争观察》，硕士学位论文，厦门大学，2007。

⑤ 尹小松：《"网络"诗歌的前生今世》，载《文艺理论与批评》，2003(3)。

⑥ 陈仲义：《新"罗马斗兽场"：十年网络诗歌论争缩略》，载《文艺争鸣》，2009(2)。

⑦ 罗振亚：《喧嚣背后的沉寂与生长：新世纪诗坛印象》，载《天津师范大学学报（社会科学版）》，2008(4)。

少见。① 可见，尽管网络极大地方便了诗歌的传播和诗歌爱好者作品的结集，网络时代的诗歌依然属于小众的爱好。

2. "低诗潮"：网络诗歌的话语风格

20 世纪 90 年代以来，当代诗歌经历了"由生产型到消费型，由精英型到大众型，由形而上到形而下，由传统性、现代性到后现代性，由教化、寓意到娱乐、游戏等一系列转变"。具体表现包括写作题材与主体姿态的世俗化、私人化与粗鄙化，诗歌语言的口语化，艺术风格与写作伦理的游戏化和狂欢化等。② 网络诗歌在世纪之交的兴起，倘若不是加快了这个下滑的轨迹，至少是让这一倾向变得更加明显。遵循"崇低""解构""审丑""批判"的原则，"下半身""垃圾派""低诗歌"等网络诗歌圈子竞相登场，开启了当代诗歌的"低诗潮"。③

2000 年，沈浩波在《下半身》发刊词《下半身写作及反对上半身》中，率先将"肉身化"写作引入诗歌，提出了"诗歌从肉体开始，到肉体为止"的口号。"知识、文化、传统、诗意、抒情、哲理、思考、承担、使命、大师、经典、余味深长、回味无穷……这些属于上半身的词汇与艺术无关，这些文人词典里的东西与具备当下性的先锋诗歌无关。"④ 这篇宣言"像扔进网络诗坛的一枚重磅炸弹"，引起了轩然大波，"下半身"的大名因此传遍诗歌江湖。

这里，我们不妨用两首不同时代的女性诗歌来进行比较。第一首《预感》出自翟永明 1983—1984 年创作的《女人》组诗。

> 穿黑裙的女人黧夜而来
> 她秘密的一瞥使我精疲力竭
> 我突然想起这个季节鱼都会死去
> 而每条路正在穿越飞鸟的痕迹
>
> 貌似尸体的山峦被黑暗拖曳
> 附近灌木的心跳隐约可闻
> 那些巨大的鸟从空中向我俯视
> 带着人类的眼神

---

① 张延文：《网络诗歌研究》，硕士学位论文，郑州大学，2006。

② 王士强：《宿命的下降或艰难的飞翔——论 1990 年代以来的当代诗歌转型》，载《内蒙古社会科学（汉文版）》，2008(5)。

③ 张妮：《"裸奔"的诗歌：中国低诗潮之我见》，载《北方文学（中旬刊）》，2012(8)。

④ 沈浩波：《下半身写作及反对上半身》，载《诗刊》，2002(15)。

在一种秘而不宣的野蛮空气中
冬天起伏着残酷的雄性意识

我一向有着不同寻常的平静
犹如盲者，因此我在白天看见黑夜
婴儿般直率，我的指纹
已没有更多的悲哀可提供
脚步！正在变老的声音
梦显得若有所知，从自己的眼睛里
我看到了忘记开花的时辰
给黄昏施加压力

鲜苔含在口中，他们所恳求的意义
把微笑会心地折入怀中
夜晚似有似无地痉挛，像一声咳嗽
憋在喉咙，我已离开这个死洞①

翟永明在《女人》组诗的序言《黑夜的意识》中说："作为人类的一半，女性从诞生起就面对一个（与男性）完全不同的世界。"为了对抗男权文化，女性需要"从个体的存在出发，深入女性生命本体"，对女性的生存与命运进行全面的质疑与审视。诗歌中反复出现的"黑裙""黑暗""黑夜"等黑色意象展现了女性在男权社会（"残酷的雄性意识"）中遭到压制的痛苦和绝望。有独立思想的敏感女性对自身的处境有着清醒的认识，即便在白天也能"看见黑夜"，预感自己的未来"已没有更多的悲哀可提供"。然而，尽管"精疲力竭"，诗中的"我"仍然挣扎着"离开这个死洞"，拒绝被黑夜吞噬。②《预感》旨在呈现独特的女性生命体验和女性意识，虽然有些晦涩，但颇具"诗意"和"哲理"。这样的诗歌正是沈浩波所批判的"上半身写作"，于是有了"下半身写作"和"垃圾派"诗歌。

除了"下半身"和"垃圾派"，其他先锋诗歌流派也可以被归在"低诗潮"旗下。这些流派包括破坏即建设的"空房子写作"，言之无物的"废话写作"，以游戏性为圭臬的"灌水写作"，"不润饰不饰真"的"反饰主义"，"与世界不正经的"

① 翟永明：《翟永明的诗》，1～2页，北京，人民文学出版社，2012。
② 赵丽红：《在嬗变中超越——论当代女性诗歌女性主体意识的变迁》，硕士学位论文，河北师范大学，2009。

荒诞写作，不断追问体悟存在的"俗世此在写作"，"为天地立心，为生民立命"的"民间说唱"，立足国计民生的"民本诗歌"，专注底层的打工诗歌，坚持"反抗、反讽、反省"的"撒娇派"，反诗道、反病态、主张轻狂的"放肆派"等。①

诗评家张嘉谚对"低诗潮"主宰先锋诗歌的社会成因有过精准的分析。他指出，"低诗歌"的出现是这个时代的"合理产物"，也是对"我们生存其间的社会现实"的必然反映。张清华也认为，低诗歌体现了"草根的价值立场与意识形态"，是一个"带着悲愤与无望、卑贱与不平的思想情绪"的诗歌群体。②

3. "梨花体"：网络诗歌的发展困境

网络发表平台的出现极大地解放了诗歌生产力。据陈仲义推算，当前全国诗歌年产量不低于 200 万首。"这个数字，是《全唐诗》的 40 倍，也是纸介诗歌年产量的 40 倍。"网络还缩短了诗歌学徒期，推动了诗歌的"速成"。从前，一个诗歌入门者从阅读、涂鸦到达到发表水准，最少需要八到十年。现在，只要识字就可以写诗，作者还可以享受到"张贴"的成就感和获得读者反馈的快乐。诗歌写作开始变得简单容易和毫无节制。诗歌生产成了以"口语为主要语词元素的配置流水线"，"到处是分行的口语、口语的分行"③。

诗人乌青入选《中国网络诗典》的一首诗《对白云的赞美》，就体现了当下某些网络诗歌的特点。全诗如下："天上的白云真白啊/真的，很白很/白非常白/非常非常十分白/特别白特白/极其白/贼白/简直白死了/啊——"尽管有论者称这首"废话第一诗人"的诗"是对命运的戏谑和嘲弄"，陈仲仪却认为，该诗"只是副词（真、很、非常、特别、极其、简直）的堆砌，没有形象可言；只是'白'的抽象平涂，除了带给读者检阅众多副词的'新鲜感'，再也没有什么太多的东西"④。这种原生态的大白话只会严重损害诗歌的标准。⑤ 当然，网络诗歌不乏辩护者。文艺评论家和诗人王学海就认为，网络诗歌背离了纸质诗歌的价值标准与行为规范，它的价值在于重构了诗歌与生活的关系，促进了民众广泛而自由的参与。⑥

---

① 陈仲义：《"崇低"与"祛魅"——中国"低诗潮"分析》，载《南方文坛》，2008(2)。
② 张清华：《高调的诗歌之低：民间诗刊》，载《当代作家评论》，2009(2)。
③ 陈仲义：《新世纪五年来网络诗歌述评》，载《文艺争鸣》，2006(4)。
④ 陈仲义：《新世纪五年来网络诗歌述评》，载《文艺争鸣》，2006(4)。
⑤ 陈仲义：《网络诗写：无难度"切诊"——批评"说话的分行和分行的说话"》，载《南方文坛》，2009(3)。
⑥ 王学海：《个性的申张与快乐的自慰——对新世纪网络诗歌的浅见》，载《文艺争鸣》，2010(7)。

2006 年 9 月发生的"梨花体"事件，将什么是诗、什么是好诗的争论从诗坛内部转移到了公共领域。2006 年 8 月，有人以女诗人赵丽华的名字建立了一个网站，粘贴了一些赵丽华 2002 年之前的短诗作品，包括《一个人来到田纳西》《傻瓜灯——我坚决不能容忍》等。9 月中旬，网友开始在天涯社区的"娱乐八卦"版成立"梨花教"，恶搞赵丽华，封其为"诗坛芙蓉"（诗坛的"芙蓉姐姐"）。9 月 20 日，天涯社区"天涯诗会"的版主以"赵丽华的诗歌就是天涯诗会优秀诗歌评判的标准"为题发帖，主帖只有一句话："你们去恶搞吧！"9 月底，韩寒发表博文《现代诗和诗人怎么还存在》，讥讽道："这年头纸挺贵，好好的散文，写在一行里不好吗？"韩寒的尖锐措辞引来了杨黎、沈浩波、伊沙、东篱等众多"下半身"诗人的愤怒围攻。一时间，网络、平媒都被"梨花体"事件搅得沸沸扬扬。专栏作家韩松落评说："20 世纪 90 年代过后，再没有一个诗人这样为人瞩目过。"

9 月 18 日，赵丽华在博文《我要说的话》中表示："如果把这个事件中对我个人尊严和声誉的损害忽略不计的话，对中国现代诗歌从小圈子写作走向大众视野可能算是一个契机……当然我也会拿我自己满意的诗歌出来，以供批评。但如果大家仍说，这样的诗歌我们不买账，那就不买账好了。反正诗歌从来都是少数人的事业，人人皆诗倒不正常了。"9 月 26 日，杨黎也在博客中写道："我知道诗歌在今天肯定不是时代的宠儿，它其实本来就不该是时代的宠儿，就像它再也不是时代的传声筒，不是匕首和投枪，它只能是一小部分人自己的喜好和追求。"①

反讽的是，大众其实也认为诗歌是少数人的事业。赵丽华的部分诗歌作品之所以被嘲讽，原因之一正是大家对"诗"这种文学体裁心存敬畏，把它当作文学的高级形式来景仰。而赵丽华的某些作品实在太大众化了，人人都可以仿而效之，以至于"万人齐写梨花体"，"人人皆诗"。例如，有网友在"梨花体"回复中写道："成为/一个诗人/的/关键在/于/你会/使用 Enter/我以前/还以为/诗人/不是人/人都可以当的/感谢/赵丽华大师/发/明/梨/花/体"。

显然，先锋诗人的"崇低"理念与网民的"崇高"预期发生了严重的冲突。先锋诗人试图用日常的口语甚至"废话"来为诗歌"祛魅"，但他们的尝试仅仅造成了诗人的祛魅。他们被剥去了"诗人"的冠冕，被唾弃为"伪诗人"。这似乎印证了布迪厄的一个观点，即文化生产场自主性的加强会导致更多的自反性（reflexivity）和自我指涉性。先锋艺术的超越性和颠覆性，只能在文化生产场的累积

———

① 转引自杨铁军：《从"下半身"到"梨花体"——七年网络诗歌论争观察》，硕士学位论文，厦门大学，2007。

性历史语境中得到理解。如果不了解场自身的结构和历史,不了解每个先锋艺术作品所影射的其他艺术作品,我们就无法恰当地欣赏先锋艺术。① 赵丽华的口水诗也只有放在当代盛行的口语诗歌写作和"低诗潮"语境中,才能被解读出意义。

但是,意义并不等同于价值,更不等同于公众的接受。正如网络诗人狷所说,现代诗歌已经走入"不知所云"和"一眼看穿"这两个相反误区。"前者的代表是所谓的学院派诗歌,后者的代表是所谓的口语诗歌(包括看上去很淫荡的'下半身'诗歌以及后来出现的'垃圾派'诗歌)。前者由于掺杂了太多的术语、典故、个人经历和私密情感,让人读后如坠云雾;后者则由于过于浅显直白,犹如口水废话,难以让人留下任何印象。"这两种水火不容的诗歌派别,导致了同一种结果,那就是大众对诗歌的失望和远离。

在"梨花体"事件平息之后,当代诗歌并没有像赵丽华所期待的那样走出小圈子写作。相反,网络诗歌的前途遭到越来越多的质疑。诗人玄鱼在《十勘中国诗歌行为》一文中称,尽管"网络诗歌是中国诗坛的嘉年华",但要真正确立诗歌和诗人的地位,还是得依靠纸质诗刊和诗集。何同彬也称:"网络诗歌进入了一个艰难的瓶颈。"网络诗歌的高产和论坛的活跃并不能证明"属于诗歌的空间构筑成功了"。相反,随意喷涌的诗情只会带来诗歌的"碎片化"和诗意的"零散化"。② 诗歌这种最精英化的文体与网络这种最平等、最平民化的媒介的联姻,显然需要更长时间的磨合。

尽管网络文学作品的审美价值一直存在争议,但不可否认的是,网络文学已经成为当代文学中最具生产力的场域。它为大量的草根文学爱好者提供了展示才华、自由发表的平台。其中,网络小说演变为当代文化创意产业的重要一环,越来越多的人气作品被改编为影视剧、游戏、漫画和动画,获得了更广泛的传播。随着互联网在中国的进一步普及,可以预见,在未来相当长的一段时间内,网络小说会继续获得读者的喜爱和支持,并引起主流文坛更多的关注。

思考题

1. 网络语言有哪些特点?网络语言的流行会对课堂语文教学产生负面影响吗?

2. 你喜欢阅读什么类型的网络小说?为什么?你如何看待当代网络小说的

---

① Pierre Bourdieu, *The Rules of Art*: *Genesis and Structure of the Literary Field*, trans. Susan Emanuel, Stanford, Stanford University Press, 1996, pp. 242-248.

② 何同彬:《空间生产与网络诗歌的瓶颈》,载《当代作家评论》,2010(2)。

类型化？

　　3. 网络小说和经典小说有何异同？你如何评价网络小说？

　　4. 诗歌在当代没落的原因有哪些？你如何评价当代网络诗歌的发展？

延伸阅读

　　1.［美］曼纽尔·卡斯特：《网络社会的崛起》，夏铸九、王志弘等译，北京，社会科学文献出版社，2003。

　　2.［英］戴维·克里斯特尔：《语言与因特网》，郭贵春、刘全明译，上海，上海科技教育出版社，2006。

　　3. 马季：《读屏时代的写作：网络文学 10 年史》，北京，中国工人出版社，2008。

　　4. 欧阳友权：《网络文学发展史——汉语网络文学调查纪实》，北京，中国广播电视出版社，2008。

　　5.［韩］崔宰溶：《中国网络文学研究的困境与突破：网络文学的土著理论与网络性》，博士学位论文，北京大学，2011。

　　6. 邵燕君：《网络时代的文学引渡》，桂林，广西师范大学出版社，2015。

　　7. 邵燕君：《网络文学经典解读》，北京，北京大学出版社，2016。

第九章　青春文学与视觉文化

青春文学类图书在当代图书市场上十分畅销。早在 2004 年，青春文学图书就占据了整个文学图书市场 10％的份额，与中国现当代作家作品的市场占有率相当。[①] 以"80 后"作者为创作主体的青春文学不仅为同代人留下了不可磨灭的青春记忆，还继续影响着"90 后""00 后"等新生代际。

本章围绕青春文学的历史语境和文本特征，试图对青春文学现象做出较为全面的解析。

一、青春文学：一个文类的发生史

1. 什么是青春文学

青春文学是一个意涵模糊、众说纷纭的概念。广义的青春文学可以指涉中外文学史上所有和青春题材有关的作品。刘广涛在《二十世纪中国青春文学史研究》一书中，将"内容上以青春为主要题材，再现丰富复杂的青春世界（特别是青春成长主题）或者表现典型的青春情怀、富有明显的青春意识和强烈的青春精神的文学作品"都当作青春文学。根据这一定义，巴金的《爱情三部曲》、老舍的《月牙儿》、曹禺的《雷雨》、郁达夫的《沉沦》、丁玲的《莎菲女士的日记》等现代文学名著都成了青春文学的代表作。[②] 贺绍俊也认为，青春文学是"处于青春期或刚刚度过青春期的年轻一代作家所写作的表现青春期生活的文学作品"。20 世纪 50 年代出现的一批具有青春气息的作品，如王蒙的《青春万岁》、

① 叶舟等：《2004 青春文学年终盘点：那些"80 后"的孩子们》，载《中华读书报》，2018-08-01。

② 刘广涛：《二十世纪中国青春文学史研究——百年文学青春主题的文化阐释》，77～78 页，济南，齐鲁书社，2007。

茹志鹃的《百合花》、宗璞的《红豆》等，都可以归入青春文学。①

狭义的青春文学指当代出现的以青春为主题的作品。例如，焦守红把青春文学视为当代文坛中与"成人严肃文学"和"儿童启蒙文学"两大版块并列的新版块，一个"由青年人主笔撰写的、为青少年喜闻乐见的青少年阅读文学样式"②。还有研究者在定义青春文学时特别强调青春文学作者的"80后"身份。例如，高阳和袁方男指出：

> 从1998年起，受社会文化思想发展及社会实际变革的综合影响，一大批生于80年代的年轻人创作的文学作品得以走上市场，引起了社会的巨大关注。其作品初期主题主要为青春校园生活，但很快就扩展到各个方面。这些作品带有鲜明的时代特色和新颖的思想主题，在思想深度和文学形式上显示出了作者们勇敢的探索和突破，对这一时期的中国文坛和中国社会都产生了重要的影响。这些年轻作家后来被称作"80后"作家，根据他们的年龄和作品主题以及他们展示出来的全新文风和思想，他们创作的作品被统称为"青春文学"。③

尽管"青春文学"的概念常常与"80后"文学纠缠在一起，并在一定程度上交替使用，但这两个文学标签所承载的价值意义是有显著差别的。在主流文坛看来，"80后"文学比青春文学具有更高的审美价值。例如，评论家白烨就认为："用'青春文学'来泛指'80后'写作是不恰当的。原因是'80后'写作已经在很大程度上超越了'青春文学'的范畴，成为当下文坛的一个构成部分……'80后'写作表现出的广泛性、丰富性与厚重性，已远远大于'青春文学'。"④因此，部分从事商业写作的青春文学作者（如明晓溪）尽管也是"80后"，却从未被主流文坛授予"80后作家"的冠冕。

广义定义与狭义定义的区别在于作者的年龄和创作时段。广义定义囊括了现当代文学史上所有描述青春成长的文学作品，狭义定义则局限于当代作者，特别是20世纪80年代以后出生的青年作者创作的作品。青春文学与网络文学

① 贺绍俊：《以青春文学为"常项"——描述中国当代文学的一种视角》，载《文学评论》，2011(1)。

② 焦守红：《当代青春文学生态研究》，3、15页，长沙，湖南师范大学出版社，2008。

③ 高阳、袁方男：《青春文学发展历程》，载《小说评论》，2011(A1)。

④ 白烨、冯昭：《"80后"：徘徊在市场与文学、追捧与冷落之间》，载《中国图书评论》，2005(1)。

之间的异同也是我们在界定青春文学时必须考虑的问题。按照狭义定义，绝大部分网络文学作品都可以被纳入青春文学的范畴。但在实际的研究过程中，研究者通常并不把《诛仙》等网络文学作品与《幻城》等青春文学作品混在一起讨论，尽管两者都属于幻想类小说。

本章所讨论的青春文学，指的是 21 世纪以来，伴随中国社会的加速转型、消费主义意识形态的日趋盛行、网络新媒体的普及以及文学的市场化和产业化趋势而出现的文学样式。这种文学样式以青春经历和内心情感为主题，以商业出版为传播渠道，以青年或青少年为目标读者群，代表性作家有安妮宝贝、饶雪漫、韩寒、郭敬明、春树、孙睿、落落、笛安、张悦然、七堇年、明晓溪等。与《青春之歌》《青春万岁》等现当代成长小说相比，青春文学流露出更强烈的对于自我的追寻，展示了个体与家庭、学校、社会在新的历史情境下出现的复杂冲突。与在互联网上发表的网络文学相比，青春文学主要以纸质出版物的形式传播。由于发表门槛较高，青春文学更接近纯文学，注重独特的语言风格和细腻的描写。青春文学包含不少中短篇小说和散文，网络文学则以超长篇、高度类型化的网络小说为主。

2. 青春文学的出版轨迹

提起青春文学，就不能不说新概念作文大赛。由于韩寒、郭敬明、张悦然等著名青春文学作者都曾在该比赛中获奖，这个比赛也就理所当然地被一些研究者视为当代青春文学的起点。[①] 1999 年，《萌芽》杂志编辑部联合北京大学、复旦大学等七所全国重点大学共同主办了首届新概念作文大赛。比赛以"新思维、新表达、真体验"为宗旨，试图改变僵化、刻板的语文教育现状，促进素质教育的发展。[②] 早期的新概念比赛在中学生中引起巨大反响，获奖选手的写作才华也给读者留下了深刻的印象。虽然近十年来，新概念大赛再也没有涌现出韩寒那样的知名选手，但这项赛事还是极大地促进了《萌芽》杂志、《新概念作品选》以及"萌芽书系"等相关图书产品的销量，让原本惨淡经营的老牌文学杂志一跃成为青春文学的主力军。

不过，新概念作文大赛只是推出了一些"80 后"作者，率先使用"青春文学"概念来包装这些作者的是春风文艺出版社。根据该社编辑时祥选的说法，中国

---

① 李玮：《从"新概念作文"到"青春文学"——论当代文学生产机制作用下"青春文学"审美形态的生成》，载《山花》，2010(12)。

② 徐海、魏家川：《体制与市场双重变奏下的文化逻辑——"新概念作文大赛"生产机制研究》，载《贵州社会科学》，2008(5)。

的文学版图中原本只有"校园文学"和"青年文学"这两个概念，其代表性刊物分别是 1982 年创刊的《青年文学》和 1989 年创刊的国家级文学月刊《中国校园文学》。2002 年 12 月，春风文艺出版社在《幻城》的宣传文章中首次使用了"青春文学"一词。2003 年 4 月，该社成立青春文学编辑室，出版郭敬明、张悦然、蒋峰等"80 后"作者的作品。[1] 与网络文学早期的无功利写作不同，青春文学从诞生之日起就受到市场力量的左右。

在"青春文学"的概念被广泛接受之前，青春文学作品曾被冠以"少年写作"的名号，并经常和"儿童文学"混为一谈。当代引起轰动的青春文学作品最早可以追溯到 1996 年郁秀出版的《花季·雨季》。这部记录深圳特区中学生生活的长篇小说已销售 100 多万册，并先后获得宋庆龄儿童文学奖和全国优秀儿童文学奖。与《花季·雨季》同时期的著名青春文学作品还有许旭文的《正是高三时》(1994)、李芳芳的《十七岁不哭》(1994)、许佳的《我爱阳光》(1998)等。其中，《正是高三时》被誉为"中国第一本校园小说"。这些作品的作者大多是"70 后"，他们的成长过程正是中国改革开放的发展阶段，与前辈不同的生活环境让他们形成了独特的思考。

从 2000 年开始，青春文学迎来了快速成长的时期。2000 年，韩寒的《三重门》和《零下一度》先后出版，成为"叛逆青春"的典型代表。2003 年，郭敬明的《幻城》登上年度文学榜榜首，接下来的《梦里花落知多少》《左手倒影，右手年华》《夏至未至》也都成为炙手可热的畅销书。2004 年以后，随着各出版社的大举进入，青春文学类图书的发展趋于成熟，商业化运作不断升级，策划与营销领域的创新也达到高峰。例如，二十一世纪出版社在打造"亿元女生"郭妮时，就使用了类型化写作、图书精品化包装、礼品附赠、多媒体营销等多种手段，让郭妮在 2006 年大红大紫。[2]

2006 年，郭敬明创办《最小说》，开青春文学杂志书(MOOK，"magazine"和"book"的缩合词)先河。此后，相当数量的年轻作家都利用自己的读者号召力和社会影响力参与到杂志书的出版中。例如，曾为郭敬明团队主要成员的 hansey 创办了《花与爱丽丝》，明晓溪先后参与了对《公主志》和《仙度瑞拉》的打造。郭妮主编的《火星少女》、蔡骏主编的《悬疑志》、张悦然主编的《鲤》、饶雪漫主编的《最女生》也相继问世。[3] 目前，这些杂志书大多已经停刊。其中最"短

　① 时祥选：《一个与青春文学同行者的观察和思考》，载《中国图书评论》，2010(3)。

　② 北京开卷信息技术有限公司：《畅销书十年回顾：青春文学，80 后的盛宴》，http://www.openbook.com.cn/Information/2500/239_0.html，2018-08-01。

　③ 那拉：《青春文学杂志的作家品牌效应》，载《中国民营书业》，2009(8)。

命"的要数韩寒主编的《独唱团》，仅出版了一期就夭折了。杂志书是从书到刊的过渡性产品，它的出现标志着"青春文学从图书畅销偶发性向期刊创作持续性的转变"①。2008 年 1 月，《最小说》取得正式刊号，获得广告经营权，可以利用广告收入来补贴杂志出版。在大部分纯文学期刊乏人问津的当下，《最小说》一直保持着优异的销量。②

3. 青春文学崛起的原因

青春文学的出现无疑得益于社会的开放和文化资讯的普及。青春文学的作者大多出生于 20 世纪 80 年代以后。他们这一代人从小"就沐浴着丰富多彩的文化关怀，感受着多种文化的碰撞和交融"。其广博的知识储备为低龄化写作奠定了良好的基础。③ 当代青少年不仅广泛参与文学创作，同时也是文学阅读的主力军。正如《萌芽》杂志主编赵长天所说："一般人对文学的爱好，都是从中学开始萌发的；中学生有理想，有热情，历来都是文学最忠实的朋友。"④ 当忙于生计的成年人仅仅关注财经、美容、养生等实用类书籍时，青少年却拥有更多的闲暇从事文学阅读，获得精神的放松和情感的慰藉。此外，青少年读者也拥有较强的购买力。许多家长自己虽无暇读书，但却鼓励孩子读书，乐意为孩子的课外阅读埋单。⑤

青春文学兴起的根本原因是消费社会中青春的商业化以及大规模的青少年消费者群体的出现。我们不妨先来看看青春概念的演变历史。"青春"在古代汉语中有两个含义：一指春季，因春季草木一片青葱，故称"青春"；二指青年时期，亦指少壮的年龄。现代汉语中的"青春"主要和"青年"一词相关，指青少年或青年这一年龄阶段，或由儿童向成年过渡的成长过程。⑥ 据钱穆考证，"青年二字"乃"民国以来之新名词"。"古人只称童年、少年、成年、中年、晚年……乃独无青年之称。或称青春，则当在成婚前后数年间，及其为人父母，则不再

---

① 北京开卷信息技术有限公司：《畅销书十年回顾：青春文学，80 后的盛宴》，http://www.openbook.com.cn/Information/2500/239＿0.html，2018-08-01。

② 张凌凌：《"与这个快节奏、短信息的时代拉开距离"中国文学杂志的死与生》，载《新周刊》，2011(348)。

③ 解玺璋：《低龄化写作：文学之外的视野》，载《北京日报》，2001-08-12。

④ 赵长天：《从〈萌芽〉杂志 50 年历史谈起》，载《文艺争鸣》，2007(4)。

⑤ 张英：《青春文学：不跟文坛玩》，载《南方周末》，2007-09-26。

⑥ 高京：《自我的追寻与文学的可能——论中国当代文学中的青春写作》，硕士学位论文，西北大学，2008。

言青春。"①也就是说，在古代社会，由于结婚和生育年龄较早，个体的生命周期中并没有一个明显延续的青年阶段，青春也只是一个和奋发努力或及时行乐相关的较为短暂的人生状态。

1900 年，梁启超发表了震撼人心的《少年中国说》，第一次将"老年"和"少年"建构为明确的二元对立的概念。老年和过去、保守、灰心、怯懦、无为等贬义词联系在一起，少年则和未来、进取、希望、豪壮等褒义词联系在一起。这两个对立的语义链的展开，开启了中国社会从一个尊老尚古的传统社会向一个尊幼尚新的现代社会的转型。1915 年，五四运动的重要舆论阵地《新青年》杂志问世。该刊物不仅为"青年"正式命名，还冠之以"新"这个修饰词。五四运动本质上是一场青年运动。旨在通过塑造独立的"青年"概念达到"民族新生和人格新生"的目的，试图以"青春"的名义召唤一种新的国家、民族精神。这场运动将革命激情、青春激情和乌托邦狂热融为一体，成为中国激进主义思潮和革命意识形态的源头。在启蒙和救亡的双重话语中，青年被赋予神圣而独特的地位，承担着改造社会、拯救国民的特殊使命。② 这种和激进主义"紧密扭结在一起"的青春文化具有两面性。一方面，它是美丽的，闪耀着理想主义的光芒；另一方面，它是可怕的，易为专制主义所利用。③ "文化大革命"中红卫兵运动的悲剧就充分揭示了青春的盲目、残暴和破坏性。

20 世纪 80 年代中期，年轻人开始调整价值观和人生目标，要求社会认可他们这个年龄段的权利和需要。这一时期，不仅叛逆的年轻人被当作"问题青年"，种种和青年有关的现象和文化，如崇洋媚外、自由恋爱等，也都被一一问题化，成为全社会关注的焦点。④ 20 世纪 80 年代末 90 年代初，风靡一时的"摇滚青年"与"痞子青年"共同塑造了一种追求个性和自由的青年文化。崔健的"不是我不明白，这世界变化快"唱出了一代人的焦虑与迷茫。王朔则用调侃的语言塑造了一系列无所事事、玩世不恭、及时行乐的都市年轻人形象，其经典语录是"我是流氓我怕谁""千万别把我当人""一点正经没有"。

进入 21 世纪，青年、青春的概念发生了新的位移。2000 年，韩寒出版了当代青春文学的地标性文本《三重门》。在这本超级畅销书的"个人简介"部分，

---

① 转引自刘广涛：《二十世纪中国青春文学史研究——百年文学青春主题的文化阐释》，24 页，济南，齐鲁书社，2007。

② 转引自刘广涛：《二十世纪中国青春文学史研究——百年文学青春主题的文化阐释》，3～8、25～31 页，济南，齐鲁书社，2007。

③ 转引自刘广涛：《二十世纪中国青春文学史研究——百年文学青春主题的文化阐释》，31～32 页，济南，齐鲁书社，2007。

④ 陈映芳：《青年与中国命运：青年角色的百年演变》，载《招商周刊》，2005(33)。

韩寒大量引用了王朔作品的书名：

1999 浮出海面	获首届新概念作文大赛一等奖
1999 顽主	写《三重门》一年
1999 看上去很美	成绩单挂红灯七盏 留级
1999 过把瘾就死	于《新民晚报》上抨击教育制度
……	
2000 动物凶猛	一部分无聊的讨论文章和讨论者
……	
2000 千万别把我当人	我成为现象 思想品德不及格 总比没思想好
2000 无知者无畏	有人说我无知 那些没有文化只有文凭的庸人

　　韩寒对于王朔作品的征引，无疑将自己与 20 世纪 80 年代的反叛性青年文化联系在一起。他在《三重门》中对应试教育体制的猛烈抨击，也的确和王朔解构神圣、戏仿崇高的反体制精神一脉相承。在文风上，两人也都以犀利的讽刺和大胆的幽默见长。不过，王朔笔下的人物大多是 20 多岁的社会青年，《三重门》中的主人公林雨翔却是十多岁的中学生。这一年龄差异表明，当代青年文化的主体已经由青年下沉到青少年，而《三重门》正是献给这个新兴的青少年群体的。在《三重门》的后记中，韩寒写道："尽管情节不曲折，但小说里的人生存着，活着，这就是生活。我想我会用全中国所有 Teenager（这个词不好表达，中文难以形容），至少是出版过书的 Teenager 里最精彩的文笔来描写这些人怎么活着。"①英文的"Teenager"一词就是"青少年"的意思。可是，为什么韩寒觉得难以用中文来传达"Teenager"一词的含义呢？

　　英国作家乔恩·萨维奇（Jon Savage）在《青少年期：青春文化的创立》一书中认为，1944 年，美国人开始用"青少年"（teenager）一词描述 14—18 岁的年轻人。从一开始，"青少年"就是一个被广告商和生产商使用的营销术语。这个词汇的出现反映了美国青年新增的购买力，同时表明青春期变成了一个"拥有自己的仪式、权利和要求的年龄段"。1944 年 9 月，美国著名青少年杂志《17 岁》（Seventeen）创刊。该杂志将"民主政治、国族认同、同辈文化、目标营销和青年消费主义"成功地融为一体，主要内容是："青春时尚和美容、电影和音乐、思想和人物"。除了把青少年读者打造为有责任感的成年人，该杂志最主要的目的是向零花钱充裕的青少年推销各种时尚和潮流。时尚成了"美国青年渴求新

---

　　① 韩寒：《三重门》，361～362 页，北京，作家出版社，2002。

奇、激情和自我认同的最纯粹的表现"。消费主义完满地化解了青春的骚乱和反叛，"是对年轻人的破坏性能量进行无害分流的美国方式"。通过新的命名，美国青少年创造了一个不同于成人和孩子的世界，一种新的青年文化。美国价值观也通过这个"活在当下、寻欢作乐、热衷购物"的美国青少年形象，传播到世界的各个角落。① 2010 年 1 月，饶雪漫主编的《17@seventeen》杂志上市。这本"时尚纯文学少女读本"的创意显然来自美国的《17 岁》杂志。

随着市场经济改革的深化，"以财物定义成功"和"通过财物占有追求快乐"②的物质主义和享乐主义价值观开始在中国城市青少年中蔓延。这一方面是"一切向钱看"的商业社会的必然结果，另一方面也是独生子女政策的副产品。随着社会商品的丰裕、家庭收入的提高，许多青少年都从父母那里获得了数量可观的零花钱，成为"掌握着市场的金钥匙"的消费者。③ 21 世纪初，一项针对广州市 600 余名高中生的消费状况的调查显示，42％的学生每月可支配的金钱为 100 元至 400 元，17.3％的学生每月可以支配 400 元以上的零花钱。青少年中常见的消费行为是购买休闲刊物，24.2％的学生有经常购买休闲刊物的习惯。④ 正是广大青少年读者的追捧，才使得"青春文学"这个新兴的图书类型迅速在市场上站稳了脚跟。

4. 偶像作家与粉丝读者

在众多的青春文学作者中，韩寒和郭敬明无疑是知名度最高、影响力最大的两位。他们不仅是青春文学的标志性人物，还是能够呼风唤雨的青年偶像。他们如一线娱乐明星般拥有超高的媒体曝光度、数量庞大的支持者和无与伦比的商业价值。他们每一部新作的问世都会伴随大规模的媒体轰炸；他们不断刷新文学市场的销量纪录和签售纪录，多次在作家富豪排行榜上名列前茅；他们主编杂志、担任广告代言人，最大限度地利用个人品牌的价值。尽管有研究者认为，"80 后"文学偶像乃商业运作的结果，是文学内涵日渐稀薄的症候⑤，但

① Jon Savage, *Teenage：The Creation of Youth Culture*, New York, Viking, 2007, pp. xv, 448-453, 465.

② 李鹏举、黄沛：《谈"80 后"物质主义及其对主观幸福感的影响》，载《商业时代》，2010(8)。

③ 楼尊：《他们掌握着市场的金钥匙——中国青少年消费市场特征及企业营销对策分析，以上海市青少年消费为例》，载《市场与人口分析》，1995(4)。

④ 刘钧演等：《对广州市中学生消费的调查》，载《青年研究》，2002(4)。

⑤ 贺绍俊：《大众文化影响下的当代文学现象》，载《文艺研究》，2005(3)；江冰：《论 80 后文学的"偶像化"写作》，载《文艺评论》，2005(2)。

不可否认的是，这些偶像作家的出现部分改变了当代文学的生产机制。

1949 年以后的文学生产场是一个"以文联、作协为核心，以各级文联、作协主办的文学期刊为基地"，"与国家行政级别和计划经济体制严格配套的网状结构"。文学期刊的编辑"享有极大的改稿权力"，并承担着发掘文学新人的重任。① 20 世纪 80 年代，大批先锋作家的成名都和著名文学编辑、文学评论家的提携密切相关。② 这些编辑、评论家和作家构成了利益共同体，掌握着主流文坛的话语权。韩寒、郭敬明等"80 后"明星作家却是在出版社而非纯文学期刊的打造下一举成名的。他们选择了依靠读者和市场，而非依附文坛的写作之路。由于拥有大量的粉丝读者和自我掌控的舆论宣传平台——韩寒有点击率颇高的博客，郭敬明则是销量可观的青春文学杂志《最小说》的主编，他们既不希求资深作家的认可，也不在意评论家的批评。

除了作家的偶像化，互联网和签售会上人数众多、激情澎湃的粉丝读者也是青春文学的一大奇观。截至 2018 年 6 月底，郭敬明和韩寒在新浪微博上的粉丝数量分别高达 4449 万和 4068 万，令许多作家望尘莫及。由于粉丝的狂热追捧，郭敬明的新书签售会一向是媒体报道的热点。据新浪网《郭敬明率团队签售 7 小时达 15768 册　破于丹纪录》一文报道，2009 年 7 月 14 日，郭敬明率领"THE NEXT·文学之新"新人选拔赛四强作者以及《最小说》的 7 位人气作者在北京西单图书大厦举办签售会，7 小时共签出 15768 册，刷新了北京图书市场的签售纪录。2013 年 6 月，郭敬明自编自导的电影《小时代》凭借粉丝的支持，上映首日便取得 7300 万票房，打破了之前国内 2D 电影的首日票房纪录。

有研究者担心，读者对作者的非理性认同会导致道德底线的彻底丧失。其实，读者的粉丝化并不是当代独有的现象。优秀的文学作品从来都具有引发读者强烈共鸣的力量。这些作品的作者很容易给读者造成一种错觉，仿佛他们是读者最亲密的朋友，洞察读者心灵深处最隐秘的情感和思绪。历史上，汤显祖的《牡丹亭》就曾让无数读者心醉神迷。一位痴迷《牡丹亭》的少女拒绝了所有求婚者，声称非汤显祖不嫁。后来，她来到杭州，发现汤显祖已经是"伛偻扶杖"的老翁，失望之余投水自尽。清代还流传着"吴吴山三妇合评牡丹亭"的故事。吴吴山是钱塘人氏，先后娶了三个妻子。这三位女性，虽然素未谋面，但都非常喜爱《牡丹亭》，相继在同一个手抄本上留下了密密麻麻的评点。③

---

① 邵燕君：《传统文学生产机制的危机和新型机制的生成》，载《文艺争鸣》，2009(12)。

② 李云雷等：《三十年，大陆文学生态流变》，载《联合文学》，2010(3)，http://www.cul-studies.com/Article/literature/201004/6991.html，2018-08-01。

③ 蒋晗玉：《汤显祖的纯情女"粉丝"》，载《艺海》，2010(2)。

　　礼法森严、交通不便的封建社会尚能出现狂热的粉丝读者，在信息发达的当代社会，粉丝读者的养成率和曝光率自然大为提高。读者能够很容易地通过传媒获取作者的生平资料、音容笑貌和最新动向，从而"将一个遥远的陌生人转变为一个重要的他者(significant other)"①。大量粉丝读者的出现表明，读者在作品中投入的情感更多，与作品的关系变得更加紧密。青春文学在继续发挥文学的教化功能的同时，还起到了陪伴、抚慰、自我疗治的心理功能，帮助读者纾缓抑郁，调节心情。青春文学归根结底也是一种"情感经济"。

　　2003 年，在《幻城》出版并引起轰动之后，春风文艺出版社将读者的反馈整理成专集《幻城之恋》。从精选的读者来信中，我们可以看到，不少读者都在反复阅读后发现了《幻城》在故事逻辑、细节设定和遣词造句方面的疏漏，但仍然发自内心地热爱这部作品，并用各种方式表达自己的喜爱。他们有的为故事续写结尾，有的为小说绘制插图，有的将这本书推荐给同学好友，有的则手抄书中最感人的部分。一位退休的老编辑在信中写道："最近阅读了《幻城》。此书在青少年中阅读者甚多，影响广泛。我虽已是老年，但读来也意趣盎然，阅读中竟不忍释手。"②显然，青春文学的粉丝读者并不都是愚昧无知、盲目轻信、道德恶劣的"坏小孩"。

　　《中学生天地》杂志 2008 年对三所中学的高中生阅读状况做过调查。调查结果表明："有 40.6％的中学生认为青春小说写出了他们心底的苦恼、情感和对世界的理解，这一切都是老师和父母所不能理解的。"22.5％的学生认为，青春小说"可以使自己暂时摆脱烦恼"。不同于许多评论家的臆想，只有极少数中学生(占 2.5％)"为了追赶潮流而去看青春小说"。一名中学生表示："我觉得文学就是文学，不需要加上'青春'的前缀。不管是哪一代人的作品，好的文章总是能打动人心，不存在只能让这代人理解而另一代人无法理解的'盲区'，不可以用代沟来当借口。"③

　　青春文学的适时出现，一定程度上弥补了当代文学生产的空白，激活了潜在的青少年读者群。我们需要给青春文学更多的宽容和理解，而不是一味指责它的无病呻吟和肤浅幼稚。毕竟只有时间才是文学作品价值优劣的终极裁判者。如果我们把经典理解为"常销的畅销书"，部分优秀的青春文学作品未必不能在将来成为新的文学经典。

---

　　①　Chris Rojek, *Celebrity*, London, Reaktion, 2001, p. 53.

　　②　布老虎青春文学工作室：《〈幻城〉之恋》，138 页，沈阳，春风文艺出版社，2003。

　　③　张莉、翁建平：《青春文学：谁祸害了谁——一场关于"青春文学"的讨论》，载《中学生天地(B 版)》，2008(11)。

二、自己的世界：青春文学的主题

青春文学展现了当代青少年的思想观念、生活方式和情感体验，构成了一个与成人的、正典的、主流文坛平行的文学世界。青春文学的作者在这个世界里自由抒发"青春期里的喜怒哀乐，成长中的酸甜苦辣，初涉人世的懵懂、迷惘、困惑与渴望"①。青春文学的主题与青春期的心理特点、情感需要有着密切的关系。青春期是一个人的生理和心理发生巨大转变的时期，是一个"迅速走向成熟而又尚未达到完全成熟的阶段"。随着知识阅历的增加、自由活动空间和人际交往范围的扩大，青少年自我实现的欲望不断增长。他们渴求完全的独立自主，摆脱父母的管束和控制；渴望参加社会活动，尝试新的文化娱乐方式；渴望与同辈特别是异性建立起亲密的关系。他们对未来充满美好的希望和幻想，常常依靠不切实际的"白日梦"来补偿现实中的缺憾。他们朝气蓬勃，精力旺盛，但又抑郁苦闷，敏感易怒。他们总是在反抗与屈从、自负与自卑、自信与气馁的矛盾中挣扎。② 郭敬明所说的"一半明媚，一半忧伤"虽然遭到了网友的调侃，但的确精准地概括了青春期的矛盾心理。

刘广涛曾对 20 世纪青春文学的主题做过全面的研究。他认为，成长主题是"具有根本性质的"青春主题，并围绕"成长"的总主题归纳出"青春理想"，"青春崇拜"（包括异性崇拜和英雄崇拜），"青春反叛"（如审父、弑父情结，"狂人""疯子"和"逆子"形象），"青春流浪"，"青春病态"（颓废、忧郁、孤独等），"青春情爱"六大次要主题。③ 21 世纪以来，青春文学虽然延续了 20 世纪青春文学的大部分主题，但在主题的表现和挖掘上呈现出新的特质。

1. 青春文学中的成长模式

法国民俗学家阿诺尔德·范热内普（Arnold van Gennep）在 1909 出版的《过渡礼仪》一书中提出了"过渡礼仪"（rites of passage）的概念。范热内普认为，不管在何种社会，个体的一生都必然经历"诞生、社会成熟期、结婚、为人父母、上升到一个更高的社会阶层、职业专业化，以及死亡"。其中每一事件都伴有仪式，目的是保证个体从一个阶段顺利过渡到另一个阶段。在各种与生命周期

---

① 孙桂荣：《走过青春期的文学实验——论新世纪"青春文学"》，载《文艺争鸣》，2009(4)。
② 陆扬：《文化研究概论》，304 页，上海，复旦大学出版社，2008。
③ 刘广涛：《百年青春档案：20 世纪中国小说中的青春主题研究》，40～41 页，北京，中国社会科学出版社，2005。

相关的过渡礼仪中，范热内普最关注的是成人礼仪。在成人礼仪的第一阶段，新员与旧我彻底分离。在第二阶段，新员进入边缘期，接受一段时间的学习或考验。在第三阶段，通过考验的新员重新聚合到社群，被社群接纳和承认。①我们可以借用范热内普"成人礼仪"的概念来阐释青春文学中的成长主题。青春文学作品大多描绘了个体从分离、转变到重新融入社会的过程，展示了处于人生过渡期的年轻人的忧郁、痛苦和迷茫。

　　郭敬明的长篇小说《梦里花落知多少》将成长诠释为一场盛大的告别。青春是一段伤害与被伤害的日子，成长则意味着一个自我无害化的处理过程，即放弃过往，放弃依赖，独自面对世界。故事开始时，女主人公林岚是一个家境优越、备受宠爱、外表骄傲、内心脆弱的北京女大学生。在爱情和友情的一系列严酷考验之后，她终于变得坚强，独自奔赴陌生的深圳打拼，并在那里收获了属于自己的事业和爱情。小说的结尾，林岚的初恋男友讲述了见到成熟的林岚之后的感受："我站在街的转角，心里想，林岚终于长大了，不再是当初那个疯疯癫癫的小丫头了。我想她再也不需要人照顾了，她可以抵挡那些她曾经一直抗拒的风雨。"②当然，这种脱胎换骨的成长是需要付出代价的。林岚不得不收敛青春的纯真和热血，舍弃与顾小北童话般的初恋，告别昔日的好友闻婧，亲手埋葬与陆叙迟到的恋情。这个割舍旧我、重塑新我的过程让林岚感到深深的无奈："有个词语叫物是人非，这是我见过的最狠毒的词语"。③

　　安妮宝贝的长篇小说《莲花》也是一个关于成长的故事。不过，成长的目的并不是重新融入社会，而是穿越世俗的喧嚣，获得心灵的安顿。较之《梦里花落知多少》的夸张和戏谑，《莲花》显得沉静和内省。在序言中，安妮宝贝解释了将小说取名为"莲花"的用意：

　　　　有人说众生如同池塘中的莲花：有的在超脱中盛开，其他则被水深深淹没沉沦于黑暗淤泥中；有些已接近于开放，它们需要更多的光明。在这本小说里，写到不同种类生命的形态，就如同写到不同种类的死亡、苦痛和温暖。他们的所向和所求，以及获得的道路……莲花代表一种诞生，清除尘垢，在黑暗中趋向光。一个超脱幻象的新世界的诞生。④

---

　　①　[法]阿诺尔德·范热内普：《过渡礼仪》，张举文译，3～4、85页，北京，商务印书馆，2010。

　　②　郭敬明：《梦里花落知多少》，230页，沈阳，春风文艺出版社，2004。

　　③　郭敬明：《梦里花落知多少》，235页，沈阳，春风文艺出版社，2004。

　　④　安妮宝贝：《莲花》，3页，北京，作家出版社，2006。

《莲花》主要描写了三个人物：命运多舛但从不放弃的内河，身患疾病、滞留高原等死的庆昭，事业有成但内心挣扎的善生。内河从小对爱有着近似偏执的渴望，历经情路坎坷后，她醒悟到："我一直是自尊微薄的女子，强烈地需要来自他人的认证；他们爱我，我才能爱自己。"为了开辟新的人生道路，内河毅然抛弃了都市的繁华，只身前往西藏墨脱支教，"尝试为身边的人服务，放低自己，有所付出"。庆昭后来病愈，留在西藏过起了相夫教子的平淡生活。小说没有明确交代善生的结局，但庆昭在梦里见到善生迎着阳光割腕自杀。如果说只有杀死旧我才能获得新生，那么善生想必也获得了救赎。①

七堇年的《大地之灯》②展现了另外一种从脱离/出走到回归的成长模式。小说描写了知青后代简生和藏族孤女卡桑这两个不同世代、不同身世的男女交错的成长经历。受《莲花》的影响，《大地之灯》也有大量关于雪域高原的景物描写。但这两部小说的精神旨归存在显著差异。《莲花》将个人救赎的希望寄托于隐居和遁世，《大地之灯》则彰显了爱情和亲情的救赎力量。在《大地之灯》的结尾，卡桑生下了女儿，在新生命的诞生中找到了安宁和幸福；简生摆脱了心灵的困扰，回到一直耐心等待的爱人身边。

相当一部分青春文学作品，都如《大地之灯》一样，将稳定的人伦关系的获得当作成长的证据和归宿。张悦然的《毁》《樱桃之远》《水仙已乘鲤鱼去》等小说中周而复始的激情爆发总是以回归"质朴情感"为最终的皈依。孙睿的《草样年华》及续篇《我是你儿子》，也是从对教育体制的反抗过渡到经济和身体的独立。最后，主人公重新认识到亲情的重要性，亲子关系得到强化。③ 春树的《北京娃娃》里的"我"在小说结尾回到了差点被自己大意烧掉的家。李傻傻的《红×》的主人公沈生铁被学校开除，一度在小旅馆里过着混乱的生活，最后投奔女人，在女性的照顾下重获新生。

当然，也有拒绝回家、拒绝成长的例外，如韩寒的小说。如果说《三重门》中的林雨翔尚在犹豫是否离家出走，韩寒《三重门》之后的所有作品都在讲述同样一个"出走—在路上"的故事。④《像少年啦飞驰》中，"我"与老枪作为"文学枪手"四处游荡；《一座城池》中，"我"与建叔等人因打群架逃到一座小镇，终日无所事事地闲逛；《光荣日》中，大麦与兄弟们坐火车去孔雀镇支教，试图建立自己的独立王国；《他的国》中，左小龙在一个名叫亭林镇的小地方骑着摩托车

---

① 安妮宝贝：《莲花》，169~170 页，北京，作家出版社，2006。

② 七堇年：《大地之灯》，武汉，长江文艺出版社，2009。

③ 季红真：《从反叛到皈依——论"80 后"写作的成人礼模式》，载《文艺争鸣》，2010(15)。

④ 这个观点来自李凯 2011 年在厦门大学"青春文学与创意产业"课程上的发言。

晃来晃去;《1988:我想和这个世界谈谈》中,"我"与娜娜开着一台 1988 年出厂的破旧旅行车,在 318 国道上流浪。① 这些小说中的年轻人始终处于社会的底层或边缘,拒绝融入主流社会,拒绝服从整齐划一的社会规范。

2. 青春文学中的同性情谊

除了成长主题,同性之间亲密无间的友谊也是青春文学反复书写的重要主题。青春文学的作者大多为"80 后"独生子女。他们这一代人在成长的过程中获得了父母长辈更多的关爱,但却缺乏同龄人之间的互动和交流。他们渴望在遇到难以向父母启齿的困难时,有人能够理解和支持他们,与他们共渡难关;渴望有人愿意倾听、分享青春期的彷徨和苦闷;"渴望有人能与自己怀有相同的愿望与梦想;渴望有人能不求回报、时时刻刻地陪伴在自己的身边"。青春期的孤独感既是他们写作的动力,也是作品中的有机元素。为了满足倾诉和获得陪伴的欲望,"80 后"作者经常在小说中为主人公安排一个伙伴。"当主人公处于困境之中的时候,这个伙伴总是不离不弃地陪伴在他的身边,鼓励他,帮助他,任劳任怨,无私付出。"②

《水仙已乘鲤鱼去》中的优弥和璟,以及《1995—2005 夏至未至》中的傅小司和陆之昂,都体现了这种心心相印的伙伴关系。优弥为了成就好友璟的作家梦,每晚陪她长跑瘦身,帮她戒掉了暴食症。为了保护璟,优弥毅然无悔地替她背黑锅,入狱长达四年。陆之昂与傅小司的关系比起优弥与璟的关系,有过之而无不及。③ 为了解救被围攻的傅小司,陆之昂失手伤人,被判无期。狱中的陆之昂告诉傅小司:

> 有时候想想,自己的这一生,就像是为了你才到这个世界上来一趟的样子……和你在一起的日子,让我的生命变得好丰富。
>
> ……
>
> 我觉得你的生命就像是壮阔的大海,而我的生命,就像那些在太阳底下晒一晒就会蒸发的河流。所以我就好想和你在一起,那样我就会觉得,自己的生命,也随着你的一起,变得波澜壮阔。④

---

① 郑润良:《〈1988〉:韩寒与当代社会的戏剧性》,载《语文教学与研究》,2010(34)。

② 魏娜娜:《青春与成长——"80 后"小说创作解》,硕士学位论文,山东大学,2007。

③ 齐林华:《"80 后"文学文本话语研究》,硕士学位论文,南昌大学,2008。

④ 郭敬明:《1995—2005 夏至未至》,292 页,沈阳,春风文艺出版社,2006。

　　"80后"作者格外重视友情主题的另一个原因是，青春期的少男少女普遍有某种"同性依恋情结"。在青春期，异性之间的交往常受到非议和束缚，同性之间的交往则得到鼓励。女孩渴望结识年龄稍长的，能保护、了解和爱护自己的"姐姐"；男孩子崇拜有创造性、有独立见解、事业有成的"哥哥"。① 这些年轻人从同辈那里学到的东西，远比从家长和老师那里学到的多。正如在《1995—2005 夏至未至》中，陆之昂对傅小司说："那些生命中温暖而美好的事情，那些让我在黑暗里鼓足勇气的事情，大部分都是你教会我的"。②

　　落落的长篇小说《尘埃星球》是专门描写男孩之间兄弟情谊的作品。夏圣轩和夏政颐是同住一条街的同姓少年，都来自单亲家庭。比夏圣轩小两岁的夏政颐崇拜英俊成熟、学业优秀、擅长为人处事的夏圣轩，把他当作亲哥哥一样依靠，夏圣轩也因为照顾夏政颐练就了一手好厨艺。进入初中，性格直接、自尊心强的夏政颐成了被老师和同学嫌弃的问题学生，和夏圣轩的关系也变得疏远。当两家父母决定结婚，两个男孩真的成为法律意义上的兄弟之后，夏政颐不仅极力反对母亲的再婚，还间接导致夏圣轩的好友在车祸中身亡。初中毕业后，夏政颐升入了夏圣轩所在的高中，逐渐对人世有了新的认识。然而，就在兄弟二人重新开始沟通的时刻，夏政颐在一次郊外旅游中意外坠亡，夏圣轩再也没有机会表达他对弟弟的爱意。③

　　如果说夏圣轩和夏政颐不是兄弟胜似兄弟，《幻城》中的卡索和樱空释则既是兄弟也是仇敌。在这部成名作里，郭敬明将相爱相杀的兄弟情演绎到极致。卡索和樱空释是幻雪帝国的两位王子，从小相依为命。从释记事起，哥哥卡索就是他"心中唯一的神"，为了哥哥，"毁灭世界也在所不惜"。卡索也将弟弟视作自己的"天下"，竭尽全力保护弟弟。为了帮助卡索逃离幻雪帝国王位的牢笼，享受自由的生活，释不惜犯下重罪。杀死释后，卡索才通过释留下的梦境明白了他的苦心。为了让释复活，卡索带领伙伴去幻雪神山寻找能让人起死回生的隐莲。复活之后，释成为灵力超强的火族皇子罹天烬。他率领火族毁灭了幻雪城，在看到卡索的一瞬间恢复了前世的记忆。释对卡索的爱是霸道、任性和自私的，但也是纯真、热烈、没有丝毫功利成分的。在一切都是镜花水月、都逃不过命运安排的"幻城"里，似乎只有这种极端的爱才能让人感到一丝安慰。

　　同性之间平等、忠诚和坚固的友谊与异性恋爱情的利用、背叛和伤害所形

---

① 林明：《论"80后"小说创作》，硕士学位论文，东北师范大学，2006。

② 郭敬明：《1995—2005 夏至未至》，292 页，沈阳，春风文艺出版社，2006。

③ 落落：《尘埃星球》，武汉，长江文艺出版社，2008。

成的鲜明对照，也是同性情谊得到张扬的一个原因。在不少青春文学作品里，女主人公往往会迷恋上并不值得爱的"坏男人"，陷入一场卑微而虚妄的单恋。张悦然的多部作品都描绘了这种遇人不淑的可悲爱情。《竖琴，白骨精》里的妻子小白骨精，为了让丈夫做出最好的竖琴，奉献出身上四十根骨头。但丈夫对她的死毫不怜惜，只是叹息自己的竖琴不够完美。《樱桃之远》中的段小沐仅仅因为流氓小杰子调戏过她，就对他一往情深，但小杰子根本不爱她，只是不断向她索要财物。《誓鸟》中的春迟因为被海盗骆驼蛮横地占有了七天而对他痴情不渝，但骆驼早就将她遗忘。这种错爱的伤痛，只能依靠温暖的同性友谊来抚慰。既然王子不仅没有拯救公主，还将公主推向了痛苦的深渊，"闺蜜"就只好出马，扮演疗伤者和复仇者的角色，给予女主人公从男性那里得不到的慰藉。因此，《樱桃之远》中，与段小沐有着神秘缘分的杜宛宛与小杰子同归于尽。《誓鸟》中，春迟的女友淙淙用美人计报复骆驼。

同性情谊不仅是一种能给读者带来情感满足的叙事母题，也是一种能传达独特信息的叙事手段。一些作者通过塑造性格各异、互为镜像的朋友/对手，探索年轻人所面临的多种人生选择。例如，安妮宝贝的中篇小说《七月与安生》就刻画了两个女孩长达十多年的依恋。七月和安生十三岁时初次相识，立刻成为如影相随的好友。安生是私生女，桀骜不驯，热爱旅行和艺术，渴望"摆脱掉所有的束缚，去更远的地方"。七月来自一个温暖的家庭，温良美丽，成绩优异，"只想过平淡的生活"。十六岁时，七月爱上了英俊优秀的苏家明。中学毕业后，七月和家明考上大学，安生开始了漂泊不定的生活。二十四岁时，七月提出和家明结婚，却意外地发现安生住在家明那里。原来，安生和家明早就相爱，只是为了成全七月，安生才忍痛出走。家明和七月结婚，两人过上了平淡的婚姻生活。数月后，安生回到七月身边，生下了她和家明的女儿，死于难产。七月给安生的孩子取名"小安"，并和家明商定不再要孩子。安生的小说《七月与安生》在安生死后出版。①

安妮宝贝的这部作品表面上是一个老套的三角恋故事，实际上却用安生和七月的人生轨迹映射出当代女性的两种人生态度：一种是不受拘束地探索人生，收获丰富的生命体验，哪怕孤独和受伤；另一种是按部就班地生活，建立安稳的家庭，哪怕平淡和无趣。这是两种非此即彼、互不兼容的人生选择。家明在七月和安生之间做出的抉择，恰好象征了很多女性在这两种人生中做出的选择。安生虽然早逝，但她留下的文字会继续诱惑、困扰所有不安分的灵魂。

---

① 安妮宝贝：《七月与安生》，见《告别薇安》，191～220 页，北京，北京十月文艺出版社，2011。

鲍尔金娜的长篇小说《紫茗红菱》①也是以两个女主人公的名字为书名，讲述了她们在成长过程中的友谊、竞争与和解。唐紫茗和阮红菱不仅同年同月同日生，而且出生在同一个产房。紫茗的父母皆为艺术家，虽然离异，但没对她的生活造成太大的影响。红菱来自下岗工人家庭，母亲泼辣放荡，父亲懦弱无能。紫茗从小就是班干部，但内心深处像红菱一样渴望叛逆和放纵。红菱从小就妩媚性感，善于利用女性魅力吸引男性。她当过小流氓的女友和大款的情妇，被抛弃后幡然醒悟，回到对她念念不忘、因救她而负伤的人身边。小说的结尾，紫茗和红菱都找到了理想的恋人。两个女孩不仅恢复了友谊，她们的男友也碰巧是好友。《紫茗红菱》虽然再现了两种不同的女性成长道路，但紫茗和红菱的人生追求并没有本质的不同。两个性格各异的女孩实际上都渴望着同样的生活：考上理想的大学，获得理想的男友，拥有个人幸福。

3. 青春文学中的性/爱与身体

青春期是性机能逐渐发育成熟的时期。随着生理的成熟，青少年会产生强烈的性意识，渴望获得异性的关注和爱慕，渴望探索两性的奥秘，渴望通过性体验成为真正的"男人"和"女人"。性在当代主流文坛的自传体成长小说中一直占据着至关重要的位置。林白的《一个人的战争》、王小波的《黄金时代》、陈染的《私人生活》、卫慧的《上海宝贝》、棉棉的《糖》等作品都对青春期身体的变化、性欲的萌动和性体验做了大胆详尽的描绘。在这些作家看来，身体是反抗压迫性的主导意识形态和性别规范的重要场域，用女权主义的话说就是："私人的也是政治的。"然而，在当代青春文学作品里，直露的性描写和感官体验相当少见。当然，这并不意味着新生代作者对身体和性的话题丧失了兴趣，只是说明在青春文学领域，这些作者采取了新的方式来探讨这些问题。部分男性作者介入这些话题的方式尤其引人注目。

孙睿的《草样年华》以坦诚、幽默的文笔讲述了21世纪初一群北京大学生颓废不羁的校园生活，展示了当代年轻人开放的性爱观念。男主人公邱飞的第一任女友是高中同学韩露。在高三的升学压力下，人际关系变得紧张，部分学生只好通过与异性的交往排解心中的压抑。韩露就是在这样的情境下提出与邱飞交往的。高三毕业，两人因考上不同的大学而分手。进入大学，邱飞唯一的梦想就是"找一个女朋友"。经同学介绍，邱飞认识了一个医学院的女生。尽管两人很快就有了性的接触，但邱飞对不解风情的医大女孩没有任何好感，这段恋情随即告终。直到与周舟一见钟情，邱飞才尝到了浪漫的爱情滋味。邱飞为

---

① 鲍尔金娜：《紫茗红菱》，沈阳，春风文艺出版社，2007。

周舟写情书、唱歌，享受着追求心爱女孩的快乐。第一次和周舟做爱时，邱飞"感觉自己此时俨然成为一个真正的男人"①。不过，即便有了周舟这个天使般的女友，邱飞依然身不由己地被其他女性吸引。为了安慰因情殇而试图自杀的韩露，邱飞和她发生了关系。在独自旅行的途中，邱飞又和直爽性感的汤珊有了一场艳遇。邱飞的情感和肉体似乎是分离的。邱飞深爱着周舟，但又不愿接受性忠诚的束缚。或许爱和性本来就不可能完全重合，性行为只是两性之间的一种沟通方式，不一定以爱情为前提。小说结尾，邱飞和周舟分手，部分是因为邱飞的出轨，更多是因为邱飞没能在毕业前找到像样的工作。性爱的纠葛终究没有安稳的生计重要。

蒋峰的《淡蓝时光》也讲述了一个一见钟情的故事。默默无名的画家李小天和记者笑笑在火车上邂逅。小天爱上了笑笑，跟着她来到上海，开始了数月的同居生活。后来，笑笑离开小天，出国定居。一事无成的小天在高人指点下成了名利双收的画家。小天买下了当年与笑笑同居的房子，无限怀念往事。小说描写了小天与笑笑分手十天后重新和好的场景：

> 她[笑笑]去冲了两杯咖啡，看样子是要长聊一夜。初夏雨后的傍晚似乎也适合这一气氛。话题从那天李小天从笑笑的床上醒来开始，可是还没聊到刷牙，他们就不知不觉地又躺回到床上。
> 他[小天]猜想她也不以为做爱是打破坚冰的最佳途径。即使在她呻吟的间隙，他也感觉到那冰面没有因两个人发热的身体而融化。反而笑笑突然发出的笑声让两个人彻底触到了对方。她笑了一声挺身吻了他的脸。这让小天愣住了，手臂一软瘫到了她身上。
> 笑什么？他对着她问。
> 你痒到我了。②

这是一段颇有新意的性描写。小天和笑笑因为"笑场"而打破了隔阂，触探到对方的内心，确认了彼此的爱意。不同于前代作家在性描写中对快感的关注，这里的重点不是"性"，而是"关系"。作者试图通过性描写探讨私人领域中亲密关系的建立过程。对于"80后""90后"来说，性的确不再是禁忌的话题，但也并没有因此成为一种"超越感情、伦理和道德的个人体验，如同吃饭睡觉

---

① 孙睿：《草样年华·壹——北×大的故事》，104页，武汉，长江文艺出版社，2011。

② 蒋峰：《淡蓝时光》，32～33页，北京，中信出版社，2006。

一样琐碎而平常，与别人无关"①。恰恰因为性不再神秘，年轻一代的作者才有机会呈现性行为中蕴含的更日常、更微妙的社会关系。

青春文学中的身体写作出现了一些有趣的变化。例如，郭敬明的《小时代》三部曲不厌其烦地描绘了男性人物英俊的面孔和健美的身材，但在描绘女性人物的外貌时多少带有揶揄。上海女生刻意刷出来的长睫毛，被形容为"像两把刷子一样上下起伏"。顾里狠命往脸上拍打精华液的样子，让林萧忍不住想对她说："别打了，自己人！"《小时代》中的"活宝"唐宛如是性格豪放、神经大条的体育生。她憎恨自己结实的肌肉，渴望拥有大众传媒所宣扬的温婉柔弱的女性气质。为此，她总是"用力地捧着自己的心口，像是林黛玉般无限虚弱地说'我受到了惊吓'"。女性矫揉造作的身体和男性清新自然的身体形成了有力的对比，表明传统的性别规范仍然在潜移默化地发挥作用，并且主要对女性构成束缚。

当然，小说中的女性人物也在不自觉地打破、逾越这些性别规范。唐宛如就经常爆发出惊世骇俗的言行。一次，她和暗恋的羽毛球队队员卫海一起训练，卫海无意中脱了上衣。唐宛如"近距离地再一次看见他结实的胸膛"，"差不多快要缺氧致死了"。为了打破尴尬，她对卫海说："你的体力很好。"又警觉地加了一句："我不是说你床上的体力！你不要想歪了！"唐宛如这番"此地无银三百两"的言论虽然让头脑简单的卫海窘迫不已，但却让青春期性欲受到压抑的年轻读者感到释放的快感。再来看林萧。林萧一方面被塑造为平凡善良、憧憬美好（异性恋）爱情的小女生，但同时也是一个有着"恶趣味"的同人女。混血美男 Neil 的男同性恋身份被曝光后，林萧不仅没有丝毫的歧视和反感，反而马上把他定位为"好姐妹"，"放心大胆地躺到他毛茸茸的大腿上"②。

无论是 20 世纪 80 年代的先锋小说，还是 90 年代以后的"身体写作""欲望叙事"，它们都将女性的身体当作文本的情欲核心，以至于部分女性主义学者抱怨卫慧、绵绵等人的"身体写作"是在满足男性读者的偷窥欲。在《小时代》里，年轻男性的身体成为叙事的焦点，女主人公是见到帅哥就心旌摇曳的"色女"。通过幽默搞笑的"色语"，小说不仅让女性读者轻松大胆地消费了一把男色，还将她们由欲望的客体重塑为欲望的主体。显然，青春文学中的身体描写并没有像有的研究者所说的"既不着眼于身体的具体感受，也不强调身体的文

---

① 张书娟：《绚烂的别样青春——"80 后写作"的青年亚文化阐释》，硕士学位论文，浙江大学，2008。

② 郭敬明：《小时代 1.0 折纸时代》，武汉，长江文艺出版社，2008。

化隐喻的书写"①，而是承载了新的文化风尚和审美趣味。

性/爱也是女性青春文学作者关注的焦点。不过，她们的作品更注重表现少女的生理发育所带来的心理和情感变化。例如，周嘉宁的短篇小说《小绿之死》用冷静的语言描绘了处于青春期门槛的小绿对于成人世界的好奇、紧张、恐惧和向往。小绿是个胆小、尿床、经常不交作业的女孩。她怕死、怕黑、怕老鼠，在学校里被同桌欺负，在家里总是被母亲责骂。一个陌生的红衣男人的出现让小绿感受到近似于爱情的期盼。她为能得到成年男子的注意而欣喜，尽管这种欣喜掺杂着羞耻和畏惧。然而，当这个男人真的靠近自己时，她才意识到他是"坏人"。正当遭遇性骚扰的小绿万分惊恐地逃回家时，月经初潮来临。小绿看到流血的双腿，以为自己要死了，但这样的"死亡"让她感到解脱，因为她再也不用害怕了。"童年的小绿靠着门，高兴地死掉了。"②小说以小绿爷爷的去世开始，又以小绿本人的幻想性死亡结束。这个死亡的轮回道出了成长的本质：一个痛苦而必然的新旧更替过程。与《小绿之死》类似，张悦然的短篇小说《吉诺的跳马》也描绘了少女吉诺对一个陌生男子的好奇和憧憬，而陌生男子最后对吉诺造成了极大伤害。这两篇小说都用闯入少女生活的陌生男子象征成人世界的浪漫、激情和危险。

值得注意的是，部分女性作者对于两性关系的理解依然传统和保守。尤其是在言情小说编织的"一生一世一双人"的情爱幻想中，女主人公都是纯洁的处女，男主人公都对女主人公忠贞不贰、激情无限。例如，顾漫的《何以笙箫默》讲述了高大英俊的法律才子何以琛与善良纯真的摄影师赵默笙分离七年后重谱校园恋情的浪漫故事。虽然在恋爱关系中，是默笙首先对以琛一见倾心，并上演了"女追男"的戏码，但在性爱关系中，却是以琛采取主动，而默笙只能充当被动无知的处女，哪怕她是受过海外教育的职业女性。当以琛向默笙求欢时，"默笙不明白，可是她已经没力气问了，以琛男性滚烫的身躯覆在她身上，火热的唇舌霸道地占有着她的一切，引她在那个从未领略过的世界里辗转起伏，直至激情退却"③。默笙对于性的无知是她"好女孩"身份的终极证明，而以琛对她的热烈情欲则是男权社会给予贞洁处女的最高奖赏。

在更具实验性的青春文学作品里，情况依然如此。例如，《誓鸟》对春迟被骆驼侵犯的感受做了如下描绘：

---

① 孙桂荣：《走过青春期的文学实验——论新世纪"青春文学"》，载《文艺争鸣》，2009(4)。

② 周嘉宁：《小绿之死》，见唐朝晖、方达：《旗：2005 中国青春文学风云榜》，169～177 页，北京，中信出版社，2006。

③ 顾漫：《何以笙箫默》，109 页，北京，朝华出版社，2006。

她一面抵抗着男人的闯入，一面却又渴望他像闪电一样劈过来，穿入她黑暗的身体，照亮它，也让她得以看清自己，看清那些被蒙蔽的往事。那种感觉，就像她在守一座城，城墙高耸，连她自己也不知道城中究竟是什么样的。有一天终于有人来攻城了，她阻挡着，却又希望他们攻陷。她渴望千军万马犹如洪水般闯入城门，将这座城填满，使它不再空寂。①

在春迟和骆驼的关系中，骆驼处于掌控地位。骆驼被比喻为主动的进攻者，拥有摧毁能量的"闪电""洪水""千军万马"，而春迟只是一座没有防御能力的、等待被攻陷的城池。这似乎在暗示，女性是混沌、蒙昧的，无法了解自己的身体。她们只能依靠男性的启蒙（入侵）来洞察自身，只能在男性的引领下来获得性的愉悦。

4. 青春文学中的物质体验

中国在 20 世纪 80 年代以后开始了前所未有的社会转型。这不仅是一个从农业社会向工业社会、从传统社会向现代社会的转变，也是一个从"物质匮乏时代向富庶时代"、从生产社会到消费社会的转变。② 消费社会的到来不仅提高了中国民众的物质生活水平，也改变了他们的生活方式和思维方式。三十年前，大众的主要需求是吃饱穿暖，如今却倾向于追求时尚、名牌和奢侈品，希望通过消费来展示经济实力、社会地位和文化品位。作为在消费社会中成长起来的第一代人，"80 后"格外重视物质享受。据统计，中国 2012 年成为全球最大的奢侈品消费国。其中，25 岁到 30 岁的消费者，也就是"80 后"人群，是奢侈品的主要购买者。郭敬明在 2013 年的媒体访谈中谈道："我们这代人是生下来就要解决物质困惑的一代人，我们父辈面临的是生存困惑……到了我们这一代已经没有所谓生存问题了……我们这代人的矛盾已经不一样了。"青春文学的一个独特主题就是书写当代年轻人的物质体验，反映他们所遭遇的物质诱惑。

安妮宝贝虽然是"70 后"，但她的物质观在青春文学中颇有代表性。她也是较早探讨物欲和恋物癖的青春文学作家。早在 21 世纪初，她的作品就已经充斥着阿玛尼纯棉 T 恤、VERSACE 吊带裙、PRADA 皮凉鞋、DIOR 化妆品、KENZO香水、蓝山咖啡、哈根达斯冰激凌、帕格尼尼、欧洲艺术电影等。不少评论者都

---

① 张悦然：《誓鸟》，57 页，北京，光明日报出版社，2006。

② 郑红娥：《社会转型与消费革命——中国城市消费观念的变迁》，5 页，北京，北京大学出版社，2006。

认为，她用这些奢侈品牌和消费符号刻意营造出优雅、富裕、有品位的小资情调。① 安妮宝贝本人对"小资"的标签不屑一顾，在访谈中称："我至今不知道'小资'应该代表着一些什么内容。我没有去了解，也没有兴趣去了解。"

在《漂亮女孩》一文中，安妮宝贝阐述了她的时尚哲学：

> 从来没有穿过套装和高跟鞋。会觉得它们像一个框子，而灵魂的某个部分总是因为不适合这个框子而被束缚得难受。
>
> 喜欢自己能拥有一些不用费心去照料它，穿起来如鱼得水般的衣服……
>
> 买过 G-STAR 的粗布裤子和男装外套，因为这个北欧牌子的款式，看上去像个随时处于漂泊路途中的人。那样的人，会在阳光下眯缝起眼睛深深呼吸空气中的花香。会在路边咖啡店里跷起腿来打瞌睡。会把喜欢的人推倒在墙上粗暴地亲吻她。会在风尘仆仆的路边扛着沉重的行囊搭顺风车。
>
> 在衣服上能够找到我们想要的某种理想的气息，是一件奇妙的事情。因此，为这些看过去好像是在路边顺手捡来的粗布衣服，付出不菲的置衣费。不觉得自己是个有名牌情结的人……②

郭景萍在分析"80 后"消费文化的文章中指出，"80 后"的消费动机主要是"出于自我表现的强烈需要"。在"80 后"的消费视野里，物品的个性、款式和新奇性远比质量、价位和内涵重要。"80 后"的消费行为"不仅源于社会生产和市场经济，也与获取快感和白日梦的浪漫乌托邦相关"。普通的日常消费因染上了浪漫的青春幻想而变得不再平凡。③ 我们也可以将郭景萍针对"80 后"的分析用于安妮宝贝。安妮宝贝以及她笔下的人物将独特的物品当作自我精神特质的外化和投射。他们不再将物质和精神截然对立起来，而是寻找物和人的契合点，让人在物中找到"如鱼得水"的安适感。安妮宝贝对一些品牌的联想表明，消费是一个涉及欲望和幻想的重新编码过程。通过购买品牌男装，安妮宝贝渴望获得男性的自由移动能力和对性关系的自如掌控。由于对人际关系缺乏足够的信赖和把握，许多内心敏感的女性只能在物品中寻求安全、温暖与满足。

① 郑国庆：《安妮宝贝、"小资"文化与文学场域的变化》，载《当代作家评论》，2003(6)；杨新敏：《安妮宝贝：在寂静中感觉心灵的喧嚣》，载《南京邮电大学学报(社会科学版)》，2006(1)；张昕：《安妮宝贝作品小资文化的精神内涵》，载《小说评论》，2010(3)。

② 安妮宝贝：《漂亮女孩》，见《八月未央》，224 页，北京，作家出版社，2009。

③ 郭景萍：《"80 后"消费文化特征：世俗浪漫主义》，载《当代青年研究》，2008(3)。

张悦然的作品也致力于描述精致、华美的物质细节，目的不是炫耀这些物品的交换价值，"而是旨在通过对物质本身审美价值的凸显来印证作为主体的'我'自身存在的美好和诗意"。"会说话"的物质细节成了"自我延伸的场所"。它们"带着'我'个人的气息，作为'我'自我经验内容的保存者来帮助'我'抵抗外界如此浩繁庞大的物质体系对自我的侵蚀"。《陶之隙》中，主人公"我"和梵小高合力制作了"纯圆，胖得发喘，只有一个指甲大的心形瓶口"的陶器。她的其他作品中也反复出现"美丽的发卡""橘黄色的伞"等物品形象。《陶之隙》中的陶器象征着张悦然对完美爱情的想象，鲜艳耀眼的发卡和伞则体现了她的自我设计和想象："优秀美好，能从人群中走出来。"①

张悦然对于物质细节的重视还和作品的都市生活背景息息相关。都市少女从小就被特定品牌的香水、蕾丝花边的裙子、星巴克、马克杯、粉红的芭比、心形草莓等物质碎片包围。青春文学中的物质意象能引发都市读者的强烈共鸣，就如同现代文学作品中的乡土意象让农村出身的知识分子感到安心。② 既然物拥有"社会生命"，"就好像人一样，有能力影响我们的信仰，指导我们的行为，能够自我展示，引申出责权关系并带给人快乐"③，它自然也能唤起我们的青春回忆和感动。

当然，不同的青春文学作者描写物的目的不尽相同。如果说安妮宝贝、张悦然更偏向于揭示物所负载的"精神"和情感内涵，郭敬明则更多地将物，尤其是品牌，当作某种社会身份和生活方式的标签。据网友统计，《小时代1.0折纸时代》中出现了 LV、HERMES、DIOR 等 28 个奢侈品品牌，次数达 128 次。郭敬明用众多西方品牌堆砌起金光闪闪的橱窗，展示着新上海滩的浮华。实习生林萧因打碎了老板的杯子，不得不去高档商场再买一只。对于林萧的这次购物经历，小说是这样叙述的：

> 我在那只被灯光照耀得流光溢彩的杯子前面傻了眼。它底座的玻璃台上，有一小块黑色的橡木，上面标着"2200元"的可爱价码。我口袋里装着身边仅有的八百块现金，和只剩下一千块透支额度的信用卡，然后和那个2200两两相望。④

---

① 王涛：《代际定位与文学越位——"80后"写作研究》，41～43 页，成都，巴蜀书社，2009。

② 郭艳：《永远跳动的红舞鞋——张悦然小说中的"出走"与"成长"》，载《南方文坛》，2010(3)。

③ [英]西莉亚·卢瑞：《消费文化》，张萍译，19 页，南京，南京大学出版社，2003。

④ 郭敬明：《小时代1.0折纸时代》，45～46 页，武汉，长江文艺出版社，2008。

　　如果我们将这段关于杯子的文字和《陶之隙》中关于陶器的文字做对比，不难发现，前者所瞩目的不是这只杯子的形状、质地和手感等物质属性，而是它的价格标签，它在商品经济中的交换价值和在社会生活中发挥的区隔作用。奢侈品品牌就像一个玻璃罩子，将买得起的富人和买不起的穷人隔离开来。物的世界一方面带给我们快乐和满足，另一方面也让我们沮丧和痛苦。物品甚至可以从亲密的玩具摇身一变，成为残忍的凶器，如"静安紫苑六万多一平米的露台房和翠湖天地的新天地湖景千万豪宅，像是炸弹一样，频繁地轰炸着人们心理对物质的承受底线"①。林萧因为在杯子面前感受到个人的无能而哭泣，其他都市谋生者恐怕也和她一样在巨大的物质压迫下深感渺小和绝望。

　　正因为品牌具有社会区隔的作用，年轻人对于奢侈品牌的消费才有了打破阶级划分、追求社会平等的正面意涵。郭敬明、落落、笛安、李枫、王小立、爱礼丝等人联手创作的"影视同期书"《我们约会吧》，就深入剖析了当代年轻人消费奢侈品牌的心理。女主人公珍妮聪明、独立、开朗、有野心，一个人远离家乡在上海打拼。她不甘平庸，不愿意过传统的小城生活，想用奢侈品压抑自己的"灰姑娘"情结，彰显独特的气质。为了购买名牌鞋、包，珍妮拖欠房租、刷暴信用卡。在咖啡馆巧遇品性纯良的富家子弟陆嘉森后，珍妮决定赌上自己的幸福，追求陆嘉森：

　　　　其实爱情才是人生里最要命的奢侈品。你将无能为力地不断透支所有的热情，你得到的回报就是，只要爱情还在，世界在你眼里就镀上了一层不动声色的光辉，它们来自你那个燃烧的灵魂。烧完了，就没有了。可是那又怎样呢？谁规定的我不可以花掉整个月的薪水买一个钱包？……谁规定的只有真正的富人才能消费它们？珍妮永远是珍妮。只有不惜代价的人才能领略什么叫作激情。②

　　小说将奢侈品与爱情联系在一起，让老套的言情故事变得耐人寻味。在作者们看来，珍妮超越自己的经济能力购买奢侈品的行为，与她追求富家子弟的行为是一脉相承的，都体现了敢于挑战世俗、追求美好生活的勇气。

---

① 郭敬明：《小时代 1.0 折纸时代》，177 页，武汉，长江文艺出版社，2008。

② 郭敬明等：《我们约会吧》，120 页，武汉，长江文艺出版社，2011。

三、跨媒介书写：青春文学与视觉文化

美国视觉文化理论家尼古拉斯·米尔佐夫(Nicholas Mirzoeff)认为："现代生活就发生在屏幕上。""人们的经验比以往任何时候都更具视觉性或是更加视觉化。"超市、公路、自动取款机的视频监控一刻不停地监视着人们的行动，照相机、摄像机和网络摄像头成为回忆往事的主要工具，电影、电视、电脑、DVD是娱乐休息的重要方式。一些本来不可见的东西，如遥远的星系、大脑的活动、心脏的跳动，也日益通过技术手段被视觉化。① 在米尔佐夫看来，"视觉文化并不取决于图像本身，而取决于将存在图像化或视觉化的现代趋势。这种视觉化使得现代世界与古代或中世纪世界截然不同。视觉化在整个现代时期已经司空见惯，而在今天，它几乎是必不可少的"② 周宪将视觉文化定义为"图像逐渐成为文化主因(the dominant)的形态"。视觉文化的转向并不意味着语言在社会生活中的消失，只是表明"视觉因素在文化中更具优势地位"。"'被把握为图像'的东西才是充斥着权力和影响的东西，看不见的东西不可避免地遭遇排斥。"③

在视觉文化主宰的时代，文学这门"语言的艺术"不可避免地遭遇到图像的"殖民"。文学的图像化体现在两个方面。首先，是"显在的文学图像化"。其表现形式为文学期刊越来越注重视觉元素，大量图文书充斥市场，小说的影视改编日益普遍，小说叙事主动吸收影视、动漫的叙事技法，手机文学、网游小说等新文学样式陆续出现。其次，是"隐在的文学图像化"，即"图像文化所张扬的感官美学、平面美学、仿真美学"开始潜移默化地侵入文学创作。其具体表现有填平历史深度，丧失历史意识，只注重当下体验，以及制造虚假的老上海怀旧叙事。④ 如果说主流文坛对视觉文化的渗透尚欲拒还羞，青春文学则是从一开始就把自己打造为最贴近媒介时代的时尚消费品，并将视觉文化所塑造的感知方式移植到了文学生产中。下面，我们从青春文学期刊和青春文学作品两个方面探讨文学与图像，文学与影视、动漫的关系。

---

① ［美］尼古拉斯·米尔佐夫：《视觉文化导论》，倪伟译，1～6页，南京，江苏人民出版社，2006。

② ［美］尼古拉斯·米尔佐夫：《视觉文化导论》，倪伟译，6页，南京，江苏人民出版社，2006。按：译文根据原文略有改动。

③ 周宪：《视觉文化的转向》，4、7页，北京，北京大学出版社，2008。

④ 赵晓芳：《视觉文化冲击与浸润下的文学图景——论世纪之交中国文学的图像化走势》，博士学位论文，华中师范大学，2008。

1. 青春文学刊物的视觉风格

青春文学杂志大致可分为四个类型。第一类是以《鲤》《花与爱丽丝》《文艺风赏》《天南》等为代表的面向青年读者的"高端"文学刊物，文字和图片都标榜"艺术性"和"前卫性"。第二类是《仙度瑞拉》《花火》《飞・言情》等面向女中学生的课外阅读杂志。这些杂志主要刊载言情小说或校园爱情小说，辅以少量的时尚、娱乐资讯。第三类是《最小说》《新蕾》《萌芽》等面向大中学生，既有一定艺术水准又有庞大销量的文学杂志。它们是青春文学的"主流"刊物。第四类是类型文学杂志，如《推理》《悬疑志》《飞・奇幻世界》等。为了争取读者，各种青春文学刊物都根据自身的市场定位实现了不同程度的视觉化。

《花与爱丽丝》（原名《爱丽丝》）是由"80后"设计师 hansey 主编的"青春图文创作志"。2007年初创，时为杂志书，2009年升级为期刊，2010年停刊。该刊秉持的信条是："冲破现有文艺杂志传统旧貌，创立全新视觉化阅读体验；搭建国际图文原创平台，引领青少年进入瑰丽创作世界。"杂志选用的图片多来自海外的艺术作品。例如，2009年5月号介绍了日本英年早逝的女设计师野田凪独具魅力的设计世界，2009年10月号刊登了以色列女摄影家米莎尔・切尔平（Michal Chelbin）的一组照片。杂志还使用了国内罕见、价格不菲的纯质纸。这种纸柔软而有韧性，不会像铜版纸那样反光，能让图片呈现出油画的质感，并散发出独特的油墨香味。[①] 读者在阅读时，除了获得强烈的视觉感受，还能享受到只有实体书才能激发的嗅觉和触觉体验。不过，这本杂志虽然在装帧设计方面达到了国内一流水准，栏目设计却没有太多创新，仍然由散文、短篇小说、人物、专访和专栏构成。新锐的视像与并不完全先锋的文字搭配在一起，让《花与爱丽丝》的赏玩价值超过了阅读价值。同时，25元一本的定价也让部分学生读者望而却步。

《新蕾》也是打着"新生态文画志"旗号的图文类杂志，主打16—26岁女性读者。《新蕾》原为月刊，2005年12月改为《新蕾 STORY100》和《新蕾 STORY101》姐妹刊，一个上半月出版，一个下半月出版。2013年6月，《新蕾》在创刊十周年之际停刊。由于是著名动漫杂志《漫友》的友刊，《新蕾》很早就网罗了一批高水平的画手，成为国内首个以"精彩故事＋唯美插画"为特色的文学刊物。以《新蕾 STORY101》为例，它的图文并重主要表现在两个方面：一是带插图的小说/散文，二是绘本。《新蕾 STORY101》中的插图尺寸都较大，

---

① ann lin：《我来解释一下〈爱丽丝〉的油墨味》，http：//www.douban.com/group/topic/2578443/，2018-08-01。

占据一到两个页面，多以人物和风景为主，色彩明亮，笔触细腻，具有较强的视觉冲击力。"绘本"英文名为"Picture Book"，早期也被称为"图画书"，日本称其为"绘本"（ehon）。绘本原是一种针对儿童读者的故事书，以图画为主，配有简单的文字。21世纪初，随着台湾绘本作家几米的作品传入大陆，绘本这一艺术形式开始在青少年和成人读者中广为流行。在绘本中，文字和图像形成了更加平等的关系，而不是传统绣像小说中的文为主、图为辅。绘本的文字部分能讲故事，图像部分也能讲故事。这两种叙事或结合，或并列，或分离，激荡出不同的视觉/阅读效果。①《新蕾 STORY101》改版后的主编寂地就是知名绘本作家，有"大陆几米"之称。

郭敬明主编的《最小说》是以长篇连载、短篇小说和专栏为主打的青春文学月刊。从2007年1月正式创立以来，《最小说》每年都在改版，以适应不断变化的读者趣味和市场潮流。和其他青春文艺刊物一样，《最小说》非常注重视觉效果。2007年的《最小说》开设了"青春映画"和"浮世绘"这两个图文栏目。"青春映画"专门刊登反映校园生活和青葱岁月的摄影照片，并请知名写手为照片配上富有诗意的文字；"浮世绘"则是画面唯美、故事动人的绘本作品。与《新蕾》不同的是，《最小说》主要使用合成的图片而不是手绘作为文字作品的插图。该杂志早期使用的图片多由 STOKIS 提供。这是国内首个动漫真人偶像团体，主要从事动漫角色扮演（cosplay）和为青春小说做图片模特。STOKIS 的图片基本上不具备叙事功能，和文字作品的内容没有直接联系，只起到烘托文字意境、渲染阅读情绪的作用。例如，一个以夏天为背景的短篇小说，有可能被配上一组黄昏冬雪图来强化寂寥、压抑的氛围。

2008年4月，《最小说》开始连载漫画《青春百恼会》。2008年10月，根据《小时代 1.0 折纸时代》改编的漫画《小时代 1.5 青木时代》开始在《最小说》上连载。这两部长篇漫画的成功连载，显示了郭敬明团队在原创漫画领域的实力，并促使《最小说》2009年又一次进行改版。2009年版《最小说》裂变为四个32开本的刊物：每月月中出版《最小说》，随刊附赠《最漫画》；月末出版《最映刻》，随刊附赠《I WANT》②。按照郭敬明团队的设想，《最映刻》将成为"全新高端文艺志"，拥有"最强大的视觉攻势"（包含超过50页的摄影和插图）和"最具质感的文字体验"（风格多样的小说和散文）。虽然《最映刻》的图片风格比《最小说》

---

① 张瑜璇、陈薇苹、蔡诗华：《几米绘本艺术商品化之探讨》，学士学位论文，台湾艺术大学，2006。

② 《I WANT》源自《最小说》初期的"读编往来"栏目，后来发展为颇受读者欢迎的娱乐恶搞栏目，是最世公司展示公司文化和旗下作者的重要平台。

更加"文青"和"欧化"，但每期 12.5 元的定价注定无法选用上好的纸张来印刷，视觉效果也因此大打折扣。2010 年，《最漫画》独立成刊之后，郭敬明团队放弃了《最映刻》，转而打造随《最小说》附赠的摄影专题别册《Zui Silence》。每期别册都有一个主题，以图片为主，并附一篇小说或散文，讲述生活中被忽略的风景或故事。可以说，《最小说》之所以成为销量惊人的青春文学杂志，是和它积极吸纳摄影、漫画等视觉文化元素的办刊宗旨分不开的。

2. 青春文学与日本动漫

青春文学与日本动漫联系密切。大部分青春文学作者都是"80 后"，恰恰是在日本动漫的陪伴下长大的，深受日本动漫的影响。从"80 后"这一代人开始，漫画、绘本等图画书不再是儿童的专利，而是成年人也乐于享用的娱乐产品。

日本动漫在中国的传播最早始于 1981 年中央电视台引进的黑白动画片《铁臂阿童木》。20 世纪 80 年代中期以后，央视和地方电视台又陆续引进了《聪明的一休》《花仙子》《忍者乱太郎》《机器猫》等日本动画片。1992 年，央视播放了《圣斗士星矢》，受到青少年观众的喜爱，不少"80 后"动漫迷都是因为这部作品喜欢上日本动漫的。1998 年前后，动画片《灌篮高手》的热播"引发了比《圣斗士星矢》更为巨大的反响"。在这部动画的激励下，《动漫时代》《梦幻总动员》《漫友》《新干线》等一大批日式风格的动漫杂志相继问世。①

西方研究者认为，日本动漫包含的"过度、冲突、不平衡和凸显感官享受的美学"是其获得跨文化流行的根本原因。日本动漫是一种"纯粹的快感商品"，一种低廉的、专门满足享乐的娱乐形式，但同时具有"表达大众的希望和恐惧的力量"，是焦虑紧张、充满挫败感的现代都市人自我安抚的呓语，是集体无意识和梦想世界的再现。日本动漫的一个重要特点是将视觉和语言融为一体。漫画是对文本和图像的整合，动画则在电影动作中贯穿了对话。现代日本动漫虽然源于西方视觉艺术，尤其深受西方电影技术的影响，但也结合了本土艺术传统。一些优秀的动漫作品已经登堂入室，与高雅艺术并肩而立。② 例如，宫崎骏导演的动画电影《千与千寻》打败众多艺术电影，获得柏林电影节金熊奖。③

当代青春文学在世界观、创作主题、心理情感、人物设定、细节场景、产业化模式等方面不同程度地受到了日本动漫的启迪。郭敬明的《幻城》《1995—

---

① 陈强、腾莺莺：《日本动漫在中国大陆传播分析》，载《现代传播》，2006(4)。

② Mark W. MacWilliams, *Japanese Visual Culture: Explorations in the World of Manga and Anime*, New York, M. E. Sharpe, 2008, pp. 5-6.

③ 刘学文：《从日本动漫产业看中国动漫的现状》，载《电影文学》，2009(23)。

2005 夏至未至》《临界·爵迹》等作品都有借鉴日本动漫的痕迹，如同根据原著进行二次创作的同人小说，有些漫迷因此嘲讽郭敬明为"中国最著名的同人作者"。当然，完全原创的文学作品并不存在。美国批评家卡勒认为，文本是"互文性的构造物"，"是各种文化话语的产物，文本必须依靠这些文化话语才能使自身拥有可理解性（intelligibility）"①。《幻城》的横空出世曾让一些评论家感到无从理解。究其原因，就是他们对《幻城》所汲取的"文化话语"，特别是日本动漫文化缺乏了解。

这里仅以《幻城》中的色彩描写为例，探讨日本动漫对青春文学创作的影响。色彩"不仅仅是刺激人类视觉感官的第一要素，也是造型语言的最重要的表现手段"。在影视作品中，色彩具有形象识别、刻画描写、烘托气氛和象征表意四大功能。② 日本动漫大师普遍都有很高的色彩驾驭能力，"总是不遗余力地在色彩处理上追求个性迥异的各种配色的调和美"。例如，宫崎骏的动画片通常采用明亮鲜艳的色彩，每一种色彩都包含创作者的主观情感，承载着丰富的人文内涵。在《龙猫》和《岁月的童话》这两部反映乡村生活的影片中，宫崎骏用绿色细致逼真地刻画出乡间优美的风景，"满眼都是醉人的绿、清新的绿、生机盎然的绿、郁郁葱葱的绿"，营造出清新纯真的世界。在《风之谷》这部探索人与自然和谐相处的作品中，宫崎骏大量运用红与蓝这两种对比色：红色是"危险、灾害、暴力、愤怒、恐怖的象征"，让人感到痛苦、愤怒和紧张；蓝色带给人安宁，象征着美好的事物。③

和宫崎骏的电影一样，郭敬明也在《幻城》中使用了红、白、黑、绿、蓝等鲜明的颜色。精细的色彩描绘营造出强烈的画面感，红色和白色的对立也构成了文本的核心象征系统。白色符号系统包括幻雪帝国十年不断的大雪、冰族人的银发和白色的瞳仁、白色的幻术袍和雪白的樱花；红色符号系统包括火族人的红发和红色的瞳仁、作为火族图腾的红莲以及冰火两族圣战的火焰。白色昭示着纯正的血统、高贵的身份和超常的灵力，同时也象征着孤寂、冷酷和被束缚的自由；以红莲为代表的红色"象征着绝望、破裂、不惜一切的爱"④，具有极强的侵凌性，让人联想到暴力和杀戮，但同时也给人温暖与呵护："红莲过处，温暖如春"，"永远都不会寒冷"。⑤ 小说通过揭示白与红这两个色彩意象的

① ［美］乔纳森·卡勒：《论解构：结构主义之后的理论和批评》，32 页，北京，外语教学与研究出版社，2004。

② 冉小稳：《色彩在影视动画当中的作用及表现功能》，载《艺术评论》，2007(6)。

③ 舒萌：《例谈色彩在动漫作品中的运用》，载《成功（教育版）》，2009(5)。

④ 郭敬明：《幻城》，27 页，武汉，长江文艺出版社，2008。

⑤ 郭敬明：《幻城》，228 页，武汉，长江文艺出版社，2008。

丰富内涵，展示了卡索和樱空释之间的生死羁绊。正如在造型艺术中，色彩具有强大的情绪召唤力，小说文本通过对色彩的反复描摹和颜色符号系统的建构，同样拥有直指人心的艺术感染力。

3. 青春文学的影视化叙事

自电影于 19 世纪末诞生之后，小说和电影就开始亲密地相互影响。美国学者茂莱列举了一些例证。例如，格里菲斯宣称他从狄更斯那里学到了交叉剪辑的技巧。爱森斯坦认为，维多利亚时代的小说作品含有特写、蒙太奇和镜头的对等物。福楼拜、哈代和康拉德的小说部分地预示了"电影的文法"。随着电影成为 20 世纪的流行艺术，小说家也开始在纸上模仿蒙太奇、平行剪辑、快速剪辑、特写、叠印等电影叙事技巧。[①] 美国影评人宝琳·凯尔（Pauline Kael）甚至称："从乔伊斯开始，几乎所有的作家都受过电影的影响。"[②]茂莱指出，小说已成为美国电影的主要原材料。小说一旦被拍成电影，就会销量大增。在名利的诱惑下，一种为电影量身定做的"电影小说"出现了，特点是"肤浅的性格刻画，截头去尾的场面结构，跳切式的场面变换，旨在补充银幕画面的对白，无须花上千百个字便能在一个画面里阐明其主题"[③]。

茂莱的分析出现在 20 世纪 70 年代。时隔二十年，他所描述的情景开始在中国上演。20 世纪 90 年代，张艺谋对莫言、余华、苏童等先锋作家作品的成功改编，开启了当代文学影视化的序幕。此后，作家频频"触电"，与电影界展开密切合作。除了将作品版权卖给制片人，他们有的还亲自对自己的作品进行改编，甚至出现导演意图和影视逻辑渗透在文学作品中的现象。[④]

电影对文学的影响并不都是负面的。郭敬明的《悲伤逆流成河》就是一部融合相当多电影化叙事的青春文学作品，这不仅没有让文学语言变得枯竭，反而将文字的情绪感染力发挥到极致。小说讲述了高中生易遥和齐铭相互交织的成长经历和复杂感情。两人是从小在同一条弄堂长大的邻居，家境和身世大相径庭。齐铭是备受父母呵护的优等生。易遥父母离异，贫困乖戾的母亲虽然竭尽全力维持易遥的生活，但也经常拿她出气。在小说中，易遥经历了怀孕、堕

① 　［美］爱德华·茂莱：《电影化的想象——作家和电影》，邵牧君译，3～4 页，北京，中国电影出版社，1989。

② 　［美］爱德华·茂莱：《电影化的想象——作家和电影》，邵牧君译，129 页，北京，中国电影出版社，1989。

③ 　［美］爱德华·茂莱：《电影化的想象——作家和电影》，邵牧君译，305～306 页，北京，中国电影出版社，1989。

④ 　赵勇：《视觉文化时代文学理论何为》，载《文艺研究》，2010(9)。

胎、母亲身亡、同学排挤等各种打击。齐铭"超越爱情的存在"和默默的帮助是她顽强生存下去的精神支柱。齐铭致命的误解最终导致易遥的自杀。在这个有关信任和背叛、成长和疏离、光明和黑暗的故事中，电影既是隐喻、指涉物和故事发生的场景，也是一种叙事技巧。

小说反复用电影镜头、布景等做比喻。例如："在齐铭的记忆里，易遥和自己对视的表情，像是一整个世纪般长短的慢镜头。"[①]"易遥推着自行车朝家走。沿路的繁华和市井气息缠绕在一起，像是电影布景般朝身后卷去。"[②]在描绘易遥失去父亲后的感受时，小说写道："像是在电影院里不小心睡着，醒了后发现情节少掉一段，身边的人都看得津津有味，自己却再也找不回来。于是依然朦朦胧胧地追着看下去，慢慢发现少掉的一段，也几乎不会影响未来的情节。"堕胎时，易遥感觉就像在拆除身体里的定时炸弹，然后联想到电影里拆除炸弹的结局："一种是时间停止、炸弹被卸下身体；另一种是在剪掉的当下，轰然一声巨响，然后粉身碎骨。易遥躺在床上，听着身体里滴滴答答的声音，安静地流着眼泪。"[③]这些和电影相关的喻象以一种日常的方式将主人公的情绪细致入微地转达给读者。

小说还反复指涉一部名为《海底火山》的电影。易遥正是在影院看这部片子时，瞥见了齐铭和女友一起走进影院。小说没有正面描写易遥看到二人时的心情，只是复述了当时电影正好播到的一个场景："荧幕上突然爆炸出一片巨大的红光，海底火山剧烈喷发，蒸汽形成巨大水泡汹涌着朝水面翻腾上去。整个大海像煮开了一般。"在这里，电影画面如同电影中的道具般"提供了一种表达人物内心世界的戏剧化方法"[④]，委婉地揭示了易遥心中的狂躁和波澜。小说不仅借助《海底火山》的场景暗示了易遥的内心世界，还用这部电影象征了易遥艰辛的人生。小说对影片的内容有过意味深长的描述：

> 四周是完全而彻底的黑暗。
> 没有日。没有月。没有光。没有灯。没有火。没有萤。没有烛。
> 没有任何可以产生光线的东西。
> 当潜水艇的探照灯把强光投向这深深的海沟最底层的时候，那些一直被掩埋着的真相才清晰地浮现出来。

---

① 郭敬明：《悲伤逆流成河》，12 页，武汉，长江文艺出版社，2007。
② 郭敬明：《悲伤逆流成河》，33 页，武汉，长江文艺出版社，2007。
③ 郭敬明：《悲伤逆流成河》，217 页，武汉，长江文艺出版社，2007。
④ ［美］詹妮弗·范茜秋：《电影化叙事：电影人必须了解的 100 个最有力的电影手法》，王旭锋译，297 页，桂林，广西师范大学出版社，2009。

……

在上面蠕动着的白色的细管，是无数的管虫。

还有在岩石上迅速移动着的白色海虾。它们的壳被滚烫的海水煮得通红。甚至有很多的脚，也被烫得残缺不全。

……

这样恶劣的环境里。

却有这样蓬勃的生机。[①]

"光线"和"黑暗"是《悲伤逆流成河》最核心的二元对立的象征。齐铭家窗口透出的黄色光亮、清晨弄堂口的光线、冬季天空"白寥寥的光"、"将黑暗戳出口子"从而"照亮一个很小的范围"的路灯，尽管都不是特别明亮，却是易遥抵抗黑暗的动力。随着这些光线的消失，"生活在黑色的世界里"的易遥彻底被黑暗吞噬。电影文本和小说文本对"光线"和"黑暗"的互文性表征形成了一个镜像结构，进一步拓展了这对核心象征的意涵。

小说对电影技巧的熟练运用最突出地体现在"楔子"部分。这个部分简直就是一个精巧的电影剧本。

你曾经有梦见这样无边无际的月光下的水域么？

无声起伏的黑色的巨浪，在地平线上爆发出沉默的力量。

就这样，从仅仅打湿脚底，到盖住脚背，漫过小腿，一步一步地，走向寒冷寂静的深渊。

你有听到过这样的声音么？

在很遥远，又很贴近的地方响起来。

像是有细小的虫子飞进了耳孔。在耳腔里嗡嗡地振翅。

突突地跳动在太阳穴上的声音。

视界里拉动出长线的模糊的白色光点。

又是什么。

漫长的时光像是一条黑暗潮湿的闷热洞穴。

青春如同悬在头顶上面的点滴瓶。一滴一滴地流逝干净。

---

① 郭敬明：《悲伤逆流成河》，209～210页，武汉，长江文艺出版社，2007。

而窗外依然是阳光灿烂的晴朗世界。

就是这样了吧。①

这里的每个段落都预示着书中的一个场景。第一个段落描绘的是齐铭做的一个死亡之梦。第二个段落描述了易遥跳楼自杀后齐铭的感受。第三个段落是易遥做的一个悲伤的梦。第四个段落是易遥怀孕后晕倒，被齐铭送进医院打点滴的情形。第五个段落暗示着易遥的男友顾森西的劫后余生。这五个段落如同五组镜头被剪辑在一起，构成了一部叫作《悲伤逆流成河》的电影的片花。前两个镜头使用了视觉和听觉的跳切手法，从寂静的海边全景镜头切换到人脑嗡嗡作响的特写。第三个镜头仿佛是长焦镜头，模糊的画面给观众留下了悬念。第四个镜头像是一个"经常用来表现时间的流逝"②叠化，黑乎乎的时光"洞穴"逐渐化为明亮的医院病床。第五个镜头是电影结尾经常使用的定格：尽管青春的黑暗悲剧一再上演，但观众最终看到的仍然是"阳光灿烂的晴朗世界"。当然，这个"光明的尾巴"多少有些反讽。阅读时，读者只有放空头脑，慢慢咀嚼，让每一个句子、段落映入脑海，形成悠长的慢镜头，才能享受到文字的全部快感。

4. 青春文学的影视改编

近年来，根据青春文学作品改编的影视剧日益增多。在海外，好莱坞依靠改编《哈利·波特》《暮光之城》《饥饿游戏》等青少年畅销书系，制造了票房奇迹。③ 在华语影视圈，"80 后"人气作家的青春文学作品也成为影视改编的新宠。《那些年，我们一起追的女孩》《致我们终将逝去的青春》《小时代》等电影都创造了不俗的票房。根据人气作品改编的青春电影，往往借助原著的知名度未映先热，吸引大批书迷的关注。电影上映过程中的宣传和口碑，又会激发观影人群对原著的阅读兴趣，带动原著的销量，扩大原著作者的知名度。从理论上说，这是让文学和影视产业双赢的良性循环。当然，改编失败的例子并不罕见。

在青春文学领域，主动向影视靠拢的作家当属饶雪漫。早在 2005 年，她

---

① 郭敬明：《悲伤逆流成河》，7 页，武汉，长江文艺出版社，2007。

② [美]詹妮弗·范茜秋：《电影化叙事：电影人必须了解的 100 个最有力的电影手法》，王旭锋译，98 页，桂林，广西师范大学出版社，2009。

③ 展迎迎：《从校园文学到网络文学 电影和青春小说激情碰撞》，载《钱江晚报》，2012-04-27。

就提出了"图书娱乐化"的设想，并在小说《校服的裙摆》中做了初步的尝试。这部打着"青春影像小说"旗号的作品从包装到插图，都动用了影像创作手段。小说附有大量专业摄影师以真人为模特拍摄的彩色照片，"翻阅此书的过程就如同看完一部动人的青春电影"。此后，饶雪漫又在全国举办大规模的海选，挑选"书模"（图书代言人）和演员。她的畅销小说《左耳》《沙漏》《小妖的金色城堡》都制作了影视光盘，以赠品形式发行。根据《左耳》改编的电影《左耳听见》，2007 年开机时号称要拍成"具有日式浪漫风格的偶像电影"①，但上映后遭到了读者的集体唾弃。很多读者都在留言中抱怨演员的长相和演技，认为这部电影破坏了小说人物在自己心目中的美好印象。

在电视剧改编方面，韩寒的《三重门》是另一个失败案例。这部小说 2001 年被改编成 8 集电视连续剧。电视剧气氛沉闷，情节拖沓，丧失了原作机智、调侃的效果，部分人物也被改得面目全非。韩寒本人对该剧的评价是："我觉得这部电视剧拍得太丢人了，真希望读过这部小说的读者，永远没有机会看到这部电视剧。""这只是一部碰巧和我小说同名的电视剧而已。"如韩寒所愿，现在除了资深韩迷，绝大部分青春文学读者都不知道这部电视剧的存在。2007 年，郭敬明的《梦里花落知多少》被改编成同名电视连续剧，同样口碑不佳。

有"内地小琼瑶"之称的明晓溪有不少作品被改编成电视剧。《会有天使替我爱你》2008 年播放之后，遭到明晓溪粉丝的强烈抗议。有粉丝留言称："为什么要拍成电视剧！晓溪你真让我们失望！多好的一部作品，就这样被毁了。我再也不敢翻看《会有天使替我爱你》了，因为一看就会想起电视剧里那些演员差劲的表演。为什么要把小米的形象摧残成这样！真的很伤心！"明晓溪不得不在接受采访时，呼吁读者"把小说和电视剧当成两个不同的作品来看待"。2010 年，《泡沫之夏》也被改编为电视剧。尽管该剧拥有三位知名演员，但还是有书迷抱怨演员年龄太大，不适合出演。

青春文学作品中的人物一般都较为理想化，很难在现有条件下通过影视的方式再现，而读者对原著的喜爱又让他们难以接受偏离原著风格的再创作。不过，很多读者还是期待自己喜爱的作品获得影视改编，期待看到自己喜欢的人物化为现实中有血有肉的人。粉丝读者经常聚在一起，讨论"你心目中的演员表""谁最适合演××"等话题。制片方有时候也会通过网络了解读者对于演员的接受度。2009 年年底，有公司买下了《小时代》系列第一部的电影版权。开拍前，该公司特意在《最小说》官方论坛和相关贴吧，征求四迷对男主角扮演者的

---

① 《青春作家饶雪漫："甜酸"热销》，http：//www.china.com.cn/book/txt/2007/10/30/content_9143765.htm，2018-08-01。

意见。

2012 年,《小时代 1.0 折纸时代》被拍成 40 集电视连续剧。该剧从开拍之日起,就让书迷备感失望。书迷的不满主要集中在两点:一是大部分演员的形象不符合原著的人物设定;二是服装场景过于简陋,没有呈现出原著时尚、奢华的氛围。例如,原著中的灵魂人物顾里是家境优裕的会计专业全优生,被描绘为"集中了天下所有女人的理智、冷静、残酷于一身"①,而且永远一身名牌,妆容精致。电视剧中的顾里完全没有原著中顾里的"女王"气场,外形上也由干练的短发变成了长发。郭敬明因电视剧版《小时代》选角的问题,决定自编自导电影版《小时代》。郭敬明在解释跨界担任导演的原因时说,没有人比他更了解《小时代》的故事,"与其让别人毁了它,不如我自己来"②。

拥有多位俊男美女的电影版《小时代》一上映,就引发了两极分化的评论。绝大部分书迷都对郭敬明亲力亲为的电影表示认可,认为电影高度还原了原著的人物和场景,绝大部分演员符合书迷对原著人物的想象。网络上以周黎明、史航、程青松等为代表的影评人和编剧对电影提出了尖锐的批评。显然,经过文字媒介的影像接受与单纯的影像接受还是有很大区别的。书迷在观影时看重的是电影还原文学作品内容的程度。他们可以容忍支离破碎的剧情和有欠流畅的镜头剪辑,但不能容忍背离原著精神的演员形象和场景。没有阅读过原著的普通观众更看重电影本身的艺术水准。

早在 21 世纪初,就有研究者悲观地认为,"文学的消遣娱乐功能正在被图像取代"。文学"无法与包括视觉艺术在内的其他娱乐相竞争",图像"拟像"比文字"拟像""更能产生真实的幻觉"。③ 简而言之,图像将"压倒"文字成为主角,文字只能充当配角。④ 但是,当代图书市场上青春文学的繁荣似乎在证明,纸媒并不会轻易地被电子媒介取代,文学更不会无声无息地消亡。文字所构筑的"幻城"依然散发着独特持久的魅力,不逊于任何图像文本。正如一位"80 后"研究者在分析郭敬明的文本时所指出的,郭敬明的写作既是与"读图时代"的"媚俗合谋",也是"对其微妙的乌托邦反抗",是"在'文学消亡'的残羹冷炙的文学夜宴中文字的最后的回光返照与盛大表演"。⑤

随着"80 后"作者"三十而立",他们不再拥有少年情怀,纷纷从青春校园小

---

① 郭敬明:《小时代 1.0 折纸时代》,37 页,武汉,长江文艺出版社,2008。

② 马婷:《郭敬明解密〈小时代〉诞生内幕》,载《信息时报》,2013-06-30。

③ 金惠敏:《图像的增殖与文学的当前危机——"第二媒介时代"的文学和文学研究》,见王岳川:《媒介哲学》,225、228 页,开封,河南大学出版社,2004。

④ 周宪:《视觉文化的转向》,8 页,北京,北京大学出版社,2008。

⑤ 齐林华:《"80 后"文学文本话语研究》,硕士论文,南昌大学,2008。

说转向职场小说或社会小说，而"90后"作者始终无法摆脱"80后"的影子，无法为市场提供新的文学形式和内容。青春文学正面临青黄不接的断代危机。2012年，北京开卷公司取消了"青春文学类畅销书排行榜"。从图书市场的角度看，青春文学已经不再是独立的范畴，而是被并入了虚构类图书。青春文学将如何发展，是否会与主流文坛合流，一切都还很难预料。但不管怎样，青春文学所记录的青春体验将永远是"每个人心底深处最隐秘最柔软最绚烂的篇章"①。

思考题

1. 如何定义青春文学？当代青春文学的兴起有哪些原因？

2. 你如何看待韩寒、郭敬明等青春文学偶像？他们为什么能吸引大量粉丝？

3. 你读过哪些青春文学作品？你认为青春文学有哪些突出的主题？

4. 你如何看待视觉文化对青春文学的影响？

延伸阅读

1. 刘广涛：《二十世纪中国青春文学史研究——百年文学青春主题的文化阐释》，济南，齐鲁书社，2007。

2. 焦守红：《当代青春文学生态研究》，长沙，湖南师范大学出版社，2008。

3. 王涛：《代际定位与文学越位——"80后"写作研究》，成都，巴蜀书社，2009。

4. ［法］阿诺尔德·范热内普：《过渡礼仪》，张举文译，北京，商务印书馆，2010。

5. 周宪：《视觉文化的转向》，北京，北京大学出版社，2008。

6. ［美］詹妮弗·范茜秋：《电影化叙事：电影人必须了解的100个最有力的电影手法》，王旭锋译，桂林，广西师范大学出版社，2009。

7. ［美］尼古拉斯·米尔佐夫：《视觉文化导论》，倪伟译，南京，江苏人民出版社，2006。

---

① 张莉、翁建平：《青春文学：谁祸害了谁——一场关于"青春文学"的讨论》，载《中学生天地（B版）》，2008(11)。

编后记

　　本教材隶属北京师范大学文学院"汉语言文学教育特色专业建设"系列教材，也是北京师范大学"教师教育创新平台建设项目"的成果之一。

　　随着公费师范生的到来，文学院开始组织各专业的教师编写相应的教材，文艺学专业的教材编写则落到了我的头上。为完成这一任务，我把当时在校的博士生、博士后发动起来，组成了一支编写队伍。教材编写的启动时间是2009年10月。考虑到这本教材的性质与特点，我们在充分听取专家学者、中学语文教师建议的基础上，又经过近半年的讨论、修订，才确定了基本框架，随后便开始分头编写。2013年暑期，大部分章节已经完稿。由于个别章节中途换人、重新编写等原因，后续的进程不得不跟着慢了下来。

　　这部教材的编写理念与基本框架的确定，是集思广益的结果。初稿完成后，魏英博士负责初审，并对各章节提出修改意见，我则进一步进行确认。全书由我与魏英统稿，各章编撰者如下：

　　　　赵勇（北京师范大学文学院）：前言、第一章、第二章
　　　　赵薇（中国社会科学院文学研究所）：第三章
　　　　王茹（福建师范大学文学院）：第四章
　　　　刘剑（北京邮电大学数字媒体与设计艺术学院）：第五章
　　　　魏英（西安外国语大学艺术学院）：第六章、第七章
　　　　杨玲（厦门大学中文系）：第八章、第九章

　　对于我们来说，编写这样一部性质特殊的教材只能说是一次尝试。虽然我们前期的酝酿与讨论还算充分，在编写过程中也不断完善，但限于篇幅和其他因素，展开得仍不够从容。加上大众文化处在日新月异的发展之中，教材阐发的速度远远赶不上其变化的速度，凡此种种，都让这本教材存在一些不尽如人意之处。我们希望通过此书与学界交流，并得到广大读者的批评指正。

　　作为主编，我要感谢全体编写人员的辛勤劳动，特别感谢赵薇博士的友情

相助。教材启动期间，北京师大二附中的语文名师何杰先生提出过宝贵建议，博士生王沁、硕士生常培杰亦参与过讨论；教材写作期间，哈尔滨学院文法学院的杨庆茹老师为个别章节提供过写作素材，这里一并致谢！

最后，感谢北京师范大学出版社周劲含编辑的催促与提醒，以及责任编辑梁宏宇的辛苦付出！

赵　勇